广 西 现 代 职 业 技 术 学 院
广西壮族自治区地方志办公室　　合作成果
河 池 市 地 方 志 办 公 室

# 庆远府志

## （乾隆十九年辑）点校

[清]李文琰　修　何天祥　纂
黄绍光　陈麒伊　何启贤　黄必林　点校
施均显　审核

知识产权出版社
全国百佳图书出版单位
—北京—

图书在版编目（CIP）数据
《庆远府志》(乾隆十九年辑)点校 / 黄绍光等点校. — 北京:知识产权出版社, 2021.5
ISBN 978-7-5130-7179-6

Ⅰ. ①庆…　Ⅱ. ①黄…　Ⅲ. ①河池—地方史—清代　Ⅳ. ①K296.73

中国版本图书馆CIP数据核字（2020）第176846号

**内容提要**

（乾隆）《庆远府志》是今广西河池地区现存最早的一部府志。全志分为十卷，依次为舆地、建置、食货、学校、武备、秩官、选举、人物、艺文及杂类，下设64目，内容涵盖天文、地理、政治、经济、文化、教育、民俗、军事等领域。其记事始于汉，止于乾隆十九年。卷首有两广总督杨应琚、广西巡抚李锡秦、布政使德福、按察使杨廷璋等人所作序各一篇。全书内容丰富，资料翔实，体例完备，是研究、了解古代河池地区社会文化历史的重要资料。本书以故宫博物院所藏原本影印件为底本进行标点，对模糊不清的文本进行了辨识，对残缺内容进行了补正，校正了其中书错、刻错的部分内容和个别误收的条目，并对生僻字词酌加注释。

**责任编辑**：田　姝　　　　**责任印制**：孙婷婷

**《庆远府志》(乾隆十九年辑)点校**

QINGYUAN-FU ZHI（QIANLONG SHIJIU-NIAN JI）DIANJIAO

黄绍光　陈麒伊　何启贤　黄必林　点校

| | |
|---|---|
| 出版发行：知识产权出版社有限责任公司 | 网　　址：http://www.ipph.cn |
| 电　　话：010-82004826 | http://www.laichushu.com |
| 社　　址：北京市海淀区气象路50号院 | 邮　　编：100081 |
| 责编电话：010-82000860转8569 | 责编邮箱：laichushu@cnipr.com |
| 发行电话：010-82000860转8101 | 发行传真：010-82000893 |
| 印　　刷：北京建宏印刷有限公司 | 经　　销：各大网上书店、新华书店及相关专业书店 |
| 开　　本：787mm×1092mm　1/16 | 印　　张：28.75 |
| 版　　次：2021年5月第1版 | 印　　次：2021年5月第1次印刷 |
| 字　　数：578千字 | 定　　价：149.00元 |

ISBN 978-7-5130-7179-6

# 序

地方志是以地域（主要是行政区划）为单位，综合系统记载从地方大事、自然地理、政区建置沿革到政治、军事、经济、文化、社会、人物的历史和现状等情况的资料性著述，是无所不载的“地方百科全书”。地方志的编修历来为政府所重视，多由一地主官主持编修，为国家建设提供借鉴和资料。据统计，我国现存1949年以前编纂的各种地方志近9000种。为了继承、保存、利用旧地方志这一珍贵历史遗产，中国地方史志协会1981年7月在山西太原召开会议时，决定将“旧方志的整理”列为地方志工作三大任务之一，以期使旧志得以整理、研究、出版、使用，发挥其资政、教化、存史的作用。

河池地处我国西南边陲，“实属天末，处万山丛错中”，明、清时为庆远府，大致为现在的河池市宜州区、金城江区、环江毛南族自治县、南丹县、天峨县（东北部、东南部地域）、罗城仫佬族自治县（含四把镇、天河镇以内的西南部地域）、东兰县、凤山县（含凤城镇以内的东北部地域）、巴马瑶族自治县（盘阳河以北地域）、都安瑶族自治县（东部乡镇）、大化瑶族自治县（盘阳河以北乡镇）以及来宾市忻城县、贵州省黔南布依族苗族自治州荔波县境地周边。因自然环境等因素，这些地区经济文化发展相对落后，存世的古籍极少。1949年以前，河池地区先后编成过四种《庆远府志》，即明万历十一年（1583）庆远知府黄文炳修，康熙二十六年（1687）庆远知府白启明编修，乾隆十九年（1754）知府李文琰修、何天祥纂和道光八年（1828）英秀、唐仁纂修的《庆远府志》。因历史久远，这四种府志中，仅编成最晚的两种存世，其中乾隆十九年辑《庆远府志》现已成为河池地区尚存最早的府志，且仅故宫博物院存有一套。

该志于清乾隆十九年由广西布政庆远府知府李文琰组织其下属宜山、天河、河池、思恩、东兰、忻城等州县司知县、知州，以及庆远府学、宜山县学师生采集、编修而成，“遵《广西通志》之大凡，参楚、吴二志以起例，类总次而为十，目分六十有三”。全志共分10卷，分别为舆地、建置、食货、学校、武备、秩官、选举、人物、艺文及杂类。该志继承了康熙《庆远府志》和雍正《广西通志》中关于庆远府的大部分记载，各卷内容来自历代正史、政府档册和历代仕宦的笔记等材料。不仅系统地记载了河池地区各民族风俗、人情、物产、税赋等方面的情况，而且对各县沿革也进行了详尽考证。如《食货志》对当时庆远府及各属的财政、经济等方面的详细记载，是研究河池地区清代中期经济情况的重要史料。

由于当时印刷技术落后等原因，故宫博物院保存的这套孤本《庆远府志》，残剥、渍漫甚多，大量段落、字句无法辨识甚至缺失。该志虽于2001年由海南出版社影印出版，使其得以传播，但由于文字残剥太甚，辨识极为困难，加之全部志文无标点，普通读者往往难以卒读。为了重现河池这一重要古代文献的原貌，河池市地方志办公室对模糊文本进行了初步辨识，广西现代职业技术学院组织人员对残缺文字进行了补正，对全部志文加以标点，并尽量借助史料对志文进行校勘，以方便读者阅读。广西地方志办公室古籍处对全稿进行了审定。这是一件功在当代、利在千秋的大事、要事和好事！

这部志书的整理出版，对保护和传承我国的优秀文化遗产，加深读者对国情、地情的了解，激发后人热爱祖国、热爱家乡的思想感情，树立民族文化自信，推动地方经济文化建设具有重要意义。故乐为之序。

韦继松

2020年8月22日

韦继松，壮族，1933年4月生，广西宜山(今河池市宜州区)人。1951年4月参加工作，1952年9月加入中国共产党，先后担任环江县县委书记、广西壮族自治区人民政府副主席、全国人大民族委员会副主任等职。

# 目　录

# 点校说明

一、校注以乾隆十九年庆远府知府李文琰纂修的《庆远府志》（故宫博物院藏，海南出版社2001年影印发行）为底本。

二、校注中主要以明、清时期5种《广西通志》以及英秀、唐仁纂修的《庆远府志》（中国国家图书馆收藏、扫描网络公开本，以及2009年广西人民出版社出版的点校本）为校勘辅助资料。5种《广西通志》为：

1.明嘉靖年间黄佐纂修的60卷本；

2.万历年间苏浚纂修的42卷本；

3.清康熙二十二年郝浴委廖必强、王如辰等纂修的40卷本；

4.雍正十一年金鉷委钱元昌、陆纶纂修的128卷本；

5.嘉庆年间谢启昆、胡虔纂修的278卷本，以及广西人民出版社1988出版的点校本。

三、校勘、注释所用资料，均列于书末“参考文献”。

四、底本中凡衍（文字多出来）、夺（文字脱漏）、讹（文字谬误）、舛（文字颠倒）之情，如可据校本增、删、正的，即增之、删之、正之。单字增、正以〔〕加正字于文中注明，而将原刻误字加括号于前。如（隅）〔喁〕，表示原刻误为“隅”，实应作“喁”。确定无疑者，不另出校。如无校本依据，猜度得之，则在校勘中注明某字“疑是某字之误”并说明依据等。

五、底本中所载或所引与其他古文献相异者，视古文献的可靠性，尽量勘正，并于卷末注明校勘所据文献、理由。

六、原文残剥、漫灭不可辨识者，但凡可用其他古典文献足之者，尽量补足，所补个别文字以〔〕标识；一段文字，所补甚多时，不加〔〕记，而在脚注中注明；无法补足者，则以相应数量的“□”代替；缺字甚多时，则括注所缺字数。

七、原志卷六《秩官志》中，若干职官人物籍贯待考，但刻版时仍保留了刻写籍贯文字的位置。整理时，此类原文留空的情况不保留□□符号，其后的“人”字一并简去。

八、底本为繁体竖排，今悉改为简体横排；为便于今人阅读，对原志逐段逐句进行标点断句，标点符号的使用悉依《GB/T 15834-2011标点符号用法》规范。在“文不害义”原则下，根据文义、内容酌情对个别章节划分段落。

九、原志正文、标题字号等大。为便于今人阅读，依卷内层次设置三级标题，依次加大字号；随文的小标题亦以黑体突出。

十、对原书中的行文方式，如为示尊敬之提行、空格等，原则上废弃，按现行行文规范重新编排。

十一、原文中的按语、校勘文字，低一格排版。校注时改为与正文同号的楷体字，以示区别。

十二、原文中各条目，如《物产》《人物》等志中，物名、人名后的补充说明性小字内容，实与正文无异，改为与正文等大的宋体字排版。条目中的注释性小字内容，以括号加楷体字排版。

十三、卷十《杂类志》部分条目之后以小字载记的条目来源信息，改与正文等大的楷体，并加括号。

十四、其中之异体字、俗字，径改为通行的规范汉字，而不出校记。如文中“峒”“峝”混用，今均统一为“峒”。明显的版刻错误，据上下文可断者，如“已”“巳”“圯”“圮”的混同，及笔画繁多之字缺笔或书错刻错，均径改而不出校记。

十五、为避讳而缺笔增笔文字，悉改正为规范字。为避讳整字替换的则仍其旧，而在注释中说明其避讳情况。

十六、生僻字词，加以注音，兼作注释。注音采用汉语拼音字母，注普通话的读音，不注反切及注音字母，不注古音。

十七、在“尊重原稿，保留原貌”的前提下，原志文中对少数民族带有歧视性的称谓如“猺”“獞”“獠”以及一些文字描述，酌情保留原貌。一则国家对此没有明确规定，二则保留这些文字，使读者能从古今文字形体的变化中感受到时代的变迁和社会的进步。

十八、所涉及生僻典故、职官等词句亦加注解释，释词一般取用权威字典、词典内容，如龚延明主编的《中国历代职官别名大辞典》（上海辞书出版社，2006年）、吕宗力主编的《中国历代官制大辞典》（修订版，商务印书馆，2015年）、《辞海》《辞源》等。不能一一注出，统列于末尾“参考文献”。

十九、原文中纪年方式不一，或帝王纪年、干支纪年，或兼有之。整理时在年代之后括注公元纪年；为避免冗注，对同一小节内多次出现的年号，仅在首次出现处加注，后续各年读者可自行推知。

二十、原志卷一《图经》中所附各州县司地图，为正确反映历史上的县域情况，所以使用影印版原图。

校注者

2020年8月14日

# 《庆远府志》原书前序言、檄文、纂修人员、凡例和目录

## 序言

### 广西巡抚李锡秦序[1]

古者，圣人御宇[2]，道德一，风俗同[3]，海内清和，远通惟一。故天下之图，职方氏[4]掌之；四方之志，外史掌之。所以大一统，示无外也。我国家升平日久，圣圣相承，湛恩瀸泽，覃敷荒徼[5]。虽在凿齿雕题之属[6]，咸蒸蒸向化，渐启文明之治焉。庆远处粤西西陲，与黔省邻。古属桂林郡，自尉陀[7]窃据后，或领于交趾[8]，或隶于桂州。至宋始为庆远府，后又改隶岭南。明初复宋名“庆远”，属广西承宣布政使司。国朝分东兰六哨为东兰

---

[1]此序标题系点校者所加，后续各序亦然。李锡秦（？—约1754），字瞻仲，号砚农，江南金山宝山（今属上海）人。雍正二年（1724）举人。因与修《图书集成》选授广西罗城知县，后常年任职广西。乾隆十七年（1752）授广西巡抚，两年后以病免，旋卒。著有《义宁纪略》。

[2]御宇：统治天下。〔南朝梁〕刘勰《文心雕龙·诏策》：“皇帝御宇，其言也神。”〔唐〕白居易《长恨歌》：“汉皇重色思倾国，御宇多年求不得。”

[3]道德一，风俗同：道德标准得到统一，风俗习惯也趋向相同。〔宋〕张孝祥《于湖居士文集·衡州新学记》：“此人伦所以明，教化所以成。道德一而风俗同，惟是故也。”

[4]职方氏：官名。《周礼·夏官》有职方氏，掌天下之地图，辨其邦国、都鄙及九州人民与其物产财用，知其利害得失，规定各邦国贡赋。后历代沿用，至明、清兵部及民国内务部均有职方司。

[5]覃敷荒徼（qínfūhuāngjiào）：遍及边远之处。覃敷，广布；荒徼，荒远的边地。

[6]凿齿，也称“折齿”“打牙”，系产生于古代原始部落民族中的习俗。其特点是：青春期男女，以敲折、拔除上颌两侧对称牙齿为美。中国越、僚、濮等古民族以及民国以前仡佬、高山族均有此俗。雕题，一种古代蛮人的习俗。先在额上雕刻花纹，再涂以丹青。《管子·小匡》：“雕题、黑齿，荆夷之国。”此处泛指未开化的民族。

[7]尉佗（？—前137），真定（今石家庄市东古城）人。公元前218年，奉秦始皇命令征岭南，略定南越后，任为南海郡龙川（今广东龙川县）令。汉高祖十一年（前196），汉高祖下诏封其为南越王。吕后当朝，对南越实行货物禁运，尉佗三次上书无效，遂于高后五年愤然独立，自号“南越武帝”。事见《史记·南越列传》。

[8]交趾：中国古地名，亦作交址、交阯。辖今广东、广西大部及越南的北部、中部之地。后泛指五岭以南地区。

州，继又以荔波改隶黔省，而所领汉土州县司乃如今制。

夫庆远久没蛮荒，自汉迄明，统隶不一，无论往事，即昭代制作，近世风谣[1]，总无成书可按。康熙年间，知府事白启明采辑旧闻，搜罗时事，纂《庆远府志》，迄今垂七十年。其间经画区处[2]，日就精详，而近事未备者，增修尤亟。知府事李守踵事续成[3]，其以十志统各条目仍旧志。而目中分合、先后不无异同，则酌吴、楚《通志》例，参互考核，既详且密。而《庆远府志》乃大备。夫广谷大川，自古异制。居民材者，修其教不易其俗，齐其政不易其宜。此何以故？亦因其自然者以导之，而无拂其天性也。庆远多危峰峻岭，密林深箐[4]，土著之民不无乔野，加以猺、獞、狼、狑、獠[5]诸土蛮杂处其间，其服斑斓[6]，其音纥那[7]，由来旧矣，猝不可变。而在今时，顾安其居，乐其业，为士者敦诗书，为农者勤稼穑。虽有异类无知，亦复奉法畏罪，而虞诈不生，反侧不作。读斯志也，亦可晓然于圣天子因俗设教之至意。故土于斯者，无不优游于光天化日之中也。余释褐[8]后，奉命来粤，由县令迄任封疆[9]，历三十年于兹矣。宣上德意，动以养士治民为竞竞，间一伏莽窃发[10]，亦曾倚戈勘定而通者。山高水清，风淳俗茂，几几与中土相埒。兹因庆远一志，辄不禁仰化之，蒸被无疆[11]，且愿抚斯土者，加益拊循，益广皇仁于勿替也。是为序。

乾隆十九年八月，上澣巡抚粤西使者宝山李锡秦书于使院之敬事斋

（本篇多处原文不可辨识，部分据道光本《庆远府志》节录校补）

[1]昭代：政治清明的时代。制作：制度、作品。风谣：风俗歌谣。《后汉书·方术传上·李郃传》：“和帝即位，分遣使者，皆微服单行，至各州县，观采风谣。”《文选·左思·三都赋序》：“其鸟兽草木，则验之方志；风谣歌舞，各附其俗。”

[2]经画区处：经营筹划，处理安排。经画：经营筹划；区处：处理、筹划安排。

[3]李守：即当时的庆远府知府李文琰。踵事续成：接着（白启明未完成的修志工作）继续完成。踵事，语出〔南朝梁〕萧统《文选序》：“盖踵其事而增华，变其本而加厉。”

[4]箐（qìng）：山间的大竹林，泛指树木丛生的山谷。

[5]猺、獞、狼、狄、狑、獠：均为当时统治者对少数民族的称谓，现已不再使用。

[6]斑斓：色彩错杂灿烂。《后汉书·南蛮西南夷列传·序》：“衣裳班兰，语言侏㒧，好入山壑，不乐平旷。”形容边远、未开化地区人的妆饰怪异。

[7]纥那：原指踏曲的和声。〔唐〕刘禹锡《纥那曲》：“周郎一回顾，听唱纥那声。”此处形容少数民族的语音怪异。

[8]褐：指粗布短衣。褐原本指葛、大麻、兽毛织就的衣服，多为古时贫贱或地位卑贱人的穿着。“释褐”指脱去平民衣服，喻始任官职。

[9]封疆：指统治一方的将帅，明清两代指总督、巡抚等。此处指作者所任广西巡抚一职。

[10]莽：丛生的草木。“伏莽”指军队埋伏在草莽中。窃发：暗中发动（攻击）。

[11]蒸：兴盛的样子；被：覆盖；蒸被无疆：意为到处都很兴盛的样子。

## 两广总督杨应琚序[1]

今天子御极[2]之十有九年，余恭承恩命，承乏于粤东西。舟车所莅，宣布德泽，导扬威武。郡守、州牧、县令尹所部之士庶，与夫岛夷估舶[3]，以讫斑斓椎髻侏僑之酋[4]，咸向风举踵，争相慕义，喁然[5]于国家赫声濯灵，为亘古盛治之所莫及。李侯以才且贤，自郡司马擢守庆远。郡旧有志，迄今已数十载矣。李侯以为斯固一郡兴除之大关，而官斯土者不可视为缓也。爰更为辑之，书成，请序于余。

余乃为之序曰：夫志乘[6]之作，□□国计民生，□□□大守□□□为潘□□司□□□□为令、丞、簿、尉[7]所具瞻，盖□□之表率。古人所以有其维良□□千石之叹也。粤西固僻壤，而庆远则又粤西之僻者，流土分粿，苗民错杂，实所称为岩疆者。其利赖于太守之得其人，视他郡为弥重欤。惟我（以下共6列约75字漶不可辨）……觚珥笔于簿领之余者[8]，皆圣天子浸浔衍溢，泽流罔极之所自致也。则斯志之举，岂徒悉掌故资考据云尔哉？是故志舆地，必思犬牙何以相制，绣壤何以相错，保障捍卫之方，不可不预为筹也。志建置，则当思何以崇观瞻，何以昭体制，金汤巩固不可不亟为讲也。志食货，则所以平徭役、均赋税，通商惠工，阜民丰财之必有其道乎！志学校，则崇儒重道。志武备，则建威[9]、销萌、揆奋，兼而修攘举之，何以臻此乎！至于显忠遂良[10]，则当思志于秩官。礼贤兴能，则当思志于选举。树品为立身之大端，惟旌别淑慝[11]，所以志人物。文章为不朽之

[1]杨应琚（1696—1766），字佩之，号松门。原籍青海西宁，清辽海汉军正白旗人。雍正七年（1729）由荫生授户部员外郎。乾隆初擢山西河东道，寻调甘肃西宁道。乾隆十九年（1754）五月迁两广总督，“总督广东、广西等处地方提督军务、粮饷兼巡抚事”。二十二年移闽浙总督，再移陕甘总督。后拜东阁大学士、加太子太保。乾隆三十一年，缅甸入犯滇境，清廷以杨为云贵总督率军攻缅。寻败，以虚报战功被召还，削籍逮问并勒令自尽。

[2]御极：天子即位。

[3]岛夷：指海外蛮荒的种族。估舶：商船。

[4]椎髻：椎状的发髻；侏僑：形容方言、少数民族或外国的语言文字怪异，难以理解。此处指边远未开化地区人的妆饰、语言怪异。

[5]喁（yóng）然：众人景仰、归向之状。

[6]志乘（shèng）：地方志书，记载地方的疆域沿革、人物、山川、物产、风俗等。章学诚《文史通义·和州志政略序例》：“夫州县志乘，比于古者列国史书，尚矣。”

[7]簿尉：主簿和县尉。泛指地方官府佐理官员。

[8]觚（gū）：商周时期的青铜制酒器，喇叭形口，细腰，高圈足。珥笔（ěrbǐ）：插笔于冠侧，以备记事。簿领（bùlǐng）：官府记事的簿册或文书。

[9]建威：建立威慑；销萌：将危险消除在萌芽状态；揆奋：即揆文奋武，意为施行文教，振奋武备。《尚书·禹贡》：“五百里绥服，三百里揆文教，二百里奋武卫。”

[10]显忠遂良：荐举忠诚贤良之士。《尚书·仲虺之诰》：“佑贤辅德，显忠遂良。”《尚书孔传》：“贤则助之，德则辅之，忠则显之，良则进之。”

[11]旌别淑慝（tè）：即识别善恶。慝：从匿、从心。把心隐藏起来，存有邪念。《尚书·毕命》：“旌别淑慝，表厥宅里。”

盛业，惟考镜古今，所以志艺文。下至小物不遗，兼收并录，皆所以为官斯土者殚心思、助耳目之用，又杂类之所由以志也。凡皆尽太守之职，以为国计民生而已。由斯道也，岂特庆远为然哉？〔使〕粤东西之凡有事于斯土者，胥允克若兹❶，而余亦得以吏治官方之犹为澄叙❷者；藉手以对扬❸圣主寄以封疆之至意，则凡志乘之修未必非相与砥砺。有成者，盖不独庆远为然也，而李侯其知勉乎哉？

时乾隆二十年岁次乙亥夏五月，

兵部尚书、总督广东广西等处地方军务兼理粮饷、

都察院右都御史、加一级，辽海杨应琚 撰

## 广西布政使德福❹序

庆远旧未有志，□□□□，康熙二十六年始之❺。其地为秦之桂林郡，汉之郁林❻郡，唐之宜州。中间一据于南海尉陀，再据于南楚马氏❼，三据于南汉刘氏❽，变革屡矣。至宋咸平中，始升为庆远府，明因之。国朝定之，其所辖州县，先亦拨置无常，分并不一。今始定为州二、县三、土州三、土县一、长官司三，凡共十二属❾。其间，官则有流与土之殊，民则有汉人及猺獞之别；其气候则有烟瘴之时行；其疆域则为罗城、上林之咽喉，黔表岭南之襟带。又控御南交❿贡道之声援。此庆远之大略也。自旧志修后，迄今凡七十季，

---

❶胥：全、都；允克：允恭克让，指诚信，谦逊能够忍让。胥允克若兹：都像（李郡守）这样谦逊隐忍。

❷澄叙：清理整饬。

❸对扬：古文常语，用于臣子受君赏赐时，有答谢、颂扬之意。

❹德福（？—1782），伊尔根觉罗氏，满洲长白山人。历官广西布政使、山海关副都统、福建布政使、仓场侍郎，乾隆四十二年（1777）任刑部尚书，四十七年卒于任，谥“勤肃”。

❺按：明万历十一年（1583），庆远知府黄文炳曾主修一部《庆远府志》，虽已失传，但云“庆远旧未有志”似亦未确。康熙二十六年（1685）始之，即指当时庆远知府白启明主修的《庆远府志》。

❻今名玉林。

❼南楚（907—951）：五代十国时期的地方政权之一，共历6主，44年。907年，后梁封马殷为楚王。马殷效仿朝廷体制，改潭州为长沙府，建立楚国，是为历史上唯一以湖南为中心建立的政权，史称马楚、南楚。951年11月，南唐乘楚内乱，派大将边镐率兵攻占长沙，南楚灭亡。

❽南汉（917—971）：五代十国时期的地方政权之一，共历5主，67年。辖今广东、广西两省区及越南北部。唐朝末年，刘谦任封州（今广东封开）刺史，拥兵过万，战舰百余。刘谦死后，刘隐继承父职。907年，刘隐被后梁封为彭郡王，后改封为南海王。刘隐死后，其弟刘龑袭封南海王。后梁贞明三年（917），刘龑在番禺（今广州）称帝，国号“大越”。次年托汉裔身份改国号为“大汉”，史称南汉。971年为北宋所灭。

❾即河池州、东兰州、宜山县、天河县、思恩县、东兰土分州、南丹土州、那地土州、忻城土县、永定长官司、永顺长官司、永顺副长官司。

❿南交：泛指岭南地区。《尚书·尧典》：“申命羲叔宅南交。”[清] 屈大均《广东新语》：“南交者，粤也，陶唐之南裔也。”

其中赋役、建置、官秩、政迹、食货、学校、人物、艺文之类，凡列在职方氏者，皆象胥匡人[1]之所谕，训方怀方[2]之所通，而小史外史且辑之以成掌故者也。

予□□足未至粤。今奉□□□□粤□土，抵署数月后，庆守李君文琰挟郡志一册相示，盖其手辑新志，方脱稿成编，而将付之梓人[3]者也。予展玩之，见其瞭然者，绣错之星土也；犁然者，惟正之籍也；炳然者，文武之治迹冠缨也；庞然者，其俗也；翘翘然者，其挺拔之干、砰訇之声也。吁，观此书，而贤守所以谋庆人之安，为庆人计长久者，其精勤已露一斑矣。愚因之重有念焉。夫郡□□贵有志者，惟人物为最耳，是□斗川岳之所毓，田里政教之所培，而人文发之以为光，城郭修之以壮色者也。庆远虽僻处西徼，然自汉唐至胜国垂之旧乘者，亦既辉映竹帛矣。今当重熙[4]之日，沐膏泽而习遒铎[5]，如此其久，此中之蓬蓬勃勃、郁郁葱葱，不正如弩之将释，霆之将震耶？抑且发之盛者，其机反迟；而蓄之久者，其达莫御耶！志中所载，盖其先驱者耳，庆人勉之哉！夫地之不足囿人也，不有文身为俗者乎？后且风雅倾上国矣。不有系高丽者乎？后且刻石天山矣。荜路蓝缕，称者曰："惟楚有材。"《周礼》《周官》其始也。陶复陶穴[6]，地之灵钕，人之杰也。振古如斯矣，庆人勉之哉！安官府之文教，而变其未尽变之习；陶镕[7]于天子之化，而从龙从虎，云涌风生，将令后之续是书者，煌煌奕奕，罄三管而不胜书。于以贡之明堂，藏之天府金匮中，岂非莅斯土者之所拭目而兴庆者哉？

广西等处承宣布政使司布政使，纪录二十次德福序，

时乾隆二十年，岁次乙亥孟冬之月吉旦

---

❶象胥：周代接待四方使者的官员。《周礼·秋官·象胥》："掌蛮、夷、闽、貉、戎、狄之国使，掌传王之言而谕说焉，以和亲之。"匡人：周代官名，职掌巡行邦国、宣告法令和纠察邦治之官。《周礼·夏官·匡人》："匡人掌达法则，匡邦国而观其慝，使无敢反侧，以听王命。"

❷训方、怀方：均为周朝官名。训方即"训方氏"，负责向君主报告诸侯政事、诵说四方传说兼掌民众教化。怀方即"怀方氏"，负责迎送招待来自远方的客人，并接纳其所献的礼品等。《周礼·夏官》："怀方氏掌来远方之民。……训方氏掌道四方之政事，与其上下之志，诵四方之传道。"

❸梓人：古时雕版刻书以梓木为上，后因称书籍刊印为"付梓"。梓人即古代印刷业的刻版工人。

❹重熙：旧时用以称颂君主累世圣明。〔三国 魏〕何晏《景福殿赋》："至于帝皇，遂重熙而累盛。"《旧唐书·贾耽列传》："太宗继明重熙，柔远能迩。"

❺遒铎：喻警世。语出《尚书·夏书·胤征》："遒人以木铎徇于路。"《尚书孔传》："木铎，金铃木舌，所以振文教。"

❻陶复陶穴：语出《诗经·大雅·文王之什 绵》："古公亶父，陶复陶穴，未有家室。"陶，即"掏"的初文；复，即"覆"。"复、穴"指上古先民简陋的半地穴、地穴式建筑。

❼陶镕：亦作"陶熔"，比喻浸润、影响。

## 广西按察使杨廷璋[1]序

余以乾隆乙丑岁奉命监司右江。庆远为右江岩郡，岁巡或至再三，凡蛮溪猺峒、高栏深箐，辙迹无不至焉，迄今山川风物犹历历在目也。宜州建置自唐，至宋咸淳初升而为庆远府。隶中土版图已数百载，非狉獉[2]初辟者比。顾土苗僻陋，文献无征，郡未尝有志。有之，自白君启明始。白君以康熙二十三年来守兹土，搜罗旧闻，采辑轶事，汇为十卷，裒[3]然成书，草创之功大矣。迄今又七十余年，我朝重熙累洽[4]，久道化成，文治日隆，土宇日扩，道德一而风俗同。昔之所为侏儒野蛮，悉变而为礼让弦歌，则旧乘所载，有未可执古以概今者。况郡之有志，非徒侈广博资见闻已也。上而备史官之采择，下而莅斯土者得以考风土之宜，因地制治，所系綦重。其间，疆域之改隶，田野之开辟，户口日增，人才辈出，更月异而岁不同，必纂辑者勤斯近而易稽，苟徒守陈编，阅时既久，不特事多散轶，且所见异辞，所传闻又异辞，将尽付诸阙疑之列，其何以信今而传后哉？故续修之功与创辑者埒。此固余在右江时，俯仰流连，所有志焉而未逮者也。今岁秋，庆守李君手一帙，就正于余。展卷之下，山川风物，昔所游历，宛然在眉睫间。既能举数十年之事具载无遗，而其搜罗纂辑之博，更有备前志所未备。正讹考异之功，并有发前人所未发者。余窃喜李君为能续白君之遗绪，且有以竟余未逮之志也。是为序。

时乾隆十九年岁次甲戌阳月，

上澣通议大夫、广西提刑按察使司按察使、铁岭杨廷璋奉峨氏撰

## 天河知县查克亶[5]序

尝读《周官·职方》及《史记·天官书》而慨然有感也。《周官·职方》详胪山镇薮泽，而岭南无记焉。《天官》以列宿分野配诸郡国，而越门置南戒外，盖以为非我族类，不臣其人，不纳其贽也。庆郡尤被粤西极边，控牂牁[6]，扼夜郎十五部，治属强半羁縻。

---

[1]杨廷璋（1688—1771）：字奉峨，汉军镶黄旗人。世袭佐领。雍正七年（1729），由笔贴式授工部主事，再迁郎中。后历任广西桂林知府、广西按察使、湖南布政使、浙江巡抚、闽浙总督、两广总督、工部尚书、刑部尚书等职，授体仁阁大学士，太子太保、太子少保。卒赠太子太保，赐祭葬，谥“勤悫”。《清史稿》有传。

[2]狉獉（pīzhēn）：亦作“狉榛”。指草木丛杂，野兽出没，形容原始野蛮。

[3]裒（póu）：聚集。

[4]重熙累洽：国家接连几代太平安乐。〔汉〕班固《东都赋》：“至乎永平之际，重熙而累洽。”张铣注：“熙，光明也。洽，合也；言光武既明，而明帝继之，故曰重熙累洽。”

[5]查克亶：满洲长白山人。曾任宜山、天河知县。康熙五十九年（1720）曾以散秩大臣（从二品，食三品俸）出使朝鲜，谕祭朝鲜肃宗李焞。余无考。

[6]牂牁：指汉代牂牁郡，治所位于今贵州省黔东南自治州黄平县旧州镇。

民多猺獞土蛮，负固凭险，不时猖獗，宋、元来用兵无虚日。当事者率矻矻料丁壮、除戎器、峙糗粮，方疲于奔命之是虞，而何暇征文考献，以备𬨎轩之采！郡无志乘，固然其无足怪。我国家抚有区夏，刬削消除，夷险锄梗，百余年来，漠然山高而水清矣，乃搜讨遗文。仅康熙中，郡守辽阳白公旧志十二卷，岁久漫灭残剥，讫不可读，竟未有重谋增辑者，抑亦兹邦之缺事也。癸酉秋，荆南李公膺简命来守兹郡，下车甫数月，百废俱兴。越明年，将欲整风励俗，类族辨物。因取旧志，按之深为扼腕。乃进属吏，面命曰："郡之有志，犹国之有史，讵可任其阙而不修？矧[1]庆远地属边徼，猺獞杂处，风俗民情好恶不齐，较他郡为难治，非修明志乘，何以昭示来者？"遂毅然倡捐廉俸，咨于绅士，询诸耆硕，广为搜罗，详加裒辑，订同异，掇散亡，拾遗补阙，自夏迄秋凡四越月而竣事。秩然成书，焕乎改观。后之剖符斯郡者，开卷而知地舆之广袤，形势之险夷，谣俗之淳漓，物产之丰啬，建置之兴废，并化有浅深，治有沿革，文事武备，有得失胥了然于目间。而后因地措施，有条不紊，俾兆庶永蒙乐利，既足以仰慰圣天子轸恤边氓，各上宪念，□抚□□□□□□，某也忠，某也孝，某也贤，某也□，□□详载乘中，垂诸不朽。行见猺獞士民，闻风观感，相率而臻郅治猗欤！休哉！斯志之修，有裨于世道人心者，功不甚讵哉！是足以补职方之未备，而越门南戒外亦长此得耀声明文物之观矣！余不敏，承乏天河兼摄宜篆，愧不能赞一词，幸获躬逢，效校雠以襄厥成，义不得辞谫陋，而默默已也。爰缀数言于后，以志盛举。是为序。

乾隆甲戌年秋八月，文林郎、知天河县事兼署宜山县印务、长白查克亶

## 庆远知府李文琰[2]序

今天下大一统矣，车书之盛，海宇同风。《纬书》云："神农地过日月之表，则日表骨利，月表青邱。"粤西比之犹迩封也[3]。官斯土者，顾远其地，鄙其民，窳[4]其政，俾旮爽暗昧，不得耀光明而被盛世之文治，何哉？雍正初，先伯涛庵令融，余时羁丱[5]，随任署中，颇稔粤中风土。去岁复自大同奉命守庆，图所以养士治民，为裨益兴除计者，而记载阙如，稽考无自，

[1]矧（shèn）：况且。

[2]李文琰：字玉重，号华亭，湖北石首人，贡生。乾隆十八年（1753）由山西大同同知升任庆远知府。"甫抵任，问民疾苦，兴贤育材，修学宫，纂郡志，建庆阳书院，平谷盐市价，遗爱在民，至今犹歌咏之。"道光《庆远府志》有传。

[3]"纬书云"一句，出自〔明〕杨慎《大理府志序》："《纬书》云：'神农地过日月之表，则日表骨利，月表青邱。'滇池比之犹为迩封。"详见《升庵集》卷三。《纬书》是上古谶纬思想学说的辑录，并非出于某一作者，故文字无可考。骨利、青邱：均为神话中的地名。"日表骨利，月表青邱"，极言地域之广。

[4]窳（yú）：懒惰。

[5]羁丱（guàn）：犹羁角。丱：儿童发髻的样式，因以指童年。

盖文献之不足征也久矣。康熙初，前守白君启明辑有府志十二卷，多漫漶残剥，讫不可读。又昔时风鹤甫定，猺狑类多伏莽。今则仁渐义摩，蛮徼箐峒之所皆夷为坦途，荡荡平平，文教之诞敷于斯极矣，可无著录以志休美，而顾因仍旧乘，听其日就芜没欤？夫发凡起例，董率兼综，俾克成书，以备一郡之掌故，司民牧者之事也。编摩考校，典核精详，毋使冗漏贻讥，都人士之任也。爰（板）〔檄〕[1]令各属，延博雅士，广为搜罗，条目一遵《广西通志》，兼参旧志及楚吴《通志》义例，增损裁定，以赓续前书。今夫天地之精华，日积而日盛，国家之政教，愈久而愈隆。我朝休养生息百余年来，时易势殊，所以经营措置之方，亦各变而通之，与时宜之。庆介在边徼，舆封其如故乎？而证向今，故风俗之移易、隶属之分合，夫亦月异而岁不同矣。设险以守国，壮观以临民，与夫崇报秩祀[2]之区，建置详矣，一展卷而瞭如也。度支岁额，视土田户口为盈缩，足国裕民，无患漏卮，食货之志，义取诸班史焉耳。建国君民，教学为先，泮水之芹，与中沚之莪并茂也[3]，有文事者。有武备，边防严矣，爪牙之士可任，执冰而兴乎？设官分职，惟以乱民，土流文武，桐乡之遗爱，有勿喧者矣，列为秩官。凡我有位，仰先躅而内省，其知所以自（厉）〔励〕[4]也已。三物六行[5]，以兴贤能，制科而外，更有荐辟[6]，统曰选举，彬彬乎颉颃[7]上国焉。鹤山龙水，蜿蟺扶舆，而人物蔚兴，表而扬之，毋俾芳踪懿节致与腐草流萤同归澌灭也。文以载道，心声之发，俟其炜而立德立功，更藉不朽于立言，讵可以为鞶帨[8]之末也而忽之。志备矣，缀以杂类，用资考镜，以广见闻。汇为十卷，目凡六十有三。岂曰摛藻挨华[9]，侈著作之能事已哉！实而不诬，简而不繁，辨而不华，质而不俚，于以鼓吹休明，昭国家大一统之治，庶几《周官·外史》之意云尔。抑余闻杨文宪公之说矣，天生五材，肇于水，究于土。人非水土不生，而非水土所能囿。尝读《禹贡》，见其土九州，等九赋，地产方贡，品明胪列，独怪其详于物而略于人也。又读

[1]原文作“板”，道光《庆远府志》节录作“檄”，当以“檄”为是。

[2]秩祀（zhìsì）：依礼分等级举行之祭。

[3]泮水之芹，中沚之莪：喻人才众多。“泮水之芹”，出自《诗经·鲁颂·駉之什·泮水》“思乐泮水，薄采其芹”，喻学子入学宫。“中沚之莪”，出自《诗经·小雅·南有嘉鱼之什·菁菁者莪》“菁菁者莪，在彼中沚”，喻君子容貌威仪之盛。

[4]原文作厉，据道光《庆远府志》改。

[5]三物六行：统指人的优良品德和才艺。语出《周礼·地官·大司徒》：“以乡三物教万民，而宾兴之。一曰六德：知、仁、圣、义、忠、和。二曰六行：孝、友、睦、姻、任、恤。三曰六艺：礼、乐、射、御、书、数。”

[6]荐辟：推荐和征召。

[7]颉颃（xiéháng）：不相上下，相抗衡。语出《晋书·文苑传序》：“藩夏连辉，颉颃名辈。”

[8]鞶帨（pánshuì）：喻雕饰华丽的辞采。〔南朝梁〕刘勰《文心雕龙·序志》：“饰羽尚画，文绣鞶帨，离本弥甚，将遂讹滥。”

[9]摛藻挨华（chīzǎoshànhuá）：铺陈辞藻，施展文才的意思。〔汉〕班固《答宾戏》：“虽驰辩如涛波，摛藻如春华，犹无益于殿最也。”《四库全书总目提要》评《方舆胜览》：“摛藻挨华，恒所引用。”

《周官·职方》，别男女，均多寡，又怪其详民数而略性与俗也。及观管子之著《水枢》❶，班固之志《地理》，则《禹贡》《职方》之未详者备矣。管子之《水枢》，列齐、楚、越、晋、燕、宋六国，而贪粗简易之俗，谓其解在水。固之《地理》，列秦蜀至吴粤，凡十三国。而游侠，而柔弱，而刚毅，而俭陋，而夸奢，而剽悍，而巫鬼，谓其习皆系乎土。然与否，吾不得而知矣。孔子曰："相近也，习相远也。"夫人性禀于天，自王畿❷土中至于海隅，日出一也。习则系乎君之令、师之教，而非水土所函，乃知《禹贡》《职方》万世之书，而管、班则一时之书耳。粤稽诸古，陈元❸出自苍梧，公辅❹生于爱州，三元冯公❺非庆产乎？德行经济，且与日月争光矣。今圣天子崇古尚贤，表章经术，庆人士逖听风声，其务自濯磨❻，以仰步前徽❼，而勿以远自画地自限哉！若夫志之嗣修增补，广所未备，俾不致如旧志之漫漶残剥，尤不能无望于将来同志者之考订云。是为序。

时皇清乾隆十九年岁次甲戌季夏月吉日，知庆远府事、荆南李文琰序

## 庆远府旧志序

郡志为州邑汇信之乘，固《周官》小史、外史类也。启明于上御极之壬戌冬，奉命来守庆远，急欲得悉掌故，区画兴除❽，而记载无有传者，即拟搜罗裒辑❾。奈时金戈甫靖，次第莫之或遑。嗣滇黔大定，圣天子将成昭代大一统之，特书诏中外具《通志》以进，用佐万一取裁，盖煌煌巨典也。启明既承执事檄，敢不竭蹶备将？惟思志者识也，原以识其所自有也。非广询博采，则一时之闻见为圉❿；不探本殚精，则群言之纷纶失实。庆远越

❶水枢：《管子》凡八十六篇，其中并无《水枢》篇；或指《水地》，中有"其枢在水"之语。

❷王畿（wánglī）：古指王城周围千里的地域，泛指京城。《周礼·夏官·职方氏》："乃辨九服之邦国，方千里曰王畿。"

❸陈元：字长孙，汉苍梧广信（今梧州市）人。从其父陈钦习《左氏春秋》，"与刘歆同时而理解别"，为当时的古文经学大家，著有《春秋训诂》《左氏异同》等，均已失传。后辟司空、司徒府。

❹公辅：即姜公辅，唐爱州日南（今越南中部）人。德宗时以进士补校书郎，以制策异等授右拾遗，为翰林学士。德宗李适为改变藩镇割据的书面，不异以武力削藩，引发历史上著名的藩镇叛乱"泾师之变"，期间姜公辅多次向李适进谏而被擢为谏议大夫、同中书门下平章事（宰相）。"泾师之变"中长安被叛军攻陷，李适带皇室逃往奉天（今陕西乾县）途中，其长女唐安公主卒于城固县，李适要求造塔厚葬。姜公辅上奏将来叛乱平息后，公主肯定要归葬长安。在逃难中，丧事应该节俭，以慰军心。为此触怒李适而被罢相。《新唐书》有传。

❺三元冯公：即冯京，字三元。详见卷八《人物志》"冯京"条。

❻濯磨（zhuómó）：亦作"濯摩"。洗涤磨炼，比喻加强修养，以期有为。

❼前徽：前人美好的德行。

❽区画兴除：区画，即筹划、安排，亦作"区划"。兴除，兴利除弊。

❾裒辑（póují）：收集辑录。

❿圉（yǔ）：本义指养马的地方，引申为局限。

在边陲，叠罹更迭，无征文献，要领难谋，希操觚以成帙，势非旦夕可能，但谨撮略[1]申呈，而捃摭[2]则有待。后两载，政务稍暇，爰进二三属吏，语之曰："庆虽徼壤，而声明文物久埒[3]中州。且羁縻强半，上下数千百年，统隶分承，其间陵谷变迁，风谣移易，以及户口赋役之有盈绌，人材物产之有盛衰，官师吏治之有贤奸，部署经猷之有废置。苟具位而不闻，窃已羞贻鹈苐[4]，而况先曾征取，宁塞责遂已乎？是郡志固有力当修辑者。"而咸诺为然，因俾所知动，南戴子董其任。为思运会相承，禅代其不一也，则宜志历考；灿然而躔次者，昭回我也，离奇配验，妖祯判焉，则宜志星文；飞将怀失道之虑，军争求迂直之谋，犬牙攲制，维其限矣，则宜志境地；吁俊[5]以藉经纶，藻冕[6]可资陟降，公卿大夫登庸之人爵也，则宜志选举；体国经野[7]，粒我烝民[8]，而货贿式之，制于以昭，则宜志赋则；鸾凤来仪乎？豺狼当道乎？教揆卫奋，系斯人之休戚安危也，则宜志职制；考工著于冬官[9]，子来征其惠养，时使之令行天道焉，则宜志建置；桐乡梓里，各仍蒸尝[10]，非以其与芳徽劲质，振顽励俗，共垂不朽欤，则宜志人物；山林泽薮之产，藉以利用阜财，《禹贡》《职方》多地宜也，则宜志食息；言乃心声，济时艰，标崇论，是皆政事之所资耳，则宜志艺文；不以微忽，不以诞弃，耳目所习者，殊尤纤悉备焉，则宜志杂记。然要之是数者，亦止识其所自有者已，尔非等稗官、野乘可任增浮美。今但仰观俯察，周爰诹谋，备极风土，搜求六阅月而稿脱。其间发凡起例，纲举目张，俪于繁而不冗，规乎简而不略，使龙水上下数千百年之掌故，注目无不厘然。即不敢谓文质权舆窃比《周官》外史，而欲问宜阳之文献则已不患乎无征矣。以是缀入《一统志》中，譬彼汇行潦于河海。其俟将来者之考证，则风示殆不少让云。

白启明

---

❶撮略（cuōlüè）：摘取，摘引。撮：摘取。

❷捃摭（jùnzhí）：搜集，采集。

❸埒（liè）：等同。〔西汉〕司马迁《史记·平准书》："故吴诸侯也，以即山铸钱，富埒天子。"

❹鹈苐（tífèi）：指无才而贵的当权官僚。鹈：洿泽之鸟。苐：小树。《诗经·国风·曹风 候人》："维鹈在梁，不濡其翼。彼其之子，不称其服。"《毛诗正义》："鹈在梁，当濡其翼，而不濡者，非其常也。以喻小人在朝亦非其常。""彼其之子，不称其服。"笺云："不称者，言德薄而服尊。"

❺吁（籲）俊：求贤。《尚书·立政》："籲俊尊上帝。"孔颖达疏："招呼贤俊之人，与共立于朝，尊事上天。"

❻藻冕：北周贵族男子礼服。其上衣下裳各用两种章纹，纹样以藻为首，故名。

❼体国经野：泛指治理国家。语出《周礼·天官·序官》："体国经野，设官分职，以为民极。"

❽粒我烝民：养育百姓。粒：养育；烝民：群民、百姓。语出《诗经·周颂·清庙之什·思文》："粒我烝民，莫匪尔极。"

❾冬官：据《周礼》，周代设六官，司空称为冬官，掌管工程制作。后世亦以冬官为工部的通称，故云。

❿蒸尝（zhēngcháng）：原指秋冬二祭，后泛指祭祀。

## 檄文[1]

特简庆远府正堂加一级、纪录三次李，为行取事。照得俗异五方品物，别九州之族类；风同四海，寰区大一统之规模。隶职方于版图，徼外亦征文献；治要荒以戎索[2]，斗南讵废编摩[3]？惟庆阳虽曰极边，于岭〔右实〕为名郡。地属荆州之域，星占轸宿之分。南戒[4]列属《天官》，北户胪于《尔雅》。览《商书》之献令，桂国曾登文犀[5]。陈王会之爻间[6]，若人竞贡玄贝[7]。界罗施[8]以自外，昔多瘴雨蛮烟；列禹甸[9]而称雄，今被熏风化日。流峙奠位，山川之淑气培增；灵秀争奇，人物之光华日启。应有《三都》之椽管[10]，广为铺张；何同夏五[11]之残编，听其漫漶。岂《山经》[12]惟志物怪，竟《禹贡》弗详民风。自秦汉以来，二千岁之考订详矣；由熙、雍而后，七十年之记载阙如。抚蠹简而萦怀，常低徊于永日。企兰台而翘首，徒怅望于千秋。本府躬膺简命，典守兹邦。水陆舟车，遍紫塞炎方[13]者万里；左右图史，惭缣绣缥帙之百城。读管子之著《水枢》，贪粗简易，总条分而缕晰；考班掾之志《地（里）〔理〕》[14]，俭陋夸奢，举眉列而目清。《荆楚岁时》[15]，即气候之端兆；《襄阳耆旧》[16]，乃人物之权舆[17]。固窜迁书，易平准[18]而食货。唐承汉史，别文苑

---

[1]原文无此标题。

[2]戎索：戎人之法。

[3]编摩（biānmō）：犹编集。

[4]南戒：古指南方阻隔少数民族的山河界限。

[5]文犀：有纹理的犀角。喻珍宝。

[6]爻间：商周诸侯朝会歇息的帐幕。

[7]玄贝：黑色贝壳，指货币。

[8]罗施：指罗施鬼国，也叫罗氏鬼国，在今贵州省大方县。

[9]禹甸：指中国之地。

[10]《三都》：指〔晋〕左思所著《三都赋》。椽管：指文笔好，语出《晋书·王珣传》：“珣梦人以大笔如椽与之”。

[11]夏五：喻文字有残缺。〔清〕王士祯《池北偶谈·谈艺一·公文介论乐府》：“中间岂无陶阴之误、夏五之脱。”

[12]山经：指《山海经》，此处为对仗而省称。

[13]紫塞炎方：指南方和北方。紫塞：北方边塞。炎方：泛指南方炎热地区。

[14]《地里》：指〔汉〕班固《汉书·地理志》。班掾，即班固。掾，汉代佐贰官的通称。

[15]《荆楚岁时》：指〔南朝〕宗懔《荆楚岁时记》。

[16]《襄阳耆旧》：指〔东晋〕习凿齿所撰《襄阳耆旧记》。该书是研究魏晋时人文的重要历史文献。

[17]权舆：起始。

[18]平准：古代官府通过贵卖贱买以稳定物价的措施，为汉代桑弘羊首创。《史记·平准书》：“尽笼天下之货物，贵即卖之，贱则买之……故抑天下物，名曰平准。”

于儒林。建置有书，仿《黄图》❶于三辅；舆封必析，补汉简于九〔邱〕。《秩官》仿佛汉仪，兼表桐乡之遗爱；《艺文》规抚班志，并收急就之鸿章。唐室记《登科》❷，《选举》堪扬于天府。张华志《博物》，《杂类》聊续夫《齐谐》。履其地，恍若曾游；想其人，欣如可作。思步芳徽于曩哲❸，宁委搜讨于异人。用詹闰月，初吉之辰，敦延郡中博雅之士，捐资开局。重加纂修，遵《广西通志》之大凡，参《楚》《吴》二志以起例。类总次而为十，目分六十有三。挈领提纲，敢曰希《麟经》❹之笔削。准今酌古，庶几效马史❺之体裁。《越绝》《晋乘》，广搜罗以裨闻见；《魏志》《吴录》❻，遍采辑以雠异同。勿等《岭表异录》之娵隅，无关典要；罔同《桂海虞衡》之琐细，（《岭表异录》之）〔祗益丛谈，岂〕徒摛藻掞华❼。侈著作之能事，将以扬休❽志美，赞黼黻❾之鸿猷。拟合就行，为此牌仰该汉土官吏，一体遵照。遴选绅士有品行识见者，征诸文献。将旧有志书逐一搜罗，残缺者辑之，遗漏者补之，务照粘单内六十三条，逐条确查。至秩官、人物，自康熙二十六年以后，有政迹行谊可以风世者，不拘汉土，尤须细为检查，详开事实，勿漏勿滥，编成卷帙。申缴赴府，以凭核夺。并将所选绅士，给文来府，以便送局分校。官吏俱有督修之责，慎勿迟延，忽视有干未便，速速。

## 《庆远府志》纂修人员❿

**总修：**

特简广西庆远府知府加一级、纪录三次　李文琰

**采辑：**

署宜山县知县加一级　查克亶

天河县知县加一级　查克亶

---

❶黄图：《三辅黄图》的略称。《隋书·经籍志二》：“《黄图》一卷，记三辅宫观、陵庙、明堂、辟雍、郊畤等事。”

❷登科记：科举时代及第士人的名录。唐代有《登科记》。

❸曩（nǎng）哲：先哲。曩：以往，过去的。

❹《麟经》：《春秋》的别称，是中国古代儒家典籍“六经”之一，为我国第一部编年体史书。

❺马史：指〔汉〕司马迁所著的《史记》。《隋书·经籍志一》：“远览马史班书，近观王阮志录。”

❻这里共提到4种史书。《越绝》：指〔汉〕袁康、吴平撰的《越绝书》；晋《乘》：先秦时晋国的史书称“乘”，后世泛称史书为“史乘”；《魏志》：指〔汉〕陈寿撰《三国志·魏志》；《吴录》：指〔晋〕张勃所撰《吴录》，是记载古代吴越地方史的杂史。

❼此处“琐细”后一行为“岭表异录之徒摛藻掞华，侈著作之能事”因“岭表异录之”5字与上一行位置相同，当系刻工手误而致舛讹。现据道光《庆远府志》校正。

❽休：美好、美善。休名，指美好的名声。

❾黼黻（fǔfú）：衣裳绘绣的花纹。

❿原文标题为《庆远府志》姓氏。

河池州知州候补同知加一级　汪洪渊

署思恩县知县加一级　金　甲

署思恩县知县加一级　李景贤

东兰州知州加一级　张允观

**督理：**

庆远府经历司，署来宾县知县加一级　雷　掞

**编辑：**

署庆远府儒学教授事、训导加一级　何天祥

宜山县儒学教谕，署思恩县儒学训导事　朱　桐

忻城土县知县加二级，又军功加一级，随带纪录四次　莫景隆

**分纂：**

宜山县举人、拣选知县　汤德崇

宜山县举人、拣选知县　董联芳

宜山县岁贡　陈子智

宜山县岁贡　杨梅宾

宜山县学廪生　苗德沛

宜山县学廪生　赵一清

**分校：**

宜山县监生　苏应轼

庆远府学廪生　杨　普

庆远府学附生　戚光斗

庆远府学附生　吴国璋

庆远府学附生　杨　焕

宜山县学附生　李　青

**旧志纂修姓氏**

白启明　庆远府知府

杨立正　宜山知县

黄　湾　天河知县

刘安国　河池知州

鲍复相　思恩知县

傅鸿业　荔波知县

廖之谅　庆远教授

梁魁祚　庆远训导

伍　傅　宜山教谕
徐乎淳　宜山训导
王　严　天河训导
张应宿　河池学正
唐时雍　思恩训导
余心孺　宜山县举人，拣选知县
崖应雷　思恩贡生

## 《庆远府志》凡例

一、以十大志统诸条目，仍遵旧志，间有更置，并参《江南通志》例也。

一、旧志无图经而有形胜，《通志》有图经而复图说。今约形胜图说之旨，并入图经，用冠舆地，亦楚、吴《通志》例也。

一、《舆图》，旧志次沿革之后，通志另为一目，不与经说相比。今改附图经，庶览经而图已见，披图而经益明，即不必尽阅全志，开卷已了然矣。

一、旧通志原首《图经》，新通志改首《星野》。虽系史家通例，但郡邑志乘原以地理为主，与史微异，今仍遵旧通志例，以次图经之后，而继以《气候》者。冯相、保章[1]之掌寒暑氛祲，精气原相系属也。

一、沿革、疆域、山川皆据旧志并参史乘，间为订正。增补其近时割设分隶，俱详具原委，以志控驭边方之良规云。

一、风俗。旧志以猺、獞、狪狫、狼、狄、狑、獠诸土蛮与汉种统编。今据《通志》新例，以汉土大概相似者列之《风俗》。其诸蛮鄙陋不经者，另入《杂类》。内华外蛮，《春秋》之义也。

一、沟洫、村墟，旧列《建置》。然以其皆从乎地也，亦得以类来附，改编《舆地》。

一、城池以固圉，而廨署、仓廒、关梁、坛庙、寺观，治人事神，皆建置之大者；古迹、坊墓，亦建置遗也，因备志之。

一、《食货志》昉于班掾[2]，历代史例，相沿不改。今详载田赋、户口、徭役、额办、土贡、俸食、税课、盐钱、蠲恤[3]、积贮，而系以物产者，百谷播于田，百物生于土，皆贡赋所自出也，亦窃取《江南通志》之例焉耳。

---

❶冯相、保章：即冯相氏、保章氏，均为周代官名，前者掌历法，后者掌天文、灾异、占卜等事。详见《周礼·春官》。

❷昉（fǎng）于班掾：《食货志》之名始于《汉书》。昉：起始。班掾：即《汉书》作者班固。

❸蠲恤（juānxù）：免除赋役，赈济饥贫。蠲：除去、免除；恤：救济。

一、学校为育才之地，旧编《建置》，于义未安。今按《通志》新例，另为一志，以示崇圣重道之意。得其义也，故遵用之。

一、兵以卫民，边徼尤重于内地。抚水[1]、安化[2]，三巢七十二峒[3]，昔伏莽而今通道者，师武臣力也。详胪[4]兵制、屯堡、塘铺、剿抚，统曰《武备志》。

一、秩官。文武额设题名，旧志搜讨已备，间有舛讹[5]。今考据通志、各史，订正汰补。无考者仍存以志阙疑。

一、总辖分辖，诸秩官例载，《通志》旧概阑入，颇失体裁。其功德留贻庆属者，谨登《名宦》，以志勿谖[6]。

一、土官世守厥土，固我藩篱，忠顺者奖，桀骜[7]者惩。澄叙之道，略与流官相为表里。故附世系于《秩官》，其行谊可采者，仿《通志》例，别为《土司人物》传。盖亦笃近举远[8]之义云。

一、迁客、流寓，录其贤者阐幽，亦史例也。然谪官贬秩者，仍有职守。改入《名宦》，不得概以迁客目之。

一、选举。旧志已载者仍之，未载者详为增补。惟州县采辑未备者，无凭查载，则姑阙之。初非任意窐漏[9]也。

一、人物。已祀乡贤外，凡有德行醇全未及表章者，详载以示风厉[10]。其忠义、孝友、卓行、儒林、隐逸，分类编次，崇全德录一节，隐寓旌别之义焉。

一、方外[11]仙释，诞僻诡异，儒者摈之。然史乘历代弗遗，亦必实著灵异，方为表章，弗敢滥也。

一、古人传列女，原不专属贞节，凡贤母才女皆是，今仿中垒意备载。而于贞节，无论已旌未旌，尤录之备者，维风化也。

---

❶抚水：唐置抚水县，治所在今广西环江毛南族自治县明伦镇。北宋大中祥符九年（1016）改为归仁县。

❷安化：历史上有多个安化县，此处当指明万历三十三年（1605）由水德江长官司改置的安化县，为思南府治所。今为贵州省铜仁市德江县。

❸三巢七十二峒：统指宜州南部等处交通不便的山峒。清代两广总督马尔泰奏称庆远府永顺土司所辖之白土、邱索等村“居七十二峒之中，为西南北三巢之心腹”。

❹胪（lú）：传语，陈述。

❺舛讹（chuǎn é）：谬误；差错。《辽史·太祖纪下》：“舛讹归正，遐迩无愆。”

❻谖（xuān）：忘记。

❼桀骜（jiéào）：凶暴倔强。

❽笃近举远：笃：忠实，厚道；举：举荐，选拔。对关系近的厚道，对关系远的举荐，指同等待人。〔唐〕韩愈《原人》：“故圣人一视而同仁，笃近而举远。”

❾窐（guī）漏：遗漏。窐，古时蒸饭用的瓦器底下的小孔穴。

❿风厉：鼓励；劝勉。

⓫方外：指中原以外地区。语出《汉书·严助传》：“越，方外之地，剪发文身之民也，不可以冠带之国法度理也。”

一、《艺文》悉照旧志例，略为增补。另冠《宸翰》于首，例遵《通志》。俾遐陬僻壤[1]，咸知服言训行，志切近光云尔。

一、采禨祥[2]、轶事、琐言于《杂类》，旧志例也。诸蛮习多诡异，故亦入之。其旧志怪异一条，除摘入《禨祥》外，余皆缀之《琐言》。

## 《庆远府志》目录



[1]俾（bǐ）遐陬（xiázōu）僻壤：使远近各处。俾：使；遐陬：边远一隅。

[2]禨祥：指变异之事，谓吉凶之先兆。《史记·天官书》："所见天变，皆国殊窟穴，家占物怪，以合时应，其文图籍禨祥不法。"

# 《庆远府志》卷一　舆地志 上

## 舆图

《周礼》职方氏掌天下之图，辨九州之国，山镇薮泽，男女多寡，兽畜所宜，靡不胪列。凡以示一统，大无外也。庆虽极边，隶籍殊久。用本《通志》以经方计里道而定界约，指之详绘之。即未历斯土者，东西南朔，开卷靡不了然矣。爰撮其概，志舆图。

庆远府图经

府治在省治西五百七十二里，东至柳州府柳城县，西至贵州丰宁下土司，北至柳州府罗城县，南至思恩府上林县，附郭曰宜山县。一水环绕，古号龙江，东流至柳城县与融江会，经浔梧入于南海。北有会仙之山，间生灵草嘉木。北九十里曰天河县。小江水出焉，汇龙江。西北一百五十里曰思恩县，带溪、环江之水东南流，为东江，会金城江，下入龙江。西二百五十里曰河池州。金城江自南丹流入，下合东江。西南四百二十里度乌泥江，而西曰东兰州，半流半土，危峰叠嶂，列峙如戟。西三百四十二里曰南丹土州。西南二百四十里曰那地土州。东南一百四十里曰忻城县。南五十里曰永定土司，永顺正土司在其西南，永顺副土司在其东北，城如舟形。东南西三关外平行十余里，小石联绵散布，旧有"铁锁练孤舟，千年永不休。天下大乱，此处无忧。天下大旱，此处半收"之□。土壤遐僻，江山险峻，猺、獠巢穴较柳为多，苗蛮时出劫掠。元明开卫设屯，即将旧时剿没田土，属伊布种。因令随地戍守，虽迹若不费，而兵非汉种，将不知兵，盗贼几遍。所谓一城孤悬，四面皆敌。明杨中丞芳之论，信不诬矣。国朝康熙年间，仇杀尚时见告。嗣后审度地形，随方制胜，副将建阃[1]城中。汉土要害，各增官设戍。小丑间有蠢动，不旋踵即殄灭无遗。然獞七民三，环处溪峒之徒，未必厥心悉革。迨天未雨，加意防维，使效顺者益坚，梗顽者渐化，斯无负国家绥边之重寄乎！

---

[1] 阃（kǔn）：门槛。此处特指城郭的门槛。

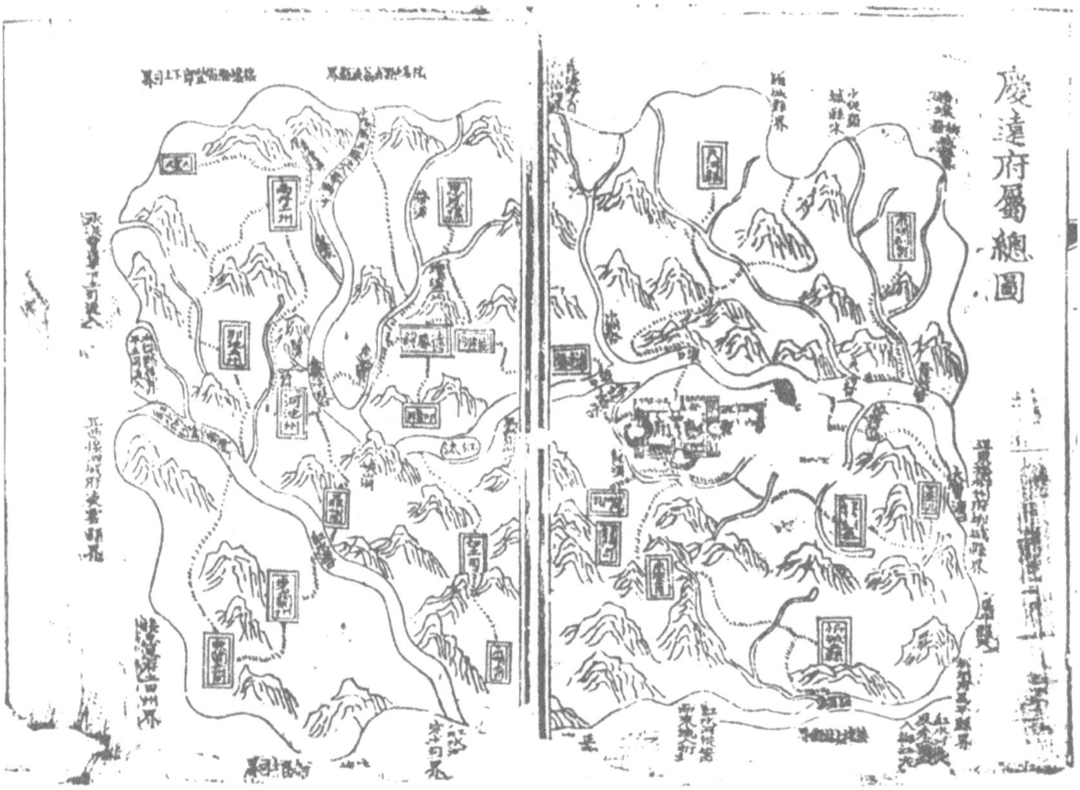


庆远府属总图

## 宜山县图经

宜山旧名龙水，建治江北，今附府郭。东至柳州府柳城县，西至河池州，南至永定司，北至天河县，东北至罗城县，东南至柳城县，西南至永定土司，西北至思恩县。鳌鹤大号，会仙、青鸟诸峰分峙四境，龙江为带，巢峒为围，郡属胜境也。但滩高水险，深林密箐，所在多有。宋云“拱筑铁城，以资备御”，非谓其为汉土咽喉欤！

国初，三巢未平，仇杀劫掳，几无宁岁。兼之界接七十二峒，草窃之徒潜处其间，莫敢过而问者。近移同知驻德胜，县丞驻谔村，龙门、白土各设巡检司，分治险隘。汛守森布，居民恃以无恐。然山多田少，可耕之地无几，终岁勤动，所获难供数口。贫无以应，相率为非，势所必然。勤抚宇，缓催科，以恤其生；严约束，明礼义，以驯其性。则御蛮道得，是望良司牧者加之意也。

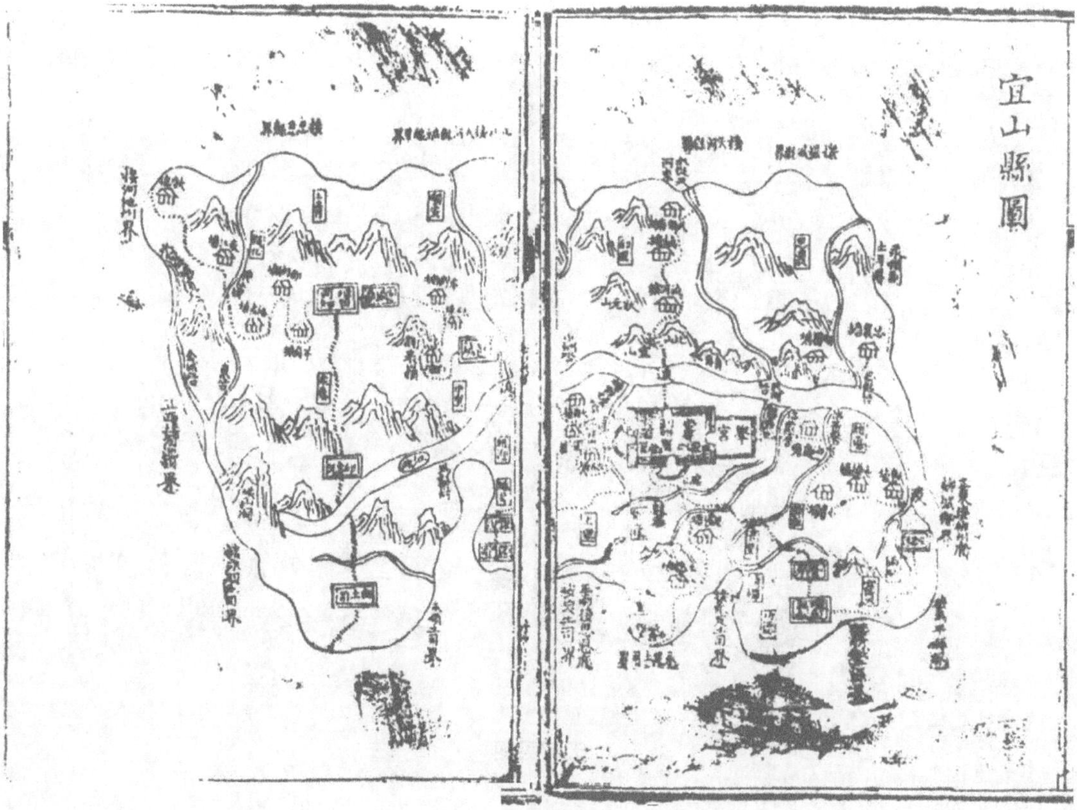


宜山县图

天河县图经

县治东至柳州罗城县，西至思恩县，南至宜山县，北至罗城县。山有文笔、石狮、甘场之耸峙，水有思吾、九龙、三潮之萦绕。土地川原较他邑差胜。然福禄里峰峦叠起，悬崖绝壁，道路最险。德谨、曹峒诸堡隘，逼近思恩中洲，狼野蛮种，时虞出没，号为难治。兹涵濡日久，啸聚之徒，悉安耕凿❶。拊而循之，诚足为郡北藩篱云。

河池州图经

州治东至宜山县，西至宜山县，南至那地土州❷，北至思恩县，即古智州。山则纱帽、屏风，向层霄而耸拔；川则金江、秀水，澄疋练之清流，柳西要地也。三面环彝，大山、雷山二关为其要害。都铭、剑甲诸隘，属其总涂。自昔经理未周，猺苗时肆狷獗。今幸底定，无意外忧。然制胜守险，实未可少疏也。

❶耕凿：耕田凿井，泛指耕种、务农。语出先秦《击壤歌》：“日出而作，日入而息，凿井而饮，耕田而食，帝力于我何有哉？”

❷此处原文作“西至宜山县，西至南那地土州”，显然有误。实应西接南丹土州，南接那地土州。

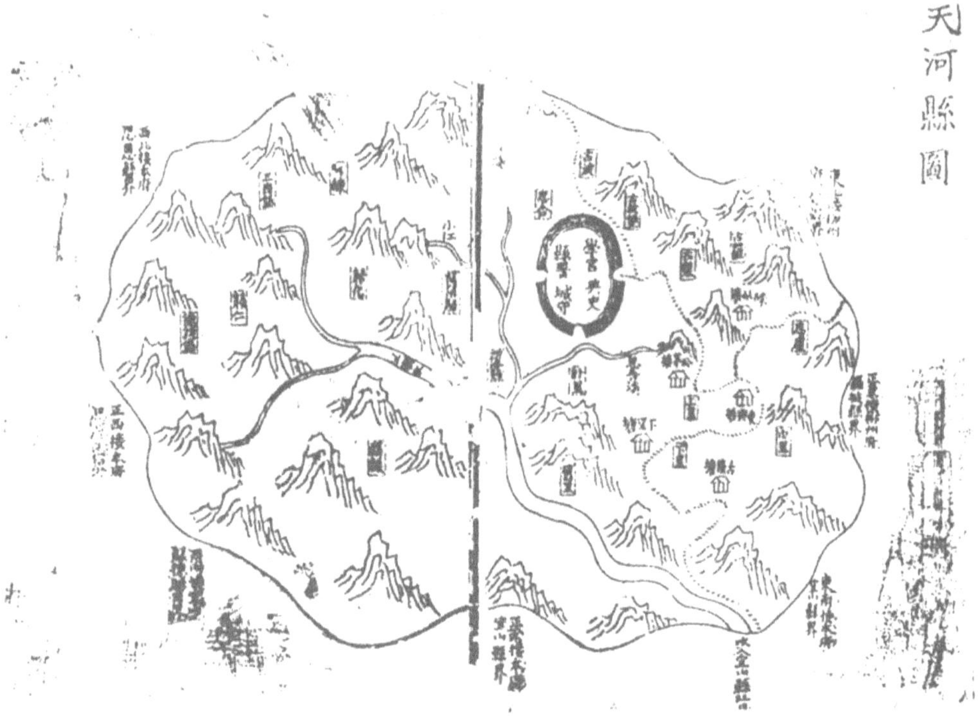


天河县图

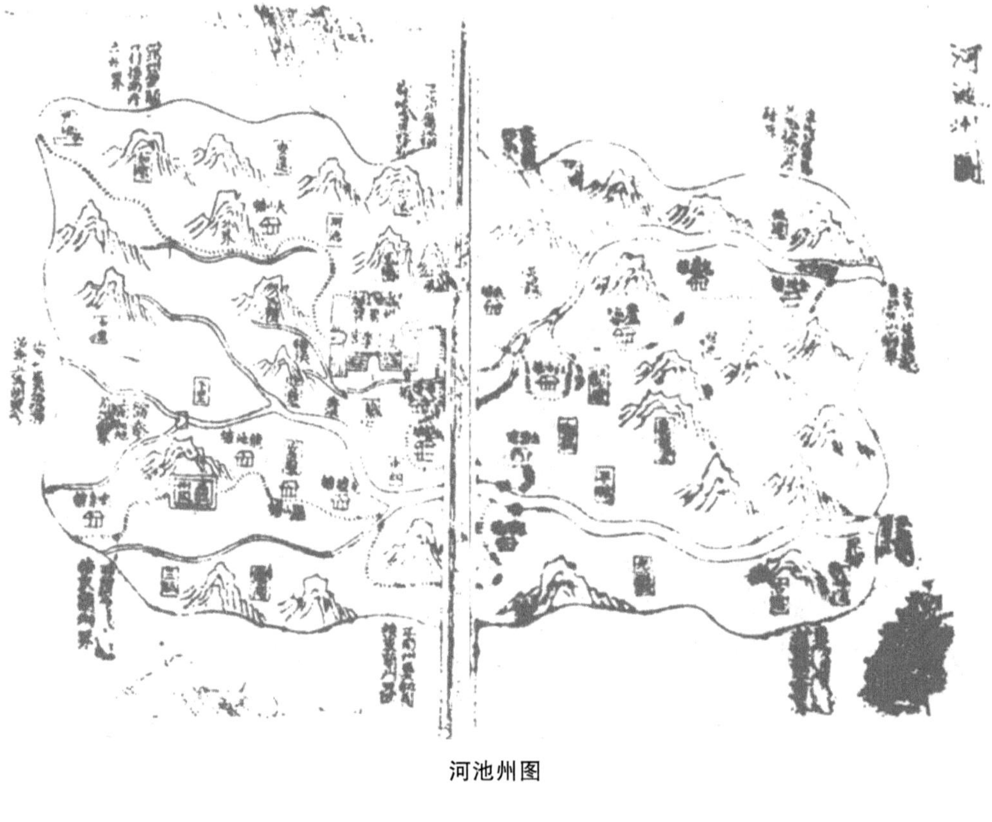

河池州图

## 思恩县图经

县治东至天河县，西至河池州，南至宜山县，北至贵州都匀府荔波县。米岭为门户，绀山为捍蔽，带溪、环江，曲折盘旋，荒陬乐土也。但驯驻、都亮、仪凤、茅滩皆系獞种，五十二峒悉属猺居，兼之古州八万黑苗，介逼邻近，防之不密，难保无虞。计惟慎封守，严盘诘，使窥伺生心者闻风而远遁。安在边徼，不可与中土齐观也。

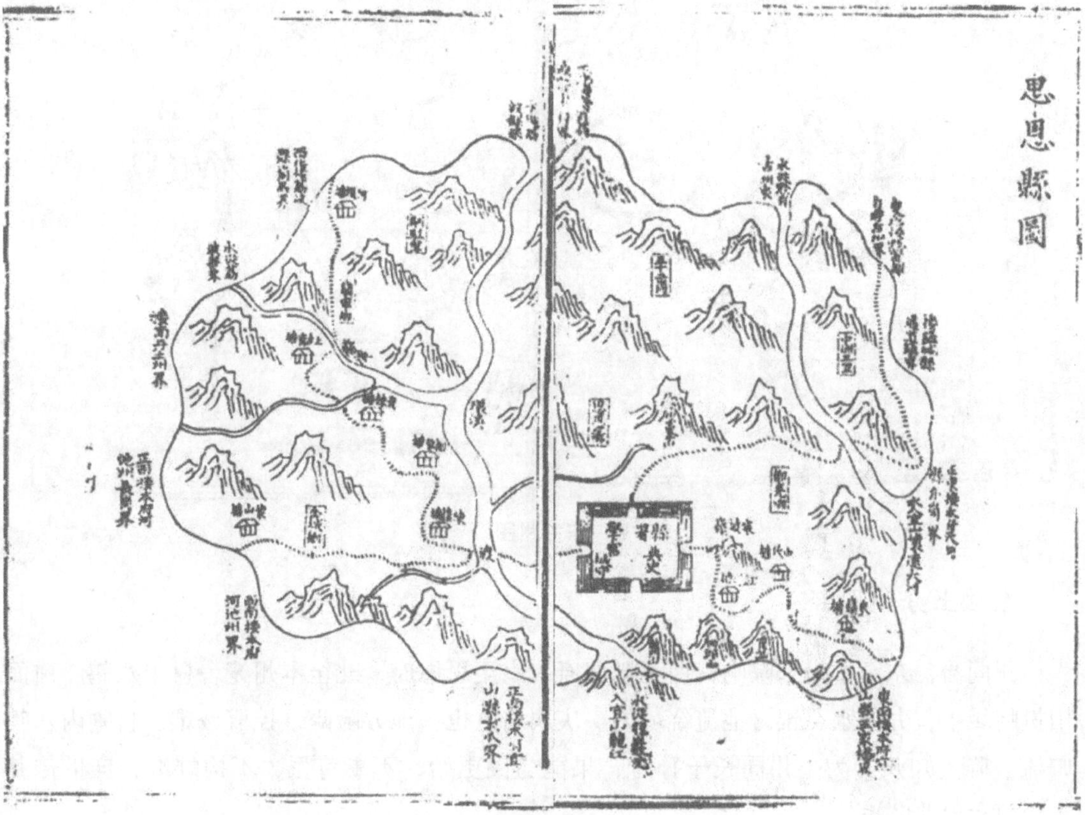


思恩县图

## 东兰州图经

州治东至河池州三旺境，西至土州同长里哨拉林村，南至土州同里喇哨上盖村，北至那地土州罗洪村。四面危峰耸峙，鸟道崎岖，红水一河经流其间，湍激无比。自土官争袭，巢峒几成战场。雍正七年，割内六哨改流州治。官斯土者，披荆棘，除稂莠❶，蛮烟瘴雨之乡，渐成乐土。若夫明礼义而驱之善，俾家弦户诵❷，尤不无厚望焉。

❶稂莠（lángyǒu）：通指妨害禾苗生长的杂草。

❷家弦户诵：家家弦歌，户户吟诵。谓流传极其广泛。

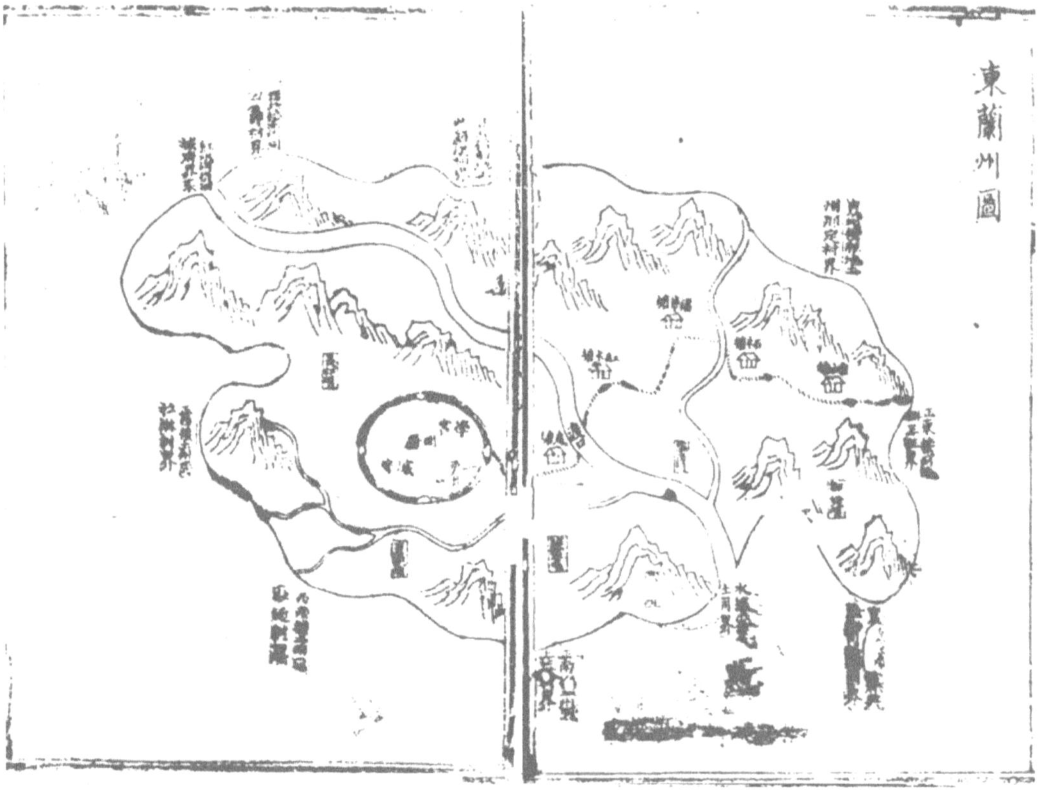


东兰州图

## 东兰土分州图经

州同治，东至本州东院哨，西至泗城府，南至思恩府，北至本州笼舍村十八鹤。白面山挺峙域中，九曲水、银海池流绕境内。庆属岩邑也，地方险隘，控驭诚难。自割内六哨归流、降土知州，为土州同长子孙者，果能与民更始，不事苛派，不构衅端，庶世传基土，可永保弗坠也。

## 南丹土州图经

州治东至河池州大山塘，西至黔属永丰州[1]，南连那地之翁罗，北接黔属都匀府荔波县。山自长春、金鸡、孟英、三宝诸峰外，丛岩峻岭，鸟道迂回，银锡矿砂产焉。山多田少，土瘠人稀，无三里之平原，有千尺之险隘。水有青云、红盆，石齿粼粼，难通舟筏。土苗、猺、獞错壤而居。西北两边，界连黔省，为郡西之保障，实全粤之藩篱也。然犭令苗顽而犷，猺獞蠢而朴。世兹土者，宽猛互用，斯无忝厥职[2]哉。

---

[1] 永丰州：今贵州省黔南布依族苗族自治州贞丰县。

[2] 无忝厥职：没有辱没自己的职守。

东兰土分州图

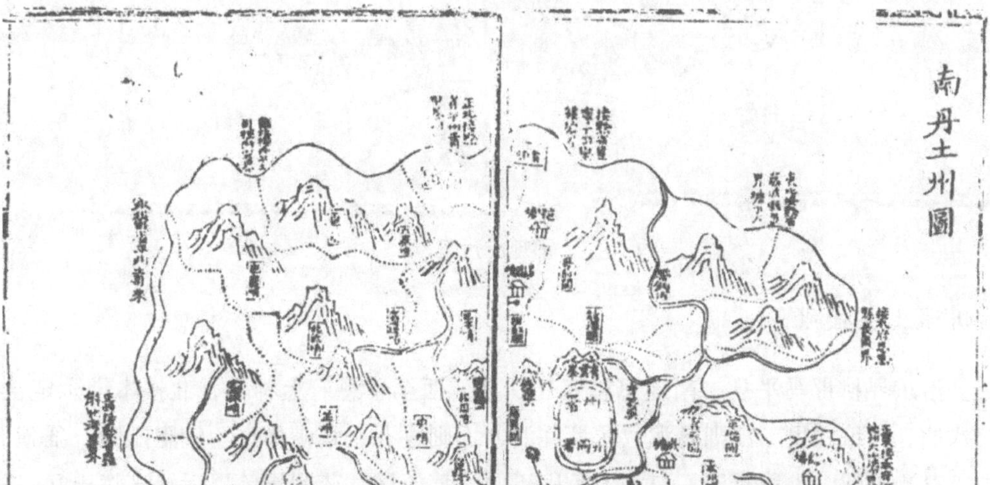


南丹土州图

## 那地土州图经

州治东至河池州，西至贵州南笼府[1]永丰州，南至东兰州，北至南丹土州。山有马虎、怀峡、暮晓之奇，水有龙泉、平细、乌泥之异。关河封守，亦自雄长诸蛮，溪峒阻深，林木茂密，民贫俗陋，抚摩化导不易。苟非良司牧厚其生、正其德，而欲斯土之丕变，亦戛戛难哉。

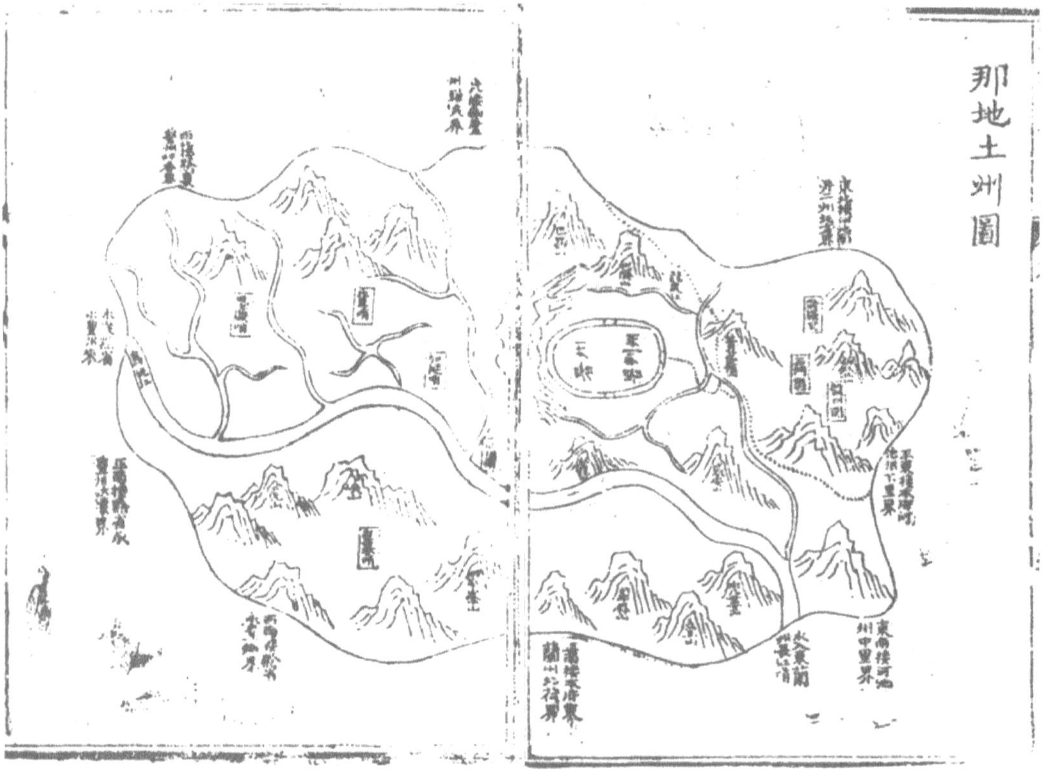


那地土州图

## 忻城土县图经

县治东界柳郡马平县，南连思恩府迁江县，西至思恩府上林县，北接本郡永定土司。屯有八仙，户编六里。江则乌泥、龙塘并溜，山则叠石、张帽称奇。峒阻隘险，猺獞潜伏其中。莫测虺蜴，素称难治。自扑灭负固不服之莫傅祥、蓝明星等以后，多拨土兵，防守关隘，斩除密箐。近皆畏威怀德，渐安耕凿，是谓之“驾之□在善驭之”[2]而已。

---

[1] 南笼府：今黔南布依族苗族自治州。清雍正五年（1727）由南笼厅升为南笼府，治所在今安龙县，辖境相当今贵州盘县、晴隆、贞丰、安龙、普安、册亨、兴义、兴仁、望谟等市、县地。嘉庆二年（1797）改南笼府为兴义府，1913年废府置南笼县，今名安龙县。

[2] 驾之□在善驭之：语出〔明〕李昭祥《龙江船厂志·贰百料沙船》：“故匈奴之长不在马，而在善驭。沙人之长不在船，而在善操。”

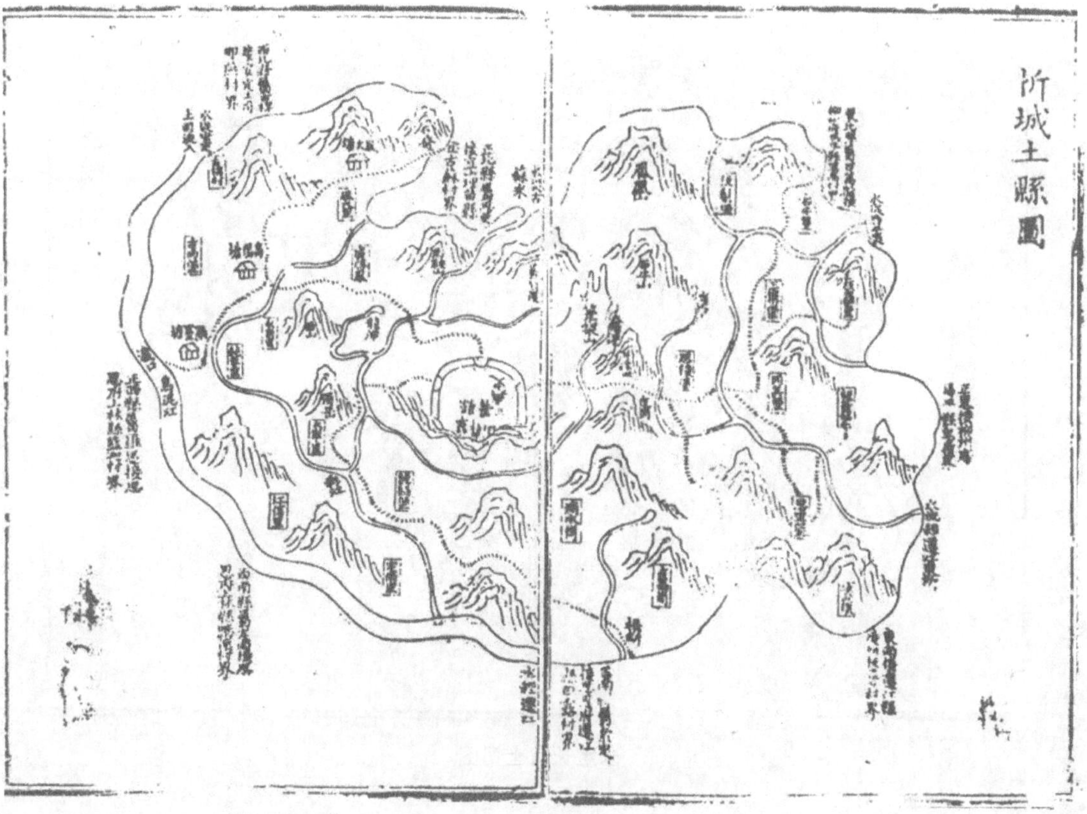


忻城土县图

永定长官土司图经

司治东界宜山县陇河村，西界宜山县白面山，南界忻城土县石叠山，北界宜山县石鳖[1]堡。大山罗列，小溪环流，亦边隅一小门户也。蕞尔微区[2]，带头盔，襟林甲，环猺峒以为障，澄龙塘而作池。三面接宜州，一隅邻土界。虽无鞭长莫及之虑，恐有网漏易脱之虞。不早为锄治，草之蔓也，除之更难，是所望于思患预防者。

永顺长官土司图经

司治东至不入版图猺巢，西至东兰州，南至思恩府安定土司□头村，北至宜山县盘龙村。面屏高椅，首枕多灵，环峻岭而峭险，带红江而湍急。苗狼性悍，教化难革，且猺巢错杂，外境接连，奸匪之踪易潜，虺蜴之伏难捕。无有刚明而察理之欲，斯土之安宁盖亦难矣。

---

❶石鳖：今名“石别”。

❷蕞尔（zuìěr）：形容小。

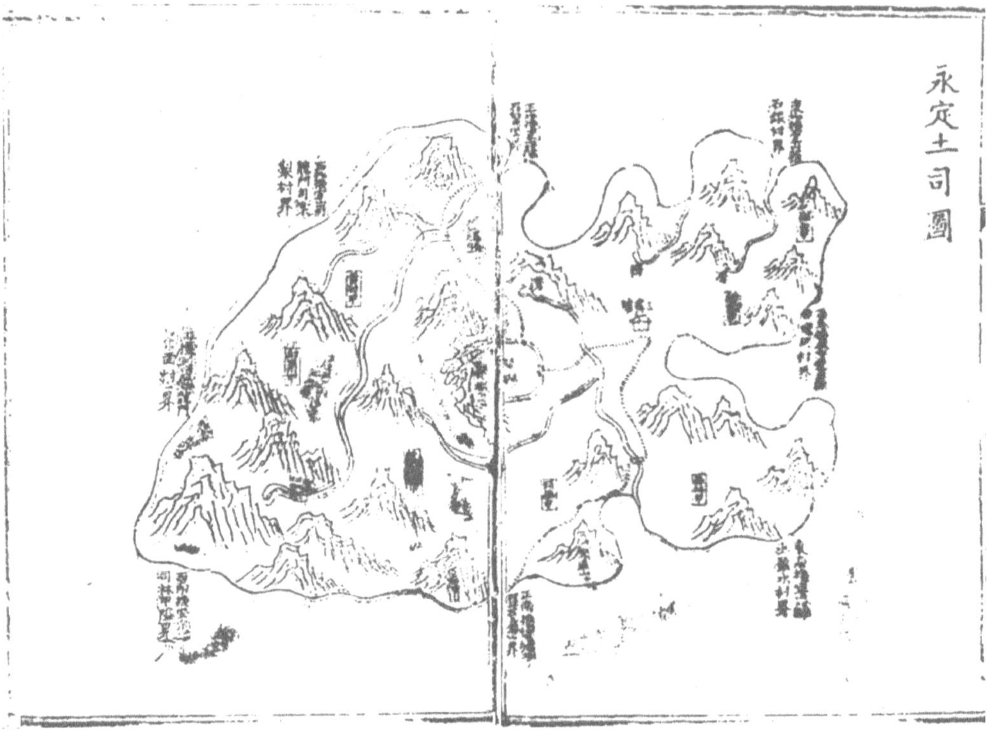


永定长官土司图

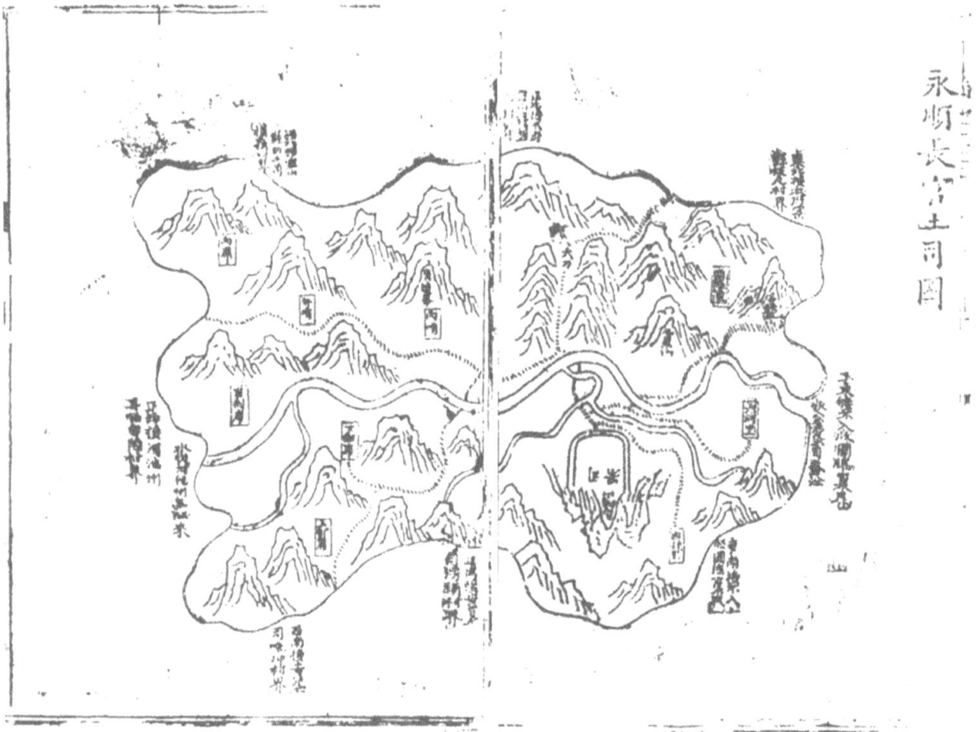

永顺长官土司图

永顺副长官土司图经

副司治东至柳郡柳城县，西至宜山县，南至柳城县思营里，北至宜山县郡里。峰峦拱卫，溪涧清流，壤狭而隘险，户少而獞蛮。蕞尔微区，亦郡东北之阨塞也。但匪类潜藏，偶一败露，旋逃他境。理斯土者，必严于约束，勤于巡防，斯无伏莽之虞耳。

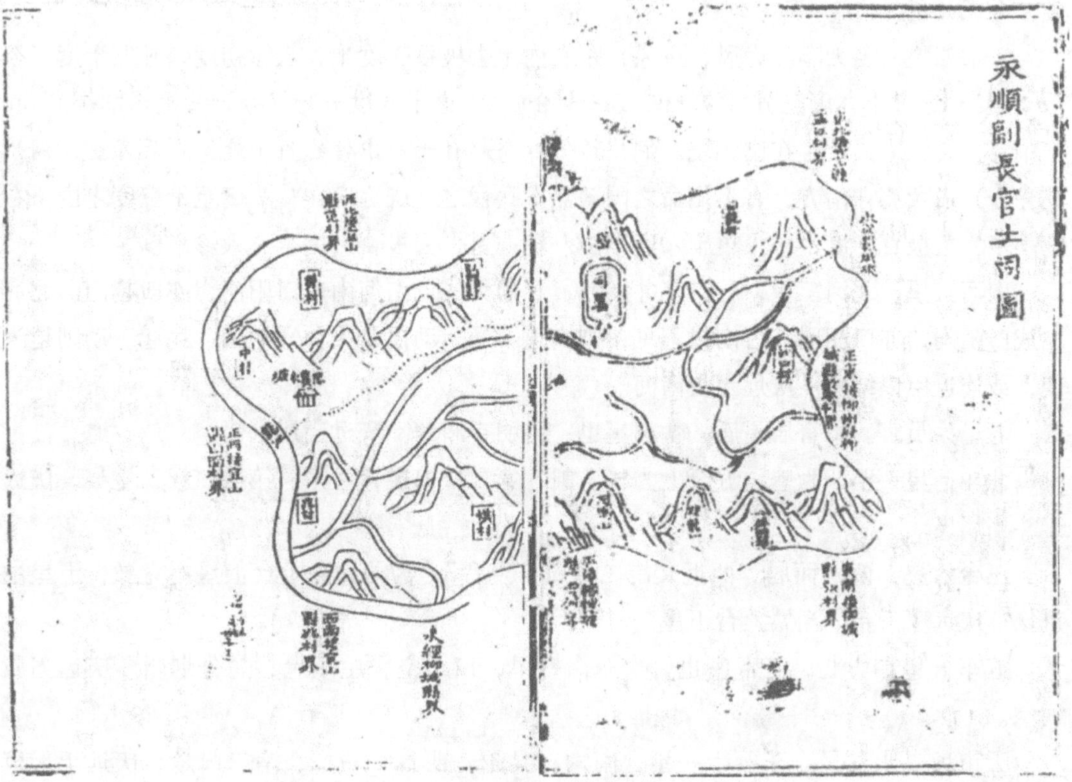


永顺副长官土司图

## 星野

自保章氏以星土辨九州，而野以分列宿之配休咎[1]征焉。庆居边南，宿度维轸。晰之不精，毫厘千里，舛谬多矣。太史奚自占云物以书，爰覈官步。志星野。

翼轸在巳为鹑尾，荆州楚分，今在辰。寿星，荆州楚越分。庆远旧属鹑尾，今属寿星。

翼宿二十二星，为朱雀，为天乐府，又主夷狄，亦主远客。距中右第二星，去极百四

❶休咎（xiūjiù）：吉凶；善恶。

度，入翼初度（凡十九度、今十七度），上为中道。赤道十九度九十分（今二十度，二十八分），黄道十九度六十五分（今十七度），位在巳鹑尾（今初一至十度在巳鹑尾，十一至十七度在辰寿星），于分为楚，于野荆州。占明大礼乐兴，四夷服徙，则天子举兵以伐乱者，今不属庆远。

东瓯五星在翼南，距西星去极百二十九度，入张七度，蛮夷星也。主东越、闽广、越裳，今无此星。

轸宿四星，名天车，为风，主风，距右内星去极百三度半，入轸初度，凡七十度（今十三度），赤道十九度三分（今十五度三十分）。黄道十九度五分（今十三度零三分），起张中翼，终轸十一度，在巳鹑尾。荆州楚分（今起翼十一中轸终角十度，在辰寿星，荆州楚粤分）占荧惑守南方，有不用命之国，当发兵伐之。庆远府在轸三度至十三度之内。右辖一星，去极百十度半，入翼十六度半。左辖一星，去极百一度半，入轸六度。

南河三星，北河三星，分夹东井南北，置而为戒。南河南戒曰阳门，亦曰越门。北河北戒曰阴门，亦曰胡门。占南星不见，则南道不通。动摇及火。守中国，兵起，动则越为变，或连近臣以结之。庆远当占南河。

七星为员官。员官辰星庙，蛮夷星也，占明吉暗凶。庆远当属七星。

北斗七星一至四为魁，五至七为杓。魁，第二星曰璇，主楚；第四曰权，主吴。庆远于斗当属璇。

三台六星，两两而居。西近文昌二星曰“上台”，为司命。上台上星主兖豫，下星主荆扬。庆远于三台，当属上台下星。

五车五星在毕北，五帝座也。次东南一星，曰司空，主填星，楚分荆州。庆远当属司空。

天市垣二十二星，东蕃十一星，南六曰吴越。西蕃十一星，南二曰楚。庆远于天市垣，当属西蕃南二星，曰楚。

十二国十六星，在牛女南。郑北一星，曰越。魏西一星曰楚。庆远于十二国，当属魏。西一星曰楚。

五星火星，赤帝熛怒之神，曰荧惑，位在南方。《史记》云：“主夏，日丙、丁，礼失，罚出荧惑，荧惑失行。”又云：“吴楚之强〔疆〕，候在荧惑，占于鸟衡。”庆远于五星，属荧惑，日主丙、丁。

北极出地度分明。庄烈帝初年，西洋人以周天三百六十度，度六十分，立算测得京师北极出地四十度，广西出地二十五度。庆远北极出地，亦当二十五度。

东西偏度。《明史·天文志》以京师子午线为中，而较各省所偏之度。法以京师月食，与各省较。共时刻，若早六十分时之二，则为偏西一度。迟六十分时之二，则为偏东一度。节气迟早亦同，测得陕西西安府、广西桂林府，较京师偏西八度半。庆远府当偏西八度半强。节气、月食，较京师各早一刻十分。

太阳出入，昼夜长短时刻。广西桂林府，春秋分，太阳出卯正初刻，入酉正初刻，昼夜各四十八刻，同京师。夏至太阳出卯初初刻十三分，较京师迟二刻八分。入酉正三刻二分，较京师早二刻八分。昼五十四刻四分，较京师短五刻一分。夜四十一刻一分，较京师长五刻一分。冬至太阳出卯正三刻二分，较京师早二刻八分。入酉初初刻十三分，较京师迟二刻八分。昼四十一刻十一分，较京师长五刻一分。夜五十四刻四分，较京师短五刻一分。立春、立冬前后，太阳出辰初初刻，较京师各早二刻。入酉初初刻，较京师各迟二刻。昼四十刻，较京师长四刻。夜五十六刻，较京师短四刻。立夏、立秋前后，太阳出卯初二刻，较京师迟二刻。入酉正二刻，较京师早二刻。昼五十二刻，较京师短四刻。夜四十四刻，较京师长四刻。庆远府太阳出入昼夜长短时刻亦同桂林。

按《周礼·保章氏》以星土辨九州之地，所封之域，皆有分星，以观妖祥。自是谈分野者，言人人殊。《汉书》《晋志》，大率皆详于中土，而略边徼。唐一行“山河两戒”说，较精于古。乃博考志乘，顾多采《晋志》，何哉？庆远旧志据《晋志》“零陵入轸一度”，谓桂林曩称始安，属零陵郡，而统辖于长沙。且以《纬书》考《灵耀》云“一度二千九百三十二里有奇”，桂林去长沙才一千余二十里，当入轸之十一度。庆远距桂林五百七十二里，距长沙尚不及二千里之程。支辅流土，各州县东西七百四十里，南北三百里，包在二千九百三十二里之内，遂以庆远亦入轸十一度。按桂林在秦属长沙郡。汉武分为零陵郡，吴孙皓[1]又分零陵南部为始安郡，属荆州。晋以始安属广州，零陵属荆州。《晋志》“零陵入轸十一度”，是晋时既分始安以后之零陵，非汉时未分始安以前之零陵也。则桂林在晋已不得入零陵轸十一度之分矣，况庆远乎？

《续博物志》云：“周天三百六十五度四分度之一，计圆周一百七万一千里有奇，每一度二千九百三十二里有奇。”考《灵耀》所云，盖言在天度数之广，约有如于里耳，非论分野在地所占之里数也。明神宗时，西洋人利玛窦以周天三百六十度，度六十分起算，又以地线测量每一度差二百五十里，合庆远支辅土流计之，去零陵二千余里，应差十许度，而尚谓入轸十一度，可乎？且《晋志》长沙入轸十六，零陵入十一，武陵入十，桂阳入六，是轸宿入此四郡已尽。而粤西诸郡且并无轸分可入，又何有于庆远？主南阳南郡、江夏皆入翼分，去粤尤远，将岭南数千里幅陨，其境不得次于天官矣乎？或曰：张守节《史记正义》云：“南河三星，北河三星，分夹东井〔南北〕置而为戒。南戒曰阳门，一曰越门。北戒曰阴门，一曰胡门。占南星不见，则南道不通。动则越为变。”故太史云：《天官

[1]孙皓（242—284）：字元宗，小名彭祖，三国时期吴国末代皇帝（264—280年在位），孙权之孙。

书》以恒星列为十四，分野于翼轸。荆州外□云七星。员官，蛮夷星也[1]。一行谓："自江源循岭徼南，东及海，为蛮越。"即《正义》南戒越门之说。粤西在岭表外，故《晋志》分野宿，庆不及岭表。由斯以谈，庆远宜占南河七星，而不入翼轸之分野矣。夫天包地外如卵白裹黄，无私覆也。周天二十八宿，次为□二，《晋志》止配内地郡国，又强分某郡入某宿几度，而岭南漠北，墨瓦欧罗之域，概无与焉，则是天无私覆，而卵白有不裹之黄也。且《广舆图》东起朝鲜，西至嘉峪，南滨海，北连沙漠，不过万余里止耳。利玛窦云："地球既每度二百五十里，则知三百六十度为地一周九万里。"是万里之外皆可以分野，□□况庆远尚在万里内乎？此《晋志》之分某郡入某宿某度，似密实疏；《大衍》之以粤西为楚分鹑尾之次□□宿，明《天文志》之以粤西为翼宿而不分度，似疏实密。庆远之为楚分鹑尾而入翼轸，无复疑者，然今则未可概论矣。天运三十岁一小变，百年中变，五百载大变。三大变一纪，三纪而大备，此其大数也，中法谓节气差，而西法谓恒星差。其说虽不同，其归一也。中法翼轸在巳鹑尾，西法在辰寿星。夫翼轸既不尽属鹑尾，尚执《晋志》以□今日之分野，而必谓庆远当入鹑尾楚分之翼轸某度也，斯亦刻舟胶柱，不明于天变。岁里各差□□矣。考国朝《周天易览》，轸三度至十七度为广西分野，□今《时宪书》轸止十□度，故《易象元览》又以轸三度至十三度为广西分野，则庆远当入轸宿。但必如《晋志》之定以某郡入某宿某度，则固有不敢强为附合而信其必然者耳。姑撮恒星次度于右，兼采斗纬、北极出地度数，以及东西偏度、节气早晚、太阳出入、昼夜长短异同之数著于篇，以俟精于象纬者之考镜云。

## 气候

播五行于四时，然寒暑往来，天下宜无异也。胡粤西独有"四时皆夏，一雨成秋"之谚？地岐南北，天殊炎凉，固不独庆远一郡尔矣。调摄之方，视中土固少殊焉。志气候。

府介龙城西，四季皆等。暮春中夏，时亦有寒凉如秋冬者。大约阴雨蛮风，霾闭日照之故，若其羲驭当空，即已令人烦燥。昼方裸赤，入夜仍需挟纩绵绸，自朝至暮，寒燠数更。语云："急脱急着，胜似服药。"一或少纵，营卫不坚，即难免于沉疴淹闷，是不可不倍加谨慎，以节制之耳。

春三月，暖气薰蒸，人多袒裼科跣，俨与内地入伏景象相同。

夏三月，暑热虽侵，反无十分酷烈，因春时蕴隆已泄故也。

秋三月，肃杀之气不甚及人体，林端无异暮春、中夏。

---

[1]《史记·天官书第五》："角、亢、氐，兖州。房、心，豫州。尾、箕，幽州。斗，江、湖。牵牛、婺女，杨州。虚、危，青州。营室至东壁，并州。奎、娄、胃，徐州。昴、毕，冀州。觜觿、参，益州。东井、舆鬼，雍州。柳、七星、张，三河。翼、轸，荆州。七星为员官，辰星庙，蛮夷星也。"

冬三月，煦燠如常，雪霜亦不多见。林叶常青，间有生华结实者。惟风雨连朝，阴气迫而成冷。反若时令不正，致此寒威。

附郭天河及永定、永顺、忻城各土属，俱距郡匪遥。暖既无殊，冷亦不异，气候尚为差胜。

思恩地居寓山，风多晕人，饶雨雾，少冰雪，时常阴晦。

三月有青草瘴，四五月有黄梅瘴，六七月有新禾瘴，九十月有黄茅瘴。四时风景，似觉少异。

南丹、那地俱系蛮溪獠峒，深箐密布，草木蓊翳，岩依穴处，岭皆鳞蟒蛇腹。雨过万壑交冲，沫淫毒螯。再加上雾下潦，烈暑烧空，商旅氓隶，戴日遄征。若贪凉饮吸，即为所中。他病半热半寒，率由阳虚阴逼。医必温中固下，以定二气之分。如误用祛发，百不一生，乃知袪暑最忌饮凉，投圭切莫轻表。人能节饮食，慎起居，即为此地养生第一义。而变瘴疠为嘉祥，则犹在绥和者加之意云。

## 沿革

造邦建国，时易代更，有相沿不相沿者矣，疆域其仍故乎？庆属汉土杂治，或分或合，无常局也。志之不悉考古证今者，不目眯心盲欤？爰稽往牒、按当今，详溯异同，志沿革。

庆远府

《禹贡》荆州之南境，古百粤地，秦为桂林郡。秦末汉初，南海尉赵佗并其地，自称南越王。武帝元鼎六年（前111），平南越，改郁林郡，以交阯刺史领之。顺帝永和九年[1]，更置交州牧领焉，后沦于蛮。唐兴，分岭南道，始置粤州。乾封[2]中，改宜州，领龙水、崖山、东玺（《通志》作“陈玺”）、天河四县，隶桂州都督府。又别有安息（《明史》作“习”）、忠文、述昆、抚水、蕃、环、永、鸾、延、福、智、纡、归思、芝等州。天宝[3]初，改龙水郡，又整平、忻城二郡地。乾元[4]初，废郡州如故。咸通[5]三年（862），分属岭南西道。五代后唐、〔后〕周时为楚马氏地。〔后〕汉、〔后〕周时，为南汉刘氏地。

---

❶顺帝永和九年：汉顺帝“永和”年号仅用6年（136—141），唯东晋司马聃（晋穆帝）在位有永和九年（353）。查《晋书·地理下·交州》载：“顺帝永和九年，交趾太守周敞求立为州，朝议不许，即拜敞为交趾刺史。”所载事在建安八年（203）之前，故《晋书》所载事当在汉顺帝永和间，但年份有误。

❷乾封：唐高宗李治的第5个年号，666年正月至668年二月间用。

❸天宝：唐玄宗李隆基的第3个年号，742年正月至756年七月间用。

❹乾元：唐肃宗的第2个年号，758年二月至760年闰四月间用。

❺咸通：唐懿宗李漼（cuǐ）的唯一年号，860年十一月至874年十一月间用。

宋平岭南，改抚水州为安化军，又置荔波、镇宁、金城、琳、南丹，俱隶广南西路。庆历❶三年（1043），省纡、芝、归思等州入忻城县来属。八年（1048），省环州，以思恩县来属。熙宁❷间，省述昆、古阳二县及琳州入龙水县；省镇宁入思恩县。宋初置南丹州。崇宁❸间增置兰、地、那三州，改智州为河池县来属，天河如故，凡五县。大观❹元年（1107），置黔南路领焉。三年并黔南入广西，属广西黔南。四年，革黔南仍属广南西路。宣和❺间，改龙水为宜山县，置庆远军节度。绍兴❻间，分兰州为东兰、西兰二州。咸淳❼初，以度宗潜邸❽升宜州为庆远府。元至元❾中，改庆远路，领县如故。成宗大德二年（1298），并庆远、南丹，改为庆远南丹溪峒等处军民安抚司，隶岭南广西道，属湖广行中书省。明洪武元年（1368），征南将军廖永忠、副征南将军朱亮祖、湖广行省平章杨璟、参政张彬定广西，省那入地，改那地州来属；省荔波州入思恩县，省禾、鸾、福、延四州入南丹州。三年六月，因宋名复改庆远府。九年，以岭南西道为广西承宣布政使司，始属广西承宣布政使司。十二年，省西兰、安息、忠文三州入东兰州来属。十七年，析思恩置荔波县来属。永乐二年（1404），以南丹州来属。弘治九年（1496），分宜山地置永定、永顺正、副三长官司。凡州一、县四、土州三、土县一、土司三。

本朝顺治七年（1650），定南王孔有德平广西。九年，李定国不靖，土蛮复叛。十五年，大将军线国安讨平之，府如故。雍正七年（1279），析东兰土州东院、兰木等六哨地，别置东兰州，铨流官，降土知州为东兰土州同。十年，改荔波县，隶贵州都匀府。今领州二，曰河池、东兰；县三，曰宜山、天河、思恩；土州三，曰南丹、那地、东兰；土县一，曰忻城；长官司三，曰永定、永顺、永顺副。共汉、土十二州、县、司。

考《皇舆表》云：“粤州，唐开置芝州❿。唐置环州，贞观中，李弘节开拓生蛮，置。”《通典》《通考》俱称宜州。秦属象郡。旧志又以为汉交阯、日南界。查容、化、牢、白、钦、廉、雷诸州为秦象郡地，俱在东南滨海。宜州在粤之极西，边于夜郎，去海滨诸州甚远，中隔柳、邕、浔数郡，象、宾、横、贵诸州。所云象郡，当因隋尝于马平县置象州。

---

❶庆历：宋仁宗赵祯的第6个年号，1041年十一月至1048年用。

❷熙宁：宋神宗赵顼（xū）的第1个年号，1068年至1077年用。

❸崇宁：宋徽宗赵佶（jí）的第2个年号，1102年至1106年用。

❹大观：宋徽宗赵佶的第3个年号，1107年至1110年用。

❺宣和：宋徽宗赵佶的第6个年号，1119年至1125年用。

❻绍兴：宋高宗赵构年号。1131年至1162年用。

❼咸淳：宋度宗赵禥（qí）的年号。1265年至1274年用。

❽度宗潜邸：度宗，即南宋度宗赵禥。潜邸，皇帝即位前的住所。赵禥于淳祐七年（1247）任宜州观察使，九年任庆远军节度使。

❾至元：元代两次使用至元年号。此处当指元世祖忽必烈年号（1264—1294）。

❿《旧唐书·地理四·岭南道五·管十》载：“芝州下土地与交州同。唐置芝州，失起置年月。天宝元年，改为忻城郡。乾元元年，复为芝州。”

天宝初，又改象州为象郡，而宜于柳、象州为近，遂沿讹耳。汉所置九真、日南、交阯三郡，皆今安南地，悬隔尤远，益风不相及矣。按秦始皇略定杨越，置桂林、南海、象郡。汉武平南越，置九郡，改桂林为郁林。故庆远在秦属桂林，汉属郁林，今正之。又按唐置归思羁縻州，属桂州都督府，领履博、罗遵、都恩、吉南、许水五县。宋庆历三年（1043），并废入忻城县，则归思本为一州，而旧《通志》云“并综、归、思、荔、忻五州，改忻城郡，分归思为二”，新《通志》又以综为纡，以思为恩，似有讹误。忻城县既为芝州治所，不应更有忻州。查各志并无忻州名，此亦旧志之讹。

宜山县

附郭。旧治居宜山之阳，故曰宜阳。隋以前沿革同府。唐因龙水环绕，设龙水县，为宜州治。又有述昆州及古阳、洛曹、崖山、东玺四县。五代南汉刘氏省崖山、东玺入焉。宋嘉祐间，省洛曹县入焉。熙宁间，又以古阳县、述昆州省入。宣和间，改宜山县。元因之，明仍旧为庆远府治。洪武初设五乡，编二十六里。弘治间分设永定、永顺正、副三长官司，去一十一里，后只编十五里。

本朝雍正七年（1729），割永定之清潭、南乡，忻城之功德、窑灰四里改属理苗县丞管辖。乾隆六年（1741），割永顺之白土、邱索等二十四村来附。今编五乡一十九里。东乡三里，曰都岭、曰思农、曰郡；西乡三里，曰雒迎、曰雒目、曰中雒。□乡二里，曰雒东、曰雒西。归善乡二里，曰上、曰下。古阳乡五里，曰上青、曰下青、曰顺安、曰永泰、曰归化。理苗县丞管四里：曰功德、曰窑灰、曰清潭、曰南乡。又龙门司四十二村，白土司二十四村未编里。

天河县

在府北九十里，古百粤地。唐始置天河县，属宜州。宋初因之，徽宗大观元年（1107）割附融州，钦宗靖康元年（1126）复隶宜州。元属庆远南丹军民安抚司。明属庆远府，其时设有四镇：曰东禅镇、曰福禄镇、曰思农镇、曰石镇。共一十八里，曰古罗、曰古黎、曰归仁、曰归化、曰古陂、曰阿练、曰思合、曰新旧落归、曰思农、曰上、曰中、曰下、曰福禄、曰计、曰上思卢、曰上中思卢、曰下思卢、曰下中思卢。本朝因之，仍隶庆远府。

河池州

在府西二百一十五里。按《一统志》[1]云：“本唐羁縻智州地。宋置河池县，隶宜州，

[1]《一统志》：此处当指《明一统志》。

以富力县[1]省入。大观初，王祖道为提举溪峒司，即县置庭州，改名怀德县，隶邕州，属黔南路。寻废，复改河池县，隶宜州。”元仍旧。明洪武初，仍名河池县，后改亭州（旧志作序州）。弘治十七年（1504）五月，改为河池州，旧编一十二里。万历初，割南丹土州中、下二里附入，后又割附东兰、那地二土州各三里，是为三旺六里。通编二十里，曰兰江、曰英罗、曰平林、曰都铭、曰智本、曰惟建、曰河池、曰古波、曰如来、曰中、曰下、曰江边、曰三旺、曰安边、曰镇南、曰中江、曰古云、曰光岩、曰六甲、曰安远。本朝因之，仍隶庆远府。惟先领思恩、荔波二县，顺治十三年（1656），知府李学礼详改不属云。

思恩县

在府西北一百五十里，古广南化外地。唐高祖平萧诜，逾岭南，酋纳款始入版图。贞观十二年（638），李弘节开拓生蛮，置环州，领八县。一曰思恩，五代属楚马氏，后为南汉吴怀恩掠取。宋开宝三年（970），潘美下广西，平定其地，仍思恩县，属环州。庆历八年（1048），省环州，改隶宜州。大观元年（1107），以带溪寨[2]置溪州，割县隶之。四年，州废，复隶宜州。元因之。明洪武十七年（1384）九月，析置荔波县。正德元年（1506）二月，改属河池，而统隶庆远，分四乡：东曰都亮，南曰金城，西曰镇宁，北曰思恩。编二十二里：曰在城、曰谭村、曰石狗、曰大溪、曰安顺、曰上北、曰普义、曰三疃、曰六传、曰川山、曰永安、曰仪凤、曰水源、曰普传、曰永、曰温平、曰思烂、日新安、曰安黎、曰中洲上、曰中洲中、曰中洲下。本朝因之，仍隶庆远府，于河池不属。

东兰州

在府西南四百二十里。古百粤地。唐为羁縻州，隶邕州都督府。宋崇宁五年（1106），以其地有文兰峒，置兰州。元改东、西兰州。明洪武十二年（1379），省西兰、安息、忠文州入焉，改隶庆远府，领一十二哨。本朝雍正七年（1729），土官韦朝辅与族人韦国耀讦控，改设流知州管辖。内六哨：曰东院、曰长涟[3]、曰兰木、曰武篆、曰隘峒、曰都彝，仍隶庆远府。

按：《明史》及《广西通志》皆云元改东兰州，而旧志以为绍兴中改，未知何据。《明史》云“洪武十二年，省西兰州入东兰”，《通志》及旧志俱不载。

**东兰土分州** 旧志为东兰土州。在府城西南五百二十里。唐、宋、元、明沿革，详载东兰流州。本朝雍正七年，因土官争袭讦控，遂以内六哨地改设流知州管辖；降土知州为

---

[1]富力：县治在今河池市金城江区拔贡镇一带。

[2]带溪寨：今广西环江毛南族自治县洛阳镇、大安乡一带。

[3]长涟：今名“长江”。

土州同，驻北凤山，管理外六哨：曰凤山、曰芝山、曰里喇、曰长里、曰四苟、曰奔农，仍隶庆远府。

南丹土州

在府城西三百二十四里，旧志为蛮峒。唐极边羁縻地，世为莫氏所居。宋开宝初内附，置南丹州，设土官管辖诸峒群蛮。大观元年（1107），改观州，置黔南路领焉。寻废，仍为南丹州。元初为南丹安抚司，成宗大德二年（1298）并庆远路，改庆远南丹溪峒等处军民安抚司，辖县五、州十七。明洪武七年（1374）七月，仍为南丹州，省永、鸾、延、福四州入焉。二十八年废，设南丹卫。永乐二年（1404）废卫，复置州，隶庆远府，领一十三哨：曰本州、曰央、曰罗富、曰皮獠、曰并、曰剑休、曰岜峨、曰岜歹、曰值远、曰六寨、曰北妖、曰岜坪、曰移周。本朝因之，仍隶庆远府。

旧志云“元丰三年（1080）立南丹州，设土官”。按：仁宗景祐时，命莫淮戟为南丹州团练副使，南丹州之名已见于元丰前矣。又莫淮辿自称南丹州刺史，至子世忍，岁输贡❶，始授如其官。大约授命职在元丰时耳，立州当在元丰前也。又《广西通志·秩官表》“大德元年（1297），中书省言南丹州安抚司与庆远路相近，所隶户少，宜省入，改置庆远南丹溪峒等处军民安抚司，领县五”。而旧志云“辖州十七”，与表互异。按五县乃庆远路所辖，十七州乃南丹安抚司所辖。合庆远南丹为一，则当领五县十七州矣。旧志及《通志》皆未及详考也。

那地土州

在府城西二百四十里，古百粤地。唐为猺蛮溪峒，名曰那州，世为罗氏所居。宋熙宁间，纳土置那、地二州。大观初，析地州为建隆县，置孚州属黔南路。宣和初，废孚州，复为那、地二州。元仍旧，属思州军民安抚司。明洪武元年（1368），省那入地，并为那地州，隶庆远府。编户三里，曰那周、曰翁罗、曰岜畴。本朝因之，仍隶庆远府。

忻城土县

在府城南一百一十里。隋以前沿革同府，唐始置芝州，治忻城县，统县七，属安南都护。天宝元年（742），同纡、芝（旧志作综）、归思等州，改忻城郡，属岭南道。乾元元年（758），复为芝州，领忻城县一。五代楚马氏、南汉刘氏如故。宋仁宗庆历时，废芝州，复并归思、纡等州入县，属宜州。元属庆远南丹军民安抚司。明弘治九年（1496），改流为土县，仍隶庆远府，编九里十二堡。本朝因之，废张帽里。雍正六年（1728），割功德、窑灰二里入宜山。今编六里十二堡，里曰永康、纯孝、归仁、广胜、大宁、江信；

❶输贡：纳贡。

堡曰古尚、定南、龙归、思练、思里、同其、板梨、板罗、板黄、三寨、石牛、古平。

《皇舆表》按《宋志[1]·忻城县》注“以芝、忻、归思、纡等州□□”，□唐已有忻城为芝州治矣。《通志》云“庆历中，废芝州入宜州”，是芝州既废后，以归思、纡等州并入忻城，来属宜州，非废诸州始置忻城县也。芝州既治忻城，不应更有忻城，归思作归恩亦讹。

## 永定长官土司

在府城东南一百里，旧为宜州县地。明正统六年（1441），因蛮民弗靖，守土者莫能，耆民[2]黄祖记与思恩土知府岑瑛交结，谋割地归恩遂[3]，遂以谋知县朱斌备。时瑛方雄两江，大将多右之。斌备亦欲藉以自固，具奏割地归瑛。土人不服，韦万秀因以复地为名倡乱。成化二十二年（1486），南乡、清潭（旧志作清江，讹）等处猺贼覃召管等复乱，屡征不靖。弘治间委官抚之，各贼愿取前地，别立长官司以治。都御史闵珪闻之朝，请置永定、永顺等长官司。遂拨宜山县割属思恩之洛富、洛分、洛东、洛南四里，及洛西半里，并宜山县旧管之莫往峒、清潭、端简、都博等里，立永定长官司。分编六里，曰清潭、曰南乡、曰莫往头盔、曰端简、曰洛西、曰洛富。本朝雍正七年，割清潭、南乡二里半归宜山县，属理苗县丞管辖。本司现管地八里：曰莫往、曰头盔、曰洛富、曰洛西、曰邱累、曰黄田、曰黄琏、曰弄叫，隶庆远府。

## 永顺长官土司

在府城西南二百里[4]，旧为宜山县古阳、述昆二乡之绿河、外里、吉利、永泰、中里、思农等里之地[5]。都御史闵珪平定七十二峒猺苗，奏请以怀远□□巡检司改设，编一里半，曰绿河、曰吉利。本朝乾隆五年（1740），割白土二十四村仍归宜山县。本司现治两哨四席三里，隶庆远府。

## 永顺副长官土司

在府东北四十里，旧为宜山县思农里地。明弘治五年（1492），都御史闵珪因平定七十二峒及思农等处猺贼，奏请与正司同设，以辖诸蛮。额止抚化，未编里。本朝因之，隶

[1]宋志：即《宋史·地理志》。

[2]耆民：年高有望之民。又，原文此处有两个“民”字，似衍一字。

[3]恩遂：原文如此，或为“思恩”之误。

[4]二百里：《粤西文载》卷十二、《读史方舆纪要》卷一百九俱云“永顺长官司府西南六十里”，考永顺正司在今G75兰海高速刁江大桥附近，距庆远府城直线约55公里，故三者均不确。此处所记或为道路里程。

[5]此处自“外里”后缺字甚多，据《粤西文载》卷十二载：“永顺长官司在府城西南六十里，旧为宜山县古阳、述昆等乡永泰、外里、吉利、中里、夷江、端简、绿河、思农等里之地。”足之。

庆远府。

《明史·地理志》云："弘治五年，析宜山地置永定、永顺长官司。九年九月，析天河县十八里地置永安长官司。"又《土司列传》云："弘治九年，总督邓廷瓒言天河县旧十八里地，后渐为獞贼所据，止余残民八里，请分一长官司治之。部议增设永安长官，授土人韦万妙等正副长官。"又云："永顺、永安司旧为宜山县地，都御史邓廷瓒奏置永顺、永安二司，设长官、副长官各一，以邓文茂等四人为之，皆宜山县洛目、洛东里人也。"按数说互异，以《地理志》为是，但不载永顺副司为略耳。弘治五年总督两广者闵珪，而邓廷瓒之总督两广在八年以后，则置永顺、永定者闵珪，而增置永安者廷瓒也。《土司传》既以为廷瓒奏置，又脱漏永定，似以永安即永定者，其说悉误。天河县十八里地，现今如故。旧志抚条载："弘治十五年，韦万妙作乱，知府萧绾计平之。"当是九年割天河县地置永安司，以万妙为长官，寻以作乱伏诛，裁革耳。《通志》又载有永定副长官韦朝和，其创置裁革今俱无考。

**附荔波、程二县，永定副，永安正、副三长官司**

荔波县今改隶黔省，在府西北五百四十里，古百粤溪峒蛮地。汉交南牂牁边鄙。宋开宝三年，置荔波州，以羁縻苗彝。元仍旧，属南丹溪峒等处安抚司。明洪武初年，并入思恩县。十七年，复析置荔波县，属南丹州，统隶庆远府。后被黔粤雷、皮、蒙三土司瓜分割据。弘治间改为流，属河池州，统隶庆远。正德十二年（1517），又改隶南丹州，辖方村、蒙村、穷来村三巡检司，后复属河池州，隶府。编地一十六埄，曰方村、曰巴乃、曰巴灰、曰蒙石、曰狝狞、曰猺狴、曰羊奉、曰羊安、曰猺台、曰水婆、曰周覃、曰邱贼、曰鹅浦、曰水车、曰穷来、曰巴容。明末伪安西李定国割隶贵州都匀府。本朝定鼎，仍旧名，归隶庆远府，于河池不属。雍正十年（1732），改隶贵州都匀府。

程县[1]在泗城东北，旧号程丑庄。其山曰回顾山、藩山，其水曰咘柳水。明初归附，隶泗城州。洪武二十一年（1388）改立为县，编户一里。后改属庆远府，寻复隶泗城州，改设流官知县。正统间，为泗城岑豹所逼，弃官去，典史摄印亦罹害。豹遂夺其印，并县地。事闻，屡遣官谕之。历岑应、岑接，凡七十余年不服。嘉靖二年（1523），岑接为诸土官攻杀，督抚遣官按问，得县印，贮库以俟处分，后仅存荒土。泗城、南丹、那地各欲占据，时治兵相攻云。县虽久废，以其曾属庆远，故附录之，以备考焉。永定副长官司韦朝和止据《通志》开载，未卜创建何所，后于何年革除，今无考。

永安正副长官司韦万妙等，《明史》云："弘治九年（1496），总督邓廷瓒奏割天河县地置。"今未知所在。

[1]程县：所治大抵为今天河池市于峨县境。

## 疆域

疆以正界而域因之，无分民有、分土外，此非我得与？纵横所及，邮程宜计也。小邦大国之称，自古维昭，岂届在边徼，而统辖即无定乎？故详幅员，志疆域。

### 庆远府

东至宜山县大曹村，接柳州府柳城县界四十里；西至南丹土州蛮同村，接贵州都匀府独山州丰宁下土司界四百三十里；南至忻城土县罗墨渡，接思恩府上林县一百三十里；北至天河县板良村，接柳州府罗城县界一百七十里；东南至宜山县下团村，接柳州府柳城县界七十里；东北至宜山县天桥堡，接柳州府罗城县界五十里；西南至永定土司涝头，接思恩府安定土司界一百六十里；西北至思恩县何顿村，接贵州都匀府荔波县界三百二十里。东西广四百七十里，南北袤二百九十里。自府治至省五百七十二里、京师七千四百一十里。

### 宜山县

东至大曹村，接柳州府柳城县界四十里；西至金城江，接河池界一百四十里；南至石鳖堡，接永定土司界四十里；北至长沙，接天河县界三十里；东北至天桥堡，接罗城县界五十里；东南至下团村，接柳州城县界七十里；西南至白土司董村，接永顺正土司界一百三十里；西北至冷水堡，接思恩县界九十里。东西广一百八十里，南北袤一百五十里。

### 天河县

东至便村，接柳州罗城县界四十里；西至鱼良村，接思恩县界一百一十里；南至东山村，接宜山县界七十里；北至板良村，接罗城县界六十里；东南至蓝靛村，接宜山县界四十里；东北至上都满村，接罗城县界三十五里；西北至三峒堡，接思恩县界一百二十里；西南至喇小村，接宜山县界五十五里。东西广一百五十里，东北袤一百三十里。自县治至府九十里。

### 河池州

东至金城江，接宜山县界五十里；西至大山塘，接南丹土州界三十五里；南至坡了村，接那地土州界一百一十里；北至赛喇村，接思恩县界八十里；东北至墓律村，接思恩县界六十五里；东南至马黄村，接东兰州界五十五里；西南至喇赤塘，接东兰州界一百三十里；西北至喇住村，接南丹土州界六十三里。东西广八十五里，南北袤一百九十里。自州治至府二百一五里。

### 思恩县

东至喇门，接天河县界一百七十里；西至茅滩甲，接河池州界二百里；南至思立峒，接宜山县界三十里；北至驯驻里，接贵州都匀府荔波县界二百八十里；东南至古迹堡，接宜山县界三十五里；西南至家山堡，接河池州界四十五里；东北至上里九悠村，接贵州都匀府古州八万苗界三百五十里；西北至河顿村，接贵州荔波县界一百五十里。东西广三百七十里，南北袤三百一十里。自县治至府一百五十里。

### 东兰州

东至交达村，接河池州三旺界九十里；南至下岳村，接土州同上盖村界六十里；西至板婆村，接土州同拉淋村界六十里；北至板慕村，接那地土州罗洪村界六十里；东南至巴定村，接思恩府兴隆土司猺峒界九十里；西南至板坡村，接土州同板近村界五十里；东北至平劳村，接那地土州那定村界七十里；西北至那拂村，接土州同回筹村界七十里。东西广一百五十里，南北袤一百二十里。自州治至府四百二十五里。

### 东兰土分州

东至坡黄村，接流州兰木哨界七十里；西至荼麋隘，接泗城府凌云县平乐村界二十五里；南至思恩府土田州仆营村界七十里；北至龙含村，接泗城府凌云县艮周村界一百里；东南至思恩府都阳土司林村界二百里；东北至砦祥村界七十里；西南至思恩府土田州岩宥村界六十里；西北至泗城府凌云县巴更村界七十里。东西广一百四十五里，南北袤二百二十里。自州治至府五百二十里。

### 南丹土州

东至本州哨界牌村，接河池州大山塘界一百二十里；西至剑休哨顶唤村，接贵州定番州考里界二百九十里；南至本州哨罗侯村，接那地土州翁罗村界六十里；北至六寨哨蛮同村，接贵州独山州丰宁下土司蛮维塘界一百二十里；东南至本州哨鱼龙村，接河池州中村界一百二十里；西南至本州哨峒慢村，接那地土州百旦哨界一百五十里；东北至者勤寨拉肥村，接贵州荔波县董界塘界一百里；西北至岜峨哨六林村，接贵州平州土司甲茶村界一百一十里。东西广四百一十里，南北袤一百八十里。自州治至府三百四十里。

### 那地土州

东至河池州下里六十里；西至贵州永丰州汰怀界三百里；南至东兰州北荷界三十里；

北至南丹土州罗侯界七十里；东南至河池州中里界七十里；东北至河池州南丹州两界八十里；西南至加□□，接永丰州界一百六十里；西北至永丰州坪香界一百里。东西广三百二十里，南北袤二百里。自州治至府四百二十里。

### 忻城土县

东至石万隘，接柳州府马平县界八十里；西至罗墨渡红水河，接思恩府上林县界三十里；南至□定村红水河，隔岸接思恩府迁江县界八十里；北至石叠隘，接永定土司界四十里；东南至坚排隘，接迁江县界九十里；西南至定村红水河，隔岸接思恩府上林县界四十里；东北至思更峒，接宜山县界二十里；西北至古棉村，接思恩府安定土司界八十里。东西广一百四十里，南北袤一百一十里。自县治至府一百一十里。

### 永定长官土司

东至宜山县陇河村四十一里；西至宜山县白面村四十里；南至忻城土县石叠山十里；北至宜山县石鳌堡十五里；东南至宜山县盈水村三十一里；西南至思恩府安定土司林甲隘九十里；东北至宜山县石银村七十二里；西北至宜山县棠梨隘五十里。东西广二百里，南北袤一百六十里。自司治至府六十里。

### 永顺长官土司

东至不入版图猺巢界三十里；西至河池州白隘村界四十里；南至思恩府安定司沥头村界一百里；北至宜山县盘龙村界五十里；东北至宜山县板凡村界三十里；西北至宜山县横岭村河池州光崖里二处界三十里；东南至不入版图猺巢界四十里；西南至安定司喇冲村界五十里。东西广六十八里，南北袤一百五十里。自司治至府二百里。

### 永顺副长官土司

东至柳州府柳城县榖本村一十里；西至宜山县白面村一十里；南至柳城县横冲村一十里；北至宜山县罗村二十里；东北至宜山县孟江村一十五里；西北至宜山县范村一十五里；东南至柳城县张村一十五里；西南至宜山县罗村一十里。东西广一十八里，南北袤三十二里。自司治至府四十里。

# 《庆远府志》卷一 舆地志 下

## 山川

扶舆磅礴之气，结而为山，融而为水，文物灵秀钟焉。此器车马图礼之表瑞由来也。庆郡山多水险，履其地者，几叹蜀道之难。而层峦耸翠，众派流清，亦殊不可多得。爰溯其名，实其状，志山川。

### 宜山县

**宜山** 在城北龙江上，唐名宜州。以四面山皆大，此独小也。旧有飞来庙，即今雷王庙。

**北山** 在城北一里，唐陆仙翁[1]修炼于此，常有紫云玄鹤乘空而下，故又名会仙山。旁翼青鸟、硃砂两山，中有白龙洞潜通南山龙隐洞。洞口有杨彪建寺碑，内石龙盘伏，鳞甲宛然。又有崔、莫二仙姑炼丹所，有指挥使彭举所书“云深”二字。左有郡人张烜诗，前盖三教三官殿。旧有圣寿观、高昌阁，今圮，建真武殿。岩前石若观音，其上石井曾出并蒂莲花，称为“玉井”。旁有徐太守《平蛮碑》。

**天门山** 在城北一里，二峰如笋，翠嵂参天，一名天门拜相。山上有冯京祖茔，又呼状元山。

**龟山** 在城北三里，形似，故名。

**九龙山** 在城西南六里，山多峒窍，内有石田。洞口一潭，深不可测，因祷雨响应，立庙祀之。又有丹霞岩。宋刺史张自明卒，棺舁于此。石开自合，上镌“丹霞遗蜕”，旁注“丹霞□□□”。

**南山** 在城南五里，有洞轩敞如屋，中有石龙，因名曰“龙隐”[2]。石刻王钜《游山记》、王珽《题龙隐峒》诗。前建广化寺，左为白云岩，系卢僧德洪脱化处，旧有宋真宗御书阁。旁建春意巷、三贤祠，祀黄太史庭坚、余襄公靖、冯三元京。东畔石镌余襄公及方信儒诗。

---

[1]陆仙翁：指陆禹臣。参见卷八《人物志·仙释·陆禹臣》条。

[2]“南山”条自“在城”后脱16字，据道光《庆远府志》足之。

**马驷山**　在城西十八里，有岩默流，江在岩前涌出。

**日山**　在城东北二十里，隔江与月山对峙，以形圆特立，故名。

**月山**　在城西三十五里，其形肖月。《风土记》云：“东有日山西有月，年年征战无休歇。幸得西水向东流，世代永无忧。”谓征战虽时有，而无忧虞也。

**鹤山**　在城东南二十一里，上有石，色白如鹤。

**铁城山**　在城北三里，宋宝祐间知宜州云拱于此筑铁城，故名。判静江军黄应德有《记颂并序》。

**鳌山**　在城东南二里，如鳌形，故名。

**大号山**　在城南五里，高可远眺，上有宋赵清献公放鹤亭故址。

**席帽山**　在城西南十余里，形如席帽。黄山谷祠正面此山。

**马蹄山**　在城南三里，形若马蹄。

**青鸟山**　在城北一里，会仙山东。相传古有青鸟飞至，产异草。

**硃砂山**　在城北一里，会仙山西。

**文笔山**　在城西德胜镇东三里，挺秀如笔，突耸云端。

**观音山**　俗名袁家山，在德胜镇。山半一岩洞达，中有怪石，形似人物。岩口有梓潼阁，下有观音寺。

**屏风山**　在城西八十里，德胜镇北。上有真武观、梓潼阁。旧志云“岩贯胸腹，悬梯方达”。

**香炉山**　在德胜镇西，与屏风、文笔二山鼎足并峙。

**羊角山**　在河池所西五里，山麓有杨文广故垒。

**寿山**　在河池所东北，有三宝寺、朱僧脱化处。

**独尊山**　在城西七十里。众山皆小，此独尊也。

**棋盘岭**　在城西八十里，以形似，故名。

**罗汉岩**　在城西南三十五里，相传飞来罗汉岩，亦灵异。

**九子山**　在城东二十里，九峰排矗，锁龙江水口。一名九头山。

**小曹山**　在城东二十里。

**大曹山**　在城东四十里。

**青灵洞**　在城东二十里。

**冷暖岩**　在城北一里。洞达山腹，前冷后暖。

**吉山**　在城西四十里。

**尖山**　在城西五十里。

**韦家山**　在城西四十五里。

**古城峒**　在城北青鸟山后，一名紫霞洞。内有七曲帝君像，郡文学陈元迪有记。

**谢表岭** 在城西六十里，因杨文广得胜回朝，于此拜表，故名。

**观峒** 在城西二十里，其洞灵异。有西原太子祠。

**五光峒** 在城北五里，出酷龟。

**旗山、人头山、鸡辣寨** 俱在城南三十里。明同知叶正攻贼被害处。

**桃源山** 在城南三十里，吴仙人优葬此。

**五贵山** 五峰壁立，端如贵人，在理苗县丞署前。

**华盖山** 如宝盖天垂，在理苗县丞署后。

**玉屏山** 在高泉村。

**伏虎山** 在清潭里。

**铜鼓山** 在功德里。

**楼台山** 在窑灰里。

**龙江** 发源贵州都匀府平定司西香炉山。名山江河，自独山州流入南丹土州，会思荔诸水，自北而南，经河池州。东为金城江，入宜山县归化里之波来村，合东江至平兕村。其间石笋嶙峋，山高水险，难通舟楫。由平兕环怀远，绕府城，北过大曹塘，舟楫可行。至城汇融、象、浔、梧，东入南海，水势宛转如游龙，故曰龙江。

**东江** 在德胜镇西，水自思恩县环江南流入龙江渡。

**流马江** 在城西八十里，出永泰里猴洞，南流至韦□村合龙江。常道一带田亩，资以灌溉。

**中州小河** 在城西，水出思恩县，东南流至怀远镇，东入龙江，可通独木小船。

**默流江** 源出龙门巡检司，水由地行至雒目里黄猺村李主寨黑洞，西分独山，东流彭岭，中通马驷，灌溉三处田亩。

**饮军池** 在城西。宋军校陈进叛，围城。久涸，一旦复涌，居民赖之，曹利用饮军于此。

**马鬃河** 在城南二十五里系平村中团潭。藏各岭隙硺水，汇合成河，西北流三十余里，灌田甚多，至平凶村入龙江。

**思吾小江** 在城东北六里，源出天河县思吾溪，东南流入龙江。

**洛蒙小江** 在城南六十里，源出永定土司，东北流入龙江。

**洛潢河** 在城东南二十里，有二源。一出永定思东村，一出清潭马蹄隘，合于獭岩村。东北流，灌田甚溥，至雒寿桥陂。乾隆十六年，新筑坝于洛潢桥上，引灌小漕、三堆等处垦田，余水北入龙江。

**宜江井** 在城内城隍庙西，与龙江水相为消长，今无。

**龙泉** 在城南二里，水涌如勺，灌田甚溥。其水重于他水，宋黄山谷以斗量之，果然，故又名重泉。泉上有欧公桥，山谷改曰“龙济”。

**放生池**　在旧城东门外，即古楼塘。宋时凡遇圣节买生物放之，以祝无疆，故名。

天河县

**甘场山**　在城东二里，形如幞头，县治依其麓。

**凤凰山**　即凤头山，在城东三里，形似凤。

**东山**　在城东一里，壁立巍峨，俨如屏障，县治发脉于此。

**榜山**　在城西三里，形如挂榜。

**南山**　在城南一里，与东山对峙，翠矗立峰，高出群峦。其上有泉，泠然可爱。

**穿山**　在城西五里，石窦中空，故名。

**独俊山**　在城北二里。山峰秀霭，挺然独立，不与□□为伍。

**交椅山**　在城西三十五里，其状似椅。

**文峰山**　在城东十五里，高耸接天，启通邑人文之秀。

**高寨山**　在城西四十里，峭壁危峰，洞门轩豁。

**石狮山**　在城北二十里，砥柱两江，形如狮子。

**北陵山**　在城西十五里，山麓有水，泉澄泓。昔吴优师事陆仙翁，修炼于此。

**鸟山**　在城西三十里，峰峦高峻。顶有泉，居民曾因险筑寨于上，相近者曰“圣水山”。

**植富山**　在城东北二十里，山势高耸，绵亘数里，县之镇山。

**涵乐洞**　在城北一里，深邃可避炎暑。内有石钟、石鼓，扣之即鸣。

**龙门洞**　在归仁里，水通下流，望之如天门洞开，杳不可测。

**喇冲洞**　在城北三里，外敞内深，有清泉四时不竭，其下龙潭，祷雨立应。

**通天洞**　在城东三里，四面昏黑，洞内翠壁苍然，中一穴通天，故名。

**容乐洞**　在城西十里，景奇而秀，路险而安，游人乐之。

**三洞**　在城东三十里，稍南，有黄甲洞。

**思吾溪**　在城东南二里，流入小江，下合宜山龙江。水声昼夜不绝，经春尤甚。

**九龙江**　在城东二十里，源出龙泉，势九曲如龙，岁旱祷雨立应。

**三潮水**　在城西十里，水从岩际涌出，一日三潮。来则涨，满则退。其流一线，引以灌田，民受其利，因名“圣水”，立祠祀焉。

**东北小江**　在城北二十里，一自三洞，一自黄甲洞发源，合流入小幕寨麓，注为县北江。

河池州

**智山**　在城南四里，与州后北山对峙。高耸入云，西连吴山、笔架，三峰并峙。

**火焰山** 在城南五里，其上一石，宛如纱帽，又名纱帽山。

**凤仪山** 在城北四里，极险峻，州治半枕山麓。

**皷儿岩** 在城东五里，岩甚深邃，尝闻内有鼓声。

**屏风山** 在城东北三里，嵯峨环绕，如屏之峙。上旧建观音阁，山半有泉，盛夏溢流，今泉仍而阁废。

**四一山** 在城北五里，州旧治。

**马鞍山** 在城北三里。

**东山** 在城东四里，挺然独立，又名乐教山。

**智州山** 在城西四十里，唐建智州以此。

**太平山** 在城东五十五里，金城江边，石上镌“天下太平”四大字。

**鬼人山** 在州东三十里，内有深岩，常闻鼓乐声。路旁有石棋盘、仙人足迹，相传曾有仙人弈于此。

**都铭山** 在城东二十里，旧名都猛隘。

按：唐置环州刺史，统县八，内有都蒙县。《明史》：河池州有都铭镇巡检司。窃意都铭镇即都蒙县也，今阅此益可无疑矣。盖蒙、猛、铭皆音之转，而县、镇、隘之建皆因山以名耳。

**鱼跃山、新月山、祥云山** 俱在旧治东北一里。三山并列，苍翠蔚然。

**屑壁山** 在城南七里，与屏里山对峙。

**杨村山** 在城东南十里，有岩曰“龙岩”，洞口甚小，只容一人出入。内宏阔深敞，可纳万人。岩内石龙鳞色如黄金，旁有石佛，名曰“佛岩”。

**吴山** 在州城西六里。

**北会山** 在城南一百二十二里。

**移岭山** 在城北七里，崖岫最为峭拔。

**白马山** 在城东二十里。

**巴上山** 在城南一百二十五里，九门村北。

**剑甲山** 在城南一百一十里下岳村，小路西通鸭洞。

**天马山** 在城南一百一十里。

**洪鹿山** 在城南九十五里。

**岜带山** 在城东九十五里古云里，东通安定司。

**猫溪水** 在州西南，源出高峰坑，东流合秀水入江。

**秀水** 源出州西白崖、飞泉崖，高可二十丈。飞泉自崖半下注如疋练。[1]北流过州，而东为秀水，又东流十余里，伏入高山下，至六甲里复涌出，入金城江。

[1]疋练（pǐliàn），一匹白绢。喻瀑布。

**古浪溪**　在城东南二十五里，一名乾溪，源出罗山东北，流入金城江。[1]

**金城江**　在城东五十五里，自荔波县流入。宋置金城州即此。江南崖石壁名曰喇街。东里许有石如盘，来溪流其上，日夜鸣啸，下流合东江，入龙江。（《明史》云合都泥江[2]，误也）

**红敢河**　在北曹村前。

**那龙河**　在州南百余里，源出马鞍山，流合永顺司刁江。

**喇索河**　在岜学平村，西通大郭村。

**灵浅江**　在州东南，源出镇南里。洪龙江，源出鬼人山。俱东流，合永顺司刁江。

思恩县

**镇山**　在城东南十里。

**米岭**　在城东三十里，为入县门户。诸峰罗列，如聚米状，上有老鼠隘，高五十丈，险窄莫比。

**三峰山**　在城东二十里。

**绀山**　在城北三十里，以色似名，又名捍山，谓可捍蔽县后也。以山峰重叠，日光罕见，土人又名曰“暗山”。

**龙门山**　在城南五里。峰峦耸秀，云雾朝兴，灵雨时应，祈祷归焉。

**覆斗山**　在城南二里。

**啸山**　在城西四十里。岩窍玲珑，风响谷鸣，如长啸般。

**寒坡岭**　在城东五里，高可二百丈，为入县孔道。旧名“韩婆岭”，《通志》作“寒山”。今臬宪杨廷璋改名“向恩岭”。

**覃岭**　在城西五十里。

**回头岭**　在城南三里，其势北旋，如顾县治。

**三仙山**　在城北四十里。

**望峰**　在城东一里，枕脉寒坡岭，迤逦而下。高登远眺，带水千峰，历历在目。旧有文漪亭。

**龙岩**　在城南五十里，有洞深邃。

**修炼山**　在城南十里，相传唐时陆仙翁修炼于此。

**天门峰**　在城东北二十里，万峰襟带，惟此最为峭拔。高可千仞，山腰一穴，如门横，深三十丈。门口石柱如龙形，天欲雨则水如注，俗云“天门洞”。道通一线，攀缘而上，内可容二千人。猺民恃险，常避乱居之。

[1]此处原文为“一名乾溪，□□西即□旺大路。”后半句于义不通。据道光志校补。

[2]都泥江：旧名亦作“乌泥江”，今名“红水河”。

**叠山峰** 一名斧劈峰。在城北二十五里，如片石层垒，高可千尺。

**入怀山** 在城北八十里。

**石岩洞** 在城东二十里，三峰山下，有泉自岩涌出。

**五十二峒** 远近不一，在县治四境，曰藏峒、曰花峒、曰古心峒、曰思立峒、曰湘峒、曰昆峒、曰鸦峒、曰会峒、曰旧峒、曰猎峒、曰多峒、曰建峒、曰水源峒、曰蒙峒、曰洛百峒、曰莲峒、曰汪峒、曰波峒、曰日枭峒、曰独峒、曰磨峒、曰李峒、曰公峒、曰三仙峒、曰襄峒。附入中洲、驻驯抚化之内，其名多有不可考者。古制相沿，但曰五十二峒。谚云："中洲、驻驯五十二峒，人少莫来弄。"盖言民顽而催科不易也。地形四面皆奇峰环堵，内有田可耕，有水可汲，人垂老不见官司。衣食粗足，各自为卫，皆世守焉。若非行蛮构报，何逊桃源?

**砥柱石** 在城东三里。

**上善泉** 在城南十里。

**飞洞泉** 在城西十里。

**环江源** 出荔波，在县南六里，流经县西，又东南入宜山县界，即龙江上源。唐置环州治，此时县亦隶环州。

**带溪** 在城北四十里，发源湖广五开卫，经古州八万猺界，绕荔波东流入县境，二百余里旋折如带，东西四十五里暗绕山穴，下合环江。中有砥柱石，宋之带溪寨设焉。

**婆婆泉** 在县西五十里，水不常出，行者遇渴求饮，伫立呼之乃出。

**中洲** 在城东一百五十里，平衍一大沙洲，四面水绕，如海岛然。源出古州八万猺界。

东兰州

**思荣山** 在州东三十里。

**真武山** 在州东三十余里，红水河东岸。

**都彝山** 在州东三十五里，高峰插天，最为险陡，唐置都伊县以此。

**北莔山** 在州东三十里，红水河西岸，特立岿然。

**双凤山** 在州北二十五里。

**青云山** 在州西四十里，恒亘绵远。

**霸陵山** 在州境，峰回路转，曲折玲珑，岩际林木荟蔚入目，最多胜致。绝顶旧有台榭，今圮。

**福山** 在州北三十里。

**青石岭**　在州西五十里，高低蜿蜒，为往武缘[1]要道。

**印山**　在州东三十里，其形方正如印，故名。

**隘洞水**　在州东北，即红水河，一名都泥江，又名乌泥江。自那地州流入，又东南经思恩府之都阳、安定诸司入忻城界。水势汹涌昏黑，直等黄河。

## 东兰土分州

**白面山**　在州同治西一百里。

**十八鹤山**　在州同治东三十里。

**凤山**　在州同治西一里。

**交椅山**　在州同治后，万石垒砢，一障环围，形如交椅。

**九曲山**　在州东三十五里。

**芝山**　在州同治北十二里。

**岜免寨**　在州东。

**九曲水**　在州东北，源出九曲山，绕银海池，下合红水河。

**银海池**　在州北八十里。

**小溪**　源自嵩汗山，经州同治西流入土田州而去。

**小溪**　源发奔农哨凌那岩，经四荀哨下流，汇红水河。

## 南丹土州

**长春山**　又名青云峰，在州南三里。层峦连矗，松柏青葱，有亭台基址，青壁之水出焉。

**秀灵山**　在州南一里，奇峰怪石，杰出蛮陬。

**金鸡山**　在州东二里蒙寨南。红盆之水三面经流，迤逦过北。

**都利山**　在州南二十五里，山泉飞注，为大江源。

**孟英山**　在州西北五十里，产银砂，明时曾开矿，旋罢。

**白面山**　在州南六十五里。

**薛梦山**　在州西南半里。草木阴翳，四时青葱可悦。

**龙头山**　在州北二百里岜峨哨。石壁巉岩，状如龙口，有清泉流出，味甘而冽，日饮数千人不竭。

**罗侯山**　在州东三十里，为南丹厂至州必由之地。但石径崎岖，难通车马。

---

[1]武缘：即今南宁市武鸣区，元为武缘县，隶南宁路，明改隶思恩府。民国元年（1912）撤思恩府，县人陆荣廷任广西都督，崇尚武功，改县名为武鸣，喻意“以武而鸣于天下”。2015年改武鸣县为南宁市武鸣区。

**第五岭** 在州东五十五里，为南丹厂门户。

**分水岭** 在州东一百一十里，岭下有水东流入河池州，西流入南丹土州，以岭为界。

**象鼻岭** 在州东北二里，山嘴如象鼻，故名。

**接龙岭** 在州南三里。两山壁立千仞，中隔小溪，相传旧有石桥横架半空，以接龙脉，今无基可考。

**观音岩** 在州北三十里。山势横亘，一径盘旋，实州北之藩蔽也。

**大江水** 在州南二十里，源出都利山，流入河池界。

**红盆水** 在州南一里，源出灵秀山，下过金鸡山，至沙界坑二十里转带钩河。❶

**黄江河** 在州东南六十里，源出六寨，由者远、挂红来，出那地州平畴入红水河。❷

**打绞河** 在州西一百八十里。源出贵州平州土司剑休哨，经那地州入红水河。

**带钩河** 在州北五十里，源出贵州荔波县由拉汉村，经河池州东入金城江。

**青云溪** 在州南三里，源出青云峰，下过平坦桥，合红盆水，接龙滩入带钩河。

按：《明史》："州南有都泥江，自贵州定番州流入。"今都泥江不经南丹，史似讹误。

那地土州

**登龙山** 在州东十里，岗巃一方，起伏委宛如游龙。

**白虎山** 在州南十二里，一峰独蹲，形若猛虎。

**屏凤山** 在州东南八里。

**威现山** 在州西南五十五里。

**马山** 在州南一十五里。

**翠灵山** 在州西四十里。

**翠屏山** 在州南七里，危岩独障，峭壁千寻，万木翁蔚，满山苍翠，为州第一佳胜。

**威安山** 在州东一十三里。

**巴罗山** 在州西六十五里，即邑罗江水发源处。

**巴陵山** 在州东北一十二里。

**折登山** 在州东北二十里。

**兜娄山** 在州南一十二里。

**挂榜山** 在州东六里，形若榜文张挂。

**旗山** 在州西一十三里，形如旗帜树立。

---

❶带钩河，今作打狗河。带钩、打狗，均为壮语dahgung的记音，本义为"弯曲的河"。

❷黄江河：此云在州东南六十里，道光《庆远府志》云"在州东北六十里"，皆不确。河自州西北来，由州西南今南丹县吾隘镇汇入红水河。者远在今南丹县月里乡，挂红在今南丹县芒场镇略西，平畴在今吾隘镇北五公里处。

**唐帽山** 在州东二十里。

**红山** 在州东十里。

**晓暮岭** 在州西五十六里，左襟芭罗，右带乌泥，两水夹流，峰峦耸翠。

**怀峡岭** 在州东二十里。

**叠方岭** 在州东北一十五里。

**黄花岭** 在州北一里。

**磨石岭** 在州北二十五里。

**翠云岭** 在州东北二十里。

**丹炉寨** 在州东北六十里。

**龙泉寨** 在州西三里半。

**思廉寨** 在州西四十五里。

**乌泥江** 即红水河，一名都泥江。自贵州永丰州流经州境那感塘，引地汰、云榜、吾隘等村，入东兰州长江哨而去。

**平细江** 源出南丹土州罗福哨，流入州境，翠云山下，汇红水河而去。

**巴罗江** 源出芭罗山，岩下合乌泥江。

按：《明史》：“州有布柳水[1]，流合都泥江。”

忻城土县

**石叠山** 在县北四十里，峰峦起伏，岗巃三十余里。岩嶪岩峣，石如垒砌，游观者常称有玉垒之胜。

**夜峒** 在县东三十五里，有岩数处，深邃不可穷究。烟云从中出，回绕遮蔽，非亭午夜分不见日月。

**翠屏山** 在县署后，林木葱倩，邑人樵牧利焉。上有窟，涌泉不竭。夜中常有鸟来浴。鸣如风声，触之立毙。

**笔架山** 在县东一里，三山耸峙，中峰独挺。其上石笋崭立。更多丽色，西霞晚照，光彩于众山。

**独正山** 在县西南五里，独峰屹立，高出云霄，周里许无崱屴耸崒之状，仿佛独秀，相传谓郡之南天一柱也。有诗载《艺文》。

[1]布柳水：即布柳河，布柳河由今百色市乐业县北流至河池市天峨县更新乡新林村巴满屯的仙人桥，经新林、那里、什里、平腊、治安诸村注入红水河，在天峨境内长约61公里。明代，今天峨东北境属庆远府，西南境属泗城州。清代，天峨西北一部分及西南大部属泗城府凌云县，故彼时那地州境内无布柳河。

**凤凰山** 在县东北七里。山阿有石，形似鸟。土人樵采，不时见有五色鹊，莫识其名。日将暮，群鸟来宿者，啁啾之声多于众山，昔人因此为名。

**马鞍山** 在县西北二里。

**黄竹山** 在县北一里半。悬崖峭壁，胜境颇多。最佳者山麓一岩，幽深曲盘，层有奇观，又名十二洞岩。

**麒麟山** 接连翠屏，顶有小池，方圆三尺许。水冬夏不绝，路崎险难登，土知县莫镇威镌石猫二立于池岸，首各东西异向。土人尝攀藤附葛而上往视，其迹至今犹然。

**岩口溪** 在县东北，源出岩口山，经思练、古平二堡等处，可灌田二千余亩。流出环江七峒大河。

**龙塘印寡妇涝** 在县西三里。广约数亩，其水清碧可爱，冬夏不竭。昔传有龙潜于此，因名。

**乌泥江** 即红水河。在县西三十里，源出贵州，由泗城、那地、东兰、安定土司彝江入县境，出迁江。

**彩池** 在县北八里，源出永定。经江信、定南两处，合红水河。

**板罗小河** 在县东北界。源出马平山涝，经县境板罗、得瓦、北砂、板海等村，水长流不竭，可灌田三千余亩，流入迁江东所〔界〕大河。

**大杨涝** 在县东界，源出巢后山，经县西南界都治、坡旺等处，四时清流不绝，可灌田千余亩。合龙塘、彩江入大河。

## 永定长官土司

**头盔山** 在司治南七里，上下山石皆黑，山腰一带纯白，颜色鲜洁，形如头盔。

**石鱼山** 在司治西二十里，有石如鱼形。

**独秀山** 在司治。

**长帽山** 在司北十里，高约数百仞，常有云雾封其顶。

**龙塘** 在司西南三十里，高山峻岭，周于四围，长三里，阔二里，莫测其浅深。其塘面西上下皆石穴罅，山脚有龙塘村，村内田灌溉皆取给此塘。其水消长无定，亢旱时石穴秘而不泄，水与山顶齐。山下数十里田尽涸，及其水一消，则缤纷四出，纡徐涓流。山下田禾，皆资灌溉，其长其消，有莫知其所以然者，亦进化机缄之一异也，故又名天塘。山下村亦因是得名。

**新村涝** 在司治西北二里，流至署前，可灌田三百余亩。

**怀望村涝** 在司治西南五里，流至署右，灌田八百余亩。西北流至署右，合司前沟水，经头盔堡离司治五里，可灌田一百余亩。流入忻城土县而去。其水长流，至冬乃涸。

永顺长官土司

**高椅山** 在司治后，高耸约百余丈，左环右抱，形似坐椅。故名。

**多云山** 在司东北八十里，突然三峰，轩耸秀丽，上有飞泉澎湃。有石印仙人足迹，大如箕斗，远可眺数十里。有弥勒道场、罗汉岩，四时花果。旧有灵桃一树，人往求食则可，怀归即化为泥团，今无。又有泉，任人饮多少，水随出，不涸不盈。山顶有石棋盘，并二凳相对，人迹可到。每日常有云气兴吐数次。

按：唐芝州刺史统县七，内有多云县，恐即因此山而名。常有云气之说，正与多云义合。其曰多灵，恐灵与云音近形似讹传耳。且芝州治忻城县，地亦邻比甚近。

**七星山** 在司南三十里。

**清远峰** 在司北一十里，景物怡人，脩然尘表。

**刁江源** 出河池州三旺，流经司境。入安定、夷江，会乌泥江。

永顺副长官土司

**卧虎山** 在司北十里，形势蹲踞，俨如卧虎。

**天马山** 在司南二里，状如马行。

**回龙山** 在司南三里，状如蟠龙回首。

**马登岩** 在司南五里，山麓有岩，宽半亩，岭嶙深邃，冬温夏凉。中有佛像，游者多称为胜景。

**横山** 在司南十二里，屹然耸峙，多悬崖峭壁。

**东来溪** 源自柳城县利婆村，经旧司治东流入龙江。

**北来溪** 源自柳城县大霸村，流至孟江，经司治东，合东来溪入龙江。

## 风俗

上化曰风，下习曰俗。禹谟之动，□征之新，是其机在变易乎？《淮南子》曰：“羌、氐、僰、翟，婴儿生皆同声，及其长，虽重象狄鞮[1]，不能通其言，教俗殊也。”五方异气，万姓同情。《周礼》大司徒施十二教，其六曰：“以俗教安，则民不愉。”得其机矣。輶轩采献，正以端道一风同之意也。志风俗。

[1]重象狄鞮：古代翻译不同民族语言的人。出《礼记·王制》：“五方之民，言语不通，嗜欲不同。达其志，通其欲：东方曰寄，南方曰象，西方曰狄鞮，北方曰译。”

庆远府

民有汉人、土人两种，汉人俱外省打工寄籍，以长子孙。土人即土著，及猺獞诸种类是也。其一年四季，婚丧宴会，俗不同。故先列于首，而后详各属刚柔、性情、好尚之异焉。

**汉俗** 元日，设香案，拜天地、祖宗、父母毕，往来贺岁。元宵悬灯，放爆竹。自初十至十五日，嬉游以为乐。立春先一日，府州县列彩亭，设土牛，迎春东郊。清明祭墓。五月端午日，折艾插户，饮菖蒲酒、角黍相饷。妇人制五色香囊佩之以僻邪。六月六日，晒白醭。七月七日乞巧，十五日祭先祖，焚冥财。八月中秋供月。九月九日登高，竞放风筝。十一月冬至食汤圆。十二月二十四夜送灶。除夕换桃符，交子时接灶。婚聘用槟榔、猪、果品遍分亲戚。新妇见姑嫜伯叔，侍立。女生子，母家以土锦为褓，加以银圈、鸡、粽送婿家。随携子登母家。丧遵《文公家礼》，间用浮屠[1]。葬请堪舆[2]，下吉穴，掘土盖棺或叠石围墓。祭品随所有，陈设无一定之数。衣惟布素，不尚华绮纱罗绸缎。富厚家遇吉礼始一御之，村巷穷民，有毕生不一见者。饮食惟知果腹。宴□□□豚常品，或杂以野味。屋宇多土壁、盖瓦，亦有用砖石者，第不甚宏敞。外此茅檐瓮牖，古风犹存。客至□能进茶，继以槟榔。病亦服药，多祀鬼神。一经自画，不知典坟。农力田糊口，不知盖藏。工略习粗迹，能运巧于心者仅矣。商贾贸易，近在百里，无远涉以求利者。

**土俗** 元日，近郭居民亦祭宗祖，第少贺岁。猺獞则饮酒食肉而已。元宵不悬灯，不作乐。二月犁田，男妇运□行歌于途。三月祭墓。四月八日煮乌米饭，耙田插秧。五月端阳亦作角黍，第无汉人美备。七月十四日谓之目连节，多杀鸭祭先，烧化冥财。其日路无行人，名为躲鬼。八月中秋不供月，惟以被覆妇女，用土音咒诵，妇女晕去，他人生魂即附其身，能歌能唱，名曰“压禁”。九月九日不登高，不放风筝。十二月二十四日送灶，至次年正月十四日接灶。除夕相聚饮食。婚聘以猪或牛，无槟榔果品之类。男家用幼女二人，并土巫往女家导女，女家男妇三五十人不等送之。新妇以伞自覆，步行至男家，过宿即归，不与亲夫会合。此后过社日、插秧日、收禾日，方往夫家。至三四年后，女父母制送奁具，始常住偕老。亲死过宿即葬，不用浮屠、堪舆。百日后，孝子开斋，亲戚方往吊唁，祭无定品，亦竟有不祭者。衣服土著居民如汉，猺、獞女衣短衣，裙式不一。椎髻跣足，饮食不择精洁，多臭秽难闻者。客至不问讯、行礼，入门即坐吃烟，或杀鸡为黍。远方投宿者不拒。病惟祭鬼，不服药。居室茅覆，周围编竹，以木隔两层，上住人口，下羁牛羊，名曰“栏房”。间有居瓦屋者，仍用土壁。小儿读四子书即止。土著居民及熟獞亦间学文，游泮工商不习，力田外惟种杂粮糊口。

[1]浮屠：亦作“浮图”，梵音，本义指佛教。此处指请和尚（做水陆道场）。

[2]堪舆：即看风水选择住宅基地或墓地。“堪”为高处，“舆”为下处。

## 宜山县

宜阳旧志云：宜山之民，习俗颇淳，言语服用，不异中州。士族知尚礼义，质直不事华靡。祀祖燕[1]宾，卒多从厚。丧葬不用浮屠，一遵《文公家礼》。但山高地瘠，不娴工技，以故多贫而俭。贫民亲死，无以为礼，相结而甲乙之。甲有亲丧，凡祭葬，乙为之资。乙有亲丧，亦然，名曰“结孝”。士类善之，相率成俗，易其名曰“锡类”。

## 天河县

民俱槃瓠遗种，附城者淳谨畏法。东、西、南三乡语言与汉不同，习尚各别。惟北乡语近汉，名为“百姓话”，而其呼父曰“阿杷”，母曰“阿姐”。吃粥曰“哽素”，吃酒曰“哽醪”。不脱蛮习，岁时伏腊，亦知宴会。婚礼以牛为聘，每年收成后，男女以物相赠，或杀鸡为黍。杂坐讴歌，至暮方散。民不知外事，老死不去其乡。东乡为狑獠，西乡为獞，南乡为狼，习俗皆详《诸蛮志》。

## 河池州

百姓自异省寄籍外，猺獞十居八九。皆鴂舌侏㒧，不通汉语。性鄙啬，务农业，鲜蚕桑。不学技艺，不为商贩。疾病不服药，惟事鬼跳神。有争以高年为（赛）〔寨〕老判断。平服则依，否始告官。对理婚丧简陋，祭祀燕宾多从其薄。

## 思恩县

民风近朴，人心颇灵巧，然不事诗书，文风鄙俚。火耕水耨，畎亩不粪，力田外不知末务。怀仇构怨，数世不忘。伺鬼崇巫，薄殡殓。妇女出门俱携草帽。食稻米杂粮，日惟二粥，宴会始易以饭。男长衣，女衣裙俱短。婚嫁以牛为聘，以歌合欢。每岁开征钱粮，乡备一牛，置城门外，东西相向，请印，佐官朝衣祭毕，乡老挥刀断其首，以委地甚速为易完之卜焉。

## 东兰州

向系土州，后分设流官抚治。依山为巢，跳越溪峒。民多悍桀，不通官语，鲜读诗书，少知礼义。小忿动辄仇杀，亦知敬畏官长。听断，中其罪款，即俯首贴服。男女耕山力田，颇勤俭。

[1]燕：通“宴”。

东兰土分州

地分半属流，濡染汉制跳梁之习，亦颇知警。箐山高箐密，土瘠民贫，俗信鬼巫。骨肉不知亲爱，尤有望于更化善俗者。

南丹土州

土人散处山林，架木为室，遇水则种植山巅，引以灌溉。终岁一耕，闲则猎较射生以食。不读诗书，不通汉语，性剽悍。男出持镖佩刀，女出戴笠跣足。嫁娶不避同姓，惟妇女不上墟场为差胜。迩来相率肄业，且有游泮、膺岁荐者。土民效法，渐知礼让。

那地土州

土民荒辟，无礼制。种稻山巅，贫无储积。性狡好杀，一脔之微，往往操戈相向。男女会合欢歌，其声纥那。因病禳鬼至十数费，甚至破产，不以为怪。

忻城土县

土官族姓籍原江左，饮食衣服颇与汉同。民皆猺獞，不通汉语。凿山而耕，力劳收薄。愚朴坚悍，婚丧多不循礼。好勇斗狠，歌唱成婚。近禁制严密，蒸蒸向化，游泮、岁荐者亦间有之。

永定长官土司

民性多愚，惟以耕凿营生，不事蚕桑，不读书。言语、衣服与汉迥别。婚丧仍其旧俗。官族子弟间读书，不甚攻苦。近被化日深，亦知敬重师儒。

永顺长官土司

土民与各属不同，多古朴，务稼穑，不知经商。丧葬婚娶甚俭。出入不离环刀炮火。遇有仇隙，寻报复不已。迩来文教渐敷，游泮、肄业者十数人。另有一种凶猺，短褐椎髻，语言吱咮。野处穴居，恃险肆行，捉人靴禁，勒银取赎。父子无亲，长幼无序，夫妇无别，死多暴露不葬。向不食盐，今亦稍食，并知交易，蛮风驭息。

永顺副长官土司

地狭田瘠，家无盖藏。所辖村落，官族子弟十居六七。性多诡诈，专好游嬉。争讼不顾廉耻，虽介宜邑之中，风斯下矣。

## 关梁（附隘渡）

关以御暴，梁以利涉。门市之联，击折扞掫备，豫不虞之防，严焉。道路往来，苦溪涧隔绝；雨毕水涸，时又当悯兹。徒涉，毋俾渐车斗足也。用述古增新，志关梁。

宜山县

**龙江关** 在城北门外。

**云台关** 在城南三里。

**香山关** 在旧城南门外一里。

**古迹隘关** 在城西九十里，接思恩县界。

**小曹隘** 在城东二十里。

**冷水隘、卢峒隘、黄泥隘** 俱在城西九十里德胜镇西，北界思恩县，为西北两巢、贵巢、都亮乡麻村獞人出入要路。

**头盔隘** 在城西二十里。

**白马隘、建极隘** 在城西八十里，南巢獞人出入要路。

**阮隘** 在城西六十里。

**金鸡隘** 在城西四十里。

**棋盘隘** 在城西南十七里。

**三百寨隘** 在城西落索北。

**沙峒隘** 在城西九十里，西巢诸峒要路。

**何峒隘** 界连南巢，为火把峒、石仓、甘峒诸村獞人要路。

**岜桑隘** 在城西，为北巢诸蛮出入之所。

**马蹄隘**（以下十四隘属理苗县丞管）**那鹅隘、沙更隘、喇剌隘、荣村隘、百峒隘、福里隘、三岔隘、梁阴隘、思禄隘、滩石隘、襖峒隘、窑灰隘、长峒隘。**

**平政桥** 在谯楼西，已废。

**柔远桥** 在城东门外。

**延寿桥** 在诚东二十里，今废。

**安远桥** 即安定桥，在城东南七里。

**龙济桥** 在城南一里，见《山川》。

**定远桥** 在城西门外。

**狮子桥** 在城南香山关。

**周公桥** 在城东教场外。

**升高桥** 在城东五里。

**洛黄桥** 在城东十五里，明万历五年建。形势高平，车可方轨，久倾颓。雍正七年重建，有邑侯张梦白碑记。

**原丰桥** 在城东门外，改名迎思。

**双桥** 在城东五里。

**会通桥** 在城南南台墟。

**洗马桥** 在城东门外。

**龙公桥** 在城东三十里。

**兴贤桥、勒竹桥、新桥** 俱在城东，已废。

**铜鼓桥** 在城东南六里，铜鼓泉上，已废。

**古誓桥** 在城西十里。

**五通桥** 已废。

**阮家桥** 在城西南一十五里。

**武定桥** 在城南门外。

**平安桥** 在城西南三十里。

**澄绿桥** 在城南二里。

**立峡桥、通济桥、官坡桥** 俱在城南，已废。

**五拱桥** 在城南八里，康熙二十五年里民募修。

**龙桥** 在城南二十八里。

**绿坡桥** 在城南一里。

**三里桥** 在城东三里。

**五里桥** 在怀远镇五里。

**五道桥** 在德胜镇河池所西三里。

**龙江上渡** 在旧城北门大平石下，渡夫一名。

**龙江中渡** 在旧城西北二里，一名滑石渡。旧有桥，今废，渡夫三名。

**龙江下渡** 在小北门外，一名彭埠渡，渡夫二名，《通志》讹载小西门外。

**大曹渡** 在城东四十里，渡夫二名。

**怀远渡** 在城西五十里，渡夫二名。

**东江渡** 在城西一百三十里，渡夫二名。

**邱索渡** 在白土司北二十里。

**思吾渡** 在城东五里。

天河县

**高寨隘** 在县城南二里。

**剪刀隘、鲤鱼隘、梅水隘** 俱在下里，离县城东南二十里。

**都感隘** 在计里，离城二十五里。

**古隆隘、东田隘** 俱在旧里，离城南三十里。

**白马隘、黄泥隘、得能隘、上下郭利隘** 俱在思卢里，离城东二十五里。

**八解隘** 在城北三十五里古波里。

**马皮隘、马蹄隘** 俱在城西四十里归仁里。

**大通桥** 在城南半里。

**广源桥** 在城北三里。

**小江桥** 在城西半里。

**南村桥** 在城北十七里。

**思吾桥** 在城南十里思吾溪。

**愿丰桥** 在城北十里。

**永镇桥** 在东禅镇，离城五十里。

**东江桥** 在城西门外半里。

**西门渡** 在城西门处。

**江口渡** 在城南二十五里。

**邱度渡** 在城北三里。

**清潭渡** 在城北三十里。

**上枧渡** 在城南七十里，渡夫一名。

**甘花渡** 在城北二十五里。

河池州

**大山关** 旧曰大山堡，在城西二十五里，界连南丹土州。

**雷山关** 旧为雷山堡，在城西南一百三十里，界连东兰州。

**都铭隘** 因山得名，在城东二十五里，旧名都猛隘。

按《明史》为都铭镇，设巡检司于此，即唐都蒙县故址。

**剑甲隘** 即剑甲山，在城南一百三十里。

**板马隘** 在三旺，极险峻。

**东桥、吴义桥** 俱在城东三里。

**干溪石桥** 在城东五里。

**古郎桥** 在城东六里。

**冷水桥** 在城东七里。

**龙溪桥** 在城东五里。

**红沙桥** 在城西二十里红沙岭。

**金城渡** 在城东五十里。

按：《明史》有金城镇巡检司。

思恩县

**老鼠隘** 在城东四十里，界接宜山县河池所，路极峻狭，言鼠亦难行也。

**冷水隘** 在城东二里。

**古迹隘** 在城东二十五里。

**丹竹桥** 在城西五里。

**都黎桥** 在城西北二十五里。

**官桥** 在城南三十里，诸峰四立，清溪中流。

**环江渡** 在城西四十里。

**带溪渡** 在城北四十里。

东兰州

**霸陵桥** 在州东南一里。

**红泥渡** 即隘峒江，在州东三十里。

东兰土分州

**龙王关** 在州同治南九十里，接土田州界。

**凤凰关** 在州同治东南二百三十里，先因土知州治东院，设此以防御，后改土州同分驻于此，关遂撤。

**茶蘼隘** 在州同治西二十五里。

**广济桥** 在州同治西北一里凤山哨。

南丹土州

**罗侯关** 在州南二十五里。

**甲界关** 在州西二十五里。

**塘前关** 在州北三十里。

**名葵关** 在州东四十里。

**牛栏关** 在州东五十里。

**下域关** 在州西南三十里。

**龙潭关** 在州北二十五里。

**垒石隘** 在州南十里。

**莲花隘** 在州西北三里，四面高峰如莲花，上平有水，可立营寨。

**金鸡寨** 在州西五十里。

**蒙寨** 在州东北二十里。

**岂峨寨** 在州西一百二十里。

**大桥** 在州东南七十里。

**罗侯桥** 在州南二十五里。

**双桂桥** 在州北三十里。

**双桂桥** 在州西北八十里。

**王祥桥** 在州北四十里。

**平坦桥** 在州署前，架青云、红盆二水。康熙六十年，土知州莫我谦建。

那地土州

**石门关、盘利关** 左俱悬崖，右皆深涧，水从山腰出，关口止容单骑，不堪乘坐，最为险峻要处，额设土兵各十名巡守。

**苟旺隘、剑隘、羊周隘** 以上三隘两旁虽峭壁，犹可乘骑，亦设士兵各十名巡守。

**汰怀渡** 水大流急，小舟难以撑渡。

**唐引渡** 水多急流，但溪面不宽，常用独木船撑渡。

忻城土县

**八穴隘** 在县东北八十五里，界柳郡马平敏峒，设堡兵防巡。

**斗二隘** 在县东二十里，高峰嶙嵘，曲径回环，多佳胜。土知县莫宗诏尝邀宜山逸士陈元迪游其上，有诗载《艺文》。

**万邓隘** 在县北三十里，界本府宜山县古苏村。

**石叠隘** 在县北四十里，界永定土司头盔堡。

**峡岭隘** 在县南九十里，界思恩府迁江县横山村。设堡目一名、士兵十名防巡。

**盘龙桥** 在县东北半里。

**西龙桥** 在县西一里，前被蛮贼毁断。明万历二十六年土知县莫镇威重建。

**巩桥** 在县北半里。

**古学桥** 在县北三里。明万历二十六年土知县莫镇威建。

**西瓜桥** 在县东二里，土知县莫镇威建。

**高阳桥** 在县北十五里永康里。

**三寨桥** 在县东八十里，土知县莫镇威建。

**桥断桥** 在县西南七十里，土知县莫镇威建。

**思练桥** 在县东七十里，久坍塌。本朝乾隆十六年，土知县莫景隆新建。

**罗墨渡** 在县西北三十里。旧志误载县南。

## 永定长官土司

**林甲隘** 在司西南九十里。崇山峻岭，密林深箐，路通思恩府安定土司。先年寇贼出没，土官韦国相于康熙年间设立头目一人，领士兵十名防御，厥后寇贼屏息。

**涌水桥** 在司治东南五里。上通府城，下接思南，向架木板以渡，时被水涨漂失。乾隆十一年，土官韦日隆同忻城土知县莫景隆捐造，有碑记。

**福寿桥** 在司南三里，向架木板。乾隆十四年，告致土官韦廷璧捐造石桥，有碑记。

**福津桥** 在司署南，向架木板。乾隆十八年，土官韦日隆捐造石桥，民甚称便。

**福禄桥** 在司西二十五里，向亦木板。乾隆十八年，土官韦日隆捐造石桥。

## 永顺长官土司

**上刁隘** 在司北十二里，凸凹接联数山，绵亘八里，最为崎岖，司路出入必由。

**下刁隘** 在司东北三十里，羊肠鸟道，不大险要。

**古楼隘** 在司西三里，路通河池、那地、东兰并思恩府安定土司。道路崎岖，舆马难行。

**梅花隘** 在司东三里，路通安定司水峒隘口。万山罗列，甚为险要。

**石桥** 在司署前古楼沟水上，乾隆十三年募匠修砌。

**北桥渡** 在司北三里。

## 永顺副长官土司

**北庙隘** 在司西北五里。

□□□ 在司北二里。

**龙哇隘** 在司正北高山。

**飞龙桥** 在司西南四里。

**仙人桥** 在司西八里，石桥穹窿江水，两岸悬崖，行者攀跻维艰。乾隆四年，副长官彭升捐修蹬道，往来称便。

## 沟洫[1]

水利之系于田□也，重矣。遂人所掌旱潦之备[2]，不可为优。经营足者，代彼天泽乎。浚而使通，蓄而使裕，隆泽国犹急务也。知山多地瘠之邦，□□□源流。志沟洫。

宜山县

**龙泉** 见《山川》。

**百叶泉** 在城东三里，澄绿桥左。

**官陂**[3] 在城南六里，堰水分流于城南，引入饮军池内。

**潭台陂** 在城东八里。

**南关陂** 在城东南二里。

**西边车江陂** 在城西三里。

**白牛陂、都渭甽**[4]**、都江甽、棱滩甽** 俱在城东南六里。

**九龙江陂、黄岩甽** 在城南里许。

**大暑源** 灌广幡等处田。

**小蒙江** 北流西，灌白马等处田。

**欧桥甽** 在城南三里。

**里龙头泉** 在城西南六里，俗名水牛砯。

**牛轭潭陂** 在城南六里。

**思活源** 在城南三十里上里，源洪深而脉绵远，流合龙江。

**青湃** 在城南二十五里黄麻村，经流三滩、五拱、江湾诸村，余水至双桥入龙江。

**古波泉** 在城西三十里。源出古波山下，灌木村田。

**怀丁水** 在河池所西。

**谢莫江** 在城西七十里顺安里。一出欧料，一出莲花山，二水合流，灌田甚溥。

**流马江** 见《山川》。

**苧流泉** 在城南里许，穴地出，灌旧军屯田。

**龙塘** 在城南三里，其水北流，旁有雷王庙。

**铜鼓泉** 在城南六里，出青山，至古石塘。

**放生池** 见《山川》。

---

[1]沟洫：借指农田水利。

[2]遂人：周代官名，地官之属，掌管六遂的土地和人民。旱潦：久未降雨和雨水过多两种天灾。

[3]陂（bēi）：池塘。

[4]甽（quǎn）：田间的小水沟。

**新南关陂** 在新城外。

**官峒水** 在城西四十里，源出中里官峒山。

**宥劳泉** 在城南五十里，从中里龙门都典山下南出，北流至平凶村为马鬃河，入龙江。

**洛潢河** 见《山川》。

**黄麻达塘** 在城南二十五里，灌潭藏、中团等处田。

**婆寨泉** 在城南二十里，东流而南，灌本寨田。

**覃塘泉** 在城南二十里，覃塘村石穴中流出，灌本村田。

**王陂二坝** 在城南十五里，水自黄麻村来，至下里苏村，灌田数十顷。

**桥养江** 从山溪北流，灌桥头等田。

**江陂水** 东流，灌郭夏田。

**湧滑水** 在德胜镇西，自石穴涌出。

**龙濑水** 在德胜镇东，榕树脚里许，穴地出。

**全水** 在怀远镇西七里。

**黙流江** 见《山川》。

**小曹陂** 在城东二十五里。

**石詹江** 在城西一十六里，源由峡口石缝中涌出。

**清潭里水** 有二源。出沙更隘那头村。

**南乡里水** 有三源，出板寨村、围村、山底田寨村。

**功德里水** 有二源，出弄河村、北蒌村。

**窑盎里水** 源出田寨村。

天河县

**蒙隘水** 灌古黎、思农二里田。

**三潮水** 见《山川》。

**芭芒寨泉** 灌思合里两岸田。

**东川岩、西川岩、灌水陂、鱼梁水** 附近田俱资灌溉。

**陵峒水** 灌福禄里田。

**蓝潭** 四水合流，灌归仁里田。

**东小江水** 东流入罗城县界，又东北流合龙江，附江田亩资以灌溉。

河池州

**怀德陂** 在州西二里，旧怀德县境。水自西来，灌杨村田二百余亩。

**罗家水陂**　在都铭里，灌下荡、盐田等处田千余亩。
**官村陂**　在惟建里上疃，灌田数千亩。
**那坛江**　在江边那坛村。
**蒋村陂**　在英罗里上疃，灌田数千亩。
**垒石砅**　灌田数百亩。
**难道隘水**　灌盖塘、沙子岭等处田。

### 思恩县

**环江**　在县西二里。唐环州治此。
**石岩洞泉**　在县东二十里三峰山下，岩穴宽五六丈，有泉涌出流衍，灌田三顷余。
**挨村堰、爱陂**　在安黎里，源出翁江休岩下，灌田五百余亩。
**上善泉**　在邑西石拘里上善村，灌田四百余亩。
**飞洞泉**　在城北十里北罗村，灌田五百余亩。

### 东兰州

无。

### 东兰土分州

**银海河**　见《山川》。
**九曲水**　见《山川》。

### 南丹土州

**十二索**　在州东五十里，源出笼箱盖。流经大桥，灌溉那暮、大金、小金等村。
**分水溪**　在州东一百里，源出分水岭，会合都利河，八铺各村寨田亩均资灌溉。
**龙吟溪**　在州西一百三十里，源出黔省丰宁下土司，流合黄江河，灌溉巴夕等哨。
**土库溪**　在州东北二十里，源出扁坡，流合罗侯河，灌溉数村。
**中平溪**　在州北十里，源出加伐，流经沙界坑，中平、小场田尽资灌溉。
**北览溪**　在州西北五里，源出莲花寨，下合中平溪。
**牛角溪**　在州西北一百里，源出六寨哨，流合黄江河。六寨、者远、皮獠等哨均资灌溉。

### 那地土州

**龙泉沟**　源出黄花岭，经州境流入红水河。其水四时不涸，用筒车以资灌溉，一州水利大半赖此。

忻城土县

**岩口溪** 见《山川》。

**板罗小河** 见《山川》。

**大杨滂** 见《山川》。

永定长官土司

**新村滂** 见《山川》。

**怀望村滂** 见《山川》。

**水头村沟** 在司西七十里，水自北流南，涓涓不绝，可灌田一百余亩。

**板蒙村** 有滂水，可灌田二百余亩，自西南流，北合小卢村沟水，可灌田二百余亩，俱入宜山界内。其水长流，三冬不涸。

**雒富甲北丹村** 有沟水，可灌田二百余亩，自西转东，流入雒西界内。

**思东村** 有沟水，可灌田三百余亩，自西转北，流入宜山界。其水春夏长流，至冬乃涸。

**黄山、黄琏、邱累等甲** 有沟水，源从水头猺峒山下出泉，自西流南转北，可灌田八百余亩。

**滂齐村** 有沟水，可灌田四百余亩，自西流北，会水头猺峒之水流入宜山界内，至冬不涸。

永顺长官土司

**古楼沟** 源出司治二里，流经司前，灌田四十二埠，北流五里汇入刁江。

**委架沟** 无源，春夏有水，冬涸。

永顺副长官土司

并无滂水，只有东北雨溪，司境田亩尽资灌溉。

## 村墟

庄生称："十二氏，邻国相望，鸡犬之声相闻，民至老死不相往来。"曰："若此之时，则至治已。”夫出入守望，村疃[1]之友助，不既方设居方[2]矣乎？贸迁化，居墟镇，亦货贿所由阜通也，何必五都之市？彼绝圣弃知者，固未识太平有象矣。志村墟。

宜山县

**都岭里** 离城南五里，计二十三村（旧志载四里十村）：龙塘、高家、社吉、六坡、江湾、五拱、黄里、刘家、李家、孟家、南山、魏村、立峡（即拉夹）、思力、棒塘、姚家、大墙、杨家、白田、庙门（即寺门）、下窝、山湾、澄绿。

**上里** 离城南三十里，计二十六村（旧志载二十里九村）：凤凰、落德、思榄、土桥、魏村、园村、落干、牛岩、寺背、塘岭、喇敢、香炉、杨耀、大塘、牛栏、盘龙、黄麻、狮子窝、山湾、鸡山、高堡、马鞍、板豆、喇元、板苏、落盟。

**雒目里** 离城西南二十里，计二十七村（旧志载□里七村）：李主、黄尧（即黄猺村）、寻藏（即寻藤）、新村、江口、张村、长潭、牛栏、中团、明田、覃塘、大汪、大埏、思秧、甘村、乌里（即舞礼）、六桥、甘外（即甘魏）、马鹿岩、江头、李村、北歪、喇柄、屯蒙、波罗、板铃、波料。

**中里** 离城西南五十里，计三十三村（旧志载三十里十三村）：谢村、毛村、石牛、检隘、白沙、冷水、喇忿、元姜、塘上、黄板、龙离（即龙门）、大安、德桥（即三桥）、黄道、老塘、六五、平凶、对面、罗村、山脚、平省、木暹（即都典）、平兆、罗韦、牛劳、新村、冲八、观峒、喇滩、古邕、陈村、滩头、塘上。

**雒迎里** 离城西三十五里，计三十五村（旧志载十五里十六村）：浊水、古石、沿村、燕山、流传、江头、大化、龙降、梁山冲、宜畔、大东、彭岭、圳岭、永丰、满塘、地廖、蒋村、莫村、龙村、杨家、马驷、振岭、杨梅、屯泥、地塘、李家、独山、门楼、纸被、廖村、牛峒、大峒、涝远、新村、高马驷。

**思农里** 离城东北二十里，计十三村（旧志载十里十三村）：黄家、山脚、黄村、苏村、孟村、吴藏、油卢、戚家、马鞍、选岭、奔山、大黄、冲渺。（旧有下河、上堡、长岭、四柱四村，今废）

**下里** 离城南二十里，计十村（旧志载二十五里）：獭岩、新村、隘底、喇瓦、打榄、下围、寨门、大南、学阳、板俎。（旧志有天村、晚巨、潘村、范村，今无）

**郡里** 离城北三十五里，计十七村（旧志载十里十村）：流河、下枧（即上枧）、六陋、流庄、天桥、小寨、龙降、新堡、龙村、罗村、张村、藕塘、孟江、龙怀、大寨、龙源（唐环州统县八，内有龙源县，即此村）、丘山。（旧有白百村，今废）

---

[1]疃（tuǎn）：村庄，屯（多用于地名）。

[2]方设居方：人民各居其方，使皆得安其所。语出《尚书·虞书·尧典第一》：“帝釐下土，方设居方，别生分类。”《朱子语类》注云：“方设居方，逐方各设其居之道。”

**洛东里** 离城东四十里，计二十六村（旧志载六十里八村）：大曹、塘冲、三堆、王客、韦社、砵村、中村、花潦、罗村、田心、吴村、谢村、大成、覃田、大监、定座、白涝、波烂、喇坡、上暮、桥羡、板亮、桥头、盘风、滩阳、桐上。

**洛西里** 离城东三十五里，计三十六村（旧志载三里十四村）：大塘、砵村、石墨、大河、岭脚、横山、耨里、会田、范村、大安、吴村、梁合、洛爱、中渺、店村、叶村、下卢、喇歪、那养、埏头、三斗、那汉、发七、九龙、大李、喇寨、潘村、苟家、福田、罗村、小曹。（旧有大袖、高六二村，今废）

**下青里** 离城西六十里，计三十二村（旧志载五十里六村）：怀远、吉甫、杨家、新村、谭村、吴峒、上谭、湾二、杨柳、冲定、睹被、板百、平村、转水、屯墨、长河、莲塘、应山、李家、六塘、喇瓦、九菜、隘底、全村、大难、永董、齐堂、谢村、盘龙、白难、迈村、董寨。

**顺安里** 离城西一百里，计二十三村（旧志载六十里七村）：龙黄、黄道、龙安、上木叶、中木叶、下木叶、欧蓼、那水、新寨、白藤、木橙、石梯、板惠、喇烟、古丹、古宾、梁桥、高堡、猺密、山背、喇堡、平村、峒口。（旧有莲花村，今废）

**上青里** 离城西八十里，计十六村（旧志载十七村）：桥军、榄村、邓山、新村、陶村、张村、王楼、尹村、韦村、莲花、德胜、河池、波乱、何峒、涝龙、黄泥。（旧有桥头、姚家、古宾、平村、安马、麻村、界首、石岩八村，今废）

**归化里** 离城西一百四十里，计二十一村（旧志载九里十三村）：卢峒、吉良、马鬃、羊角、白堡、水洛（即地罗）、莫家（即罗加）、喇滥、六峒、波来、都街、落索、东江、大湾、甘峒、火把、峒那、喇茅、大玷、喇望、板李。（旧志有马草、米岭、赵村三村，今无）

**永泰里** 离城西南一百里，计四十一村（旧志载十里十三村）：喇惠、平定、黄村、蒙村、猴峒、喇范、涝底、北庄、那水、陋村、大堡、长峒、冲谷、长岭、舌必、灰淋、槽村、那村（即邦村）、岜燕、江妹、堡村、那可、卢村、屯当、韦廖（即韦夺）、喇稿、邱路、笼将、那覃、坡墩、岜受、廖马（即继廖）、加住、那甘、喇夷、都围、韦道、果稿、敢成、陈村、石仓。（旧志有周离、坝永、墓全三村，今无）

**龙门司** 在城东南六十里，计四十六村（原系龙门土舍管辖，雍正六年改归宜山）：白牙、喇芳、喇孟、马栏、木绣、思烟、北涝、古东、三等、板瞰（一作板凡）、喇境、耳闻、古果、石桥、王殿、章宋、枫木、十字、板高、旧州、板廖、岩底、马鹿岩、黄陇、黄陇新、大安、墟背、大平、龙头、潘村、土地峒、校椅、坡墩、喇利、木马、板六、暮办、蒙村、东乡、环村、桥广、都典、木绞、旧司、双龙、涝头。

**白土司** 在城西南一百里，计二十四村（原系永顺土司管辖，乾隆六年改归宜山）：白土、邱索、猴峒、老计廖、新计廖、小计廖、果怀、牛峒、加傍、水枧、加号、加达、麦地、上报峒、下报峒、上鸟峒、下鸟峒、中鸟峒、都计、北时、加峒、上加旺、下加旺、喇便。

**清潭里** 在县东南四十里，计四十六村：高泉、上良、下良、下峒、双林、弄六、秀峒、弄吊、冲罗、那曹、喇滂、弄板、大峒、坡㯭、板廖、小高泉、加洛、高獠、墟村、板滂、邦寨、板蔓、山冲、板被、板龙、小板龙、平阳、览峒、白面、新白面、喇好、大汪、甘象、水响、甘龙、欠径、板围、那赖、阳山、上猺望、下猺望、坡利、大马蝗、小马蝗、营峒、上岭。

**南乡里** 在县东十五里，计一百一十六村：大坡、坡合、巴滂、板林、北汉、板寨、喇离、坡逼、板江、天井、六泰、板蒙、新堡、新村、喇墟、墟上、周峒、板皇、板社、板团、三薄、板周、金鸡、铜錤、起烈、摩峒、龙峨、龙朴、小板道、板道、板谷、九滂、板晓、小长峒、大长峒、大周、堡村、板门、大浪、莲塘、喇霸、板塘、果望、初一、双里、板匣、姨娘、小板塘、板廖、鸟峒、笋峒、板莫、石板、古朴、坡营、思柳、梁阴、新村、雷山、羊角、冲八、土官、龙田、长村、牛来、思九、山脚、小根崩、大根崩、上塘、冲林、板落、大岭、中村、喇瑞、峒那、弄扰、板潘、冲番、机池、下河林、上河林、板朝、河林、河木、板蒙、沙村、坡望、边山、古复、上堡、北弄、上坝、邱滂、北怀、那隘、思立、上福里、下福里、定亮、滂峒、洛黄、小里、石盆、马儿、三岔、五百、岜绕、思猺、六路、寨背、思禄、落累、见京、根定、大将。

**功德里** 在县南二十里，计三十八村：下寨、上寨、阳婆、铜鼓、板臣、下塘、弄河、坡车、弄麦、弄顺、坡全、思结、喇怀、喇弄、板欧、板杨、北乎、潘村、北萎、冷水、古达、桥头、加坐、古尚、藤板、弄冷、敢勒、古干、北怀、竹妆、古门、小古苏、大古苏、欠怀、古内、古后、弄江、附板。

**窑灰里** 在县东南六里，计二十村：坡贤、田寨、冷水、桐峒、古律、甘村、古地、坡索、石悬、棉木、藏厄、寨殓、岜新、岜板、勾龙、登山、大袄、小袄、慕岜、坡廖。

以上二十一里，其计六百六十四村。

**南墟**[1] 在城南关外。

**怀远墟** 在城西怀远镇。

**德胜墟** 在城西德胜镇。

**所墟** 在城西南河池所。

**台远墟** 在城南。

**洛岩墟** 在城西南洛目里。

**水菜墟** 在城西顺安里。

**水峒墟** 在城西南上青里。

---

[1] 墟：农村定期的市集，乃百货聚场。

**东关墟** 在城东。

**太平墟** 在城南上里。

**屯蒙墟** 在城南洛目里。

**石鳖墟** 在城南上里。

**冷水墟** 在城西中里。

**白牙墟** 在城西龙门司。

**洛西墟** 在城东洛西里。

**高泉墟** 在城东南清潭里。

**喇墟** 在城东南乡里。

**袄峒墟** 在城东袄峒村。

**白牙墟** 在城西白土司。

天河县

**古罗里** 在县北三十里，计十二村：群蓬、岭脚、那寺、塘高、那道、峒口、三潮、板蚕、寨贡、寨甲、板范、下隘。

**古波里** 在县四十里，计九村：板梁、界排、板能、板波、龙登、板山、板便、社村、巴怀。

**阿练里** 在县西北三十里，计八村：板甲、板寨、板册、六团、板波、喇染、甘平、伦峒。

**思合里** 在县北二十里，计九村：龙脚、地里、石归、截峒、思合、板桶、石狮、喇恶、喇若。

**古黎里** 在县北十五里，计十一村：地梁、古善、九霸、北兆、板吼、茅峒、石镇、牛峒、喇寨、喇慢、都满。

**思农里** 在县西北八里，计八村：喇冲、喇假、板并、冲芒、荔枝、波留、高寨、板海。

**归仁里** 在县西四十里，计十一村：寨塘、寨未、马皮隘、猺河、曹峒、马蹄隘、蓝谭、皮达、平旦、镇村、店村。

**归化里** 在县西十五里，计六村：白旦、白马、师岍、冲干、喇黎、荳峒。

**福禄里** 在县西南四十里，计十村：好峒、明村、大莫、乐太、罗峒、那出、长沙、落山、红岭、那冒。

**旧里** 在县南四十里，计九村：九燕、祥背、喇敖、望村、贯村、古隆、罗村、欢村、东田。

**旧洛归里** 在县东南四十里，计五村：地塘、五里、擎村、甲里、公茅。

**新洛归里**　在县南十里，计七村：彬村、峒练、寨荳、寨甲、喇城、喇随、喇归。

**计里**　在县南二十五里，计五村：都感、欧村、吉祥、吉安、竹叶。

**下里**　在县东南三十里，计五村：三隘、穿山、卢村、谢村、牒村。

**上里**　在县东南十五里，计二村：牛峒、蓝靛。

**中里**　在县东南二十里，计四村：岩口、姚村、姑邦、旧县。

**上思卢里**　在县东北三十里，计四村：郭地、勾峒、罗村、便村。

**上中思卢里**　在县东二十里，计二村：南村、岭村。

**下思卢里**　在县东二十里，计三村：甘闷、钟太、猪㹨。

**下中思卢里**　在县东二十五里，计四村：砂沙、龙江、大塘、旗鼓。

以上二十里，共计一百四十八村。

**东城墟**　在县东半里。

**四把墟**　在县东十里。

**吉罗墟**　在县北三十里。

**栋见墟**　在县西二十里。

河池州

**兰江里**　在州西南十里，计三疃二十六村。上疃：花竹、寨围、板兆、峒莫、坡岭、根寨；中疃：那寺、那仆、寨濠、根定、元起、波泉、塘荒、那厄、弄江、山连、喇垒、梅峒；下疃：长脑、罗村、那峨、甘羊、喇定、喇岜、都峨、包华。

**英罗里**❶　在州东十里，计三疃十村。上疃：那峨、林村、桥龙、喇雷、坡蒋；中疃：红沙、坡顶、地吴、囊峒、喇曹；下疃：禄村、喇显、寨良。

**平林里**❷　在州东南三十里，计三疃二十四村。上疃：荒峒、笼春、洪笼、那蒙、岜借、白涯、根脑、那行、寨内、保平；中疃：板慕、寨里、笼岭、大喇、塘坝、喇角、板鸾、赛干、塘远、笼垄、那林。下疃：喇训、塘周、雷桑、那干、喇芦、塘平、岜中、那陆、疃细。

**都铭里**　在州东南三十里，计三疃二十四村。上疃（即木橙疃）：八荒、根岜、寨根、拆门、那贡；中疃（即下河疃）：鄂峒、马峒、落郭、山境、芦塘、那庄；下疃（即下河疃）：雷壁、保世、下岭、内结、外结。

**智本里**❸　在州南三十里，计三疃十村。上疃：亭霄、夏峒、猴峒、定兰、坡马；中疃：苟曹、良散、坂怕；下疃：妍村、欧峒。

---

❶英罗：在今河池市金城江区河池镇红沙村一带。

❷平林：在今河池市金城江区五圩镇板銮村一带。

❸智本：在今河池市金城江区城西凌霄村、肯研村一带。

**惟建里** 在州北三十里，计三疃十一村。上疃：板立、拱望、坂落、官村；中疃：岜肥、峒进、岜寨；下疃：金坡、灰录、板坡、索西。

**六甲里** 在州北十五里，计三疃十村。上疃：友峒、苟怀、把房、苟工；中疃：后营、波会、坂难、蒙律；下疃：八怀、喇烈。

**河池里** 在州北三十里，计三疃二十三村。上疃：喇怀、喇堡、根塘、岜岭；中疃：寨敖、根先、那母、龙眼、寨塘、蒙楼、落蓬；下疃：登上、莫士、寨蹇、喇岜、塘龙、龙狼、喇岭、喇涧、坂慕。

**古波里** 在州北二十里，计三疃二十三村。上疃：兰马、石涧、喇旧、坡岭、根社、甘教；中疃：大莫、口一、喇磨、岜喇、喇甘；下疃：八共、韦村、喇桥、甘向、下桥、根那、喇时、岜合、喇好、喇廖、大村、小村。

**如来里** 在州西五十里，计三疃二十三村。上疃：曹村、坐村、喇住、奔村、坂选、句稔；中疃：塘赞、旧蓝、喇社、石浪、喇张、喇岜、平村、喇寨、士末；下疃：塘提、平用、古涣、岜夏、冷水、可吾、木果、平雷。

**安远里** 在州西南四十里，计三疃十九村。上疃：见塘、寨勾、板岭、喇峒；中疃：独山、甘盆、河瓢、喇愁、平漫、板脑；下疃：寺平、寨向、喇烈、那良、上下、下下、喇朱、喇岜、那禄。

**中里** 在州西六十里，计三疃五村。上疃：坡戏、中村、那忻；中疃：那押；下疃：均峒。

**下里** 在州南七十里，计三疃二十村。上疃：那里、怀板、那照、赛背、坂近、坡廖、板桑；中疃：那曹、塘狼、红柳、下郭、水路、波泉、根慕；下疃：那兰、长脑、蒙楼、新村、知乐、坂月。

**江边里** 在州南五十里，计三疃十六村。上疃：德盖、峒陈、丙峒、坂坡、江头、庙峒、瓦峒、白厓、桑峒；中疃：下渡、下海、泉峒、休峒；下疃：八荒、卜峒、那崖。

**三旺里** 在州西一百二十里，计二疃二十六村。上疃：弄郎、北曹、岜门、板牍、山角、五海、版桑、长桑、版跕、版头、龙岭、北磨、苟怕、板来；下疃：保作、九门、版细、南牌、版心、版瓦、版姜、外陆、下岳、中落、版岜、下涧。

**镇南里** 在州东南一百里，计二疃二十九村。上疃：版拔、大陆、版光、版景、大村、坡累、苟桥、外孟、上下开、版厄、上兆曹、版茶；下疃：上德河、下德河、马黄、古北、里孟、寨律、古丹、弄罗、上北隘、下北隘、版并、上落、下落、塘来、保平、上顶、版恶。

**中江里** 在州南八十里，计二疃十六村。上疃：大郭、版村、上下（古郎）、龙墓、寨绵（半村）、山学（半村）、那祥、岜学；下疃：版行、版莫、版陆、版解、平雀（半村）、峒茶（半村）、打鸡、古帝王、落水。

**安边里** 在州西九十里，计二疃十四村。上疃：那檀、涧住、大磨、近社、牛岭、板笼、版贡、可峒；下疃：那婆、地肖、那围、下版、上版、山角。

**光岩里** 在州东一百三十里，计二疃七村。上疃：下塞、古容、版望、版谁；下疃：都垦、下敢弄、上敢弄。

**古云里** 在州东一百二十里，计六村：古云、上欧、下欧、大团、下廖、福禄。

以上二十里，共计三百五十五村。

**东关墟** 在州东南兰江里。

**笼春墟** 在州东英罗里。

**官村墟** 在州北惟建里。

**长脑墟** 在州南下里。

**寨敖墟** 在州北河池里。

**镇西墟** 在州西如来里。

**寨勾墟** 在州西南安远里。

**德盖墟** 在州南江边里。

**坡德墟** 在州南三旺里。

**德河墟** 在州东南镇南里。

思恩县

**在城里** 在县西南五里，计三十二村：下敢、辉廷、索尊、官塘、塞惟、地猺、唐栏、良贤、地里、塘才、白田、寨罗、那落、思立、香良、湘峒、地烟、黄烟、陈茶、良伞、板软、地龙、葛罗、花欧、寨廖、地社、地欧、六村、地崖、白藤、古章、直沙。

**谭村里** 在县北十里，计十六村：塘母、叠石、洛安、寨连、寨吉、大村、下九、季洛、思榄、陈藤、寨蓝、寨木、双村、石护、肯瓢、寨元。

**石狗里** 在县西十里，计二十一村：塘六、平村、上善、其弄、嗽村、桥坛、塘兀、地苏、良莫、寨难、中兴、北罗、下蓝、杨村、卯村、下休、余邕、八木、喇道、喇旧、古心。

**大溪里** 在县北三十里，计十九村：古言、大河、寨暮、寨兀、寨彦、寨随、寨来、黎村、怀柱、谭房、巴芒、都洛、桃村、板雍、塘留、下渡、思累、留峒、和峒。

**安顺里** 在县北三十里，计十六村：大村、进村、天水、官塘、寨惟、那龙、塘普、矮村、平村、下稿、寨黄、京村、厄村、寨巴、速峒、昆峒。

**上北里** 在县北三十里，计六村：大村、中吉、下旦、郡黎、寨腾、塘章。

**思烂里** 在县西二十里，计十村：新村、平里、那殿、屯村、平村、六漏、八桑、塘龙、下考、东八。

**普义里** 在县北十里，计十村：塞壮、塞燕、寨骨、中高、中约、围村、团肯、团寺、洛土、水巴。

**三疃里** 在县北八十五里，计二十二村：八怀、下九、茶村、姜村、歪村、下曹、寨索、都半、下巴、甘峒、荒村、下干、山脚、下八、猺义、发峒、社村、近村、寨斗、塘止、猺蒙、九江。

**六传里** 在县北五十里，计十村：塘常、喇洛、寨败、唐化、妙石、下涧、毛村、寨墨、寨传、寨教、上古宾、下古宾。

**川山里** 在县北十里，计十五村：荒田、下侯、下脚、脚怀、坡墟、六墨、都喇、李龙、李烈、乌村、洛谷、大考、牛峒、那猺、河顿。

**永安里** 在县北九十里，计三十三村：地莫、冲风、公命、寨连、东水、望八、中段、地蒙、下矮、江口、下袄、义合、婆村、黄村、卢村、卢隘、驯驻、九休、枭峒、波峒、磨峒、汪峒、公峒、莫峒、会峒、独峒、寨椒、建峒、多峒、了峒、花峒、藏峒、残村。

**仪凤里** 在县北四十里，计九村：上根、下拐、根壬、根那、根塘、川才、于孟、从齐、下么、峒信、根把、根光、千强、难桑、峒冷、六被、六改、把王、喇叹。

**水源里** 在县北四十里，计二十村：坡白、肯寨、坡腊、喇寨、天塘、水源、巴峒、吉留、洛吉、葛丹、方村、地台、陈村、三列、罗峒、户峒、旧峒、腊峒、爱峒、依峒。

**永里** 在县西三十五里，计五村：坡远、冲香、官桥、九莫、好峒。

**温平里** 在县西五十里，计十村：塘庙、那当、峒乱、下板、坡立、喇旧、塘蒙、寨关、屡达、寨良。

**新安里** 在县东十五里，计十一村：清潭、赵村、大小、未岭、界首、莫莲、石岩、思好、下筹、蒙峒、米峒。

**安黎里** 在县东三十里，计十三村：小都亮、下涧、赉朝、风木、地椽、下惟、官寨、吴风、寨肯、地六、八桑、礼峒、连峒。

**中洲三里** 编附永安里末，在城北一百二十里，计十八村：李村、邦村、郭傍、下寥、妙村、板洛、班鸩、那六、板达、寨忻、平林、喇打、架村、罗村、坡利、劳村、寨那、城门。

以上一十九里，共计三百零八村。

**婆庙墟** 在县北门外，今废。

**水源墟** 在县北金城乡。

**洛降二** 在县北金城乡邻。

**上北四墟** 在县北镇宁乡。

**思恩墟** 在县北地蒙村。

**晋传九墟**　在县西三十里。

**安顺九墟**　在县北三十里。今因盗劫改立谭村。

**石狗七墟**　在县南一里。

**川山内四墟**　在县北川山里。

**上疃内四墟**　在县北上疃里。

**茅难墟**　在城北一百里。

**都喇墟**　在县北川山里。

**下疃墟**　在县北镇宁乡

**坡墟**　在县北镇宁乡。

东兰州

**东院哨**　在州西南三十里（旧志名泗孟），计三村：岂好、上标、泗孟。

**都彝哨**　在州东四十里，计三村：嫩石、铁坑、甘赖。

**长江哨**　在州北五十二里，计二村：砦兮、板甲。

**兰木哨**　在州东三十里（旧名兰阳），计三村：苟孟、板言、苟雷。

**武篆哨**　在州西南八十里，计二村：莫厄、板莫。

**隘峒哨**　在州东三十里，计三村：康村、兆荷石、砦口。

东兰土分州

**凤山哨**　离州同治西三十里，计二十一村：巴罡、周勿、弄林、巴傍、巴合、硬及、巴尧、弄囊、巴列、含村、京村、巴板、灭把、别把、盆板、问板、林板、劳那、里郎、砦那、必郎。

**奔农哨**　离州同治东六十里，计十二村：坡心、零那、砦根、坡仇、蛇弄、板月、板包、委累、峒勒、板培、同及、苟雷。

**梨喇哨**　离州同治南一百五十里，计二十一村：板砦、坡包、索西、发福、谷合、板暮、亭救、长豆、苗堙、弄长、丁累、望楼、坡骨、那算、改里、那柴、坡嫩、那把、严村、涤暮、内严。

**四苟哨**　离州同治东南一百九十里，计十五村：巴摆、发旺、板欢、上简、下简、劳里、蜡里、欢旦、连桑、那朝、那棒、得纳、那汉、巴隆、板音。

**芝山哨**　离州同治北一百五十里，计三十五村：板厄、巴布、上若、下若、板极、板当、板瓦、板林、板罡、板难、板牙、坡忠、板运、板崩、板怀、板冬、把好、板来、那弄、坡长、把沙、那苗、上奥、下奥、上蜡、下蜡、板架、板里、板什、把林、甲泥、把吉、那耀、达降、岸梨。

**长里哨** 离州同治东一百里，计四十一村：旧州、板吾、巴林、巴劳、上弄、下弄、落脚、角酬、砦锥、江里、长架、喇累、坡贵、板瞒、那灶、喇任、坡王、板任、板砦、那隘、巴冷、那音、老隘、巴砦、九喇、砦鸠、喇隆、把登、那遂、板叶、板坤、四暮、跟外、砦牙、那尾、根堡、喇峒、板笼、板夏、喇兴、龙惟。

**苟架墟** 离州同治东一十二里。

**桥兴墟** 离州同治北三十八里。

南丹土州

**本州哨** 一百零三村：鱼龙、峒龙、拉汉、中村、木论、拉巢、唐嫩、巴忙、唐海、拉岩、唐中、邑移、加尧、雅怀、坡屯、那内、纳马、黄后、甲兵、蛮降、晚跟、者葵、拉教、巴城、内扶、唐浪、内兵、灰妹、灰明、拉达、者□、巴怀、灰雍、纳黄、纳羊、亭细、桥难、跟要、困村、加延、丁黄、洛末、要苟、暮盘、第五、罗侯、扁坡、峒幔、皮罗、打降、峒品、巴列、拉蚁、拉要、拉户、暮佞、者往、蛮木、者马、任勒、拉蜡、吾尧、跟任、中平、打选、坡夜、同麻、拉滕、蛮邑、蛮业、者工、蛮留、拉牙、巴领、巴移、内关、唐前、内乔、内恩、峒浮、拉蓝、峒掌、蛮扣、弄堂、拉喜、加法、拉雍、内昂、妹内、跟典、幔跟、幔降、巴门、片容、唐马、拉义、拉车、打锡、新村、拉化、纳志、弄则、唐头。

**罗富哨** 一十三村：古良、定吉、邑牙、暮歹、根桥、塘溪、化仲、纳劳、拉奇、剑池、拉细、妹暮、金鸡。

**央哨** 九村：交号、央跟、蛮料、拉袜、巴金、黄江、坡滕、者曹、思怀。

**皮獠哨** 一十五村：罗滕、拉化、暮斗、闷村、巴暮、巴夺、纳定、内洛、浪利、周江、跟抵、皮獠、巴来、纳闷、门降。

**并哨** 一十三村：并干、盔蓝、扁扶、者下、者懈、巴滕、巴教、翁挂、妹鸟、塘拉、纳旺、妹厚、妹逢。

北妹哨 四十村：纳八、坡夜、拉堡、蛮勒、上更、下更、上陋、下陋、思惟、思滑、内化、邑雷、加娄、塘论、蛮丧、坡偶、者敬、内康、浪坡、见村、巴皆、北妹、妹跟、妹拉、近村、者鲁、鲁跟、鲁拉、何跟、何拉、邑依、巴好、雷拉、扁暮、拉更、打列、内勾、甲拉、蛮降、拉干、

**剑休哨** 三十七村：顶唤、粉头、堡上、班台、龙门、拉荒、翁坡、打罗、顶必、纳赛、纳尧、尧酬、马别、顶暮、者赛、工沙、勾道、傍定、暮巴、纳暮、王抗、王伦、者龙、者懈、纳丧、雅者、尧且、弄宋、绞跟、绞拉、昔跟、习拉、纳马、黄丈、罗任、伶何、牙冷。

**邑峨哨** 三十村：歪坡、克遇、邑峨、黄总、蛮乍、拉岩、洞井、六林、拉干、化

良、蛮尧、坡陋、跟达、纳勇、交打、蛮良、蛮细、那暮、灰蓝、平却、那节、包途、恩地、拉号、蛮相、坡立、产马、拉岜、者爱、坡滕。

**岜歹哨**　一十二村：蛮路、暮巴、巴黄、王转、打厄、降容、坡素、巴歹、蛮照、蛮答、素拉、晚岩。

**六寨哨**　二十四村：加以、暮里、内垄、峒细、拉拱、峒黑、蛮扬、加安、内落、拉休、落拉、坡拉、壮跟、暮内、蛮峒、晚妹、那周、坡现、拉要、唐暮、唐从、坡册、内邦、拉懈。

**者远哨**　一十三村：拉意、跟者、拉罗、蛮决、蛮必、岜定、拉旺、内到、内仆、蛮送、内困、暮天、坡赖。

**岜坪哨**　一十五村：拉者、见赖、巴怀、巴尧、见乐、者扛、良鲁、内姑、见来、交素、蛮祥、加地、妹志、拉勇、蛮桃。

**移周哨**　二十七村：拉抵、尧林、岜隋、暮产、蛮忙、巴大、晚任、拉号、交外、任谷、休朗、尧相、尧房、巴龙、跟赖、拉六、拉千、拉刻、跟同、拉之、内更、甲界、拉关、冷水、甲莽、晚北、移周。

**者勤寨**　一十三村：劳村、巴项、拉肥、跟平、拉委、打苟、甲木、跟岜、拉孔、洞红、记闷、记马、内架。

**州墟**　在州北一里本州哨。

**小场墟**　在州北二十里本州哨。

**巴城墟**　在州东二十里本州哨。

**八铺墟**　在州东八十里本州哨。

**八墟墟**　在州东六十里本州哨。

**罗富墟**　在州西四十里罗富哨。

**黄江墟**　在州西六十里皮獠哨。

**龙罗墟**　在州西一百里并哨。

**牙冷墟**　在州西一百八十里剑休哨。

**蛮细墟**　在州北一百八十里岜峨哨。

**岜峨墟**　在州北一百八十里岜峨哨。

**拉堡墟**　在州西一百五十里北妹哨。

**董容墟**　在州北一百二十里岜歹哨。

**六寨墟**　在州北一百里六寨墟。

**岜定墟**　在州西北一百一十里者远哨。

**者远墟**　在州北八十里者远哨。

**岜坪墟**　在州北七十里岜坪哨。

**忙场墟** 在州北五十里移周哨。

**移周墟** 在州北三十里移周哨。

**拉捕墟** 在州北四十里者勤寨。

那地土州

**那周里** 离州北四十里，计一十二村：那周、乾边、大门、汰奉、许苟、汰后、那感、坪畴、吾隘、塘引、云榜、恭架。

**翁罗里** 离州东十里，计四村：坡谷、板梨、喇汰、加赖。

**巴畴里** 离州西南五十里，计七村：坪村、北马、六合、回逻、俨村、暮村、北妏。

以上二十三村，多不合旧志，大都久易其名耳。

**翁罗、巴畴二里** 分设十一席：大宁席、排门席、南胃席、丹炉席、守万席、先堂席、巴畴席、吾隘席、北马席、古王席、坪畴席。

**那周一里** 分设四哨：思廉哨、加延哨、北旦哨、岜暮哨。

**猺峒** 居虎山中，迄今亦无栖止。

**州墟** 在州前（旧名石排）。

**坡结墟** 在州东二十里。

忻城土县

**永康里** 在县西北十八里，计四村（旧志名延畴）：板六、板谢、板县、板石。

**纯孝里** 在县西二十里，计四村（旧志载二村）：古傍、板罗、板蒙、板婆。

**归仁里** 在县北四十里，计八村（旧志载三十三村）：板良、山脚、板河、板笼、思连、风火塘、中经、中独。

**广胜里** 在县北三十八里，计十村（旧志载名□、上里二村）：大学、板暮、平田、怀灯、古芒、木罗、喇营、喇寨、白弄、大塘。

**大宁里** 在县西南三十五里，计十六村（旧志名、安、民、里四村）：万团、平团、古尧、甘棠、古境、大从、渡口、大淰、永兴、寨嫞、新村、乾寺、龙塘、都乐、西龙、山冲。

**江信里** 在县南二十五里，计七村（旧志名讲、信、毕三村）：堡上、破梭、破从、古义、下恶、敢江、白滩。

旧志载有九里，查张帽里久废；其龙廖里即修文里，现移建县城；其功德、窑灰二里，割归宜山县理苗县丞管辖，现在实有六里。外附十二堡、六十六峒所。

**内古尚堡** 在县西北十里，计八村：堡上、校椅、木万、盘龙、弄拱、板河、板门、古银。

**定南堡**　在县南三十里，计六村：定南、定行、那陡、邑了、邑独、甘香。

**龙归堡**　在县南二十里，计十村：屯雷、板平、九怀、龙归、水寨、三堆、江平、屯从、六显、丹零。

**外思练堡**　在县东六十里，计二十七村：堡上、小桃、大桃、板荒、板奉、九滂、板贡、板寺、板塘、板社、板六、板石、板儿、板方、板陈、坡罗、下尧、思香、加翁、卜祐、哀山、芭荡、良吴、淰屯、板合、充山、板暮。

**思里堡**　在县东八十里，计十五村：堡上、喇贡、桥海、喇炭、板桃、小桃、板石、板围、板滂、九怀、喇桃、波罗、喇曹、板留、头木。

**同其堡**　在县东八十里，计十二村：堡上、王峒、桥拱、板位、喇则、洞口、古前、宜良、木林、喇洪、黄山、大塘。

**板梨堡**　在县东北八十五里，计九村：堡上、板炉、那赖、邑凤、金鸡、弄论、邑往、猺瓦、清潭。

**板罗堡**　在县东北一百里，计十七村：堡上、东寨、上厄、下厄、白砂、东塞、龙倍、把令、记烈、板笼、豆付、马娘、喇莞、喇寨、板海、围城、喇匡。

**板黄堡**　在县东七十里，计十一村：龙梅、坡转、歪劳、福堡、板江、板石、歪卢、大寨、小寨、上黄、下黄。

**三寨堡**　在县东九十里，计十一村：堡上、独山、板羊、板架、邑东、里耀、板庙、喇龙、古防、古苏、戽水。

**石牛堡**　在县东北九十里，计十二村：堡上、板河、板周、山冲、石岩、大石、龙登、九桥、石者、板罡、毡条、寨喇。

**古平堡**　在县东南七十里，计十三村：堡上、古娄、邑社、峒容、邑好、七峒、板江、岩口、思兰、古尧、九沦、板谷、邑其。

附：猺人各峒，计六十六峒所：屯塘、古福、木罗、石碟、里半、平东、古怀、加卢、万前、那饿、那治、稿峒、弄彼、弄争、下车、大利、建怀、乾社、牙角、弄万、弄叠、更定、更洗、罗田、三冒、毛峒、堡上、谓峒、加亭、加对、万定、古棉、论峒、弄桑、万邓、加陈、弄滴、延峒、思洛、定九、黄泥、莫己、思更、古崩、那闷、夜峒、里瓢、滴水、弄罗、喇楼、加伙、滴水、古万、果裸、论巢、北感、古士、弄元、圣派、堡上、峡岭、邑灵、下要、索定、六地、新村。

**交椅墟**　在县西北一里。

**龙归墟**　在县西南二十里。

**古万墟**　在县南八十里。

**思练墟**　在县东六十里。

**大塘墟**　在县东北八十里。

永定长官土司

**莫往甲** 十村，在司治西五里。

**邱累甲** 七村，在司治西二十五里。

**黄琏甲** 二十村，在司治西二十六里。

**洛西甲** 十三村，在司治东七十里。

**洛富甲** 十一村，在司治东六十里。

**头盔甲** 六村，在司治南五里。

**弄叫甲** 二十九村，在司治东二十五里。

**梅峒墟** 在司治西北三十五里。

永顺长官土司

**六河、永泰二里** 在司北四十里，计三十六村：谭村、龙头、那荡、那屯、古沱、潘峒、白任、言峒、泰村、六磲、花麦、赛贵、板梭、根炭、湾路、虾峒、水峒、详兴、乌律大、洲离、白暮、落标、江旁、江达、堡违、董村、果强、加散、屯槽、加峰、三加、板会、江达、乌律中、波辽、见峒。

**内、外两哨** 离司东五十九里，计一十七村：板里、八峒、板寨、桥见、东料、六贡、寨卷、黄岐、六河、寨九、都良、板门、板兆、板杨、甘爹、北见、冷定。

**吉利席、内席** 离司西五六十里，计一十三村：石牛、地鄂、板岭、北弄、上都良、北贻、冒村、览村、喇那、那坝、荷荡、九顿、喇峒。

**上部、下部二席** 离司西六七十里，计一十六村：喇显、北许、塘望、甘羊、澇村、板瓦、六老、平店、弄慢、峒石、湾路、寨河、九难、寨销、弄交、八浪。

**古辣里** 离司南三四十里，计二十八村：澇头、司村、岜庙、板立、黄板、大豆、喇堡、户头、大蛮峒、岜踢、久渡、岜马、果笼、板暮、果密、果团、架一、鱼梁、□□、九暮、笼甫、笼戾、板暮、莫擎、上澇、里儿、建捞、北册。

**龙头墟** 在司北四十里。

**冷定墟** 在司东五十里。

永顺副长官土司

未编里，共计二十七村：公万、拱村、下榄、山脚、吴冲、赵村、中村、大劳、小劳、喇霸、忻阶、根秀、上保、马山、上回龙、内回龙、外回龙、新堡、闭村、卯村、唐峒、亚阳、寨脚、黄泥、喇打、江口、弘罗。

# 《庆远府志》卷二　建置志

## 城池

在德不在险，言地利不如人和也。然王公守国，资砺带焉。城隍之设，岂徒壮观瞻、标形胜已哉。况属在边陲，尤防夜缒、宵航[1]之虞。盖城郭沟池以为固，自古记之矣。志城池。

庆远府城

自东门至南门长五十丈五尺，高八尺。南门至西门长二百五十丈二尺，高九尺二寸。西门至北门长二百零一丈五尺，高二丈三尺。北门至东门长一百四十三丈，高二丈一尺。共计周六百四十五丈二尺。汉筑土城，唐天宝元年（742）刺史吴怀忠易以砖石，周四里五十三步，为门四，是谓旧城。明洪武二十九年（1396）开设庆远卫，拓东门外地筑城广之，计五里五十八步，是谓新城。中通为一，其周一千二百二十九丈。因宋时黄山谷谪宜州，居旧城小南门，有南楼之厄，民不忍行，塞之。新旧城门六，东曰永安，西曰永定，旧南曰筑安，新曰武定，旧北曰拱辰，新曰泰和。弘治元年（1488），知府汪溥以北城附江，其险可恃，独东、西、南三关平旷受敌，佣工凿濠，深二丈，阔一丈五尺，延袤三千丈，引官（坡）〔陂〕水注之。正德十四年（1519）祲，灾民多殍亡，楼焚城圮，指挥王璿中修之。明季丁亥（1647），土贼覃鸣珂叛乱后崩毁[2]。

国朝康熙十三年（1674）滇变，益颓，新城阒[3]无人居，遂废。康熙二十三年，知府白启明捐筑旧城，斥东门外新城地六十五丈五尺广之，仍四门。二十五年，复同副将江杨淮率各属捐建西北两门、城楼及西关月城，窝铺[4]一十二间，池深二丈，阔四丈五尺，有记载《艺文》。乾隆十九年（1754），知府李文琰现禀藩司议修。

---

❶宵航：即宵行，夜行之意。
❷明季丁亥（1647）：覃鸣珂叛乱在明永历元年，即清顺治四年冬十月，干支为丁亥年。
❸阒（qù）：寂静无声。
❹窝铺：临时搭盖的简陋屋舍。

按:新城之废久矣。康熙中,白守启明捐筑旧城,斥东畔新城地六十五丈广之,故丈尺颇溢于旧城,而较之新旧通为一城者,则大缩减耳。新废城在东门外,今演武厅校场即其遗址,雍正二年(1723)所修《广西通志》记载大略,今查旧志正之。

## 德胜镇城

旧为河池守御千户所,在德胜镇西二里。永乐二年(1404),内官雷春垒石创筑,以扼七十二峒之冲。高一丈二尺,阔九尺,周三百二十八丈,开四门。雍正六年(1728),建理苗同知署城中,调东兰、那地、南丹三土州兵防守,制尤备焉。

宜山开城时,府旧有土城,在江北岸宜山下。宋宝祐间,□□□以济渡往来不便,附府城。

## 天河县城

在西乡。旧在东乡下里,东南依山为固,西北筑土垣。唐天宝元年(742),刺史吴怀忠建,有壕,为门三。明正德十二年(1517),知县尚汝弼补筑土垣,增高三尺,掘壕增深一尺,又增外垣护之。万历十九年(1591),知县杨继显因新附里地辽阔,控征不便,迁今所址。土垣围以木栅、竹笆。

国朝康熙二十四年(1685),知县黄湾捐资垒石砌筑,周三百六十丈,高六尺,开四门,规模稍定。乾隆十年,知县张镐详请修建门关、雉堞[1],称险固焉。

按:《明史·地理志》:"天河旧县在高寨,洪武二年(1369)迁兰石,正统七年(1442)迁甘场,嘉靖十三年(1534)迁福禄镇,万历十九年始移今所。"而旧志俱未详载,则其遗佚者多矣。今姑存旧志,而录《明史》缀于后。

## 河池州城

在怀德乡[2]。宋为怀德县,元为河池县。旧志:"在州北,今怀德故城是。天顺六年(1462)迁屏风山,成化十三年(1477)迁治怀德,弘治十七年(1504)五月升为州,嘉靖四年(1525)知州周钺迁四一山[3]。筑土为城,高一丈五尺,阔七尺,周三百八十丈,盖瓦楼二百二十间,为门四,曰迎春、曰定远、曰镇远、曰归仁,后塞北门,建楼三座。"明季寇毁。

国朝顺治十七年(1660),知州李若璘劝里民修筑,高一丈,周二百四十丈。后滇变圮。康熙二十四年(1685),知州刘安国捐修,增高二尺,并同参将石踵华、中军钱来凤建造城楼、

❶雉堞:城上的短墙。

❷怀德:在今河池市金城江区河池镇外韦村一带。

❸原文如此。本志卷六《秩官志》及雍正《广西通志》俱云"河池州知州,周钺,嘉靖五年任",则周钺迁州治在任知州之前,不合常理。或有一处误载。

窝铺、瓮城[1]。雍正四年(1726)知州陈舜明捐资重筑,六年、七年增筑,四面皆山,无城濠。

按:《明史》"嘉靖四年迁凤仪山南",而旧志云"迁四一山",再查旧志《山川》条云"四一山在城北五里",近旧治。"凤仪山在城北四里,州治半枕山麓",则是先迁四一,而后迁凤仪。今治固在凤仪山也,史及旧志未详载耳。

思恩县城

在欧家山。元时立县治于环江洲,未建城。明永乐二十二年(1424),因土贼韦员攻劫,徙治清潭村,仍被寇侵。宣德三年(1428)迁白山寨。成化八年(1472)移欧家山,筑土墙,屡被贼害。弘治年间,里民韦志庆、谭文达等屡请建城,俱以事阻。国朝顺治九年(1652)治潭村,时土贼猖獗,尽毁。十五年,仍因欧家山故址筑土垣,周二百丈,高一丈二尺,为门四。康熙五年(1666),知县翁世庸石砌四门,建楼其上。二十年,知县鲍复相捐筑七丈五尺,并城楼一座,窝铺四间。

东兰州

治在东院哨。旧本土州,治在武篆哨,寻移东院,后迁凤山,无城池。雍正八年(1730)改建流官知州于今所,因地逼山麓,难以建城,知州沈志荣详议免筑,列造营房二百间环文武署。

**东兰土分州** 例不建城,无池。

**南丹土州** 例不建城,旧址土墙围署,无池。

**那地土州** 例不建城,旧址土墙围署,周九十六丈,无池。

**忻城土县** 例不建城,旧址土垣围署,外种竹为藩,民居附之。周二里许,无池。

**永定长官土司** 例不建城,旧址垒石环署,周二十丈,高五尺,无池。

**永顺长官土司** 例不建城,旧址土垣环署,无池。

**永顺副长官土司** 例不建城,旧址官署,无池。

## 廨署

官有廨署,所以临民而听政也。诗咏芋跻,著堂皇之体,隆严肃之规。于是乎,在莅斯土者,列爵虽殊,要莫不有部署、表著之所,靖其厥职焉。志廨署。

庆远府署

在城西北隅。旧志云:"洪武二年(1369)通判王毅建,成化元年(1465)知府周一

[1] 瓮城:古代城市的主要防御措施之一,在城门外修建的半圆形或方形的护门小城。

清重修，明季寇毁。”本朝顺治元年（1644），署府事王家荫以颓坏不可居，迁于故宦张宅。后知府崔俊以郑千户故宅修理为署，即今治，在旧署左。康熙十二年，滇变拆毁，知府白启明详允捐建。乾隆十九年，知府李文琰建环翠楼于署右，为宴宾、校射之所。

**同知署**　在府城西八十里德胜镇西。旧有清军同知署，在旧府治左，康熙年间裁废。雍正六年（1728），复设理苗同知，改驻德胜镇。时同知钱志和即旧河池所创建今署。

**经历厅**　在府署左，旧在理刑厅前。国初迁于南门陈氏故宅。康熙二十九年，经历章华衮改建今所。乾隆十八年，知府李文琰助资重修。

**教授署**　旧志云在府学内，久圮，僦居民舍。

**训导署**　在县常平仓后，今圮，僦居民舍。

**庆远协副将署**　在东门内。旧志云：“原无衙舍，借署旧南门内邵宅。”康熙二十四年，副将江杨淮改建今所，创大堂、书房。

**守备署**　在十字街西。康熙三十五年守备梁谟建。

**演武厅校场**　在东门外。康熙二十二年中军守备廖正英捐建。三十三年守备梁谟重修。

## 宜山县署

在府城南关内，旧在城西南隅。宋元祐五年（1090）建，明因之。后为寇毁。今以故绅陈氏宅为之。

**县丞署**　在清潭里高寨村，土名楞村，因土人语泉为楞故也。旧在旧府治左，以清军厅为之，寻迁德胜镇。

**治戎政行台**　雍正七年移建今所。

**教谕署**　旧在县学内，今在城内东北隅。

**典史署**　旧在县署左，后改右。今在城内东北隅。

**德胜巡检司署**　旧在镇西，今在镇东，常平仓右。雍正十年巡检司王居琏建。

**龙门巡检司署**　在县西南六十里马栏村，雍正九年创建。

**白土巡检司署**　在县西南一百四十里白土村，乾隆六年创建。

**监狱**　在县署仪门右。

**三岔分防廨**　在南乡里，雍正七年添设。

**德胜镇分防廨**　在所城东门内。

**龙门司分防廨**　在县西南六十里，雍正七年添设。

**白土司分防廨**　在县西南一百四十里，乾隆六年创建。

**邱索分防廨**　在县西南九十里，乾隆六年创建。

## 天河县署

旧在城南。明崇正[1]四年野烧延毁。国朝顺治十五年（1658），于旧址西北隅建草屋数十间，后毁。康熙四十五年知县萧旼捐资重建，易以瓦。

**训导署** 在学宫右，康熙二十一年（1682）创建草屋数间。

**典史署** 在县署南，康熙二十九年典史邓俞建。

**监狱** 在县署左右。

**分防署** 在县治北，康熙四十八年千总朱秉彝建。

## 河池州署

在城内西北隅，后枕凤仪山麓。旧址大门仪、大堂为瓦宅，余俱茅舍。国朝康熙六年知州王玉麟修。二十三年知州刘安国重修，尽易以瓦。雍正四年，知州陈舜明捐修大□□大堂、川堂十□舍、书室，规制宽敞。

**州同署** 在三旺村。明万历间始建草房，后易以瓦。

**分防外委□□廨** 在三旺村。

**学正署** 在学宫内，久圮。雍正四年，知州陈舜明重建于学宫左。

**吏目署** 在城隍庙南路东，旧茅房，今易以瓦。

**监狱** 在州署大门内右。

**守备署** 在城东北隅。

**演武厅** 在南门外。

## 思恩县署

在欧家山。明万历二十七年，知县林应龙精形家言，改西向，后洊罹兵火。崇正末，官吏寄居村落。国朝顺治十五年（1658），署县蒋云仍旧址建草堂数间，复南向。康熙三年，知县翁世庸建前后门堂，俱盖以瓦。四十一年，知县彭宸渌增葺两厅。雍正二年，知县梁楷增建内署。九年，知县林协增建治事厅。十三年，知县张月甫建西厅。乾隆四年，知县何梦猺重建大堂、二堂、书办房。

**训导署** 在县治北。旧在学内，久圮。雍正二年，训导何文煜捐买欧姓屋于北门内，仍纳地租。乾隆五年，知县何梦猺捐买地基，永为学署。

**典史署** 在县署大门内右，旧覆以茅。康熙五十九年，典史吴斌易以瓦。雍正四年火。五年，典史钱景坤重修。

**监狱** 三间。乾隆四年知县何梦猺重修，另置女监一所。乾隆十四年知县祈秉衡修。

[1]崇正：即明思宗朱由检的年号崇祯，因避清雍正爱新觉罗·胤禛讳而作崇正。下文皆然。

**分防廨** 在南门内，雍正五年把总陈宗建。

**演武厅** 在西门外。

## 东兰州署

在东院哨。雍正八年改土归流，知州吴正一创建。

**学正署** 在州治东。雍正十一年创建。

**吏目署** 在东院营房外东街，知州沈志荣建。

**监狱** 三间，在州署右。

**守备署** 在城西。雍正八年创建，左右环造营房二百间，内拨三间居孤贫。

**千总廨** 在城西，雍正十一年创建。

**把总廨** 在城西，雍正十一年创建。

**东兰土州同署** 在凤山，旧为土知州署。雍正八年，降土州同治。

## 南丹土州署

北向，在本州哨青云峰下。大堂、内宅俱系瓦屋。明崇正元年，因土知州莫伋有剿寇功，敕建“勋著西南”石坊于署前。

**流官州同署** 在土州署北，雍正四年建。

**六寨哨分防廨** 雍正七年建。

**者拉村分防廨** 雍正七年建。

## 那地土州署

在本州哨，南向。

**流官州判署** 在排门街之东，距土州署三里许。

## 忻城土县署

在修文里，旧在喇院，万历年间土知县莫镇威移建今所。国朝康熙年间，土知县莫元相重修。

**流官典史署** 在县署东北，旧在三界廨北。雍正三年改建今所。

## 永定长官土司署

在三寨独秀山麓，南向，旧草房，今易以瓦。

永顺长官土司署

在交椅山麓，南向，旧在古磲，后移古腊，又迁今所。

永顺副长官土司署

在板台村，南向，旧在恩农里，后移今所。

## 仓廒[1]

货恶弃地而慢藏，又虑其朽恶毁败也。《周礼》："仓人[2]掌粟入之藏，以待邦用"，"遗人掌乡阙之委积[3]，以待施惠。"自是守谷平籴，藉以富国而民力使焉。至常平、义社[4]之立，法良意美，视彼青苗之利一邑而祸天下者何如哉？志仓廒。

**庆远府常平仓** 八座共二十一间，在府署右。

**理苗同知屯谷仓** 两座，每座三间，在河池州分府署内。

**宜山县常平仓** 一在县署前，共五间，康熙二十七年建。一在关帝庙左，共一十二间，雍正六年知县张梦白详奉增建。一在德胜镇东，共二十三间。

**理苗县丞仓** 一间。

**龙门司仓** 一间，在署左。乾隆十二年，知县吴毓芝捐建。

**白土司仓** 一间。

**天河县常平仓** 旧止土砖、竹篾、木板，计八十囤，贮狭而易朽。今建仓八间，在县署左右。

**义仓** 一在东乡思卢里，一在南乡旧里，一在西乡思农里，一在北乡古罗里。

**河池州谷仓** 向仅五间，在州署仪门内。雍正三年，知州陈舜明陆续捐建，共十九间于大门东，又米仓一间，共二十间。

**思恩县常平仓** 旧在署东，系竹簟圈围。雍正二年，知县梁楷改建一十二座，计二十四间于署西，俱木壁瓦盖。

**社仓** 十九所[5]。附城三所、思恩乡六所、金城乡七所、镇宁乡七所，内除谭村甲仓一间外，余皆每所二间，共仓四十五间。

---

[1]仓廒：储藏粮食的仓库。

[2]仓人：周官名。《周礼·地官·司徒第二》："仓人掌粟人之藏，辨九谷之物，以待邦用。"

[3]遗人：周官名。《周礼·地官·司徒第二》："遗人掌邦之委积，以待施惠。"

[4]常平：常平指古代一种调节米价的方法。筑仓储谷，谷贱时增价而买进，谷贵时减价而卖出。义社：古代立社以奉无主之魂谓之义社。

[5]此处原文作"十九所"，然后文合计二十三所，或系误记。

**东兰州常平仓**　旧五间，今六间。

**社仓**　一间。

**东兰土分州**　社仓一座，在署左。

**南丹土州**　仓廒无。

**那地土州**　仓廒无。

**忻城土县社仓**　三间，在署右。乾隆十八年土知县莫景隆捐建。

**永定长官、永顺长官、副长官三土司**　无。

## 坛庙[1]

禋祀[2]为报功崇德也。有土者例得祭封内之山川，外此或以死勤事，以劳定国，与芳椒懿行之足为风示者，皆得与焉。于是有扫地而祭、设屋而享者。爰厘正祀典。志坛庙。

### 宜山县（附郭）

**社稷坛[3]**　在府城西门外。雍正十一年（1733）知府王琠、知县陈谟建。

**先农坛[4]**　在府城西门外。雍正六年知府徐嘉宾创建，籍田四亩九分，耕具祭器俱全。

**风云雷雨山川城隍坛**　在府城西门外。雍正十年知府王琠、知县陈谟建。

**厉坛[5]**　在府城西门外，西竺寺后。

**关帝庙**　在府署左。康熙五十七年（1718）知府高茂选、知县吴锡爵建。雍正三年追封三代公爵，设位后殿，有司并祀。

**城隍庙**　一在府城东门内，康熙四十七年知府李世仁、知县陈学海修，乾隆十八年知府李文琰捐资重修；一在德胜镇，旧有庙，久废。乾隆年间，同知沈志荣、屠用中相继修复；一在澇村，乾隆十五年县丞左士吉捐建。

**龙王庙**　在府学东。旧有天庆观，元元贞间改名“元妙”，扁[6]题“寥阳殿”，著宋致和年号。相传柱盘二木龙，当夜入龙江与龙斗。斗时风雨大作，晓归，青苔遍体。道士以铁钉之，血流三日夜。殿后倾圮，神像尽坏，止余梁柱数茎。梁上生一榕树，其根包裹，缘柱而下有如龙盘，枝叶上耸，荫覆数亩，俗呼“龙庙”。乾隆初，宜令杨师游祷雨有应，

---

❶坛庙：坛指天坛、地坛等；庙指祖庙及诸神庙。自周以后，历代都有掌坛庙祭祀的官员。

❷禋（yīn）祀：洁身斋戒以祭祀。

❸社稷坛：社代表土地，稷是高粱，代表谷物。古代帝王立坛，祭祀土地及五谷之神。

❹先农：古代传说中最先教民耕种的农神。相传周代有籍田，并祀先农，历代封建王朝沿袭此制，均建先农坛以祭祀之。

❺厉坛：祭无祀鬼神的礼制建筑。

❻扁：通“匾”。

建小亭树下祀龙神。后复建庙于树前。今树益大，旧柱包裹将尽，亦一奇观也。

**火神庙** 在府城北门内。明崇正间知府〔曹安建〕。[1]

**马王庙** 在府城北门内。

**梁吴庙** 在府城北门外，祀宋梁熹、吴辅。康熙四十二年知府焦映汉、知县童华祖建。

按：《通志》梁熹、吴辅，宋末融县人，甚骁雄，捕盗数有功，后战殁。累著灵应，宋各封侯庙食，至今尤显。玉融有一洞，在半山其白首处也，每岁乡人尝见其出入。其出也，千乘万骑，戈甲旌旗，光耀夺目。最后执二黄伞者出，则神继出，随从拥护，旌旗缭绕，莫知其数。其入也亦然。樵采者遇之辄大病。乡人云："若见其归，则其年邑中丰稔、少疾疫、盗贼之事；若见其出则不利。"盖常先兆示于民云。而旧府志以辅为宜山人，未知孰是。

**令公庙** 在府城门外，祀汉将军李广。

**九龙庙** 在府城西南五里九龙山下。宋嘉定九年，权州事张自明祈雨获应，上其事，赐额"灵潜"。明初封为九龙之神。

**三界庙**[2] 在府城外西南。神姓冯，字克利，贵县人。尝入龙山樵采遇仙，授无缝仙衣、丹药归。起疾拯患（即）〔亦〕多验。后为神，敕封"游天得道三界"。康熙六十一年知府王锡瓛修。雍正七年知府徐嘉宾重修。

**遗烈庙** 在府城西门外，祀唐刺史苏仕评及其子日朝。宋绍兴十七年，赐额"遗烈"，加封"昭应"，又加封"威德"。嘉定九年，权州事张自明重建，即今西府庙。

**雷王庙** 在城南二里龙塘。

**花婆庙**[3] 在南门外，俗名娘娘庙。

**显应庙** 在城南桃源山，祀宋仙人吴优。宣和间赐额。

**义勇祠** 在府儒学东。雍正二年建，祀明勇士璩礼。

按：明天顺间，同知叶正与子荣、从子官庆及璩礼、周昌俱死于贼，立祠祀之，额曰"忠义"。寻以子侄同难，改曰"忠孝"。今废。惟正祀名宦、礼祀义勇，荣、官庆及昌三人不与。《通志》昌载"忠义"而璩无传，皆阙典也。志内已为璩立传。荣、官庆、昌三人之合祀，盖尚有待云。

**忠孝祠** 在府儒学东北隅，祀明同知叶正及叶荣、官庆、义勇士璩礼、周昌。今祀典存而祀久废。

**忠烈祠** 在府城北门内。康熙三十三年知府赵清贞建，祀历代忠臣，有碑记。

---

[1] 原文漫灭数字，据本志《秩官》推而足之。

[2] 该庙现存，位于宜州怀远镇。道光五年（1825），知县林光棣增修，并撰有《三界庙记》。

[3] 花婆：又称花王、花王圣母，流行于广西壮族各地。据传说，花王是壮族群众的生育女神和儿童守护神。花婆赐给生育妇女白花，就生男孩；赐给红花，就生女孩。壮族群众有在村边或山下修筑花王庙、塑立花王祖父神位之俗。

**山谷祠** 在府城西门外西竺寺前，祀宋太史黄庭坚。嘉定九年，权州事张自明建，又造龙溪书院于祠后，置田一千六百亩，收米三百斛❶，以奉祭祀，并养士三十人，有碑记载《艺文志》。明知府周一清、姜绾先后重修。嘉靖二年，知府王显高撤故祠而葺之，寻擢去。六年，知府叶藟修葺，清左右侵地，杨梁有记载《艺文》。国朝康熙年间，知府苏世禧、知县陈学海重修，清侵地，奉祀。康熙五十七年，知县王锡爵拆毁，移木主于关帝庙。乾隆十年，宜士复建于故址。十八年，署府事同知查礼捐资重修，清墨池田一区。春、秋二祭，定以仲月❷上旬午日，有碑记载《艺文》。

**节孝祠** 在府城内大街，祀烈女韦氏、陈氏、刘氏、蒋氏、彭氏。

**三元祠** 在府学左，祀文简公冯京。宋乾道间知州李守柔建，明正统间知府杨禧重修。嘉靖间，知府吉裳因《藤县志》谓京非庆远人，废其祀，改祀启圣公❸。十三年，知府林（廷）〔庭〕杓复建，提学潘恩序其事，刊于祠壁。国朝康熙五十七年，知府高茂选重建于关帝庙右，又改入乡贤祠。

**养济院** 在城西门外。

**义冢** 在城西门外。

天河县

**社稷坛** 在县城南门外高岭，雍正十一年知县赵弦建。

**先农坛** 在县城南门外，雍正五年建。

**风雪雷雨山川城隍坛** 在县城南高岭，雍正十一年建。

**厉坛** 在县北门外。

**关帝庙** 在署南门内，雍正八年知县吴正一暨知县赵弦同建。

**城隍庙** 在城内北隅，旧在县署东，久圮。雍正十一年改建今所。

**龙江庙** 在县南门外，祀吴平大王。春、秋二仲月上戊❹日致祭。

**三界庙** 在城北门外。

**白马庙** 在城北门外七里。

**梁侯、吴侯庙** 在县北门外。

**节孝祠** 在先农坛左侧，祀节妇杨氏、顾氏、潘氏、韦氏、潘氏。

**义冢** 在校场侧。

---

❶斛（hú）：中国旧量器名，亦是容量单位，一斛本为十斗，后来改为五斗。

❷仲月：指每季的第二个月，即农历二、五、八、十一月。因处每季之中，故称。

❸启圣公：明世宗嘉靖九年封孔子之父叔梁纥为启圣公。

❹上戊：旧称阴历二月、八月之上旬戊日为上戊。

### 河池州

**社稷坛** 在城外西北，雍正十一年建。

**先农坛** 在州东城外，雍正五年知州陈舜明建。

**风云雷雨山川坛** 在州南城外，雍正十年建。

**厉坛** 在州西门外。

**关帝庙** 在州东城外，康熙六年守备谢文英重建。

**城隍庙** 在州学东北，康熙五年知州王玉麟重建，并建钟、鼓楼二座。

**三侯庙** 在城外正南智州山麓秀水河上，祀莫廷浪兄弟三土神。雍正五年知州陈舜明重修。

**义冢** 在西门外里许马鹿山脚，康熙间知县鲍复相捐置，有记。

### 思恩县

**社稷坛** 在县西门外，雍正十一年修。

**先农坛** 在县东门外。雍正五年，知县林协建。九年，知县何梦猺重修。

**风云雷雨山川坛** 在县南门□，雍正十一年修。

**厉坛** 在县南门外。

**关帝庙** 在县北门内，乾隆十四年知县祁秉衡重建。

**城隍庙** 在县南门内。明万历三十年知县朱家贤建，久圮。乾隆六年知县何梦猺、十三年知县祁秉衡、十八年署知县金甲前后重修。

**三界庙** 在县西南。

**节孝祠** 在县东门外，祀节妇莫氏、欧氏、韦氏。

**土地祠** 在县署西，旧祠在署左。乾隆十四年，知县祁秉衡改建今所。

**养济院** 在北门外厉坛侧。

**义冢** 在县北门外。

### 东兰州

**先农坛** 在州治。

**关帝庙** 在州治北。

**城隍庙** 在州治南。

### 东兰土分州

**关帝庙** 在州同治北。

**城隍庙** 在州同治南。

### 南丹土州

**关帝庙** 在州治东。顺治十年（1653）土知州莫自乾建，乾隆十八年土知州莫遐昌重修。

**城隍庙** 在州治丁字街北。明万历三十八年土知州莫之厚建，乾隆十年土知州莫遐昌重修。

**玉皇阁** 见《古迹》。

**天神庙** 见《古迹》。

**伏波祠** 见《古迹》。

**北帝庙** 在州北二里，宋建。神像、钟鼎尽铜铸，俗名铜庙。明嘉靖四年土知州莫之厚重修。

**三界庙** 在州东二里，康熙四十二年土知州莫大经建。

**真君庙** 在州东北二里，乾隆十四年建。

**圣母庙** 在州治西，康熙六十年土知州莫我谦建。

### 那地土州

**社稷坛** 在州治东。

**关帝庙** 在州治东。

**城隍庙** 在州治西。

### 忻城土县

**关帝庙** 在县治西。康熙三十五年土知县莫宗诏建，有碑记。乾隆十八年土知县莫景隆重修。

**城隍庙** 在县治北。康熙三十八年土知县莫宗诏建，有碑记。

### 永定长官土司

无。

### 永顺长官土司

**山川社稷坛** 在司治南。

**城隍庙** 在司治东。

**三界庙** 在司治前大榕树下。

永顺副长官土司

无。

## 寺观

昔狄梁公为安抚使毁淫祠[1]，韩退之作御史谏佛骨[2]，识者韪之。兹且详及于琳宇[3]□□也，何居？盖先王神道设教[4]意也。大千世界，金碧庄严，到处皆有，宁穷乡僻壤遂不遥闻钟磬声乎？志寺观。

宜山县

**西竺寺** 在府城西门外。旧名西明，宋治平间改今名。明惠帝（即建文）逊位，云游寓此，时卫〔指挥彭英〕先〔曾侍〕帝，遇之，呜咽不自胜。馈蒸羊，帝起作偈而诵之，乃食。既登舟，英复多所献，帝解所乘马酬之。复作偈曰："蹴踏人间知几年，艰难险阻共周旋。我今别尔东西去，何日相逢兜率天。"[5]及解缆，马忽腾跃而毙。

**广化寺** 在南山龙隐洞前。

**罗汉寺** 在城西四十五里。

**寿山寺** 即三宝寺，在河池所东北。旁有梓潼阁、石门、天桥，境地幽雅。

**大观寺** 一在城西五十里怀远镇西，乾隆十八年（1753）重修。一在城西八十里德胜镇西。

**□□□** 在德胜镇西，康熙三十年重修。

**□□□** 在城西，八十里羊角山。

**□□□** 在中里。

---

❶狄梁公为安抚使毁淫祠：狄仁杰（630—700），字怀英，并州太原（今山西太原）人，唐朝武周时期著名的宰相，因封为梁国公，故称狄梁公。《旧唐书》载，垂拱四年（688），狄仁杰"征为冬官侍郎，充江南巡抚使。吴、楚之俗多淫祠，仁杰奏毁一千七百所，惟留夏禹、吴太伯、季札、伍员四祠。"刹住了江南淫祀之风。淫祠，即民间滥建的不在祀典的祠庙。《礼记·曲礼下》解："非其所祭而祭之，名曰淫祀。"

❷韩退之作御史谏佛骨：韩退之，即韩愈（768—824），字退之，号昌黎，河南河阳（今河南孟州）人，唐代杰出的文学家、思想家、哲学家、政治家，"唐宋八大家"之首。谏迎佛骨事在元和十四年（819），因唐宪宗李纯要迎佛骨入宫内供养三日，韩愈写下《谏迎佛骨》，极论不应信仰佛教，"事佛求福，乃更得祸"，为此触怒李纯，被贬为潮州刺史。

❸琳宇：殿宇宫观的美称。

❹神道设教：利用神鬼迷信作为教化手段。

❺兜率天：梵语Tusita的音译。欲界六天之一，一昼夜相当于人间四百年。大乘佛教认为，此天有内院和外院，外院是欲界天，内院则是弥勒居住的净土，为弥勒信仰者追求的往生去处。

□□□　在东乡。

**水月庵**　在城北二里古坡村。

**观音阁**　在城北江岸。郡人高翀建，有梓潼像在焉。康熙二十一年（1682），都师部堂麻勒吉重修。

**慈云阁**　在城北会仙山顶。

□**阁**　在会仙山白龙洞前。

**协天宫**　一在城东门内，一在怀远镇。乾隆十九年，知府李文琰倡捐建。

**玉皇阁**　在德胜镇东袁家山观音岩顶，久圮。岩口有观音堂，康熙二十三年建。梓潼阁，乾隆元年建。

**梓潼阁**　在涝村。乾隆五年，理苗县丞王掤捐建。每年里人延师课子其中。

**相公庙**　在城西四十里怀远镇。

**土地祠**　在府署西。

**西凤寺**　在城西十五里，马泗岩前，祀苏日朝，即唐刺史苏仕评子。

天河县

**湘山寺**　在县北，宋时建。

**圣寿寺**　在方山。康熙二十五年，知县黄澴建。四十六年，知县萧旼重修。

**敕福寺**　在上思卢里。

**东禅寺**　在上里东禅镇。

**三宝寺**　在新落归里。旧志云："凡新令，任事三日，例往祭之。"

**泗州寺**　在下里。

**回龙庵**　在城东三里。

**浮碧庵**　在旧里。

**文昌阁**　在南山上。

**观音阁**　在三宝寺前，康熙二十四年建。

河池州

**大观寺**　在城东北山下，康熙六年知州王玉麟建。

**三侯庙**　在南门外，祀莫姓三土神。

**观音阁**　在城北。康熙三十一年知州黄志璋修，四十七年知州秦国辅重修。

**真武庙**　在北山学宫后，康熙七年知州王玉麟重修。

## 思恩县

**陈藤寺** 在县北二十里。

**景德寺** 在城外环江渡东。宋时建，有碑记。

**飞来寺** 宋建，在洛降里。

**观音阁** 在县北门外。明万历四年建，后圮。国朝康熙三年知县翁世庸复修，有碑记。雍正三年知县梁楷、乾隆十六年知县祁秉衡先后修葺。

**龙虎寺** 在城西四十里。

**敢道寺** 在城西三十五里。

## 东兰州

无。

## 东兰土分州

无。

## 南丹土州

**延寿寺** 在州治东北门，弘治二年（1489）土知州莫必胜建。

**三清观** 在州东三里。

**瓦观** 在州北半里。

## 那地土州

无。

## 忻城土县

**三清观** 在县治东，明万历年间土知县莫镇威建。

**观音阁** 在县治西，乾隆十八年土知县莫景隆建。

**婆王庵** 在县治北，乾隆十年土知县莫景隆建。

## 永定长官土司

无。

永顺长官土司

**多灵寺** 在司东北八十里多灵山上。南汉时建，明末圮。国朝康熙元年修复。旧每年膳僧米一十二石，作正支销，后裁，土官捐给。

永顺副长官土司

无。

## 古迹

迹传自古不朽惟人，此草庐、钓台[1]所以千古也。庆虽边徼，名贤不无留遗，方外亦多奇踪泽系而风流，有令人流连不返者，爰掇拾幽落。志古迹。

庆远府

**新城** 明洪武二十九年（1396）开设庆远卫，拓旧城东门外地广之，今废。

**清军同知厅** 在旧府堂左，今裁废。

**督粮厅** 在旧府堂左，今裁废。

**理刑厅** 在清军厅前，今裁废。

**税课司** 在宜山县学右，今裁废。

**司狱司** 久裁废，无考。

**分司署** 在府旧署左，今裁废。

**庆远卫署** 在新城东北。明洪武二十九年（1396）建，今裁废。

**戍政行台** 在城西八十里德胜镇，今裁废。

**宜州贡院** 在城南，宋置，元废。宋绍兴二十六年前贡进士，宜、融皆附柳，后附宾。淳熙十六年，知州事韩璧请就本州考试。嘉定五年，以旧学基为贡院。元省入省城，院遂废，今址尚存。

**宝积监** 在城西二百二十里，宋置，今废。

**富安监** 在城南一百八十里，宋置，以采朱砂，久废。

**玉田场** 在城西南一百二十里，宋置，久废。

**寅宾馆** 在旧府堂西，今废。

**储元文馆** 在今府治东。明摄府郡丞陈尧钦建，今废。

[1] 草庐、钓台：指名士隐居之所。草庐，刘备“三顾茅庐”请诸葛亮之处，位于今河南南阳。钓台指东汉高士严子陵拒绝汉光武帝刘秀征召，隐居垂钓处，位于今浙江省桐庐县富春山麓。

**筹边楼** 在府治后，旧名“望仙”，规模壮丽，甲于诸楼。元刘怀远、明陈三竺俱有诗。

**南楼** 在府城上，宋黄庭坚所书《范滂传》刻石于中。嘉熙三年，楼毁。

**惠慈楼** 在北城上，俯瞰龙江，久圮。康熙二十四年，知府白启明倡率阖郡文武捐资并西楼重建，有碑记。

**钟鼓楼** 在新旧城相界处。

**云汉昭回阁** 在府学内。宋知州韩璧建，贮御书，久废。

**广盈仓** 在府东北，今废。

**递运所** 在府东，今废。

**南轩碑** 在府学启圣宫，刻宋张南轩先生所撰《修学记》并书。

宜山县

**旧城** 唐贞观五年（631），置龙水县，宋改曰宜山。有土城，在今县治江北岸宜山下，今遗址尚存。

**铁城** 在府治江北三里。宋宝祐间，武经大夫云拱筑，判静江军黄应德有记，明梁益有诗，久废。

**崖山县** 在府治南。唐贞观间置，南汉时省。

**洛曹县** 唐置，属柳州。因近洛曹山，故名。熙宁七年省入龙水县，在今县治东四十里，即大曹驿。（旧志云“嘉祐七年省”，与沿革互异，今正之）

**东玺县** 在县治西。唐置，南汉时省。

**蕃州** 在县治南。唐置，属桂州。宋属宜州，领蕃水、都伊、思寮三县。

**琳州** 在县治西。宋初置，熙宁八年废为怀远寨，入龙水县，今为古阳乡。

**古阳县** 宋熙宁间省入龙水，故址在德胜镇，今为古阳乡。

**河池守御千户所** 在城西八十里德胜镇西二里。明洪武二十七年（1394）置于河池县。永乐六年（1408）徙此。今裁废。

**宜山县旧治** 在府城东，今废。

**宜阳驿** 在府城东门外，顺治十六年（1659）裁废。

**大曹驿巡检司** 在府城东四十里大曹渡，康熙五年裁废。

**德胜驿** 在德胜镇，顺治十六年裁废。

**怀远巡检司** 在怀远镇，康熙五年裁废。

**东江镇巡检司** 在东江镇，久裁废。

**医学** 在税课司署左，今裁废。

**僧纲司** 在西竺寺，今裁废。

**道纪司** 在元妙观，今裁废。

**四贤堂** 在府治东，儒学左。宋建，祀冯京、赵抃、吕璹、黄庭坚，久圮。

**御书阁** 在城南六里广化寺旁，旧名“龙济”。宋崇宁三年（1104）重建，藏真宗手迹一十六轴，郭良翰有记，今废。

**申明亭** 在旧府治东南，今废。

**旌善亭** 在旧府治西，今废。

**阜民亭** 在府城外香山关之右。汪溥有记，今废。

**宝华亭** 在龙溪书院，久废，有记。

**宜布亭** 在城南六十里。宋庆元六年（1200）知州耿明建，宝庆五年知州黄夔修。

**放鹤亭** 在府城南大号山。宋赵抃判宜州时建。

**披锦亭、岩桂亭、梅坡亭、都郡亭** 俱在城西北，久废。

**来熏台** 在府城内。

**瘗鹤亭** 在府城南龙塘。

**义马陇** 在小北门江上。明建文帝云游至庆，解所乘马赐指挥彭英，其马触石而毙，瘗[1]此处。帝勒石，有“泣血”二大字。

**玉井** 在北山顶，昔曾出并蒂莲花。

**夫人井** 在府城内东北，明相国夏信夫人迁寓时所开也。

**旗纛庙** 在令公庙西，今废。

**铜鼓庙** 在城东南六里，今废。

**三侯庙** 在城东三里，祀宋莫庭浪兄弟三土神，今废。

**嘉惠祠** 在府城南关内，祀宋吴辅，今废。

**香山寺** 在府城南门外，旁有书院，即赵清献讲院故处，久废。

**保民寺** 在会仙山顶，旧有流丹、高昌二阁，久废。

**澄碧庵** 在城北江岸，久废。

**白衣庵** 在城北江岸，久废。

**寿佛庵** 在城北门外江岸石上，面屏青鸟山，下瞰龙江，最为胜境。今废，遗址尚存。

**文昌阁** 在府学后，久废。

**五通庙** 在县前右，今无。

**文明街** 在新城郡学前，今圮。

**杨文广营垒故址** 在德胜镇羊角山麓。

**苏公窟** 在城西二十里。苏六郎出游至此，渴甚，马跑一穴，宽丈许，有泉涌出，经

[1] 瘗（yì）：掩埋，埋葬。

过者取饮不竭。龙江马滩山崖上有飞笔流丹，“苏六郎游此”数大字如轮，其父仕评没[1]而为神。郡人祀于城西，号为西府庙。

**丹霞岩** 在城西南六里。宋刺史张自明葬此，有亲题“丹霞遗脱”四大字镌石壁上。

**朱僧脱化处** 在城西八十里寿山。

**陆仙翁炼丹炉灶** 在城北会仙山。

天河县

**故城** 在县治北思农镇江浒。唐初置，宋嘉熙元年迁于高寨，明洪武二年（1369）迁兰石村，正统七年（1442）迁甘场村，正德十二年始营土垣，嘉靖十三年又迁福禄镇，改筑土城，寻毁。

**澄海城** 在县治东南，宋初置戍守处。景德四年，澄海军校陈进作乱，据宜州，既而转攻天河寨。官兵至，败之，即此。

**旧县署** 旧在城北，明崇正四年野火延毁。

**县丞署** 久裁废。

**东禅镇巡检司** 在县北。

**思农镇土巡检司**

**归仁镇土巡检司**

以上俱明设，今裁废。

河池州

**故城** 在州东一里许，屏风山南。宋大观元年（1107）以河池〔县为庭州，倚〕郭曰怀德。四年，州〔废，复改县〕。明洪武初〔仍为县，□□□〕初改今名。嘉靖四年迁今治。又旧志：〔宋故城名怀德，在〕州治西，四围高冈，是其故址。[2]

**金城州** 宋初置。今州治东北有金城堡，又思恩县界有金城乡，皆故州境。合龙江上源金城江，正经其地。

**都蒙县** 唐置，属环州，即今都猛隘。附近有都铭山，明都铭镇，〔置巡检〕[3]司于此。

**智州** 在州治东，唐置，治英罗，领县四：富力、智本、兰江、平林。治平二年（1065），省富力县入河池，故址在今惟建里。

按旧志：英罗里在州治东十里，智本里在州治东三十里，兰江里在州西南十里，平林里在州治东南三十里。皆宋故县。

[1]没：通“殁”。

[2]本条〔〕处均残缺、渍漫，据本卷《城池》《沿革》所载，结合残缺字数足之。

[3]本条〔〕处缺失6字，据史料及本志内容，结合残缺字数足之。

**金城镇巡检司** 在州东北。

**土堡镇巡检司** 在州东。明设，今废。

**石盆** 在卢村后山顶，水四时不涸。中有游鱼一双，可见不可取，偶探起，乃水叶两片耳。放下仍是双鱼。

**参将署** 在州城西门内。雍正七年（1729）调驻宾州，署废。

**金城公署** 在金城江南岸。康熙四年知州王玉麟建，今圮。

**天桥** 在河池英罗里，囊峒江中，两岸相接，约高二十丈，而宽过之。其上可行，其下可住，村人往往避兵于此。

思恩县

**故县** 在县治南。唐贞观十二年（638）置，属环州。宋改为州治。熙宁九年（1076）改属宜州，徙带溪寨。元丰六年（1083）复还旧地。元徙赵村，明末又徙谭村。

**环州** 在县治西北。唐置，统属县八，曰：正平、福零、龙源、饶勉、思恩、武石、歌良、都蒙。高宗开耀年间置桂管经略使，领十四州，内有环州。天宝初设正平郡，治环州。乾元初废郡，仍为环州。

按：《寰宇记》“在游卢水南、整水西”，“是诸峒要冲，故以环名”。正平县即环州治❶。

**镇宁州** 宋置，割福零县属州，又领礼丹县。熙宁八年省镇宁州、礼丹县入思恩。今县治西镇宁乡即故州❷。

**溪州** 在县治北，即宋故带溪寨。熙宁八年（1077）移思恩县治此。元丰六年（1083），县还故治，复为带溪寨。大观元年（1107）于寨置溪州，四年废。今为大溪里。

**抚水县** 在县治北。唐黔州都督府下羁縻州，领抚水、古劳、多蓬、京水四县。宋大中祥符九年（1016），抚水州蛮为乱，转运使俞献可讨破之，改为安化军，县改为归仁县。宋志“安化州领四县”即此。元废。相传即今县治东北中洲之地。

**都亮县** 在县治东，宋置。今为都亮乡。

**文漪亭** 在县东望峰之上。

**主簿署** 旧驻三里中洲，久裁废。

**西营** 在县西门外一里，今为演武场。

**安化镇、归思镇、普义镇、吉安镇、北兰镇五巡检司** 俱明设，久废。

---

❶《太平寰宇记》载：“环州治思恩县，在宜州西一百里。本正平郡，理正平县。唐贞观十二年，太史清平公李弘节遣融州、柳州首领慰安，由是归附。环落洞是诸洞冲要，故以环名。州在游卢水南、整水之西。”《太平御览》则云：“贞观十二年，李弘节招慰款附环落洞，故以名州。州在游卢水南，整水北。”李弘节封清平县公。

❷镇宁州：大致在今广西环江毛南族自治县水源镇、川山乡、下南乡一带。

东兰州

**故兰州** 在州治东南，宋置。

**西兰州** 安息州、忠州、文州，俱唐贞观初置，明洪武十二年（1379）省入东兰。安息故址在武篆哨，忠、文故址在兰阳哨。

**绥南砦** 在州治东。宋大观初置，绍兴四年（1134）废。

**靖远砦** 在州治东南。宋政和四年（1114），置允州兼置万松县。宣和三年（1121）并废，改为砦。元初，砦亦废。

按:《通志》，允州在怀远县，去东兰甚远，此姑存疑。

**威远砦** 在州治南。宋政和四年，置隆州兼置典隆县。宣和三年并废，改为砦。元初，砦亦废。

东兰土分州

无。

南丹土州

**观州** 在州治东高峰砦。宋大观元年（1107）置，绍兴四年（1134）复废为砦。

**永州、鸾州、福州、延州** 皆宋羁縻州，明洪武初废入南丹。永州故址在州治西北岜峨哨，鸾州故址在州治北移周哨，福州故址在州治西南罗富哨，延州未详。

**中平县** 在州治北，宋羁縻县。今中平村，即故县地。

**靖南砦** 宋大观初置于中平县，属庭州，后移孚州，政和七年（1117）复还中平。

**南丹卫** 明洪武二十八年（1395）改置，永乐初移卫于宾州。故址在州治东二里。

**玉皇阁** 在州治西五里。嘉靖二年（1523）韦庆增捐造，今已颓废，尚有古钟铸字可考。

**三清观** 在州东三里，今颓。

**天神庙** 在州北五里，今颓。

**伏波祠** 在州东，今颓。

**清水塘** 在州治西，四面石甃。嘉靖二年（1523），韦庆增于中建造亭台，水自中出，流入青云溪，今圮。

**蛮王砦** 在州治南秀灵山后，今石城即其故址。

那地土州

**废那州** 在州治南，今为那州里。宋崇宁五年（1106）置，明洪武元年（1368）省入地州，改今名。故址即今州治。

**孚州** 在州治东十里。宋大观元年（1107）以地州建隆县置，领县曰“归仁”。四年，俱废。政和七年（1117）复置，宣和三年（1121）又废，故址在今翁罗里。

## 忻城土县

**纡州** 在县治东。唐置，桂州都督府下羁縻州，宋庆历三年（1043）废，入忻城。

**归思州** 在县治东。唐置羁縻州，属桂州都督府，领履博、罗遵、都恩、吉南、许水五县。宋庆历三年并废，入忻城。

**平西县** 在县治南。唐置芝州忻城郡，领忻城、富川、平西、乐光、乐艳、多云、思龙七县。宋庆历中并废，入忻城。

**三寨堡土巡检司** 明设，在县北。

**旧治** 在喇院。明万历年间土知县莫镇威移修文里，遂废。今址尚存。

**黄竹崖** 在县北一里，岩洞幽深，颇多佳胜。唐时罗隐曾游此，宿一日去。

**迎晖楼** 在县西五里西山，山有幽岩，楼在岩外。宋绍圣年间，署忻城县事来宾令林毅偕士人游此，建。今颓，碑记尚存。

**石牛** 在县东一里石牛山。有大石二，形似牛，土人夜闻牛斗声，且往视之，石左右草棘颓倒，恍有践踏迹。土知县莫镇威筑亭于上，多种兰桂、扶桑，花盛时游憩其下。

**龙潭** 在县西三里，有澇曰“猪婆”。宋致和年间，近澇猎者获一物，状如小山猪，村人分啖之。有寡妇疑其怪而不食，以碗盖其肉于几上。至夜半，覆中声如风雷，妇起视之，变成一猪，飞奔外出。顷刻，澇水涌起，湮没通村，惟寡妇茅屋如故，人亦不死，故相传曰“寡妇澇”。祈晴祷雨，至今灵验。

## 永定长官土司

**洛富县** 在司东五十里。唐置，属温泉州，后废为洛富里。

## 永顺长官土司

**述昆州** 唐置，属桂州都督府，后废为县。宋熙宁中省入宜山县，为述昆乡。明弘治间分设永顺长官土司。

## 永顺副长官土司

无。

## 坊墓

坊由善著，墓以贤彰。过而凭吊，其人在焉，呼之或出也。庆郡表棹楔者若而人，标封植者若而人，高山景行，仰前修者，能无向往之思乎？爰揭懿征。志坊墓。

庆远府、宜山县

**经济弘开坊** 在府前正街东，久圮。

**皇猷允塞坊** 在府前正街西，久圮。

**文明坊** 在府学左侧，为三元冯京建，久圮。

**天宫大夫坊** 在城内十字街，为南京都御史张烜建，久圮。

**绣衣坊** 在府城西门外，为御史杨谙建，今圮。

**御史坊** 在旧城南门内，为御史陈学夔建，今圮。

**宪台坊** 在旧城南门内，为御史陈策建，今圮。

**五桂联芳坊** 为周齐、周襄、周衮、周立、周元兄弟叔侄父子建，今圮。

**一跃龙门坊** 在旧城东门内，为举人杨昺建，今圮。

**文英武秀坊** 在旧城十字街，为彭英建，今圮。

**本朝旌表节孝坊** 在府城南关外，乾隆六年（1741）为节妇苏继洵妻谢氏建。

**烈女坊** 在城西四十里怀远镇，雍正二年（1724）为烈女陈氏建，今颓。

**烈女坊** 在城东六十里三岔泛，乾隆九年（1744）为烈女韦氏建。

**宋吴优墓** 在城南桃源山下。

**冯京祖墓** 在城北三里天门拜相山麓。

**知宜州张自明墓** 在城西南六里九龙山丹霞岩内，有石表曰“丹霞子”。

**明都御史张烜墓** 在城西关外，谕祭葬。

**太仆寺卿高嵩墓** 在城北会仙山麓，谕祭葬。

**右副都御史冯优墓** 在城南三里九龙山麓。

**御史杨谙暨其祖墓** 在城西八十里，德胜镇屏风山左畔。

**都指挥使彭举墓** 在东关外，谕祭葬。

**本朝两淮盐运使高熊征祖墓** 在城东北二十里奔山。

天河县

**节孝坊** 在县城十字街，乾隆六年（1741）为节妇生员李良正妻杨氏建。

### 河池州

**节孝坊**　在州城东关外，乾隆元年（1736）为节妇刘士元妻王氏建。
**节孝坊**　在州城东关外，乾隆元年为节妇杨世国妻李氏建。

### 思恩县

**节孝坊**　在县城东，雍正五年（1727）为节妇陈雄妻莫氏建。
**节孝坊**　在县城西，雍正五年为节妇崖峘妻欧氏建。
**节孝坊**　在县东，雍正五年为节妇曾省三妻韦氏建。

### 东兰州

无。

### 东兰土分州

无。

### 南丹土州

**西粤屏藩坊**　明嘉靖年间为土知州莫惟武从征有功建。
**勋著西南坊**　明崇祯元年（1628）为土知州莫伋剿寇有功建。

### 那地土州

无。

### 忻城土县

**冯三元祖墓**　在盘鹤岭，万历四年（1576）建。
**莫凤墓**　在三寨堡毡条村。[1]
**莫镇威墓**　在盘鹤岭。
**本朝莫思达墓**　在松树岭。
**莫□□墓**　在新村。

[1] 原文如此，按本志《建置志·村墟》忻城土县毡条属石牛堡，与三寨堡相邻，或有变迁，而此处仍依旧说。

永定长官土司

无。

永顺长官土司

无。

永顺副长官土司

无。

# 《庆远府志》卷三　食货志

## 田赋（屯田附）

禹贡□□□□□□商周继之，各不相沿。其实皆什一也。□□□□□□□□□非吏非民，于中正之道，无□□□□□□□□□□□治人矣。庆郡山高水泻，土□□□□□□□□催科业惟良司牧哉。志田赋。附屯田。

庆远府

唐、宋河池县无。

明万历间，庆远府官民田地、山塘二千二百九十六顷九十一亩七分八厘八毫八丝。

本朝原额，所属汉、土州县司官民田地塘税三千四百九十一顷九十六亩八分九厘八毫二丝四忽八微九佥五尘。内除南丹土州，乾隆十一年（1746）割总王、拉岜二村归贵州荔波县征收，计四十四亩五分零三毫七丝八忽二微八佥二尘外，实征官民田地、塘税三千四百九十一顷五十二亩三分九厘四毫四丝六忽六微一佥三尘。又雍正七、八、十年、十二年，乾隆三年、十七等年，首报开垦捐纳老荒，共税：一百四十五顷七十五亩四分七厘八毫六丝二忽，实征官民田地、塘税三千六百三十七顷二十七亩八分七厘三毫零八忽六微一佥三尘。

应征实编夏秋粮米一万六千四百五十九石五斗五升九合一勺九抄六撮零二粒三粟四微七佥八尘。又雍正七年（1729），思恩县里民首报、按亩加派本色米七十四石五斗八升三合五勺零。二共米一万六千五百三十四石一斗四升二合六勺九抄六撮零二粒三粟四微一佥八尘，内本色米一万零八百二十三石六斗四升四合五勺零三撮七圭五粒一粟零一佥一尘九埃三沙三渺四漠，折色[1]米五千七百一十石零四十九升八合一勺九抄二撮二圭七粒二粟四微六佥六尘零六沙六渺六漠。折征不等，折粮银二千七百六十五两七钱三分九厘三毫八丝四忽五微一佥七尘一埃四沙四渺四漠，内因那地土州原额米九百五十七石一斗五升四合五勺九抄六撮五圭六粒一粟，折银三百三十五两零四厘一毫零五忽八微零四尘二埃。康熙八

[1] 折色：古代所征田粮折价征银钞布帛或其他物产。

年（1669）具题奉允豁免浮额，实征折色米四千七百五十三石三斗四升三合五勺九抄五撮七圭一粒一粟四微六佥六尘零六沙六渺六漠。

折粮银二千四百三十两零七钱三分五厘二毫七丝八忽七微一佥二尘九埃四沙四渺四漠，实征地亩四差[1]共银六千一百四十二两八钱六分九厘一毫七丝五忽零八佥六尘五埃六沙一渺二漠。顺治十三年（1656）奉文征回不免，三差优免银二百二十一两三钱八分二厘一毫九丝六忽零九佥八尘六埃。又于顺治十六年，奉文新增胖袄银二十两零三钱三分八厘。又康熙元年（1662），奉文黄麻、熟铁、翎毛，共银五两三钱七分八厘二毫七丝九忽三微一佥九尘九埃零九渺八漠，及新增生铜、鱼线胶共银二十六两二钱六分三厘二毫五丝九忽三微八佥六尘一埃六沙九渺。康熙三年，奉文新增水脚、铺垫银九两三钱二分一厘九毫六丝九忽五微八佥一尘四埃九沙日渺九漠。

以上通共银八千八百六十六两二钱九分八厘一毫五丝八忽一微八佥五尘六埃七沙九渺三漠。内：

### 宜山县

明万历年间，官民田地、塘税一千一百八十八顷三十五亩一分一厘九毫九丝零。

本朝雍正八年、十一、十二、十三与乾隆三年、十七等年，首报开垦捐纳老荒，共税二十八顷九十一亩零三□□□。又一件“详请饬定疆界等事案”内，查出索潭等村共税七十四亩。又乾隆七年割永顺长土司、白土等二十四村田税七顷四十五亩五分。又乾隆十七年，新垦小漕地亩尚未首报升科入额，征官民田地、塘并首报与查出索潭及奉文割白土等村，共税一千二百三十五顷四十五亩六分五厘三毫九丝七忽九微九佥五尘。

编秋粮额米五千四百九十四石七斗九升零三勺七抄九撮四圭九粒七粟。内本色米五千四百六十二石三斗一升六合六勺二抄零一圭六粒五粟，折色米三十二石四斗七升三合七勺五抄九撮三圭三粒二粟。

折粮银九两七钱四分二厘一毫二丝七忽七微九佥九尘六埃。编地亩四差等项，共银三千二百五十六两八钱九分四厘二毫五丝五忽六微五佥四尘六埃零一渺六漠。征回、三差优免银二百零六两三钱七分零九佥八尘六埃。新增生铜、鱼线胶银一十五两零七厘零三丝四忽三微八佥六尘一埃六沙九渺。铺垫、水脚银二两七钱三分零二毫二丝六五微五佥九尘六埃五沙四渺四漠。

理苗县丞，雍正七年（1729）割忻城、永定二土属原额民田税一百四十三顷三十七亩七分五厘一毫六丝三忽，又雍正十一、十二各年垦田捐纳老荒税一十八顷八十四亩，实征民田税一百六十二顷二十一亩七分五厘一毫六丝二忽。

编秋粮折色米六百六十一石六斗六升七合一勺八抄五撮八圭零二粟。

[1]四差：当时向农民征派的里甲、均徭、驿传、机兵等四种负担。

折粮银一百九十八两五钱零一毫五丝五忽七微四佥零六埃。

天河县

明万历年间，官民田地、塘税一百八十九顷五十四亩一分七厘零九丝。

本朝康熙年间，原额官民田地、塘共税三百二十五顷七十亩零五分五厘二毫。又乾隆十七年，分里民首报额外旱田税二亩五分五厘。实征官民田地、塘共税三百二十五顷七十三亩一分零二毫。

编秋粮额米一千六百二十四石三斗一升九合九勺九抄二撮。内本色米一千六百二十四石三斗零二合五勺一抄八撮六圭七粒三粟六微七佥零七埃三沙六渺七漠，折色米一升五合四勺七抄三撮三圭二粒六粟三微二佥九尘二埃六沙三渺三漠。折色银七厘七毫三丝六忽六微六佥三尘一埃六沙四渺六漠。编征地亩二差银八百二十两五钱五分六厘八毫五丝八忽四微三佥七尘零一沙三渺四漠。征回、一差优免银二两五钱九分九厘二毫九丝五忽。铺垫、水脚银一两八钱四分零八毫六丝六忽。

河池州

明万历年间，官民田地、塘税三百七十一顷八十亩零五分一厘七毫。

本朝雍正七年、十一、乾隆十七等年间，垦捐纳首报共税三十五顷三十八亩五分五厘，实征官民田地、塘并开垦捐纳首报共税四百零七顷一十九亩零六厘七毫。

编秋粮米一千七百六十九石八斗九升五合八勺八抄九撮，内本色米一千五百一十九石二斗零五合四勺九抄五撮一圭九粒零三微四佥一尘一埃九抄六渺七漠，折色米二百五十石零六斗九升零三勺九抄三撮八圭零九粟六微五佥八尘八埃零三渺三漠。

折粮银一百二十五两三钱四分五厘一毫九丝六忽九微零四尘八埃二沙九渺三漠。征地亩三差银八百二十两零五钱五分五厘五毫五丝八忽七微六佥五尘零一沙三渺四漠。征回不免、均徭优银七两四钱三分三厘八毫。新增翎毛银二两四钱八分三厘九毫八丝三忽零一佥三尘五埃九沙零六漠。铺垫、水脚银一两零一分一厘九毫九丝六忽九微九佥九尘八埃四沙零五漠。

思恩县

明万历年间官民田地、塘税五百四十七顷二十一亩九分八厘一毫。

本朝按《新□全书》，原额官民田、地塘税五百四十六顷六十五亩二分。又乾隆三年、十七等年，里民首报开垦共税四顷六十九亩三分四厘四毫六丝，实征官民田地、塘共税五百五十一顷三十四亩五分四厘四毫六丝。编秋粮额米二千四百一十二石六斗零九抄六撮八圭，内本色米二千一百四十三石二斗三升六合二勺八抄八撮九圭二粒二粟。又雍正七年，分里民首报、按亩加派粮米七十四石五斗八升三合五勺五抄零八圭。二共本色米二千二百一十七石八斗一升九合八勺六抄九撮七圭二粒二粟。折色米二百零三石七斗八升零二勺二抄七撮零七粒八粟。

折粮银七十一两三钱零三厘二毫六丝四忽九微三佥九尘一埃五沙零五漠。征地亩二差银一千二百四十四两八千钱六分二厘五毫零二忽二微二佥九尘九埃三沙二渺八漠。征回、一差优免银四两九钱七分九厘零四丝。新增胖袄银三十两零三钱三分八厘。新增黄麻、熟铁、翎毛银九钱五分四厘二毫四丝二忽四微。新增生铜、鱼线胶银一十一两二钱五分六厘二毫二丝五忽。铺垫、水脚银三两七钱四分五厘八毫八丝零二佥二尘。

### 东兰州

雍正七年，割土州东院等六哨，原额民田税一百八十四顷一十五亩五分三厘五毫。又雍正十一、十二等年，垦田捐纳、垦熟老荒民田二十顷零二十亩，实征民田税二百零四顷三十五亩五分三厘五毫。编征秋粮，折色米九百九十六石零四升六合七勺二抄一撮二圭。

折粮银六十四两三钱八分四厘一毫九丝五忽九微五佥三尘。

### 东兰土州同

土州原额民田税二百零六顷零一厘五毫，雍正七年改设东兰州流知州，降土知州为土州同，开除税一百八十四顷一十五亩五分三厘五毫外，实在尚征官民田地税二十顷九十一亩四分八厘。

编秋粮折色米九十九石八斗五升七合二勺一抄。

折粮银六十九两九钱零二厘九毫七丝七忽二微零七尘。

### 南丹土州

原额民田税二百二十七顷一十八亩九分九厘七毫二丝。内除乾隆十一年割总王、拉岜二村归贵州荔波县征收税四十四亩五分零三毫七丝八忽二微八佥二尘外，实征民田税二百二十六顷七十四亩四分九厘三毫四丝一忽七微一佥八尘。

编征秋粮折色米七百二十七石八斗五升一合二勺三抄八撮六圭九粒□粟四微七佥八尘。

折粮银五百零九两四钱□分五厘八毫六丝七忽零八佥四尘。

### 那地土州

原额官民田地税二百八十八顷八十五亩九分三厘四毫八丝零五微，原编征额米一千三百六十七石一斗五升四合五勺二抄八撮五圭六粒一粟，折粮银六百二十二两零四厘一毫二丝八忽二微零四尘二埃，内天启年间加征杂派额米九百五十七石一斗五升四合五勺□抄六撮五圭六粒一粟，银三百三十五两零四厘一毫零五忽八微零四尘二埃，详请免浮。

本朝康熙八年题奉豁免外，实额征秋粮折色米四百一十石零三抄二撮。

折粮银二百八十七两零二丝二忽四微。

### 忻城土县

原额民田税七十五顷零六亩八分，内雍正七年，奉文割功德、窑灰二里归宜山县、理苗县丞征收八顷一十亩零七分五厘一毫六丝二忽外，实税六十六顷九十六亩零四厘八毫三丝八忽。

编征秋粮折色米二百八十六石一斗零四合零二抄零六圭六粒四粟。

折征银八十五两八钱三分一厘二毫零六忽一微九佥九尘二埃。

### 永定土司

原额民田税一百八十顷零八十二亩四分七厘六毫，内雍正七年，割清潭、南乡二里归宜山县、理苗县丞征收税一百三十五顷二十七亩，外实税四十五亩四分七厘六毫。

编秋粮折色米一百八十五石一斗六升一合二勺一抄八撮四圭六粒五粟。

折粮银五十五两五钱五分四厘三毫六丝五忽五微三佥九尘五埃。

### 永顺长官土司

原额民田税六十三顷九十三亩一分六厘三毫二丝八忽四微，内乾隆七年奉文将白土等二十四村因积贼蓝明反等恃险强梁，为该土司所弃，割归宜山县管辖，征收税七顷四十五亩五分外，实征民田税五十六顷四十七亩六分六厘三毫二丝八忽四微。

编征秋粮折色米二百四十六石零一升零五勺四抄零九圭四粒三粟。

折粮银七十三两八钱零三厘一毫六丝二忽二微八佥二尘九埃。

### 永顺长官副土司

原额民田税一十八顷九十二亩五分二厘三毫。

编征折色粮米八十石零九斗九升九合九勺八抄四撮四圭。

折粮银二十两三钱。

### 屯田附

**庆远府** 宋理宗景定间，诏邕、钦、宜、融、柳、象、浔诸州，责措置经略安抚使，以课最仍条具上。元至元间，广西元帅府请募南丹五十户屯田。成宗大德二年（1298），募牧兰等处及融、庆、溪峒獞民于上浪、忠州诸处同屯种。

明洪武年间，以粮饷匮乏，命诸将分屯龙江等处，开设庆远卫所，创制屯田。

本朝裁汰卫所，其田归入地亩。

原额屯田三十五顷五十四亩六分，各则升科不等。共科折色米五百七十二石六斗六升五合六勺，折征银二百五十五两五钱六分五厘内。

**宜山县**　原额中则屯地税九顷六十亩零一分，每亩科米五升六合。该折色米五十三石七斗六升五合六勺，每石折银八钱九分二厘八毫五丝，共折色银四十八两零五厘。

**思恩县**　原额上则屯田二十五顷九十四亩五分，每亩科米二斗。该折色米五百一十八石九斗，每石折银四钱，共折色银二百二十七两五钱六分。除荒外，实共征熟屯田税二十二顷八十六亩一分五厘，科米四百五十七石二斗三升，折征银一百八十二两八钱九分二厘。

## 户口

周官司民，登万民之数于版。三年大比，诏司寇献于王而藏天府，重民数也。庆郡旧苦叛蛮屠戮，户口散亡者十二三。近承平日久，生齿渐繁矣。但民食颇窘，是在慈惠之长，加意抚循，俾游舒长化日耳。志户口。

庆远府

唐宜州龙水郡，户一千二百二十，口三千二百二十。芝州忻城郡，户一千八百二十，口五千三百。

宜州户一万五千八百一十六。(《通志》云“二十三”)

元大德元年(1297)，庆远南丹等处安抚司，户二万六千五百三十七，口五万零二百五十三。

明洪武二十四年(1391)，户一万七千二百七十二，口八万二千四百一十七。

万历二十二年(1594)，户一万二千四百六十五，口八万七千四百六十三。

本朝乾隆十九年(1754)，户五万零四百六十四，口九万五千四百三十九。土属例无编丁，旧无稽核户口。乾隆五年，各土属开报一万四千八百零八户。

原额全熟人丁六千二百七十一丁五分。康熙二十年至五十年，审增九百九十二丁五分四厘二毫。实在共人丁〔七千〕二百六十四丁零四厘二毫[1]。共征丁银一千三百零三两七钱零六厘三毫九丝六忽四微八佥六尘。顺治十六年(1659)，奉文征胖袄银九十八两三钱九分零六毫零九忽七微零五尘五埃九沙零九漠。康熙元年，奉文新增翎毛银五钱三分七厘零六丝零七微八佥六尘四埃七沙三渺八漠。康熙三年，奉文新增胖袄、翎毛、水脚银三两

[1]此处原文无“七千”二字，根据前文“原额”及“审增”数量相加所得之数补足。

八钱八分八厘五毫九丝零一微八佥九尘四埃零五渺九漠，通共丁编共银一千四百零六两五钱二分二厘六毫五丝七忽一微六佥七尘四埃七沙零六漠，内征回、三差优免银四十二两七钱四分六厘零四丝。康熙十五年至雍正九年，审增二百五十八丁。乾隆元年至十九年，审增一千五百三十八丁。钦奉恩诏，永不加赋。

宜山县

原额全熟人丁二千三百二十七丁五分。康熙二十年至五十年，各年审增人丁一百五十四丁，共二千四百八十一丁五分。

征丁银六百四十七两九钱八分三厘八毫一丝五忽。新增胖袄银三十九两三钱九分九厘零六丝九忽九微一佥七尘五埃六沙五渺。水脚银一两一钱八分一厘九毫七丝二忽三微零七埃四沙四渺八漠。

天河县

原额全熟人丁二百八十一丁。康熙二十年至五十年，各年审增人丁三十四丁六分，共三百一十五丁六分。征丁银一百一十三两八钱零五厘三毫六丝，新增胖袄银三十一两三钱六分二厘三毫二丝八忽八微二佥五尘六埃二沙一渺八漠，新增翎毛银五钱三分七厘零六丝零七微八佥六尘四埃七沙三渺八漠，水脚银九钱五分六厘九毫八丝一忽六微八佥八尘三埃六沙三渺九漠。

河池州

原额人丁一千四百六十三丁。康熙二十年至五十年，各年审增人丁二百四十三丁三分四厘二毫，共一千七百零六丁三分四厘二毫。

征丁银三百二十二两七钱二分五厘五毫八丝一忽四微八佥六尘。新增胖袄银二十七两六钱二分九厘二毫一丝零九微六佥二尘四埃零四渺一漠。水脚银一两七钱四分九厘六毫三丝六忽二微零二埃九沙七渺二漠。

思恩县

原额人丁二千二百丁。康熙二十年至五十年，各年审增人丁五百六十丁零六分，共二千七百六十丁零六分。征丁银二百一十九两一钱九分一厘六毫四丝。

东兰土州同

户一千三百三十八。

南丹土州

户一千九百八十四。

忻城土县

户七千三百五十。

永定长官土司

康熙二十年，户四十，口二千零四十一，现户五百五十四。

永顺长官土司

康熙二十年，户三百三十，口二千零一十三。现户一千六百八十。

永顺副长官土司

现户二百三十五。

附征收各属额征、起运、存留

额征地亩丁编、折粮、优免、加增、胖袄、黄麻、熟铁、翎毛、生胶、生铜，并附征土州、县、司及屯田、铺垫、水脚等，共银一万零六百零七两八钱二分四厘二丝一微五佥七尘三埃四沙九渺九漠。除荒及虚悬外，实征熟银九千八百二十五两七钱八分四厘一毫七丝三忽八微四佥七尘五埃三沙四渺四漠，内原额驿站银二百三十四两九钱九分九厘六毫，裁存银七十两零四钱九分九厘八毫八丝。

额征本色米一万零八百二十三石六斗四升四合五勺零三撮七圭五粒一粟零一佥一尘九埃三沙三渺四漠。除荒外实征本色熟米八千七百二十八石零七升一合二勺三沙六撮九圭一粒五粟零一佥一尘九埃三沙三渺四漠。

遇闰加银六百四十四两八钱四分九厘九毫四丝零七微二佥三尘五埃五沙三渺九漠。

起运银六千四百三十九两零六分七厘二毫二丝六忽六微一佥二尘八埃四沙九渺四漠。

存留银三千三百八十六两七钱一分六厘九毫四丝七忽二微三佥四尘六埃八沙五渺。外□请领司库缺俸银一千六百四十六两五钱六分。

存留各州县支给役食、祀典及新复廪粮并孤贫口粮，共熟米一千七百一十六石四斗八升六令七勺一抄九撮零六粒九粟六微七佥零七埃三沙六渺七漠。拨贮、发给各州县驻防、分汛兵粮米七千零一十一石五斗八升四合五勺一沙七撮八圭四粒五粟三微三佥一尘一埃九沙六渺七漠。

## 额办

《周礼》：太宰以九式均节财用，而太府受其货贿之入。自膳服以及玩好，皆以式法受之，而不过乎其节，惜物力、念民劳也。后世折色之外，仍征本色，而脂膏竭矣，其何以堪！庆民贫乏，但遵成额以办之，嘉师[1]之泽，不其渥乎？故据摭藏用，志额办。

户部项下

折色地亩银二千一百八十七两九钱八分九厘九毫零六微三佥九尘五埃五沙，又首报开垦捐纳应征地亩四差并水脚及增丁等项，共银三百六十四两九钱一分三厘四毫八丝一忽九微一佥九尘六埃九沙三渺。

共银二千二百五十二两九钱零二厘三毫八丝二忽五微五佥九尘二埃四沙三渺。内：宜山县编银一千零六十九两五钱一分六厘零七丝九忽六微三佥九尘五埃五沙，又首报、捐纳、垦熟老荒税亩应征地亩四差，加增胖袄并水脚及增丁等项，共银一百四十三两二钱四分六厘三毫三丝八忽六微四佥六尘九埃四沙三渺六漠。天河县编银二百九十一两八钱六分二厘三毫六丝八忽，又首报应征地亩并增丁共银一十七两三钱五分一厘四毫八丝四忽三微五佥六尘九埃六沙七渺四漠。河池州编银三百三十四两六钱二分四厘六毫五丝三忽，又开垦、捐纳、垦熟地亩二差加增翎毛并水脚及增丁，共银一百五十九两八钱零四厘零一丝八忽九微一佥五尘九埃八沙二渺。思恩县编银四百九十一两九钱八分六厘八毫，又增丁银四十四两五钱一分一厘六毫四丝。

又一项征回不免、三差优免银二百六十四两一钱二分八厘二毫三丝六忽零九佥八尘六埃。内：宜山县编银二百四十一两四钱六分七厘六毫三丝一忽零九佥八尘六埃，内粮编银二百零六两三钱七分零六丝一忽零九佥八尘六埃，丁编银三十五两零九分七厘五毫七丝。天河县编银五两四钱三分一厘七毫九丝五忽，内粮编银二两五钱九分九厘二毫九丝五忽，丁编银二两八钱三分二厘五毫。河池州编银一十一两四钱八分三厘九毫五丝，内粮编银七两四钱三分三厘八毫，丁编银四两零五分零一毫五丝。思恩县编银五两七钱四分四厘八毫六丝，内粮编银四两九钱七分九厘零四丝，丁编银七钱六分五厘八毫二丝。

以上户部项下共银二千八百一十七两零三分一厘六毫一丝八忽六微五佥七尘八埃四沙三渺。

除祭祀并役食各款银九百四十三两七钱二分三厘，尚实银一千八百七十三两三钱零八厘六毫一丝八忽六微五佥七尘八埃四沙三渺。

---

[1]嘉师：善良的民众。

礼部项下

原额一项折色药材银二十七两□钱六分四厘六毫六丝五忽一微六佥八尘六埃二沙七渺一漠。水脚银八钱一分四厘九毫三丝九忽九微五佥五尘零五沙八渺八漠。

原额一项本色零陵香、蓬术、草果三味，共重三十斤零三两八钱八分六厘五毫五丝七忽三微六佥五尘八埃三沙一渺七漠。康熙七年，奉文全折，每斤定价：零陵香四分、蓬术三分五厘、草果六分，共该银一两三钱零五毫一丝二忽五微七佥一尘一沙零三漠。水脚银三分九厘零一丝五忽三微七佥七尘一埃四沙五渺四漠。

原额一项本色砂仁等一十二味，共重四十三斤零三两零五分二厘三毫零五忽六微六佥一尘六埃四沙零四漠。康熙七年，奉文三分改折二分，尚本色一分。康熙十年，奉文改征折色，康熙十一年奉文将改折免解。康熙二十八年，奉文采买姜黄本色，康熙三十二年，奉文停解，价值银两归入起运项下，每斤定价：砂仁九分六厘、滑石三分零三毫、官桂七分五厘、姜黄一钱、雄黄一两六钱、山豆根五分、丁香六两、乳香八钱、没药三两、犀角五两、定□一十六两，共该银四十两零六钱三分四厘五毫二丝二忽二微五佥九尘八埃六沙二渺六漠。铺垫银一两二钱一分九厘零三丝五忽六微六佥七尘七埃九沙五渺八漠。

以上折色药材，并零陵香等三味及砂仁等一十二味，共计一十六款，该银六十九两零九分九厘七毫，水脚、铺垫共银二两零七分二厘九毫九丝一忽。内：宜山县编银共一十六两九钱五分九厘，又水脚、铺垫共银五钱零八厘七毫七丝。天河县编银共一十两零四分八厘二毫，又水脚、铺垫共银三钱零一厘四毫四丝六忽。河池州编银共二十两零一钱一分八厘，又水脚、铺垫银共六钱零三厘五毫六丝四忽。思恩县编银共二十一两九钱七分三厘七毫，又水脚、铺垫银共六钱五分九厘二毫。

工部项下

原额一项本色胖袄九十九副七分八厘。顺治十六年（1659），奉文每副折价银二两七钱。除原额银一百五十两零五钱零一厘外，新增银一百一十八两九钱零五厘，该银二百六十九两四钱零六厘。又水脚每两三分，该银八两零八分二厘一毫八丝。

原额一项本色鱼线胶四十五斤一十两零三钱三分。顺治十八年，奉文采买本色。康熙元年，奉文每斤价银六钱。康熙二十年（1681），奉文暂停办解，留充兵饷。康熙二十一年，奉文照旧解部。康熙三十二年，奉文停解，价值银两归入起运项下，该银二十七两三钱八分七厘三毫七丝五忽。铺垫、水脚每两三分，该银八钱二分一厘六毫二丝一忽二微五佥。

原额一项本色生铜二十二斤零八两七钱七分。顺治十八年，奉文采买本色。康熙元年，奉文每斤价银一钱二分。康熙四十年，奉文停其解送，照旧解部。雍正八年，奉文嗣后折色、铺垫及停办价值等银，停其按款分解，俱令解交藩库候拨。原额银一两四钱七分七厘二毫，新增银一两二钱一分九厘三毫二丝五忽，该银二两七钱零五毫二丝五忽；又铺垫、水脚每两三分，该银八分一厘一毫九丝五忽七微五佥。

原额一项御用监本色翠毛七十五个，六分九厘九毫七丝九忽九微一佥一尘二埃二沙四渺四漠。原系折色，顺治十一年（1654）奉文采买本色，每个价银四钱二分九厘零六丝三忽二微二佥五尘八埃零六渺四漠。康熙元年，奉文改征折色；康熙二十年，奉文留充兵饷；康熙二十一年，奉文照旧解部。雍正八年，奉文嗣后折色、铺垫及停办价值等银，停其按款分解，俱令解交藩库候拨。该银三十二两四钱八分，又水脚每两三分，该银九钱七分四厘二毫。

原额一项丁字库本色翎毛二万六千四百二十四根，一钱五分八厘五毫八丝零一微三佥三尘七埃二沙九渺四漠。康熙元年，奉文每百根折价银四分六厘五毫九丝二忽四微五佥二尘三埃九沙四渺。原额银九两七钱五分四厘六毫，新增银二两五钱五分七厘二毫二忽五微五佥九尘八埃一沙□渺。康熙二十一年，奉文照旧解部。雍正八年，奉文嗣后折色、铺垫及停办价值等银，停其按款分解，俱令解交藩库候拨，该银一十二两三钱一分一厘八毫六丝二忽五微五佥九尘八埃一沙一渺。又水脚每两三分，该银三钱六分九厘三毫五丝五忽八微七佥六尘七埃九沙四渺三漠。

原额一项黄麻六十二斤零七两九钱三分九厘九毫五丝三忽五微六佥六尘六埃零二漠。康熙元年，奉文每斤价银一分八厘九毫七丝九忽九微八佥一尘九埃六沙三渺七漠。原额银九钱三分九厘八毫，新增银二钱四分六厘三毫七丝七忽六微四佥二尘七埃二沙三渺五漠。康熙二十一年，奉文照旧解部。雍正八年，奉文嗣后折色、铺垫及停办价值等银，停其按款分解，俱解交藩库候拨，该银一两一钱八分六厘一毫七丝七忽六微四佥一尘七埃二沙三渺五漠。又水脚每两三分，该银三分五厘五毫八丝五忽三微二佥九尘二埃八沙一渺七漠。

原额一项熟铁二百二十七斤零一两七钱八分二厘七毫七丝七忽八微一佥八尘六埃四沙零一漠。康熙元年，奉文每斤银二分零八毫五丝零二微六佥二尘一埃七沙二渺三漠，原额银三两七钱五分一厘七毫七丝外，新增银九钱八分三厘五毫六丝二忽七微二佥四尘六埃六沙五渺五漠。康熙二十八年，奉文采买本色。康熙三十九年，奉文改征折色，将价值并水脚银两归入起运，造报奏销，该银四两七钱三分五厘三毫三丝二忽七微二佥四尘六埃六沙五渺五漠。又水脚每两三分，该银一佥四分二厘零五丝九忽九微八佥一尘七埃四沙。

以上计折色七款，共银三百五十两零二钱一分三厘二毫七丝二忽九微二佥七尘二埃，共新增银一百四十八两四钱四分六厘零二忽九微二佥七尘二埃。又铺垫、水脚共银一十两零五钱零六厘三毫九丝八忽一微八佥七尘八埃一沙六渺，内：

**宜山县** 额编胖袄、鱼线胶、生铜、翠毛、翎毛、黄麻、熟铁七款，共计折银一百零七两九钱一分二厘九毫九丝八忽九微零六尘三埃一沙九渺二漠，内新增银五十二两三钱九分一厘六毫二丝八忽九微零六尘三埃一沙九渺二漠。又铺垫、水脚共银三两二钱三分七厘三毫八丝九忽九微六佥七尘一埃八沙九渺六漠。

**天河县** 额编胖袄、翠毛、翎毛三款，共计折银七十九两七钱一分六厘一毫八丝一忽四微九佥八尘七埃三沙零二漠，内新增银二十八两四钱零二厘一毫八丝一忽四微九佥八尘七埃三沙零二漠。又水脚共银二两三钱九分一厘四毫八丝五忽四微四佥四尘九埃六沙一渺九漠。

**河池州** 额编胖袄、翠毛、翎毛三款，共计折银五十九两六钱九分五厘一毫二丝五忽一微二佥二尘一埃五沙零六漠，内新增银二十五两一钱零三厘七毫二丝五忽一微二佥二尘一埃五沙零六漠。又水脚共银一两七钱九分零八毫五丝三忽七微五佥三尘六埃六沙四渺五漠。

**思恩县** 额编胖袄、鱼线胶、生铜、翠毛、翎毛、黄麻、熟铁七款，共计折银一百零二两八钱八分八厘九毫六丝七忽四微，内新增银四十二两五钱四分八厘四毫六丝七忽四微。又铺垫、水脚共银三两零八分六厘六毫六丝九忽零二尘。

布政司项下

额编一项，布政司拜进表笺银二十一两四钱一分七厘。内：宜山县编银三两二钱三分三厘，天河县编银四两一钱二分，河池州编银九两九钱六分四厘，思恩县编银四两一钱。

原额一项解司时宪书银两。雍正元年，奉文停止销算刷印、刊刻、纸张正项钱粮。雍正八年，奉文仍作正项开销。内：宜山县编银一两七钱五分，天河县编银一两七钱五分，河池州编银一两七钱五分，思恩县编银一两七钱五分。

原额一项解司科举银二百七十三两八钱七分三厘零一丝五忽，每年带征银九十一两二钱九分一厘零五忽。内：宜山县编银一十五两，天河县编银五两三钱六分八厘零八丝四忽，河池州编银一十两，思恩县编银六十两零九钱二分二厘九毫二丝一忽。康熙七年，奉文全裁。

原额一项解司科场起送举人会试盘缠银三十两，每年带征银一十两，系宜山县编。康熙十七年，奉文全裁。

原额一项裁扣充饷项下解司库：一、裁存留项下共银五百七十两零五钱三分五厘六毫六丝七忽七微七佥四尘五埃五沙五渺。一、裁各官俸项下共银一千零四十两零五钱五分八厘，今议内除抵支新设土役工食银三十六两，外尚实裁银一千零四两五钱五分八厘。一、裁各役工食共银三千零六十八两二钱七分九厘六毫四丝二忽七微零九尘一埃。一、裁驿站银一百六十四两四钱九分九厘七毫二丝。以上四款，共裁银四千八百零七两八钱七分三厘零三丝零四微八佥二尘六埃五沙五渺。内：

**宜山县** 共裁解银一千八百一十两零九分□厘零三丝三忽九微一佥三尘零四沙，内奉裁民壮赡养余丁银六十两。

**理苗县** 丞共裁解银一百零四两九钱六分三厘六毫三丝一忽七微二佥六尘。

**天河县** 共裁解银四百七十五两零六分二厘零八丝四忽，内奉裁民壮赡养余丁银九十两。

**河池州** 共裁解银四百八十一两九钱五分零一丝五忽八微五佥九尘五埃一沙五渺，内奉裁民壮赡养余丁银六十两。

**思恩县** 共裁解银八百零六两八钱八分九厘八毫□丝□忽七微零九尘一埃，内奉裁民壮赡养余丁银九十六两。

**东兰州** 共裁解银五百零二两二钱三分零一丝七忽一微九佥三尘，外于司库请领缺俸民壮工食银六十六两，赡养余丁。

**东兰土州** 同共裁解银六十七两八钱零一厘九毫八丝二忽八微零七尘。

**南丹土州** 共裁解银三百七十二两七钱四分四厘。

**那地土州** 共裁解银一百一十四两八钱。

**永定长土司** 共裁解银一十五两零三分六厘三毫六丝八忽二微七佥四尘。

**永顺长官土司** 共裁解银三十二两。

**永顺副长官土司** 共裁解银二十四两三钱。

## 徭役[1]

古者人民之数，稽于小司徒，而力政之均，视岁上下，所以惜民力者至矣。自七科三更，不胜烦苦，然而践更之法，殊为便也。变而通之，与时宜之，要存乎其人耳。雇役、差役，又奚择焉？志徭役。

### 宜山县

明设立条编银二千二百八十二两三钱三分。

本朝立存留官俸、役食、驿站等项共银一千一百三十二两一钱八分七厘八毫八丝于司库，请领缺俸银在外。

理苗县丞原无立驿站，惟存留役食在府支销，共银七十两零四钱一分零五丝零八微零八埃。

### 天河县

明设条编银五百九十三两九钱三分。

本朝无立驿站，惟存留官俸、役食银二百八十四两零四分四厘一丝五忽二微。

[1]徭役：古时官府向人民摊派的无偿劳动，包括修城、铺路、防卫乡里、戍守边疆等工作。

### 河池州

明设条编银五百二十两零二钱一分。

本朝无立驿站，惟存留官俸、役食银四百三十一两二钱七分七厘二毫七丝零六微四佥零四埃八沙五渺。

### 思恩县

明设立条编银六百六十六两七钱。

本朝无立驿站，惟存留官俸、役食银二百四十九两三钱二分六厘三毫六丝五忽六微。

### 东兰州

明未设立条编银两。

本朝无立驿站，惟存留官俸、役食银二百七十一两四钱于司库，请领缺俸银在外。

### 东兰土州同

明未设立条编银两。

本朝无立驿站，惟存留役食解府支给，银三两一钱零九毫九丝四忽四微。

### 南丹土州

明未设立条编银两。

本朝无立驿站，惟存留官俸、役食在府支销，银一百三十七两七钱五分一厘八毫六丝七忽于司库，请领缺俸银在外。

### 那地土州

明未设立条编银两。

本朝无立驿站，惟存留役食在府支销，银一百六十八两八钱零四厘一毫二丝八忽二微零四尘二埃于司库，请领缺俸银在外。

### 忻城土县

明未设立条编银两。

本朝无立驿站，惟存留役食在府支销，银八十五两五钱八分九厘九毫四丝九忽一微九佥九尘二埃。

### 永定长官土司

明未设立条编银两。

本朝无立驿站，惟存留役食在府支销，银二十四两。

### 永顺长官土司

明未设立条编银两。

本朝无立驿站，惟存留役食在府支应，银五十一两五钱四分五厘二毫九丝。

### 永顺副长官土司

明未设立条编。

本朝无立驿站，官俸、役食存留银，无。

## 俸食（附经费）

以庸制禄，则民兴功[1]。代耕之义，通于庶人。在官无□，以其饬簠簋，厉廉隅[2]也。其地存留支给，各有常经[3]，□复常俸之外，给予养廉，匏豕山桑，波及臣工者，亦云厚矣。志俸食。附经费。

### 庆远府

知府俸银一百零五两，养廉钱[4]一千两。

吏书[5]一十四名，共银一百四十四两。康熙元年全裁，知府捐给。

门子[6]二名，共银一十二两。

马快[7]十名，共银六十两。

[1]以庸制禄，则民兴功：根据功绩制定俸禄，人民就会致力于建立功业。语出《周礼·地官·司徒第二》："司徒掌十有二教……曰以庸制禄，则民兴功。"

[2]饬簠簋（fǔguǐ），厉廉隅：规范礼仪、制度，严肃朝廷（纲纪）。簠簋，古代祭祀时盛稻粱的器具；廉隅，指朝堂。

[3]常经：常例，固定不变的法令规章。

[4]养廉银：清制，官吏于常俸之外，按职务等级每年另给银钱曰"养廉银"。

[5]吏书：官府的文书。

[6]门子：清朝在官衙中伺候官员的差役。非指看门人。清袁枚《随园随笔》"门子"条："今称府县侍茶者曰门子。"

[7]马快：旧时拘捕犯人的差役。

步快[1]十六名，共银九十六两。

皂隶[2]十六名，共银九十六两。

轿、伞、扇夫七名，共银四十二两。

斗级[3]六名，支米四石六斗九升七合七勺二抄零三十九粒六粟，外补银三十一两三钱零二厘二毫七丝九忽六微零四尘二埃。

库子四名，共银二十四两。

禁卒[4]十二名，共银七十二两。

千里马四名，共银三十二两。请领□监库银。

**经费附：**

祭祀、府学、文庙银二十九两八钱一分七厘五毫。

修理监仓共银一十九两九钱。

府学廪生[5]一十九名，新复廪粮三分之一，熟米十二石八斗一升。

理苗同知俸银八十两，养廉银六百两。

吏书额设银两，无。

门子二名，共银一十二两。

皂隶十二名，共银七十二两。

步快八名，共银四十八两。

轿、伞、扇夫七名，共银四十二两。

民壮[6]十六名，共银九十六两。

经历[7]俸银四十两，养廉银一百二十两。

书办[8]一名，银六两。康熙元年全裁。

门子一名，银六两。

皂隶四名，共银二十四两。

马夫一名，银六两。

府儒学教授[9]原编半俸，并增添共俸银四十五两，训导半俸，并增添共俸银四十两。

学书一名，银六两。康熙元年全裁。

---

[1]步快：清代衙署中差役名称。因徒步缉捕，故称。

[2]皂隶：旧时衙门里的差役。

[3]斗级：主管官仓、务场、局院的役吏。

[4]禁卒：旧称看守罪犯的狱卒。

[5]廪生：明清两代由公家给以膳食的生员。又称廪膳生。

[6]民壮：清代州、县官衙前卫兵。也叫壮班。

[7]经历：职官名。掌出纳文移。自金代、元代至清代皆曾设置。

[8]书办：衙署中掌管文书或簿记的官吏。

[9]教授：职官名。宋、元以后府、州、县学的学官，掌学校课试等职。

门役[1]三名，共银十八两。

斋夫[2]三名，共银十八两。

膳夫[3]二名，共银一十二两。

## 宜山县

知县俸银四十五两，养廉银七百两。

吏书十二名，共银七十二两。康熙元年全裁。

门子二名，共银一十二两。

皂隶十六名，共银九十六两。

马快八名，共米四十八石。

灯夫四名，共银二十四两。雍正六年，裁汰。解司充饷。

禁卒六名，内原额四名，支米二十四石。添役二名，支银一十二两。

轿、伞、扇夫七名，共银四十二两。

库书一名，银六两。康熙元年全裁。

仓书一名，银六两。康熙元年全裁。

库子二名，共银一十二两。

斗级二名，共银一十二两。

**经费附：**

布政司拜进表、笺、包袱[4]，银三两二钱三分三厘。

习仪、拜贺香烛，银九钱。

祭祀文庙，银二十二两七钱。

祭祀关帝庙，银一十六两一钱九分。

祭祀先农坛，银三两九钱五分。

祭祀社稷并三元祠、山谷祠、九龙庙，春秋二戊，共银□十二两。

忠孝祠祭祀，银一两三钱五分。

厉坛祭祀，银八两。

乡饮酒礼二次，银七两。

---

❶门役：旧时县衙门前的差役。

❷斋夫：旧时称在学校中担任差役的人。

❸膳夫：古指管理帝王膳食的官史，后泛称厨夫。

❹表、笺：是官员向帝、后等人祝贺时所进呈的文书，进表笺时有一定礼仪规制。清制，官员向皇帝、皇太后称贺用表文，向皇后、皇太子称贺用笺文。

时宪书[1]银一两七钱五分。

岁贡生[2]盘缠银八两。

修监仓银一十五两七钱。

廪生一十六名，新复廪粮三分之一，熟米四十四石四斗七升三合六勺。

铺兵[3]四十二名，米二百二十六石八斗。

孤贫八名，冬衣、板木及奉文补足米，共折银十两零六钱八分七厘九毫六丝零八微，米二十石零二斗九升八合三勺五抄五撮二圭。

囚粮，米二十一石一斗四升四合一勺二抄。

北门上渡、中渡、下渡、大曹、怀远、东江，共渡夫一十三名，共银一十六两二钱五分。

理苗县丞[4]俸银四十两，养廉银一百二十两。

书办一名，银六两。康熙元年全裁。

门子一名，银六两。

皂隶四名，共银二十四两。

马夫一名，银六两。

民壮四名，共银二十四两。

步快八名，共银四十八两。

儒学教谕[5]俸银四十两。

学书一名，银六两。康熙元年全裁。

门役三名，共银一十八两。

斋夫三名，雍正十二年裁半，支银九两。

膳夫二名，雍正十二年裁半，支银六两。

典史[6]俸银三十一两五钱二分，养廉银八十两。

书办一名，银六两。康熙元年全裁。

门子一名，银六两。

皂隶四名，共银二十四两。

---

[1]时宪书：即历书。清时因避清高宗（乾隆）弘历讳，改称“时宪书”，取《尚书·说命上》“惟天聪明，惟圣时宪”之义。

[2]岁贡生：明清时，每年或二三年从各府、州、县学中选送生员升入国子监就读，是为岁贡。

[3]铺兵：古时巡逻及递送公文的兵卒。

[4]县丞：职官名。位次于县令，汉时每县各置丞一人，以辅佐令长，后虽有变革，但历代沿置，迄于清末。

[5]教谕：官名，元、明、清县学的教官，主管文庙祭祀，教诲生员。

[6]典史：官名，为县令的佐杂官。元始置，明清沿置，为知县下掌管缉捕、监狱的属官。如无县丞、主簿，则典史兼领其职。

马夫一名，银六两。

德胜镇巡检[1]俸银三十一两五钱二分，养廉银八十两。

书办一名，银六两。康熙元年全裁。

皂隶二名，共银一十二两。

弓兵四十名，共银二百零八两。乾隆十九年，酌减十六名，实存二十四名，共银八十一两二钱七分一厘七丝一忽二微。

龙门司巡检俸银三十一两五钱二分，养廉银八十两。

书办额设银两，无。

皂隶二名，共银一十二两。

马夫一名，银六两。

弓兵四十名，共银二百四十两。乾隆十九年，酌减十六名，实存二十四名，共银八十一两二钱七分一厘七毫七丝一忽二微。

白土司巡检俸银三十一两，养廉银八十两。

书办额设银两，无。

皂隶二名，共银一十二两。

马夫一名，银六两。

弓兵四十名，共银二百四十两。乾隆十九年，酌减十六名，实存二十四名，共银八十一两二钱七分一厘七毫七丝一忽二微。

## 天河县

知县俸银四十五两，养廉银八百两。

吏书三名，共银一十八两。康熙元年全裁。

门子二名，共米一十二石。

皂隶十名，共米六十石。

禁卒二名，共米一十二石。

民壮二十四名，除支口粮四十九石一斗一升一合八勺外，支银二十两零七钱一分五厘六丝[2]，添设民壮十四名，共银八十四两。

轿、伞、扇夫七名，共米四十二石。

□□□□□□□□雍正□年全裁。解司充饷。

---

❶巡检：职官名。宋时设置于沿边或关隘要地的官员。或管数州数县，或管一州一县，以武臣为之，掌兵捕盗，受州县指挥。及金、元时代，管辖限于一县；至明、清，则为州县之属官，管理次要事件。

❷按，原文如此。据前后文例，民壮工食也是每人银六两或米六石。此处二十四人工食除支口粮外，应支银约九十五两。原文或系误记。

斗级二名，共米十二石。

**经费附：**

布政司拜进表、笺、包袱银四两一钱二分。

习仪、拜贺、香烛银九钱。

祭祀文庙银十两零五钱。

祭祀关帝庙银十两零五钱。

祭祀山川社稷并三元祠、山谷祠、九龙庙，春秋二戊，共银□□两零。

乡饮酒礼一次，银一两五钱。

时宪书银一两七钱五分。

岁贡生盘缠银。

修理监仓银一十二两七钱三分八厘七毫三丝二忽零六佥。

廪生八名，新复三分之一，熟米三十五石五斗二升零八勺四抄。

铺兵十八名，米九十七石二斗。

孤贫五名，冬衣、口粮，共银五两零六分九厘六毫一丝五忽二微，外额熟米一十四石七斗三升三合五勺四抄。

囚粮，熟米六石五斗四升八合二勺四抄。

下枧渡夫，银一两五钱。

儒学训导俸银四十两。

门役二名，共米十二石。

斋夫二名，共银一十二两。

典史俸银三十一两五钱二分。

书办一名，银六两。康熙元年全裁。

门子一名，银六两。

皂隶二名，共米一十二石。

马夫一名，米六石。

### 河池州

知州俸银八十两，养廉银八百两。

吏书一十二名，共银一十二两。康熙元年全裁。

门子一名，米六石。

皂隶十名，共米六十石。

民壮二十名，共米一百二十石。外支银二十四两，添设民壮七名，共银四十二两。

轿、伞、扇夫五名，共米三十石。

灯夫二名，共米一十二石。雍正六年全裁。

库子二名，共米一十二石。

斗级二名，共米一十二石。

库画一名，银六两。康熙元年全裁。

仓书一名，银六两。康熙元年全裁。

禁卒四名，共米一十二石、银一十二两。

**经费附：**

布政司拜进表、笺、包袱银九两九钱六分四厘。

习仪、拜贺香烛银三钱。

祭祀文庙银一十两。

祭祀关帝庙银一十六两零四分三厘。

山川社稷并三元祠、山谷祠、九龙庙，春秋二戊，共银一十七两零九分五厘。

厉坛祭祀银六两。

乡饮酒礼二次银三两。

岁贡生盘缠银。

修理监、仓银一十九两七钱五分七厘二毫七丝二忽六微四佥零四埃八沙五渺。

廪生七名，新复三分之一，熟米二十七石零一升九合一勺九抄。

铺兵一十二名，共支米六十四石八斗。

孤贫四名，冬衣银二两，外米一十四石四斗。

囚粮，米八石。

州同俸银六十两，养廉银一百二十两。

书办一名，银六两。康熙元年全裁。

门子一名，米六石。

皂隶六名，共米二十四石。

马夫一名，米六石。

捕役四名，共银二十四两。

民壮四名，共银二十四两。

吏目俸银三十一两五钱二分，养廉银八十两。

书办一名，银六两。康熙元年全裁。

门子一名，米六石。

皂隶二名，共米一十二石。

马夫一名，米六石。

儒学学正，俸银四十两。

学书一名，银六两。康熙元年全裁。

门役一名，米六石。

膳夫二名，共米一十二石。

### 思恩县

知县俸银四十两零九钱三分一厘四毫一丝五忽，养廉银七百五十两。

吏书八名，共银四十八两。康熙元年全裁。

门子二名，共米一十二石。

皂隶十名，共米六十石。

裁存新添民壮六名，共银三十六两。

旧额民壮一十八名，共银二十九两三钱五分三厘六毫一丝七忽八微四佥，外补支米九十八石三斗零五合九勺二抄。

轿、伞、扇夫七名，共米四十二石。

灯夫一名，银六两，雍正六年全裁。

库书一名，银六两，康熙元年全裁。

仓书一名，银六两，康熙元年全裁。

斗级二名，共米一十二石。

禁卒二名，共米一十二石。

**经费附：**

布政司拜进表、笺、包袱，银四两一钱。

习仪、拜贺香烛银六钱三分六厘七毫一丝零一微。

祭祀文庙银二十两。

祭祀关帝庙银一十五两六钱八分。

祭祀山川社稷并三元祠、山谷祠、九龙庙，春秋二戊祭，共银一十二两。

祭祀厉坛银六两。

乡饮酒礼银二两七钱二分八厘七毫六丝五忽。

时宪书银一两五钱九分一厘七毫七丝七忽二佥。

岁贡生盘缠银。

修理监、仓银一十八两一钱九分一厘七毫四丝。

廪生五名，新复三分之一，熟米一十八石二斗零四合八勺。

铺兵一十二名，共米六十四石八斗。

孤贫五名，衣布、口粮共银三两七钱七分一厘零七忽六微，补支米一十六石三斗八升四合三勺二抄。

囚粮，额熟米七石二斗八升一合九勺三抄。

儒学训导，原编并增添俸银三十七两一钱五分零一厘八毫二丝二忽四微。

门役二名，共米一十二石。

斋夫二名，共银一十二两。

膳夫二名，共银一十二两。

典史俸银三十一两五钱二分，养廉银八十两。

书办一名，银六两，康熙元年全裁。

门子一名，米六石。

皂隶二名，共米一十二石。

马夫一名，米六石。

东兰州

知州俸银八十两，养廉银一千两。

门子一名，银六两。

皂隶一十名，工食银六十两。

民壮三十九名，工银二百三十四两。乾隆十四年裁汰九名，实存三十名，应存银一百八十两。

轿、伞、扇夫五名，共银三十两。

仵作一名，银六两。

库子一名，银六两。

**经费附：**

布政司拜进表、笺、包袱银，无编。

习仪、拜贺香烛银三钱。

祭祀文庙银一十两。

祭祀关帝庙银一十二两。

祭祀先农坛银三两八钱五分。

祭祀山川、社稷并三元祠、山谷祠、九龙庙，春秋二戊祭，共银一十两。

厉坛三祭银六两。

修理监、仓银一十六两。

孤贫四名，衣布、口粮共银一十六两四钱。

禁卒二名，共银一十二两。

铺兵一十二名，共银七十二两。

吏目俸银三十一两五钱二分，养廉银一百六十两。

门子一名，银六两。

皂隶四名，共银二十四两。

马夫一名，银六两。

儒学学正俸银四十两。

门役二名，共银一十二两。

斋膳夫二名，共银一十二两。

### 东兰土州同

例无官俸、役食经费，惟分管外六哨照例每年征收银八百两，以作土州同养廉及各土役工食。

### 南丹土知州

例无编俸。雍正八年详定，每年征收俸米一百九十二石，土役并无工食，分别繁简授以田亩。

**汉州同**　额编俸银六十两，养廉银一百二十两。

书办一名，壮役八名，门子一名，火夫一名，马夫一名，每名工食银六两，共计银七十二两。

土役六名，每名工食银三两，共银一十八两。

### 那地土知州

例无官俸役食经费，惟征收土州地粮作土知州养廉，并给发各役工食。

**流官州判**　俸银四十五两，养廉银一百两。

门子、民壮、皂快共十二名，每名工食银六两，共银七十二两。

土役六名，每名工食银三两，共银一十八两。

### 忻城土县

例无官俸役食经费，惟有每年征收内、外里堡田租养廉、役食银九百一十两零二钱八分，米一百一十八石。

**流官典史**　俸银三十一两五钱二分。

门子一名，工食银六两。

皂隶四名，工食银二十四两。

马夫一名，工食银六两。

### 永定土司

原无官俸，每年养廉俱出民间。其洛西、洛富等每田一围收钱二千七百文，端简、莫往等处每田一围收禾一千斤，头盔堡每田一围收米二十石，以为养廉之费，经费无。

### 永顺长土司

原无官俸，止就管辖内田亩照例收作养廉、编支役食银五十八两五钱四分五厘二毫九丝，经费无。

### 永顺副土司

例不支公币。乾隆三年，奉部院鄂□通行核定所管地亩，每田一围额收例银一两，共计田一百一十五围，每年收银一百一十五两为养廉公费，支给役食。外有山脚、赵村两处膳田一十八围，每围收膳米二石，其收膳米三十六石为土司衙门饭食，经费无。

## 土贡

大禹则壤成赋矣，而任土作赋，羽毛齿革不遗焉。周制九赋[1]之外，复有九贡[2]。赋出于田，贡出于土，旅獒白雉不且通道来宾乎？随方以献，亦共球之遗意也。志土贡。

庆远府原额朝觐年土州贡马七匹半，每匹折价银一十二两，共银九十两。水脚银二两七钱，每三年一次解赴布政司，转解礼部投纳。内：

南丹州额马二匹半，该银三十两，水脚银九钱。

那地州额马二匹半，该银三十两，水脚银九钱。

## 税课、关厂二项

讥而不征[3]，王制善矣。然《幼官》曰："田租百取五，市赋百取二，关赋百取一。"[4]自是榷货算缗，遂藉之以佐国用，且寓抑末宽农之意焉。地不爱宝，坑冶亦足国裕民所必

---

❶周代的九类赋税。《周礼·天官·大宰》："以九赋敛财贿：一曰邦中之赋，二曰四郊之赋，三曰邦甸之赋，四曰家削之赋，五曰邦县之赋，六曰邦都之赋，七曰关市之赋，八曰山泽之赋，九曰币馀之赋。"

❷周代征收贡物的九种类别。《周礼·天官·大宰》："以九贡致邦国之用：一曰祀贡，二曰嫔贡，三曰器贡，四曰币贡，五曰材贡，六曰货贡，七曰服贡，八曰斿贡，九曰物贡。"

❸议而不征：只稽查而不征收赋税。《礼记·王制》："市廛而不税，关讥而不征。"讥：稽查，盘问。

❹幼官：即《管子·幼官图第九》。

筹也，讵以故明矿使之祸[1]而废之？志税课。

**庆远府** 唐大历十四年，诏："邕州所奏金坑，诚为润国。但语人以利，非朕素怀。岂尚兹难得之物，生其可欲之心？其坑任人开采，官不得禁。"

元和四年，敕："五岭以北，所有银坑依前，任百姓开采，禁现钱出岭。"

宋淳化二年，诏曰："关市之租，其来旧矣。用度所出，未遑削除。正算之条，当从宽简。宜令诸路转运使以部内州军市征所算之名品，共参酌裁减，以利细民。"又诏："除商旅货币外，其贩夫、贩妇细碎交易，并不得收其算。"[2]

天圣中，有请算钱以助给费者，仁宗曰："货泉之利，欲流天下而通有无，何可算也?"不许。

天圣至治平间，每下诏书，委所在视冶之不发者，或废冶，或蠲主者所负岁课，率以为常，而有司有请亦辄从之无所吝。故冶之兴废不常，而岁课增损系焉。

靖康元年，诸路坑冶、苗矿〔既微〕，或旧有今无，悉令蠲损，凡民承买金场并罢。

建炎三年，诏福建、广南"自崇宁以来，岁买上供银数浩大，民力不堪，岁减三分之一"。四年，罢宜州岁市朱砂二万两。

乾道四年，诏诸州县，不得私制税场，邀阻客旅。

嘉定四年二月，罢广西诸州牛税。五年四月，臣獠言"广中无名场税，在在有之"，乞并令输免。

宋时诸州置商税务，广南东、西路桂州务十四，容州务五，象州务七，昭州务十二，贺州务二十一，贵州务十，柳州务九，宜州务五，宾州[3]务四，浔、横二州务各二，邕、融、梧、藤、龚、白等州务各一。熙宁间，额率五千贯以下。

**宜山县** 有宝积监，在城西二百五十里，乃河池州西境。设监官一员，管坑户。穴地深五七丈，或至十余丈。取矿砂入炉炼一昼夜，始成（沿）〔铅〕汁，又入小炉再炼之，始成银，以充贡。时己未岁，其坑崩陷，坑丁皆压死，遂罢不敢采，监废。今地皆属土官。又有玉田场，在城西南一百五十里，为河池州东北境。设官管坑丁采矿以贡，皆如宝积监，旋亦废。又有富安监，在城南一百六十五里，设监官管坑户采砂以贡。其砂脉延绵白石中，坑户以火锻石，凿而取之。得砂凡四等，大则颗块，次则箭头，又次则颗粒，余皆末砂，价以是为等差。自后猺贼叛乱，坑丁逃散，砂脉亦尽，监遂罢不采。又有乐耕场在府西北二百三十里，去普义砦五里，设坑丁开铅坑以应经略司取需。后以猺獞叛乱，坑户逃窜，遂罢不采，而场亦废。

---

[1]矿使之祸：明万历间因灾害、战争，国库入不敷出，万历皇帝大派宦官为矿监、税使到各地掠夺财富，宦官在经济领域内横行肆虐，造成了很坏的社会影响。

[2]本句原刻作"除商旅货币外，免贩妇细碎交易……"查《文献通考》《大学衍义补》等均作"除商旅货币外，其贩夫、贩妇细碎交易……"故正之。

[3]宾州：今广西来宾市。

明永乐十五年（1417），有言广西南丹州孟英山矿发者，命内臣开采，岁余得金九十六两，旋变为锡，乃止。

国朝桂林、平乐、梧州、浔州、南宁、庆远六府及富川、贺县、怀远三县各关、厂、桥杂税，并临桂、灵川、永宁、义宁、全州、平乐、永安、恭城、富川、贺县、修仁、荔浦、昭平、梧州府、苍梧、怀集、博白、北流、陆川、怀远、来宾、思恩府、田州等府、州、县小税共二十三处。

庆远府北关旧额落地杂税银一百二十一两七钱一分。

康熙二十一年（1682），奉文增解银二十五两二钱一分三厘，共银一百四十六两九钱二分六厘。每年按季分解布政司投纳。雍正八年，新定视商货落地多寡征解，税额无定。

明南丹州锡矿任百姓开采。本朝雍正七年，奉文封禁。八年，准殷商开采，委员抽课。以矿砂衰旺不常，视所采数征解，课额无定。

河池州蔡村厂银矿，每出银一两，抽课银、撒银共二钱四分。

南丹土州南丹厂银矿，每出银一两，抽正课银二钱、撒银四分，共银二钱四分。

挂红厂银矿，每出银一两，抽课银、撒银二钱四分。

响水厂专产红铜矿，归河池州管理。每铜百斤，抽课铜二十斤，秤头耗头铜八斤，商铜发价收买，照例每百斤给价银一十三两，解供钱局鼓铸。

长坡厂锡矿附南丹厂抽收，每出锡百斤抽课锡、撒锡二十四斤。就近变卖，每百斤价银一十两。

思恩县铅矿厂归思恩县管理。每出铅百斤，抽收正课铅二十斤，撒散铅三斤。就近变卖，价银二两四钱。

## 盐钱

禹令青州贡盐，止供邦用，未尝以供邦财也。至管子谨正盐策，而其课遂居财赋之大半矣。铸山之利，侔❶于煮海，私枭盗铸之，禁严焉。然以斎灰淋汁之俗，欲俾蚩蚩者按额以授，而期泉布之流通，盖有难为言者。志盐钱。

宋广州、东莞、靖康❷等十三场，岁鬻盐二万四千余石，以给本路及西路之昭、桂州、江西之南安军。廉州白石、石康二场，岁鬻盐三万石，以给本州及容、白、钦、化、蒙、龚、藤、象、宜、柳、邕、浔、贵、宾、梧、横、南仪、郁林州。又高、窦、春、雷、融、琼诸州各鬻以给本州，无定额。初盐每一百一十斤为石，后以廉州盐田月出不克，差减其半。

❶侔（móu）：相等，齐。

❷靖康：东莞古代著名盐场之一。本条记载出自《宋史》。雍正《广西通志》作“静安”，误。

天圣后，东、西海场十三，皆领于广州，岁鬻五十万三千六百八十六石，以给东、西二路。

南渡后，二广之盐皆属于漕司，量诸州岁用而给之盐。然广东俗富，犹可通商；广西地广漠而雕瘁，食盐有限，商贾难行。自东广而出，乘大水无滩碛，其势甚易；自西广而入，水小多滩碛，其势甚难。建炎未鬻钞，未几复止，然官般[1]、客钞，亦屡有更革；东、西两漕，屡有分合。

乾道四年，罢盐钞，令广西漕司自认钞钱二十万。其后再行钞法，而州县间率以钞抑售于民，其害甚于官般。九年，诏广西复行官般官卖法。

淳熙三年，以广西转运司岁收官盐息钱三分，拨诸州七分充漕，计从经略使张栻请也。栻去，而漕臣赵公瀚增盐直斤百钱为百六十。钦州岁卖盐千斤而五增之。六年，侍御史江溥以为言，上黜公瀚，诏“闽、广卖盐，自有旧额定直，自今勿得擅增”。臣獠上言：“窃见广西州郡恃盐以为食，而制其轻重之权者，转运使也。然一路地理之远近，舟车之便否，户口之多寡，商贾之去来，郡异而县不同。如邕、宜、融等州，民户稀少，不通行旅，所卖之盐不过本处，而常患数多。昭、贺与梧、宾、柳等州，当东西水陆要冲，食盐既多，益而发泄，而常患数少。欲望我圣慈下臣此章于运司，使之度一路利便之要，别行裁定，于公家无所亏，于民间无所害，实为一方久远之利。”七年，减广西诸州岁贡盐数。九年，以胡庭直提举广东，同措置广西盐事。十五年，诏曰：“广南在数千里外，疾痛难于上闻。朕悯之尤切，盖盐者，民资以食。向也官利其赢，转而自鬻，久为民疾。朕为之更，令俾通贩而杜官鬻，民固以为利矣。然利于民者，官不便焉。必胥动以浮言，且朕知恤民而已。浮言奚恤，矧置监司、守令以为民。朕有美意，弗广且推，顾挠而怀之，可乎？自今如或有此，必置之法。”于是命詹仪之知静江府，并广东、西盐事为一司，其两路卖盐，岁以十六万五千箩为额[2]。仪之等言：“两路盐且以十万箩为额。俟三数年视其增亏，乃增其额。所有客钞东、西路通货钱与免，以便商贩。”十六年，经略应孟明言：“广中自行钞法，五六年间，州县率以钞抑售于民，其害有甚于官般。”诏孟明、朱晞顾与提举广西盐事王光祖从长措置，经久利便，勿致再有科抑之弊。

明万历二年，题请遣官买运广盐，置盐运司副提举二员，于梧州使相灌输，谓之官运。八年，题定岁运盐五万四千四百五十四包，每包工价银一分九厘。顾运官往往图贱售，或又欲取盈，故议有成色三等盐，有消卤盐、有洗砂盐。十三年，屯盐佥事陈性学条行六事。自是，市盐皆酌时价，其消卤、洗砂三等盐皆罢。

《百粤风土记》：粤西食盐非地所产，皆取给于粤东。粤东饶而粤西瘠，商不乐至，不

[1]官般：宋代盐运有“官般法”，官府设转般仓于适中地，转盐就商，或待官卖。般，通“搬”。

[2]此处原文作“六十万五千箩”，《宋史·食货志》作“十六万五千箩”，结合后文言“十万箩”，可知此处“六十”系“十六”之误。

得已，官自为市。盖自唐刘晏行常平盐，岁取赢钱百余万以给军饷、官禄。行之至今，国朝以楚之常、宝、衡、永四郡，郴、道二州皆附于桂林行盐。每岁于粤东买七千五百引，引十四包，包百二十五斤，官造船给直及往返工费，一岁二运。遣官统之，而商分任焉。又许私带十之一，谓之商盐，与官盐搭配出售，取其余息以饷营兵，岁可得二万缗。但盐出于东，东人往往齮龁，西商益重困，而奸伪百出，虽欲禁之，不可得已。

本朝顺治十七年（1660），广东巡盐御史张问政以东引一万二千四百九十一道，题令广西一省疏销。时□巡抚金以事属创始，且数倍于正供，百姓不能按额，议减四千四百九十一引，定为经制疏销。于康熙三年为始，奉旨依议遵行。

**庆远府** 额引一百四十四道零五厘九毫六丝七忽二微六佥一尘九埃零四渺七漠，计盐二千零一十六包一百二十九斤零一两。康熙二十三年，奉文加引一十八道，该盐二百五十二包。令仝查各属，按年报销。止算加引一十七道九分三厘七毫五丝，该盐二百五十一包一十八斤十二两。正、加共引一百六十一道九分九厘七毫一丝七忽二微六佥一尘九埃零四渺七漠，通共该盐二千二百六十七包一百四十七斤十三两。康熙三十二年，奉文一大引改为十小引，共一千六百一十二道，每引行盐二百三十六斤四两。雍正二年，奉文改照淮盐例，每引配盐二百三十五斤，改归官运官销。雍正十三年，奉文准将各场余盐酌拨西省运销。自雍正十一年为始，庆远配运惠州白沙、潋下二场生盐，每额盐十包，加销余盐二包，行各土州、县、司运销。

额征西税银一千一百三十一两八钱二分四厘零，额征饷费银一千八百二十一两八钱五分四厘零。

**宜山县** 额引五十四道一分五厘九毫六丝七忽二微六佥一尘九埃零四渺七漠，新加引六道七分。康熙三十二年，改为小引六百零八道零，共盐八百五十二包零五斤五两。额征西税银四百二十五两二钱二分零，额征饷费银六百八十四两四钱六分一厘零。

**河池州** 原额大引三十五道六分，康熙三十二年，改为小引三百五十六道。额征西税银二百七十九两八钱一分一厘零，额征饷费银四百五十两零四钱零三厘零。

**天河县** 原额大引八道二分，康熙三十二年，改为小引十二道。额征西税银六十四两四钱五分一厘零，额征饷费银一百零三两七钱四分四厘零。

**思恩县** 原额大引四十六道一分，康熙三十二年，改为小引四百六十一道。额征西税银三百六十二两三钱四分一厘零，额征饷费银五百八十三两二钱四分六厘零。

**东兰州** 例无额引。行销余盐一百三十包，潮秤一万九千五百斤。

**东兰土州同** 例无额引。雍正十二年，奉文年销余盐一百包，潮秤一万五千斤。

**南丹土州** 例无额引。雍正十二年，奉文年销余盐一百八十包，潮秤二万七千斤。

**那地土州** 例无额引。雍正十二年，奉文年销余盐一百包，潮秤一万五千斤。

**忻城土县** 例无额引。雍正十二年，奉文年销余盐一百二十包，潮秤一万八千斤。

**永定长土司** 例无额引。雍正十二年，奉文年销余盐七十包，潮秤一万零五百斤。

**永顺长土司** 例无额引。雍正十二年，奉文年销余盐四十二包，潮秤六千三百斤。

**永顺副土司** 例无额引。雍正十二年，奉文年销余盐八包，潮秤一千二百斤。

## 钱法

庆远府属州、县及各土州、县、司，大半猺獞相杂，向来惟知行使剪饼花银，或五六七呈色，或八九呈色不等，不知用钱。止宜山、天河、思恩三县稍知运用。先因本朝制钱未奉颁发，闾阎无可兑换。土人以明季万历钱铜质精好，尚多收藏。康熙二十二年，奉两广部院吴题准，于广东肇庆府开炉鼓铸，行令搭收民赋，配发兵饷，俱照七钱三分之例，遵用已久。雍正年间于广西桂林府开炉鼓铸，行令搭收民赋，配发兵饷，亦照七钱三分之例。今溪猺、峒蛮皆遵用制钱。

## 积贮

《管子》曰："守国者，守谷而已矣。"三代积贮略具周官，无公私之别也。春秋后，渐孜孜于粜，粜傲散务，足国而已。李悝❶平粜之法犹为彼善。嗣是汉之常平、隋唐之义社，所以为备灾裕民计者甚具。庆郡买补之外，复有捐仓，兵米之运兼及邻省。庚癸之呼❷其可免也。志积贮。

庆远府

广盈仓，贮谷一万二千石。

各州县常平仓，原贮谷三万二千石。雍正八年，奉文东兰土州降为土州同，割地六哨设东兰州。应贮谷二千五百石，共应贮谷三万四千五百石。雍正十年，奉文荔波县改隶黔省，除存仓应贮谷六千石，实应贮谷二万八千五百石。

各州县分贮捐纳谷，共一万零五百石。雍正十年，奉文荔波县改隶黔省，除分贮捐纳谷二千石，实分贮捐纳谷八千五百石。

各州、县社仓谷共六百一十石零二斗九升。雍正八年，奉文东兰土州降为土州同，设东兰州社谷三百八十五石，共社仓谷九百九十五石二斗九升。雍正十年，奉文荔波县改隶

❶李悝（前455—前395）：战国时期政治家。魏文侯任用他为相，主持变法，其中一条为国家在丰年时平价购买余粮，荒年时平价出售。变法后魏国成为战国初期强国之一。

❷庚癸之呼：原是军中乞粮的隐语，后指向人借钱。《左传·哀公十三年》：春秋时吴王夫差与晋、鲁等国会盟，吴大夫申叔仪向鲁大夫公孙有山氏乞粮。回答说："梁则无矣，粗粮有之，若登首山以呼，曰：'庚癸乎！'则诺。"

黔省，除社仓谷二百三十四石五斗五升，实社仓谷七百六十石零七斗四升零。

各州县拨剩存仓米改谷三万三千八百零三石八斗九升零。

宜山县

常平仓谷一万四千四百八十九石五斗三升零；德胜仓谷一万四千九百八十二石二斗八升；龙门司仓谷六百二十四石八斗五升五合；白土司仓谷三百一十七石一斗五升。

以上共谷三万零四百一十三石八斗一升零。

天河县

常平仓谷一万八千八百七十二石七斗八升三合四勺零。

四乡义仓谷一万九千二百六十三石七千三升四合零。

河池州

常平仓谷一万六千七百零五石六斗一升六合三勺零。

常平仓米八百零二石二斗六升六合一勺零。

思恩县

常平仓谷一万八千四百石零四斗零三合。

常平仓米九百九十五石九斗七升零。

四乡义仓、社仓谷一千九百六十一石五斗八升。

东兰州

常平仓谷二千五百石。

社仓谷三百八十五石。

## 蠲恤

《大司徒》："以荒政十有二聚万民：一曰散利，二曰薄征，三曰缓刑，四曰弛力，五曰舍禁，六曰去几。"自后蠲租赐复，史不绝书，惠至渥也。我朝痌瘝民瘼，屡奉德音，免输正供。蛮溪夷峒沾膏雨者，宁茀灾祲，有赈贫之仁已哉？志蠲恤。

庆远府

汉和帝永元十三年（101）二月，赈贷日南贫民及孤寡、羸弱不能自存者。

三国吴嘉禾三年（234），以兵久不辍，民困于役，〔其宽诸〕逋，勿复督课。

赤乌三年，民饥，诏开仓廪以赈贫穷。❶

晋武帝泰始七年（240）闰五月，诏交趾三郡、南中诸郡无出今年户调。

隋文帝开皇九年（589），以江表初平，给复十年，其余诸州并免当年租赋。

唐太宗贞观元年（627），免民逋租。

开成元年（836）四月，诏以远人征赋，每岁征输，言念辛苦，暂为蠲免。

宋太祖开宝四年，广南平，辛卯大赦，免二税。三月丙申，诏有买人男女为奴婢转佣利者，并放免。四月，诏禁岭南商税盐曲如荆湖法。八月，遣使广南东、西路，疏决击囚，犒劳军校父老，访问便宜。十月辛巳，除广南旧无名配敛。

开宝六年（973）秋七月丙辰，减广南无名率钱。

真宗咸平二年（999），宜州执溪峒囚三十余人诣阙，诏释其罪，遣还。

景德四年（1007）十月，诏宜、柳、象州、怀远军死罪以下，非十恶谋故、斗杀官吏、枉法犯赃者并原之；广南东、西路杂犯，死罪以下递减一等，胁从受署者勿理。又蠲宜、柳、象州、怀远军丁钱及夏秋租。

大中祥符二年（1009），罢邕、宜州岁贡药箭。

仁宗宝元元年（1038），除宜、融州夏税。

景祐二年（1035），诏诸路缗钱岁输京师，钱重货轻，福建、二广易以银，江东以帛，钱流民间。

皇祐四年（1052）冬十一月，诏免广南民供军须者，今年秋租十之三。

皇祐中，诏广西赋布匹为钱二百，访闻有司擅损其价，重困远人，宜令复故。

皇祐五年闰七月，诏广南民逃未还者，限一年归业，其复三年。

元丰二年（1079）七月，提举广西刘谊言："广西民出役钱至十九万缗，于广东、西监司、提举司使官月给裁损其数，亦可少宽。"遂诏吏辈月给钱递减二千，岁减役钱一千二百余缗。

哲宗元祐元年（1086）四月，尚书省言："远方奏谳待报，淹系甚众，请川、广、福建、荆南路，罪人情轻法重当奏断者，申安抚或钤辖司酌情决断。"讫。奏从之。

高宗建炎三年（1129）八月，减广南岁上供银三之一。

绍兴二十五年（1155）四月，减广路折米钱。

淳熙十一年（1184）十一月，助广西诸州岁计十万缗。

---

❶原文为"赤乌三三年"，然赤乌年号仅用十四年。查金鉷《广西通志》卷三十三载："赤乌三年，民饥，诏开仓廪以赈贫穷。"不独此处，本页及下页各行同一位置多处冗字，如"泰始七年"冗一"泰"字为"泰泰始七年"；类似还有"户调"冗一"户"字；"开皇九年"冗一"开"字；"当年租赋"冗一"年"字；"开成元年"冗一"元"字；"暂为蠲免"冗一"蠲"字；"开宝四年"冗一"开"字。

理宗宝祐六年（1258）五月丁巳，李会伯言："广西多荒田，民惧增赋不耕。乞许耕者复三年租，后两年减其租之半，守令劝垦辟多者赏之。"奏可。

元世祖至元十七年（1280），诏覈阿里海牙所俘户悉放为民。时阿里海牙下荆南、江西、广西、海南之地，其峒夷山獠俘获三万余人，悉为奴婢，自置吏治之，责其租赋。命行台御史大夫相威检覈之，放为民。

元贞二年（1296）秋七月，广西两江道饥，赈粟有差。

泰定元年（1324），免两广诸州差税一年。

泰定二年，庆远溪峒民饥，发米二万零五百石，平价粜之。

泰定三年十一月，庆远安抚司饥，发米赈之。

文宗至顺二年（1331），庆远南丹等处溪峒军民安抚司言："宜山县饥疫，乞以给军积谷二百八十石赈粜。"从之。

明洪武元年（1368），诏免逋租。

宣德二年（1427），诏免灾伤流民赋役二年。

正统五年（1440），诏减官田赋十之三。

成化二年（1466），诏减各州县土贡之半。

成化四年，免盐钞有差，灾伤去处户口、食盐俱免，轻者减半。

正德十六年（1521）十一月，罢广西香贡，仍遍谕各处镇巡守备官，凡额外之征皆罢之。初，中官镇广西者，岁以零陵香进，费至二千金。武宗即位，诏却诸献，而广西征香如故。至是，布政使王启等请并罢，诏从之。

万历六年（1578），免征驿夫银一年，仍减额银，著之令甲。先是巡抚吴文华檄驿传，羡赢逋负议捐以甦，合省俱得免征一年。自是，岁征亦减旧额十之一。

万历三十三年，罢税盐。

天启三年（1623），革里甲杂派。

本朝

顺治十二年（1655），蠲免十年、十一年分未完粮。

顺治十三年，蠲免十二年、十三年分粮。巡抚于时跃题免。又谕，百姓垦荒田、官给牛种。

康熙十六年（1677）八月，豁免十六年分钱粮。知县何炯言巡抚将军傅弘烈请行豁免。

康熙二十一年，河池州虫灾，赈恤有差。

康熙二十二年，免十七年以前民欠钱粮、税银及带征钱粮。

康熙二十四年，赦死罪、军罪以下。

康熙三十三年，蠲免应征地丁银米[1]。

康熙四十三年，蠲免地丁各项钱粮。

康熙四十七年，未经具情各案，情真者俱停处决；缓决者减等；矜疑者俱照例发落。

康熙五十年，全免应征地丁银，并历年旧欠俱免征。

康熙五十二年，免审增丁银，杂派项款永行禁革。鳏寡孤独贫民无以为生者，将各省积谷酌量赈济。

康熙五十八年，地方灾伤已经察勘，蠲免赋役。

雍正元年（1723），免各年民欠钱粮。

雍正六年，叙勘广西官兵勤事八达者，恤赏有差。

雍正八年，全蠲通省地丁银。

雍正十二年，恤赏剿平邓横贼蛮立功、病故、阵亡各弁兵。

乾隆二年（1737），赏恤南丹州出征古州阵亡士兵，银五百九十九两。

乾隆九年，赏恤南丹州出征义宁阵亡士兵，银八百零八两。

乾隆十二年，蠲免正项钱粮。

## 物产

五地之生，物各有宜。《禹贡》所录惟服食器用而已，至《周书·王会》旁及海蛤、蝉、蛇。（北）〔比〕间[2]、翡翠，侈奇珍哉，亦各以其所贵宝为挚之意也。殊方绝域，品类杂陈，气之所钟，间有迥异中土者焉。固不必画□□□货□□以类来附矣。志物产。

### 谷菽

石榴糯　壳黄、米白。

早糯　壳红、米白。

白糯　壳有红、白，米白。

黑糯　南丹土州有，十月熟。

红糯　壳红，米红；俱八、九月熟。

大糯　南丹土州有，十月熟。

九里香　八月熟。

---

[1] 地丁银：清康熙时规定以康熙五十年（1711）的人丁数作为征收丁税的固定丁数，以后滋生人丁，永不加赋。雍正时又行“摊丁入亩”，将丁税均摊入田赋中，征收统一的“地丁银”，成为清朝划一的赋役制度。

[2] 北间：《遗周书·王会》：“白州比间，比间者，其华若羽，伐其木以为车，终行不败。”比间即棕榈，“北间”应为“比间”之误。

懒□□

无须粳　俱九月熟。

红粳

□□

白粳

须粳　俱十月熟。

六禾黏　六、七月熟。

百日黏　播种起至百日熟。

黄桐黏

蛆黏

粉黏

牛扒黏　俱八、九月熟。

麫麦　原无种。康熙六十一年，耆民陈庆邦始自桂林买回散布。

燕麦　须长。

荞麦　春、冬二种。

黄白黍　早、晚二种，俗名粟米。

高粱　茎紫、叶长，穗花、结实。

芝麻　茎方、叶细，八月熟。

黄豆　有五、八、十月成熟三种。

赤豆　树生于深山，俗名相思豆。

绿豆　九月熟。

蚕豆

扁豆　九月结，青、红二种。

刀豆

虹豆　青、红二种，俗名豆角。

虎斑豆　十月熟，俗名羊眼豆。

龙爪豆

皂角豆

术　形如猪肝。

黄红术　二种。

芋头　狗爪、鸡蛋两种。

菜籽　可榨油。

桐籽　可榨油，不可食。

茶籽　可榨油，天河有。

## 蔬果

龙眼　形小，味薄。
荔枝　核大，味酸。
香橼[1]　形如柚，略长，味甘香。
橄榄　色青，小圆长；味酸涩，盐浸佳。
石榴　厚、薄皮二种。
杨梅　色红，味酸。
梅子　味酸，盐渍佳。
樱桃　红鲜，可爱。
李子　有猪血、黄腊、苦、郁、木各种，无佳者。
梨子　洴而渣，惟雪梨美。
橘子
柚子　酸味。
柑子　厚、薄皮二种，极酸。
佛手柑　形如人手握拳，味甘、香。
蜜桃　形如柚，味酸。
黄皮果　叶小，干粗。
栗子　高树丛结。
甘蔗　色紫，株细。
杏子
桄榔子　不可食。
羌桃
柿子　形如柑，高树。
杨桃
饭桃
莲子
藕　老不可食。
林檎
山桃
蕉子

[1]香橼：即枸橼 Citrus medical，又名佛手柑，不规则分枝的灌木或小乔木。

枣子

金斗子

枇杷　核大、味酸，树高。

锥子　形如豆，壳坚。

荸荠　野生而小。

茨菇　田生。

葡萄　有黑、青二种，惟有水晶佳。

菱角

西瓜

冬瓜

南瓜　即金瓜，又名甜瓜。

香瓜

苦瓜　一种癞葡萄。

倭瓜

青瓜

土瓜

黄瓜　不可多食。

丝瓜

菜瓜

斑瓜

瓠子

葫芦

上各种俱布叶、牵藤。

茄子　株矮，秋后不可食。

青菜

白菜

芥菜

生菜

蕹菜

芹菜

蕨菜　不可多食。

豆芽菜　黄、绿二种。

椿芽菜

乌菘菜

鸡骨菜　即枸杞芽。

猪耳菜　河池出，土人于清明日采食。

茼蒿

黄连菜

萝卜　有红、黄、白三种。

花椒　生石缝中，不甚香。

山薯

山药

茶辣　即芽更。

辣椒　人皆食之。

蘘荷　河池有，土人呼为马姜。

苏子

香菌

木耳　生山中倒朽木上。

蘁苴　河池出，形似蘘荷。

生姜

芫荽　一名香菜。

茴香

蒜韭

葱

薤　俗名藠子。

竹笋　种甚多，甜苦不一。

艽椒

苦卖　河池有高丈余者，□生小□。

烟叶

蒌藤　出土属深山，配槟榔食。

### 花木

梅花　红、白二种。

桃花　深、浅绛，不一色。

杏花

桂花　有秋、月二种。

海棠花

绣球花

茉莉　有重、单瓣二种。

菊花　有黄、白、红三种。

蔷薇　布蔓牵藤，有刺。

鸡冠花　形如鸡冠，茎叶皆赤。

夜合　香幽，花夜则合，株矮。

芭蕉花

豆蔻

金钱

月吉　即月月红。

芙蓉

紫荆

蜀葵　花黄，叶圆小。

凤仙花　俗名指甲，女子取染指。

萱花

荷花

丽春

吊兰　悬挂风前，自然根叶花发。

红花　侧垂高岩下，宛如一小金□，节间另生枝条。土人呼为屈子花，出河池。

山兰

九里番花　其香似莲。

玉棠春

紫馨　形如茉莉，重瓣，香清。

百合　生野山岭中。

夕阳红

玉叶花　叶如紫苏，花若丁香，老黄色，吐穗先出□。叶白如粉，似白□六贴玉叶金枝。

黄草花　即木斛，紫色，形如蝶翅。

粉团

野紫茎

龙爪花

茨梅　花若玫瑰，而进逊其香。

羊奶花　香颇幽远。

雁来红

黄姜花　色颇娇嫩。

黄饭花　花可染黄色饭，叶可闹鱼，嗅之鼻即出血。

剪刀　叶如尖剪，花似蝶翅。

龙船花　花红，丛聚，吐须长数寸。

榴花　有单、重二种。

李花

凤尾

天竹

鹿葱

薝蔔　俗名栀子花

梨花

菖蒲

黄杨树

相思子

紫榆树

虎斑树

铁力树

苦楝树

樟树

实梗树

赤膊树

歹树

黄泡

槅树

密树　出河池六甲里大石崖上，色黄质坚，有花纹，可做寿棺。

榕树

桫树

柘树

椿树

林檎

乌榕

樗树

泡树 不耐久。

栎树

桐树

桄榔树 高者五六丈，大四五围，皮有毛，似桄树而散生，质坚如铁，叶似蒲。破之，中有粉，饥年可食，人可为桄榔面。

枣树

柳树

山桃树

枫树

桧树

柏树

松树

槐树

梨树

棕榈

冬青 俗呼白蜡树。

桑树

荔枝树

樏树

栗树

漆树

禾绵树

长齿树 做椽佳。

牛角树

牛筋树

楠树 青、黄二种，惟造独木船可用。

紫竹

南竹

豆竹

猫竹 大可为□，小可为□。

金竹

泡竹

白竹
棕竹　可作围屏，出土司，一名观音竹。
苦竹
单竹
筋竹　至坚利，可为矛，出猺峒。
唐竹
大头竹　节密，肉厚。
朱竹　相传土司深箐产，未见日。
篱竹
桄榔竹　即桄榔树
吊丝竹
刺竹

## 羽毛

鸡
鹅
鸭
鹧鸪
山雉
鹭鸶
杜鹃
斑鸠
鹰
鹞子
鸬鹚
子嶲　即杜鹃
黄莺
灵雀
燕子
瓦雀　俗名麻雀。
鹌鹑
白鹇
竹鸡

山呼

鹳

水鸭

鸳鸯

鹗

伯劳　河池谓之青杨，猺人呼吉塞吾。

鸽

鹈鹕　俗谓淘河，喙长数寸，颔下胡大如数□囊，群飞入水食鱼，一名洿泽。

练雀

白头翁

鹘

火老鸦

鸲鹆　即八哥。

画眉

金钱鸡　深山间有，亦罕见。

金鸡　即野鸡，身翎五色。

鸺鹠

鸱

鹄

鹅

□□

蜡嘴

鸰鸠

鹡鸰

雕

黄鹂

青鹈

枭

鸦

百舌

四喜

鸡鹊

## 兽

牛
马
猪
羊
犬
虎
豹
熊　有□、马、猪、狗数种，掌肉甚美。
豺
鹿
麞　似鹿无角而小。
麂
麝
狸　形如猫，尾长大。
猴
猿
山猪　形如家豕。
箭猪　毫粗如箸，长三、四寸，能射人。
山羊　血入药，治痨伤血。
兔　足前矮后高，形颇似犬，黑、白二种。
山獭
水獭
鼠
猫
香猫　种无雌雄，其阴阳自为一体。
穿山甲　有足、尾、鳞甲。
飞虎
狐
麖
狼
黄麖

## 虫鱼

鲭鱼　胆可入药，出天河。

草鱼

鲤鱼　有赤、乌二种。

鲫鱼　乌、白二种。

鳝鱼　长如小蛇，色黄。

鳞鱼

泥鳅　形如鳝，微黄而短。

塘虱　俗名塘角。

青竹鱼

鳊鱼

蓝刀鱼　不大，多刺。

钩鱼　味美。

鳗鱼

抢鱼　美味，性抢上。

老鼠鱼　形如鼠，出天河。

鲦鱼　形如鳅而粗肥，味美。

七星鱼　身有星点。

斑鱼　有斑。

骨鱼　无鳞，多骨。

建鱼　无鳞，肉粗。

严鱼　色黄，口大，无鳞。

金鱼

甲鱼

虾　有龙头、小虾二种。

螺　有山、水、田三种。

蚖

蟒

青蛇　有毒。

蚺蛇　色青白，大者如桶，长数丈。

蝮蛇　螫人，手足即断。

乌风　遇人即吹，亦毒。

地鞭

青稍

腰蛇　极毒。

红蛇　在湿泥中。

鸡冠蛇　有冠，四足。

壁虎　即蜥蜴，一名守宫。

两头蛇　缩跳咬人，最毒，间有。

蜈蚣　一名蝍蛆。

蚯蚓

蛤蟆

蜘蛛

蚱蜢

蚊　细如尘，出河池，土人呼纳吝。

黄蜂　种类不一。

黑蜂

蜜蜂

螳螂

蜉蝣

蝴蝶

蝨　即蚊也。

斑猫

蝇　有苍、赤二种。

萤　有水、草二种。

蚁　有大、小、赤、白、黄、黑各种。

稻虫　形如蚕，青色，最为农害。

蚂蟥　有山、水二种。山蟥能飞，咬人。

青蛙

□

蝇□

蜻蜓

□蝶

蜣螂

蜒蚰

蛸 木虫。

络纬 即蛒蟀[1]，以声相似。

蜗牛

螉蠮 即细腰蜂。

蚷蚤

螽 即蠹虫。

蝼蛄

蟢蛛

飞蛾

铁线 如小曲□头扁，遇物□身□匝即断。

金龟子 大如榆钱，头□爪甲如小龟，金色，宝光耀月。

## 药物

何首乌 东兰有，黑、白二种。

山豆根

土茯苓

水罗葡 治绞肠痧及泄泻。

马槟榔 能驱瘴。

天门冬

香附

朱砂 思恩边界亦有。

白芨

青鱼胆 天河出。

黄姜

紫苏

金不换 旧载三七草，非。

薄荷

砂仁

熊胆 出各土司。

草果

山羊血

蚺蛇胆 出各土司。

[1]蛒蟀：即“纺织娘”，亦称“莎鸡”。

三七　三土司有。
独脚莲
千年健　出各土司，永顺颇佳。
青厢
芭豆
木脚子　磨醋涂疮，良。
黑白
牵牛
金银花
黄连　草连，细而无益。
葛根
黄草　似金银，较长。
石斛
五倍子
麝香
钻地枫
五加皮　出大曹驿，良。
马兜灵
草艾
千章纸
皂角
薏苡仁
半夏
夏枯草
猴蝎　三土州有。
木贼草
干山药
石钟乳
夜明沙
草决明
山茨菰
车前子
茱萸

茴香
雄黄　河池出。
黄柏
山栀子
锦地梦
豆蔻
麦门冬
蛇蜕
枸杞
蛇床子
天竺黄
山椒
槐角子
香蕾

附：虫毒

断肠草　似黄精，食之立死。
弩箭毒药　以恶毒蛇虫配草药盛罐中，俟烂，取以涂箭，被伤即死。

货产

锡　出南丹厂。
银　出南丹厂。
铅　出南丹厂。今思恩出，黑、白二种。
铁　思恩出。
马蹄香　出永顺土司。质重丝粗，颇沉水。味酸苦，止可熏衣去虱。
棉花
黄蜡
蜜糖　深山间有。
麻　有山、园二种。
土布　苧、棉二种。
蓝靛
白藤
紫草

黄草

椿皮纸

棕

香草

降香　出思恩。

蕨粉

猺被　五色斑斓，惜其短。

土锦　各处皆有。永定、忻城更精致。

手巾　东兰土州同出，佳。

竹笠　旧载极为细密，惟年少妇女方戴。今则不然。

豹皮

藤凳　永顺出。以整藤盘梅花辫作坐具而网藤丝。携之登山，甚轻便。

土茶　各属俱有，出思恩古心峒者，佳。

棕竹箸

棕竹杖

金藤筷　鹅黄色，生深山阴湿处，中心若菊花，作箸辟瘴。

飞鼯皮

水獭皮

山獭皮

# 《庆远府志》卷四　学校志

## 儒学，附名宦、乡贤二祠

学制昉自五帝，暨[1]三代，乡国小大所以造士[2]者，备矣。汉以下止兴太学[3]，元魏大安初[4]诏立乡学，郡置博士，郡县立学始此也。唐兴，周、孔并立庙于学。贞观时，罢周公祀，以孔子为先圣，颜子为先师。寻专祀孔子，追崇前代通儒配飨。宋、元、明因之。本朝文教覃敷，虽溪峒蛮徼，亦弦歌之声与齐鲁竞响矣。志儒学。附名宦、乡贤二祠。

### 庆远府儒学

在东门外新城内开国坊，旧在城南。宋庆历三年（1043）建。崇宁三年（1104），立石镌辟雍[5]诏庑下。淳熙四年（1177），知州事韩璧迁今所，张栻有记。六年，知州事耿明撤而新之，又建阁于殿后，陈泾有记。元至正[6]后毁于兵，久未建。明洪武初，仍建于遗址，通判王毅重修堂斋。正统十二年（1447），知府杨禧重建，始凿泮池。天顺八年（1464），知府周一清重建，乃广其制，立题名及建学碑，陈文有记。成化二十一年（1485）知府马驯、弘治三年（1490）知府汪溥相继修葺。十二年，知府姜绾修殿堂、斋庑，重建号房、廨宇。崇正末毁。

本朝康熙三年（1664），知府赵开雍重建。举人鲍杰、生员江元载斥屋广之。十二年，滇藩吴逆变，复毁。二十三年，知府白启明捐建大成殿、两庑、棂星门[7]及乡贤、名宦祠，有记。四十三年，知府焦映汉率属官重修。雍正元年（1723），奉文改启圣宫为崇圣祠，

---

[1]暨（jì）：到，至。

[2]造士：学业有成之士。《礼记·王制》："升于司徒者，不征于乡；升于学者，不征于司徒，曰造士。"

[3]太学：我国古代设立在京城，用以培养人才、传授儒家经典的最高学府。西周时已有太学之名，汉武帝置五经博士，为西汉设太学之始。《汉书·董仲舒传》："太学者，贤士之所关也，教化之本原也。"

[4]元魏大安初：元魏，即北魏。大安初，即北魏献文帝天安元年（466）。

[5]辟雍（bì yōng）：亦作"辟廱"。辟，通"璧"。本为西周天子所设大学，校址圆形，围以水池，前门外有便桥。东汉以后，历代皆有辟雍，除北宋末年为太学之预备学校外，均为行乡饮、大射或祭祀之礼的地方。

[6]至正：元惠宗妥懽帖睦尔的年号，自1341年至1368年，27年。

[7]棂星门：旧时学宫孔庙的外门。因形似窗棂，故名。

增造追封五世王爵神主、祭品。八年，知府徐嘉宾、同知钱志和重修殿庑、崇圣、名宦、乡贤祠及明伦堂。乾隆十三年（1748），知府陈于中以永顺副土司彭氏遗田充公修葺，后渐颓。十九年，知府李文琰重修，现在告竣，焕然一新。

**名宦祠** 在大成门左，祀宋知宜州和斌、王奇、熊本、韩璧、张自明、刘随，通判赵抃、俞若著、金相，广西提点刑狱[1]方信儒，明右江守道申用嘉，知府翟迪、杨禧、周一清、叶清、王衮、吴让、姜绾、王显高，同知汪良贵、叶正，本朝知府白启明。附宋龙水县令范祖禹、明宜山县知县王仕忠。

**乡贤祠**[2] 在大成门右，祀宋冯京、区革、何旦明、蒋稳、李春、韦昭、邢正、李文凤、周希尹、谢朝纪、高应旸、高嵩、高云厚。

**明伦堂**[3] 在儒学西，府县共之。旧在府学东北隅，今忠孝祠即其址也。乾隆五年（1740），知府陈希芳以体制非宜，迁于两儒学大成门交界之间。十年，知府陈于中、知县吴毓芝改建今所。陈于中有记。

附：儒学地基东至巷，西至沟，前至塘，后至坡。因兵民窃踞，乾隆十一年，知县杨师游清复旧界，勒碑大成门外。

## 宜山县儒学

在府学西。宋淳熙十年（1183），知州事赵与荣拨官盐修之。元末猺贼为乱，久废。明洪武三年（1370），县丞张叔廉重修。天顺间知府周一清撤而新之，后圮。弘治六年（1493），佥事陈珪命知县任球重修，十二年知府姜绾、知县李谧续修。正德元年（1506），知县徐志道、县丞胡通；七年，知县金麒永（旧志讹为金麒承）相继修葺堂斋，立科贡题名碑，胡呈章有记。明末兵燹毁废。春、秋二祭附府学。康熙四十六年（1707），知府李世仁、知县陈学海捐俸，倡建今所，有碑记。雍正元年，奉文改启圣宫为崇圣祠，增置神主、祭品。乾隆九年，知县吴毓芝捐俸改建，规制恢廓，□于府学，有碑记。

**名宦祠** 在大成门左，祀宋〔范祖禹、明〕王仕忠。

**乡贤祠** 在大成门右，祀宋冯京、区革、何旦明、蒋稳、李春、韦昭、邢正、李文凤、周希尹、谢朝纪、高应旸、高嵩、高云厚。

## 天河县儒学

在城北，旧在县治西。宋建，元末毁于寇。明洪武五年（1372），县丞王居礼创复；

---

❶提点刑狱：刑狱的职官名。宋始置，寓提举、检点之意。掌司法、刑狱及河渠等事。刑狱，指刑罚。

❷乡贤祠：明清时凡有品学为地方所推重者，死后由大吏题请祀于其乡，入乡贤祠，春、秋致祭。

❸明伦堂：旧时孔庙大殿的专名。

七年，训导喻迁善徙东禅寺侧。正统七年（1442），署知县事、照磨[1]何政始迁今所，重建殿庑、门堂、斋舍。景泰三年（1452）毁于贼。成化二十二年（1486），知县杨荣修葺正殿，重建堂庑、斋舍。弘治间知县史玹、正德八年（1513）知县魏朝阳、十五年知县尚汝弼、崇正六年（1633）知县杨文焕先后重修，日久倾圮。

本朝顺治年间修盖茅舍，寻值滇藩变毁，仅存茅棚、木主。康熙二十四年（1685），知县黄滢捐建大成殿，覆以瓦。雍正元年（1723），知县吴钟芬重建两庑、棂星门，改易崇圣祠，增置神主祭。

**名宦祠** 在大成门左，祀宋徐弥高、明杨荣。

**乡贤祠** 在大成门右，无祀。

## 河池州儒学

在州治〔北。初为县，〕无学。明弘治十七年（1504）改州始置，次年知〔州何昱〕、学正张翰创建殿庑、棂星、戟门、堂斋，仅□□□。嘉靖四年（1525），知州周钺迁州治于四一山，改建〔大成殿、明伦〕堂于今所。万历九年（1581），知州梁绍震重修，止茅□二楹，明末毁。

本朝康熙六年（1667），知州王〔玉麟迁建于治后〕北山椒，开泮池山麓，易以瓦。殿东西庑、启圣祠、明伦堂皆备，有碑记载《艺文》，寻滇藩变，圮。二十三年，知州刘安国重建。三十三年，知州黄志璋建启圣祠，后俱圮。雍正元年（1723），奉文改启圣祠为崇圣祠，增造神主、祭器。七年，知州陈舜明重建殿庑、门墙、崇圣、名宦、乡贤祠、明伦堂。

**名宦祠** 在大成门左，祀明林应龙、魏鹗、杨天启。

**乡贤祠** 在大成门右，祀无。

## 思恩县儒学

在县城南门外，明万历三十六年（1608），知县杨天启创建。崇正十七年（1644）毁于兵。

本朝康熙二年（1663），知县翁世庸仍旧址创大成殿。康熙八年，知县谢铨复建东西庑、启圣、名宦、乡贤祠、戟门、明伦堂。甲寅（即十三年，1674），滇藩变，圮。二十三年，知县鲍复相捐俸修建，有碑记载《艺文》。雍正元年（1723），改崇圣祠，增置神主、祭器。三年，知县梁楷、训导何文煜重修两庑、戟门、名宦、乡贤祠，并移建明伦堂。六年，知县林协、训导何文煜复修棂星门、濬泮池，筑围墙。

**名宦祠** 在大成门左。

[1]照磨：官名，即“照刷磨勘”的简称。元代以后设置的掌管宗卷、钱谷的属吏。

**乡贤祠** 在大成门右。

## 东兰州儒学

在城东。旧为土州，无学。雍正七年（1729），改流。十一年，巡抚金鉷奏请设学。十二年，知州沈志荣奉文创建大成殿、崇圣祠、东西两庑、棂星门、明伦堂，规模粗具。

**名宦祠** 在大成门左。

**乡贤祠** 在大成门右。

南丹、那地、忻城、东兰、永定、永顺正副各土州、县、司，例不建学，应试文武土童[1]附入府学。

**附：学田[2]**

庆远府学，原额学田三十亩，坐落宜山县洛迎、上里、思农、都岭、洛目、洛东等里。每亩征银五分，共学租银一两五钱。

永顺副土司彭氏充公田一十二围半，坐落回龙等处。内除一围给彭氏仆韦扶保等二名为承祀费，又除活当三围半缴价银三十三两五钱收赎，现经永顺副长官彭世基领银八两、天河县贡生[3]覃思孟领银二十五两五钱生息外，实田八围，每年征收租息。内扣地丁银四两九钱五分，副长官养廉银六两，余存修理儒学。勒碑大成门外。

宜山县学，原额学田一十五亩，坐落洛迎、洛目、上里、思农、都岭等里。每亩征银四分，共学租银六钱。

天河县学，原额学田一十亩，坐落古波、古黎、思农等里。每亩征银四分，共学租银四钱。

河池州学，原额学田三十七亩八分九厘四毫，坐落河池、江边、都铭、英罗、兰江、智本等里。每亩按征不等，共学租银七两一钱四分八厘。

思恩县，学田无。

东兰州，学田无。

以上各学田，除彭氏充公绝产外，余俱明万历年间抚院杨芳、按院冯彬及提学道骆日升置。学租旧解布政司充饷。康熙二十三年（1684），奉文赈贫生，径解学院支给。

曲奏附

大成乐[4]共六曲、八奏，内叠奏二曲。其谱止有“合、四、上、尺、工、凡”六字，

---

[1]土童：即土府州县之习举业未考取生员资格的童生。

[2]学田：古时朝廷或地方政府拨给学校的公田，以田地的收益充作学校费用。

[3]贡生：科举时代，选府州县学生员之学行俱优者，贡诸京师，升入太学，有副贡、拔贡、优贡、岁贡、恩贡等名，统称为“贡生”。

[4]大成乐：古乐名，为孔庙祭祀大典的专用乐舞。

共用二律、三吕[1]、五正声[2]、一子声[3]。有宫、商、徵、羽而无角，有喉、齿、舌、唇而无牙。元朝歌章与此同，而曲谱则“合、四、一、上、勾、尺、工、凡、六、五”十字，全用今之谱，不知谁氏所作。自明朝肄于太常，颁行天下，迄今遵守。□之八音，按谱奏声，亦能谐和，但字句不依宫商，人之喉、舌、唇、齿者，未免格格不合，是在歌者神而明之焉。

### 迎神乐奏《咸合之曲》

大 哉 至 圣　道 德 尊 崇
太四 南工 林尺 仲上　太四 仲上 林尺 仲上
维 持 王 化　斯 民 是 宗
南工 林尺 仲工 太四　林尺 仲上 黄合 太四
典 祀 有 常　精 纯 并 隆
黄合 太四 仲上 林尺　南工 林尺 太四 仲上
神 其 来 格　于 照 圣 容
黄六 南工 林尺 仲上　林尺 仲上 黄合 太四

### 奠帛乐奏《宁和之曲》

自 生 民 来　谁 底 其 盛
太四 仲上 林尺 仲上　太四 黄合 仲上 太四
惟 师 神 明　度 越 前 圣
南工 林尺 仲上 太四　黄合 太四 仲上 太四
粢 帛 具 陈　礼 容 斯 称
仲上 太四 仲上 林尺　黄合 太四 林尺 仲上
黍 稷 非 馨　惟 神 之 听
太四 南工 黄六 林尺　南工 林尺 仲上 太四

### 初献乐奏《安和之曲》

大 哉 圣 师　实 天 生 德
太四 仲上 黄合 太四　南工 林尺 仲上 太四
作 乐 以 崇　时 祀 无 斁
仲上 太四 仲上 林尺　仲上 太四 林尺 仲上
清 酤 惟 馨　嘉 牲 孔 硕
黄合 南工 林尺 仲上　林尺 仲上 黄合 太四
荐 羞 神 明　庶 几 昭 格
太四 南工 黄六 林尺　南工 林尺 仲上 太四

[1]律、吕：分别为中国古代音乐十二律中的阳律和阴律。
[2]正声：谓符合音律的标准乐声，一般指宫、商、角、徵、羽五音。
[3]子声：即半律，也称半声。古乐十二律中相邻两音间的音程。

### 亚献乐奏《景和之曲》

百 王 宗 师　生 民 物 轨
仲上 南工 林尺 仲上　林尺 仲上 太四 黄合
瞻 之 洋 洋　神 其 宁 止
黄六 南工 林尺 仲上　林尺 仲上 太四 黄合
酌 彼 金 罍　惟 清 且 旨
太四 黄合 林尺 仲上　南工 林尺 太四 仲上
登 献 惟 三　于 嘻 成 礼
仲上 太四 林尺 仲上　黄六 南工 林尺 仲上

### 终献乐奏《景和之曲》，同亚献彻馔乐奏《宜和之曲》

牺 象 在 前　豆 笾 在 列
仲上 太四 仲上 林尺　太四 仲上 黄合 太四
以 享 以 荐　既 芬 既 洁
太四 南工 林尺 仲上　仲上 林尺 太四 仲上
礼 成 乐 备　人 和 神 悦
黄合 太四 仲上 太四　南工 林尺 仲上 太四
祭 则 受 福　率 遵 无 越
黄合 太四 仲上 林尺　黄六 南工 林尺 仲上

### 送神乐奏《祥和之曲》

有 严 学 宫　四 方 来 崇
太四 南工 林尺 仲上　黄合 太四 仲上 太四
恪 恭 祀 事　威 仪 雝 雝
黄六 南工 林尺 仲上　南工 林尺 仲上 太四
歆 兹 惟 馨　神 驭 还 复
仲上 林尺 南工 林尺　仲上 太四 林尺 仲上
明 禋 斯 毕　咸 膺 百 福
黄六 南工 林尺 仲上　南工 林尺 仲上 太四

望瘗乐奏《祥和之曲》同“送神”。

## 书院

白鹿、岳麓、嵩阳、睢阳四大书院立，而人才颇出其间。余若石鼓、鹅湖、麓正、安定，指难胜屈，要皆于士习文风有裨益也。今儒学造士外，奉敕建秀峰书院于省会，为士子肄业所。庆处遐方，游其中者盖寡。然敬教劝学，先民有作，修而复之，亦良司牧者之责也。志书院。

## 庆远府宜山县

**龙溪书院** 在府城西门外。宋嘉定八年（1215），权州事张自明以元祐太史黄庭坚谪宜时僦居于此，即旧址建祠祀之。后为书堂，上敞高阁，东西翼以十室。祠前有庭坚手植两古松，名曰“万红”。前为重门，门外有池曰“墨池”，池上有亭曰“宝华”。明嘉靖二年（1523）知府王显高、四年知府叶藟、本朝康熙四十八年（1709）署知府苏世禧先后修复，俱有碑记载《艺文》，后圮。乾隆九年（1744），绅士建山谷祠于旧址。乾隆十八年，署府事、同知查礼仍捐建山谷祠，有碑记载《艺文》。

**龙江书院** 在府城中大街。康熙五十五年（1716），知府高茂选延师养士，有记。雍正年间，知县张梦白改为节孝祠。乾隆六年（1741），知府陈希芳复改为义学。

**李公书院** 在府治右。康熙五十八年，阖郡绅士建，为知府李世仁生祠。

**屏峰书院** 在德胜镇西。乾隆十年，绅士公建。乾隆十三年，同知马德生、巡检蒋垣捐资增建。

## 河池州

**义学** 在学宫前。雍正四年（1726），知州陈舜明建。

## 思恩县

**环江义馆** 康熙二十四年，知县鲍复相创建，有记载《艺文》。

## 东兰州

**义学** 在州署西。雍正十二年，知州沈志荣建。

# 《庆远府志》卷五　武备志

## 兵制

古井邑、丘甸之法，不及于岭外。秦以后稍可稽，然亦书缺有间矣。明，卫所之外，复有民款。獞兵有事调以征伐，无事归农，犹仿佛井田意也。本朝，汉属专立协营，土属仍设堡目，制与古异，其为绸缪未雨之防一也。近则协营、堡目，分防、戍守交错。汉、土法益密焉，用条具其数，著于篇。志兵制。

秦置南海尉，典百粤兵。

汉平南越诸边郡，置都尉及长史。县置尉，典兵禁，备盗贼[1]。民年二十三为正，一岁为卫，二岁为材官、骑士，习射御驰阵[2]。

三国，吴兵有解烦、敢死两部，及交州义士、健儿、武射之名。

魏置安南将军，都督交州诸军事。

晋太康中，罢天下军役，州郡悉去兵。大郡置武吏百人，小郡五十人。交州牧陶璜上言："交、广兵未宜约损。"从之。

宋齐之际，刺史多不领兵，南蛮别以重人居之，惟豫章王嶷[3]为南蛮校尉。

隋平陈后，设岭南安抚大使。桂、广二州俱设总管，节制诸州军事。复有行军总管，专督所道讨伐事。

唐初，兵之戍边者，大曰军，小曰守捉，曰城、镇，而总之者曰道。太宗贞观中，分天下为十道。广东、西曰岭南道。高宗开耀[4]时，置桂州经略（军）〔使〕，管戍兵千人

---

❶参见《后汉书・百官志》。

❷《汉官仪》："民年二十三为正，一岁以为卫士，一岁为材官骑士，习射御骑驰战阵。"射御驰阵，分别指射牲、御骑、战阵等学习内容。

❸嶷：即萧嶷，豫章文献王，字宣俨，南朝齐高帝萧道成第二子。

❹开耀：唐高宗年号（681—682）。

（时琼州隶于桂管）。[1]余州置司兵参军，掌军防、烽驿、传送、马、门禁、田猎等事。

宪宗元和十四年（819），诏诸道节度、经略所统郡兵马并令刺史领之。

懿宗咸通二年，罢广、桂、容三道戍邕州兵。先是，三道共发兵三千人戍邕州，三年一代，经略使段文楚请以三道衣粮，自募土军以代。许之。

宋制，兵官有广、桂、邕、宜、柳州招安捉贼使，宜、融、桂等十州郡都巡检使，儒臣各领军事。武臣或知州县，县必置尉，镇、砦必置官兵。以知桂州兼广南西路安抚使亦兼广西兵马钤辖，统帅一路。又置宜州驻扎将官，统制所隶禁旅，专事教阅，副将为之贰。

真宗景德四年八月己酉，颁宜州立功将士赏格。诏广南步军、骑军并号曰“清化”。时朝廷恐宜、融溪峒因缘侵扰，因降诏约勒宜州乱军。酋领皆奉诏，部分种族无敢辄动。

大中祥符九年，因抚水蛮叛，诏南丹州莫淮辿约勒溪峒，勿从诱胁。

仁宗皇祐四年，诏广西戍兵经二年未代者，钤辖司以土兵岁一代之。

五年，枢密副使王尧臣因侬智高反，请（拆）〔析〕宜、容、邕州〔为〕三路，以融、柳、象隶宜州，白、高、窦、雷、化、郁林、仪、藤、梧、龚、琼隶容州；钦、宾、廉、横、浔、贵隶邕州。三州并武臣为安抚都监，兼知州事，以统支郡。若蛮人入寇，三路率支郡兵并力掩击之。益募澄海、忠敢、雄略等军，以四千人屯邕州，二千人屯宜州，千人屯宾州，五百人屯贵州（今贵县）。

英宗治平二年（1065），广南西路安抚使调集左、右两江四十五溪峒知州、峒将，各占邻近，迭为救应。仍籍壮丁，补校长，给以旗号。峒以三十人为一甲，置节级。五甲置都头，十甲置指挥使，五十甲置都指挥使，以四万四千五百人为定额。各给戎械，遇警召集之，二年一阅。察视有老病者，选少壮填之，三岁一上其籍。[2]

神宗熙宁中，知桂州刘彝言：“旧制，宜、融、桂、邕、钦五部土丁，成丁以上者皆籍之。近制，主户自第四等以上三取一以为壮丁，而旁塞多非四等以上，若三等籍一，则减旧丁十之七，余三分以为保丁。保丁多处内地，俟其益习武事，则当蠲土丁之籍，恐边备有阙。请如旧制便。”奏可。

元丰八年，广西经略使熊本言：“宜州土丁七千余人，缓急可用。欲令所属编排，分

---

[1] 此处注云“琼州隶于桂管”，查《元和郡县图志》载：琼州在“岭南道二”；桂管经略使在“岭南道四”管州十一，内有桂州而无琼州。可见桂州仅为桂管十一州之一，大致相当于今之桂林地区；琼州属于岭南道而不属于桂管。查《元丰九域志》《太平寰宇记》《武经总要》等，均只载琼州属广南西路，不言其属桂管经略。且琼州孤悬海外，与桂管远隔容管、邕管二经略使，其不属于桂管无疑。又《永乐大典残卷·南海志》载：“岭南五管……曰桂管经略使，始安郡，管兵一千人”；《武经总要》载：“唐置五管屯兵，命使领之，故岭南经略使绥静夷獠，统经略清海一军、桂容邕安南四经略使，以重其备御。”此处或系误载。

[2] 〔元〕马端临《文献通考》卷一百五十六《兵考八》。

作都分，除防盗外，沿边有警，听会合掩捕。”从之[1]。

哲宗元祐元年，广西经略安抚使乞〔除〕宜、融、钦、廉州系将、不系将马步军轮差赴邕州极边水土恶〔弱〕[2]砦镇监栅及巡防并都同巡检等处，并乞依邕州条例，一年一替。从之。

元符二年，广西察访司言：“桂、宜、融等州用土兵缘边防守，差及单丁，乞差两丁以上之家。”从之。

徽宗崇宁四年（1105）十一月，广西路置刀牌手三千人于切要州军更戍，以宁海名。

钦宗靖康元年（1126），诏：“广西宜、融二州实为极边。旧制，马军难议减省，且依元降指挥招置。”

高宗建炎元年（1127）十二月乙酉，增置广西弓手以备边。

元设宣尉使司、都元帅府于静江路，统诸路总管。各州惟设义兵万户府以握兵。

成（化）〔宗〕大德元年（1297）九月，罢南丹安抚（使）〔司〕，立庆远南丹溪峒等处军民安抚（使）〔司〕。诏边远官已尝优升〔品级〕而托他事不赴者，夺其所升官。[3]

二年，命广（西）〔海〕、左右江戍军，依旧制以二年或三年更代。[4]

明初，度要害地，系一郡者设所，连郡者设卫。大率五千六百人为卫，一千一百二十人为千户所，百十有二人为百户所。所设总旗二、小旗十，大小联比以成军。其取兵有从征，有归附，有谪发。从征者，诸将所部兵，既定其地，因以留戍，或分拨省属，立卫统之，世屯其地，名曰旗军。归附，则胜国及僭伪诸降卒。谪发，以罪迁隶为兵者。此其大略也。

洪武二年（1369），湖广行省臣言：“庆远府地接八番溪峒，所辖南丹、宜山等处，宋、元皆用其酋为安抚使以统之。天兵下广西，安抚使莫天护首来款附，宜如宋、元制，录用以统其民。”上从之，设庆远南丹军民安抚司，置安抚使、同知、副使、佥事、吏目各一员，以天护为同知，王毅为副使。

三年，升各省卫〔所，置南宁卫、〕柳州卫，立民兵万户。简民间武勇，教之技〔击，编队〕伍，时操练。有事用以征伐，无事为民。

洪武十八年，初立屯田。用祭酒宋讷言，每卫所官军以十分计之，七分守城，三分留屯。每军一名承〔田二〕十亩。

洪武二十八年，开设庆远卫于本府，南丹卫于南丹州。二十九年，开军民指挥使司，寻罢。军民止为卫，各辖前、后、左、右、中伍所，以指挥使领之。又设河池守御千户于

---

[1]《宋史·志第一百四十四·兵五（乡兵二）》。

[2]本条似脱二字，参《宋史·志第一百四十九·兵十》足之。

[3]参《元史·本纪第十九·成宗二》校补。

[4]参《元史·本纪第十九·成宗二》校补。

河池县，各统旗军，分屯筑堡，操练军士，镇守地方。卫所之外，郡县有民壮，边郡有土兵，听边民自修军械，团结防边。

永乐二年（1404）十二月，以南丹地多烟瘴，迁南丹卫于宾州。

六年，徙河池守御千户所于宜山县德胜镇西，为河池所。[1]

宣德元年（1426），以伍籍空虚，籍民兵编保甲，有民款、土兵、民壮之名。蠲役、免丁而役其力，鞍马器械官给之。

天顺五年（1461），总督、御史叶盛请设参将于各府，属广西总兵官节制，各卫所皆受约束。

正德间，王守仁议田、泗等十五土州调戍防御，额调、加调各有等差。以其出自土司曰“土兵”，以有头目管之曰“目兵”，又以多狼人亦曰“狼兵”。

嘉靖四年（1525），定民壮数，然田家子终不当〔行伍，故改〕为召募，隶之将军营者为杀手，隶之各〔哨堡者为打〕手。列以鱼丽[2]，伍两相承，主将者时搜阅之。

万历后又以兵少，添设獞老。工食银米，每月酌给。

明庆远卫旗军原额并续添新军共六千七百四十七名，内左所一千二百六十八名，右所一千三百四十二名，中所一千三百八十四名，前所一千四百一十二名，后所一千三百四十一名。

河池守御千户所六千九百三十一名。

按：明制，以一千一百二十名为千户所，此所兵额不应更浮于卫若是之多。然旧志相沿已久，姑阙疑存之。

以上共一万三千六百七十八名，原额马军五十六名。凡分守宜山、天河、河池、思恩、荔波，俱本卫拨发。内宜山县卫旗军七百五十六名，各堡募兵一千零六十一名（详见《屯堡》）。

天河县卫旗军十五名，各隘獞兵十六名（详见《屯堡》）。

河池州本所旗军三百四十八名，城守募兵三十名。

三旺打手十八名，东、西二营标兵三十名，堡兵二百七十八名（详见《屯堡》）。[3]

思恩县城守民兵三十名，各堡兵九十名（详见《屯堡》）。

荔波县防守民款十七名，标兵十五名，各堡土兵一百六十名（详见《屯堡》）。

本朝顺治十六年（1659），革卫所旗军，建柳庆协及河池营。柳庆协以副将领左、右两营，共马、步、战、守兵一千一百九十一名。康熙二十三年，两次裁兵二百三十名，实

---

[1]自上条“洪武二十八年”始，至本条“河池所”止，残缺甚多，“操练军士”以下约6列几近于无。今据残文及道光《庆远府志》足之。

[2]鱼丽：即鱼丽阵，古代一种战阵。

[3]原文此处冗一“兵”字。

存额兵九百五十八名，又兼辖三里营兵三百四十六名。内左营驻扎府城，分防天河及柳州府属之罗城县，右营分驻柳州府城并柳属之雒容、来宾二县。三里营驻扎柳州府属之上林县，及贴防镇安州。河池营以参将领之，共步、战、守兵七百零七名。康熙二十三年，两次裁兵一百三十七名，实存额兵五百七十名，驻扎河池州，分防思恩、荔波二县。雍正七年，副将潘绍周因柳、庆二府汛广兵单，防哨难周，详请题奏改柳庆协为庆远协，撤回原防罗城左营弁兵，移河池营于宾州，改为宾州营，以三里营属焉。撤回原驻柳州右营弁兵，驻扎河池，分防思恩、南丹等处。八年，又以东兰土州分设流官，将拟设德胜镇之守备移驻东兰州，改为东兰营，以千总一员分防德胜。雍正十年，增设东兰营千、把总各一员，统归庆远副将管辖。

庆远协副将一员，驻府城，领左、右、东兰三营。经制官十一员，共马、步、战、守兵一千四百三十七名。岁共官兵俸、饷、马乾银❶二万零九百零四两三钱五分六厘零。内除各官养廉步粮一百名、公费步粮二十九名，共一百二十九名外，实共马、步、战、守兵一千三百零八名。官自备马四十匹，兵丁战马五十匹。

左营都司一员、经制千总一员、把总二员。马、步、战、守兵共六百四十四名。内除各官养廉步粮共五十四名外，实共马、步、战、守兵五百九十（九）名。❷官自备马二十匹，兵丁战马二十匹。驻扎府城及分防宜山县各汛。

右营守备一员、经制千总一员、把总二员。马、步、战、守兵五百九十三名。内除各官养廉公费步粮共五十二名外，实共马、步、战、守兵五百四十一名。官自备马十匹，兵丁战马二十匹。内驻扎府河池州兵三百五十三名，分防思恩、南丹兵二百四十名。

东兰营守备一名，经制千总一员、把总一员。马、步、战、守兵二百名。岁共官兵俸、饷、马乾银三千零一十九两四钱一分一厘零。内除各官养廉公费步粮二十三名外，实共马、步、战、守兵一百七十七名。官自备马八匹，兵丁战马十匹。内驻扎东兰州共兵一百五十名，分防宜山、白土汛五十名。

宜山县，附府：

驻扎本城庆远协副将一员、左营都司一员、把总一员，共兵三百八十一名。又哨船二只，配驾兵十六名。

分防德胜镇左营把总一员，兵七十名。

分防邱索汛左营外委把总一名，兵三十名。

分防龙门司汛左营外委千总一名，兵二十名。

分防三岔汛左营外委把总一名，兵二十名。

---

❶马乾银：清廷发放给养马官兵的补贴，额每马每月三两，内领豆八斗、米四斗，折银八钱七分，实领银二两一钱三分。

❷原文为五百九十九名。按此处各类兵共六百四十四名，内除养廉五十四名，实兵应为五百九十名。

分防白土汛右营外委千总一名，步战守兵二十名。东兰营兵五十名，共兵七十名。

分防高〔泉〕汛百队一名，营兵十名。

天河县：

驻防本城左营，千总一员，兵三十九名。

河池州：

驻扎本城右营，守备一员，千总一员，外委把总一名，兵二百七十三名。

分防三旺汛右营，外委把总一名，兵五十二名。

思恩县：

驻防本城右营，经制把总一员，外委把总一名，兵一百名。

东兰州：

驻扎本州东兰营，守备一员，把总一员，外委把总一名，兵一百五十一名。

东兰土分州：

官兵无。额设奉调土兵九十七名。

南丹土州：

六寨汛右营，把总一员，兵一百名。

者扛汛右营，外委把总一名，兵三十九名。

额设奉调土兵五百一十名，分八营十三哨，每营哨各设一总。又另设六外目统之，巡御各隘以备调遣。随征大调五百一十名，小调三百名。

那地土州：

官兵无。

额设奉调土兵三百名。

忻城土县：

防汛高阳站，风火、罗墨二塘，兵各二名。

额设奉调土兵三百名，分守各堡（详见《屯堡》）。

永定长官司：

防守三寨塘，兵一名。

额设奉调土兵一百名。

永顺长官司：

官兵无。

额设奉调土兵一百二十名。

永顺副长官司：

防守思农水塘左营，兵二名。

额设奉调土兵五十名。

## 剿抚（附征戍）

群丑蠢动，害我边民，不请命而挞伐之，恃顽梗化者无所创惩，何以固疆圉而安良善？然王者雅事包荒，倘顺化有机，即当因势利导，则招谕、羁縻亦控驭百蛮之道也。志剿抚。

宋太祖开宝年间，蛮酋莫弘协遣使奉表内附，求给印绶。许之。

太宗雍熙四年（987），南丹土人莫淮阆作乱，诏服之。莫淮阆有牛逐水草至河池，为牙校周承鉴所得。淮阆遣人取之数四，弗还。淮阆怒，领乡兵劫承鉴家财，尽驱县民、牲畜以归，遂诱群蛮为寇。时知宜州侯汀无备，诏发诸州兵进讨。汀坐免，官兵未至，贼悉遁去。诏谕宜、融、柳州百姓及蛮界人户曰："朕讬兆庶之上，〔处司牧之重，〕照监所暨，抚养是均，矧于遐方〔陬〕，尤所轸虑。昨以知宜州事侯汀失于绥辑，恣吏侵牟，致滋边寇，骚动闾里，虔刘士庶。及兴师讨伐，畏威窜逃。朕以起戎召衅，职由于汀。爰举国章，削其官秩。尔等宜体予含垢，革乃前非，守土厚生，保境延世。或尚恣于陆梁[1]，当尽剿其族类。"自是不复为寇。

端拱元年（988），抚水蛮乱，下诏招之。抚水蛮蒙令札等寇边，诏官其酋长，〔以〕风诸蛮，蛮乃奉职。

真宗咸平四年（1001），抚水蛮复寇，宜州守将擒其党送阙〔下〕。抚水蛮蒙令札等复入寇，宜州守将逐捕得数十蛮，械送京师。上廷见而释之，赐锦袍、冠带、银彩遣归。已而复叛，乃命供奉杨守珍、安抚使俞献可分路击捕。蛮依深篁中，时战时却，献可等募山獠为向导，设伏掩击，数破之。〔诣军门纳降，〕守珍为[2]称诏旨，赦勿杀。

景德三年（1006），诏守臣谕抚水蛮蒙填，还所掠赀畜。蒙令札归降，所掠人畜、货物未有即退，诏谕之。使还，与要盟。诸蛮乃愈益骄横，逆节萌起，窥伺中国。

景德四年，宜州军校陈进反，曹利用讨平之（详见《名宦》）。

大中祥符九年（1016），抚水州蛮入寇，诏曹克明、俞献可讨平之。抚水州蛮蒙承贵数寇宜、融州界，诏南丹州莫淮辿约勒溪峒勿从诱胁。以曹克明为安抚使，俞献可为转运使，王文庆、马玉、杨守珍等为都监，发潭州兵五千人讨之。上以蛮獠异类攻剽，常理不足以剿绝，且道险难进，敕克明等设方略摄其酋长，但索所掠生口，因而抚之。克明、献可言："蛮人去冬寇天河，今又钞融州诸砦，劫官舍，屡以诏旨宣谕，曾不悛革。臣请便宜掩击。"从之。乃与守珍等分路进击，兵次黄泥岭。承贵守要害，悉众拒官军。克明召山獠向导，贾勇而进。自辰至午，大溃其党。因追袭至中房前村，杀伤甚众，纵火焚其室

[1]陆梁：本为古越语的音译，略同今壮音。"陆"即山谷，"梁"即"山岭"之意。

[2]为：假借为"伪"。

庐、积聚。自此恐惧，窜入山谷，乃缘龙江南岸而东。会日暮，过石峡隘险，士不并行，蛮复连弩北岸。克明遣猛士步陟与斗，至即走砦，又设伏砦外。是夜蛮众大集，遇伏发，斩俘无算。乘胜搜山，悉得马牛，（享）〔飨〕士卒。于是晓谕恩信，许以改过。承贵面缚诣降，克明数责之，且犒以牛酒，皆俯伏谢。及闻诏旨赦令勿杀，咸泣下北望称“万岁”，乃插猫血立誓，自言：“奴山摧倒，龙江西流，不敢复叛。”凡纳器用五千数，愿迁处汉地者七百余口，请改州县名以固归顺之意。诏从之，因改抚水州为安化军，改抚水县为归仁县。

仁宗天圣元年（1023），宜州蛮为寇，萧定基遣兵守要害，蛮遂遁。宜州蛮为寇，以定基为安抚使。基驰至，问所以反故，遣兵万余守要害，戒诸将勿妄击，蛮遂遁。

天圣年间，安化蛮蒙光月寇宜州，杀钤辖张怀志等六人，官军讨之不利。知桂州冯伸己谕降之。

乐善蛮寇武阳，伸己遣谕祸福，蛮大悦，悉还所掠。莫世堪负险强黠为边患，伸己设伏捕之，置于法。

景祐年间，宜州蛮叛，杀海上巡检，官军不能制。命桑怿以府班殿直往讨平之。迁怿广南驻泊都监。

景祐三年（1036），莫淮戟挈族来归，命为南丹州团练副使。

景祐四年，镇宁州蛮莫陵等入寇，诏讨之。兵未至而就降。

庆历元年（1041），安化蛮复乱，杀知宜州王世宁，诏购之。

庆历四年，安化蛮攻杀将吏，所部卒惧诛，谋叛。广南西路提点刑狱徐的谕降之❶。

环州蛮区希范叛，广南西路安抚使杜杞计擒希范，醢之，复环州。环州蛮区希范者，思恩县人也，桀黠，颇知书，尝举进士，试礼部。真宗景德中，与其叔正辞应募从官军讨安化州叛蛮。既而希范击登闻鼓求录用，事下宜州，知州冯伸己言其妄，编管全州。正辞亦尝自言：“功不报”。二人皆觖望。❷希范后遁归，与正辞率其族人区丕绩往依白崖山酋蒙赶谋为乱，将杀伸己。且曰：“若得广西一方，当建为大唐国。”会有日耆石太清❸至，因使之筮。太清曰：“君贵不过封侯。”乃令太清择日杀牛建坛场，祭天神，推赶为帝。正辞、希范皆北向再拜，谓受天命。以区丕绩为宰相，余皆伪立名号，补置四十余人。庆历四年正月十三日，率众五百破环州。劫州印、焚其积聚，以环州为武城军。又破带溪寨，下镇宁州及普义寨❹，有众一千五百。宜州捉贼使李德用出韩坡岭击劫之，前后斩获甚众，俘偏将二。希范惧，入保荔波峒，间出拒官军。朝廷下诏购之。明年，转运使杜杞大引兵

❶《续资治通鉴长编》卷一百二十二。

❷觖（jué）望：不满意，抱怨。

❸日耆石太清：名叫石太清的占卜师。

❹普义寨：大致在今广西环江毛南族自治县洛阳镇西面普乐村一带。带溪寨、镇宁州参见前注。

至环州，使摄官区晔、进士曾子华、宜州校吴香诱赶等出降，杀马牛，具酒，给与之盟，置曼陀罗花酒中，饮者皆沉醉。推仆后庑下。比暮始觉，惊走，而门有守兵不得出，遂擒之。后数日，又得希范等，凡获二百余人，诛七十八人，余皆配徙。乃醢希范，赐溪峒，绘其五藏为图传于世。余党悉平。❶

皇祐元年（1049），抚水蛮罗世念犯宜州，知昭州和斌大破之，世念率众降（当在元丰年间，辨详后）。抚水蛮罗世念犯宜州，守将战死。斌乘暑，昼夜趣兵至怀远寨，示弱骄之。蛮果大至。斌走，诱至平坂，列八阵待之。分骑翼其旁，自披甲出，为众士先，殊死战。蛮大败，世念率酋党四千八百内附。❷

英宗治平初，诏左右江诸州峒，籍其丁壮，听帅司调遣。

神宗熙宁年间，以章惇为察访使招纳诸蛮。宜、融诸蛮不输贡赋，章惇奉诏招之，皆相率纳土，愿输贡赋。自梅山达宜、融诸州，更置浔江等堡，比内地。

元丰三年（1080），宜州蛮扰边，知桂州事熊本谕服之。宜州蛮寇边，除本龙图待制、知桂州，至则谕溪峒酋长约束该管地方，戒边吏勿生事。请选将练兵代戍，益市马以足骑兵。蛮闻风摄服，州遂无事。

元丰间，宜州蛮寇边，知州事王奇往讨，没于阵。

元丰八年，宜州獠反。以西上閤门副使谢麟为经制宜融溪峒使，降其种落四千八百人，纳思、广峒民一千四百室，得铠甲二万，褒赐甚渥。

按：旧志《秩官》载：谢麟经制宜融溪峒在元祐八年，而《抚蛮》载麟降种落于皇祐元年，在元祐之前；《名宦传》载王奇知宜州，在元丰年间，亦在元祐前。而《剿寇》载奇战没于崇宁，更在元祐之后。按《广西通志·名宦传》，孙立节崇宁间为桂州节度判官，时谢麟经制溪峒事，宜州守王奇与蛮战死，立节被旨拘吏士有罪者，谢因收大小使臣十二人付立节，欲尽斩之。立节持不可，各互奏。所司议如立节言，十二人得不死，与旧志《剿寇》条合，及考《谢麟本传》则云："由太常博士改西上閤门使，诏使经制宜州獠，降其种落。元祐中知桂州、平融江贼。"则麟之经制宜融应以《奇传》"元丰年间"为正。其云皇祐、元祐、崇宁者，皆记载之讹，今正之。

再按：和斌所破之抚水蛮，即此宜州蛮也，当与王奇、熊本、谢麟各条本一事，相为首尾耳。熊本始息于先，在奇战没于继，和斌、谢麟剿抚兼施于后。故旧志《斌传》有守将战死之语，即指王奇、费万而言。酋党四千八百内附，亦与谢麟所降种落之数吻合。和斌以皇祐中从狄青征侬智高后，擢文思副使，累迁至皇城使、昭州刺史。始破罗世念大约皆在元丰年间，而旧志《抚蛮》载谢麟事、《剿寇》载和斌事，一云皇祐元年，一云皇祐年间，则误矣。并附论之。

❶《宋史·列传第二百五十四》。

❷《宋史·列传第一百九·和斌》。

徽宗崇宁初，宜州安化酋蒙光有复啸聚为乱，知宜州党光嗣击败之。（详《名宦》）

大观元年（1107），黄璘破南丹溪峒，擒莫公佞、莫公晟，斩林松、朱恩等，徽宗赐书劳奖。是年十二月，置黔南路，加蔡京太尉，诏王祖道为兵部尚书。先是，南丹州地与宜州及西南彝接壤，世为莫氏所居，自署刺史。王祖道欲取之，乃诬其酋长莫公佞阻文兰州不令纳土。上发兵讨之，擒公佞，以南丹为观州。公佞弟公晟结溪峒报复，侵掠城邑，杀刺史。蔡京匿不以闻，特置黔南路，领庭、孚、平、允、从、宜、柳、融及观共九州，因有是命。二年，安化诸州蛮内附，以张庄为黔南经略安抚使。

按：抚公晟者黄璘，主其事者王道祖与蔡京也，妄启边衅而奖劳加官反获荣宠，应无噍类[1]矣。

宣和六年（1124），莫往峒蛮叛，郡倅施才[2]谕服之。

高宗绍兴三年（1133），广西经略安抚使吕愿中奏谕降诸蛮狑、狼、獠、狪之属三十一种。

绍兴四年，南丹州叛酋莫公晟来附，诏贳[3]其罪，授南丹州土巡检使。莫公晟者，莫淮阆之族而淮辿之孙也。淮辿自称南丹州刺史，寻卒。有子曰世忍，请岁输贡赋，授如其官。世忍死，子公佞袭。徽宗大观中，桂、宜等州都巡检使刘惟忠奏公佞阻遏诸蛮，不令纳土，因矫诏杀之。公佞之弟曰公晟，愤怒，结溪峒围惟忠，中伤死。诏以岑利疆代惟忠，发兵讨公晟，晟遁去。乃改南丹为观州，置知州一人、曹官一人、兵职二人、指使七人，吏额五十人，以土丁千人隶之。又改怀远军为平州，设官军如观州制。高宗绍兴四年，宣谕使明橐上言："平、观二州，处广右西偏，旧常无虑。崇宁、大观间，边臣启衅，奏请置州拓境，深入不毛，官军费用悉由内郡，于是骚然莫能支。政和间，朝廷始悟其非，罢之。或谓观州控制南丹十道诸蛮，平州为西南重镇，兼制三江，以故二州独不废。然州无租税，仰给邻境，飞輓涉险，或遇蛮寇设伏，阴发毒矢，中人辄死。人畏贼，率委弃道路。纵然达州，糜费不可胜计。边吏欲以刺探为功，故时时称警，因以为利，遂欲存而不废。比年户籍日削，民多流离，或转入溪峒，公私困弊为甚。且税场、互市之利，又为守臣边吏所私，独百姓有征戍转输之苦，诚可恻悯。臣以为罢平、观二州便。"廷议又以莫公晟于南丹境上不时窃发，若废二州，恐于缘边事有所未尽。诏令广南西路帅、曹、宪司共条具利害以闻。于是，诸司交言平、观二州困弊已甚，有害无益，请复祖宗旧制为便。诏从其言。已而莫公晟率诸蛮来附，诏贳之，用为本路钤辖。已复遁去，旁诱诸蛮为边患。经略沈晦遣将罗统往戍。统至，招抚诸蛮。皆诣府请降，结誓而去。公晟势孤，不

[1]噍（jiào）类：本指能吃东西的动物，特指活人。

[2]郡倅：郡守的副职。施才，号拙翁，贵县人。中乡试第一，历任庆远郡倅，宣和间平贼有功，秩满入对。徽宗问南方风物，对曰："道德一而风俗同。"上喜，迁朝散郎、永州太守。

[3]贳（shì）：宽纵，赦免。

复犯。五年，授南丹土巡检使。

孝宗乾道六年（1170），宜州蛮莫才都作乱，经略使刘焞诱擒之，伏诛。莫才都，宜州蛮也。聚数千人为乱，广西经略刘焞率兵往讨，不克。乃遣其牙将蒙明质贼巢谕降。明密书与焞，具言贼可破状。才都觉之，烹蒙明。诸州合兵诱擒才都，械送经略，伏诛，尽破其党。焞乞推恩明后以旌死事，诏官其一子蒙泽为进武副尉。

乾道九年，知静江府范成大谕服右江诸猺。范成大帅广西，以恩信结诸猺。诸猺纳状云："某等充山职，当钤束家丁，男持棒，女把麻，任从出入。上有太阳，下有地宿，不得对好翻非，偷寒送暖。上山同路，下水同船，男女带刀，同随盗贼。不用此款者，并依山例。"山例者，杀戮也。自是，帅事一年，猺无叛者。

淳熙十年（1183）冬，安化蛮蒙光渐为乱，宜州将官田昭明力战，死之。安化蛮突入内地，焚寨栅、杀居民为乱，宜州驻扎将官田昭明与蛮力战不克，死之。十一年，蛮酋蒙光渐复率众抄掠。先是，敕帅官曹以时赐溪峒盐钱，知宜州马宁祖甫给一月而止，不能遍及蛮部。思立寨将领杨良臣更镇抚乖方❶，致激变。诏罢宁祖等，命广西钤辖沙世坚率兵进讨。世坚言："官军与猺人兵器利钝不同，宜敕沿边军吏多置强弩、毒矢以惧猺人。"从之。世坚进击破光渐，降其党千余人。

宁宗庆元四年（1198），蒙峒蛮哀康等作乱，广西帅司招降之。

元世祖至元十四年（1277），南丹牧莫秀太内附。

至元末，南丹酋莫国麟献图纳土，命为庆远南丹溪峒安抚使。

顺帝至（正）〔元〕初，南丹安抚司莫忠赦党贼残民，平章探马〔赤讨之〕❷，赦降之。

明太祖洪武二年（1369），蛮酋莫天护纳款。庆远蛮酋莫天护，洪武初纳款，广西行省言："庆远地接八番溪峒，宋、元皆以莫氏为安抚使，宜如旧制录用，则蛮情易服。"制曰："可。"已而改庆远南丹安抚司为庆远府，置南丹、那地等州。

洪武十三年（1380），东兰土民籍土官韦富挠作乱，广西都司讨平之。初，东兰土知州韦富挠于洪武十二年遣其家人韦钱保诣阙，上故元所授印，贡方物。钱保匿富挠名，以所贡为己物。因授钱保土知州，设流官、吏目佐之。既而钱保征敛暴急，民不堪命，因拥富挠作乱。广西都司讨平其乱，执钱保，除官代之。永乐九年，始以韦万目为土知州。

洪武十六年，东兰、那地诸贼犯边，广西指挥徐元领兵击之，斩首千余级，平寨二十四。

---

❶镇抚乖方：镇守、安抚策略失当。

❷至正初，《粤西文载》作至元初。因莫忠赦残民、探马赤征讨在至元（1335—1340）初，莫忠赦子弟来降则在至正（1341—1368）初。又，原文无"赤讨之"三字，语义不通，据《粤西文载》卷二十五《历代驭蛮》所载事略补足。平章：职官名，"平章政事"的简称。探马赤：元代官名，后多改作"特默齐"。

二十八年，都指挥使韩观率兵捕获宜山县等蛮二千八百余人，斩伪大王韦召、伪万户赵成秀、韦公旺等，传首京师。时岭南盛暑，多病瘴，帝命观班师。

是年，南丹土州莫金叛，诏拜杨文总兵官率师剿之。南丹土州莫金暨崇善土官赵暹、龙州土官赵宗寿、奉议土官黄世铁等俱叛。帝命征南将军杨文平龙州后，移师讨南丹、奉议等处。大军进征奉议，调参将刘真分道攻南丹，破之，执莫金，并俘其众。后遣宝庆卫指挥使孙宗等分兵击巴、兰等寨蛮獠，俱焚寨遁去。官兵追捕斩之，蛮地悉平。诏置南丹卫及河池守御千户所，更移兵剿思恩、都亮诸蛮，悉平之。

二十九年，都指挥使姜旺、童胜率兵抵思恩县镇宁等村峒，杀获叛蛮三千余人，降一千一百余户，得故宋铜印一来上。

太宗永乐二年（1404），庆远、柳、浔诸蛮杀掠吏民。征南将军韩观上章请讨。明年，遣都指挥朱辉谕降宜山、忻城诸山寨，荔波猺震恐，乞为编户。帝属❶观抚之。八十余峒皆附。

按：《明史·土司列传》："永乐二年，庆远府言：'忻城、宜山二县洞蛮陈公宣等出没为寇，请剿捕。'帝命都指挥朱辉亲往抚谕。公宣等相率归附，凡千三十五户。荔波县民覃真保上言：'县自洪武至今，人民安业，惟八十二峒猺民未隶编籍。今闻朝廷加恩抚绥，咸愿为民，无由自达，乞遣使招抚。'乃命右军都督府移文都督韩观，遣人抚谕：'其愿为民者，量给赐赉，复其徭役三年。'"与此稍有异同，并录附之。

永乐五年，宜山县述昆等乡贼首韦公本等作乱，都督韩观率师讨平之。四年，讨安南，诏观画方略、转粟饷。军贼乘观出，复叛。五年，安南平。兵抵柳州，贼望风遁。观令都指挥朱广、方政以湖广兵攻庆远宜山、忻城、河池，而自以贵州、两广兵由柳州攻马平等州，群蛮复定。

永乐十九年，宜山贼韦万皇等反，称王。纠合马平、三都、五都等贼攻劫州县，杀御史诸璞，夺其印。都督镇远侯顾兴祖奉诏进讨，大败之。

永乐二十一年，宜山、河池、思恩等县猺贼复乱，征蛮将军顾兴祖分兵击平之。

按：顾兴祖，江都人。镇远侯顾成子，嗣爵讨广西蛮。思恩、河池贼覃公旺、公新，宜山贼韦稳皆平之。宣德二年，坐不救邱温被逮，命山云代之。旧志不著。思恩、河池猺贼姓名，所云宜山贼韦万皇，未审，即是韦稳抑或韦稳党羽也。

永乐二十二年，思恩县土贼韦员等作乱，劫官杀民，官兵讨平之。

宣宗宣德二年（1427），柳、庆蛮韦朝烈等乱。命都督山云佩征蛮将军印，充总兵官，代顾兴祖讨之。柳、庆蛮韦朝烈等掠临、桂诸县，时镇远侯顾兴祖被逮。三年，命山云佩征蛮将军印，充总兵官进讨。贼保山巅，挂木于藤，垒石其上。官军至，辄断藤下木石，无敢近者。云夜半束火牛羊角，以金鼓随其后，驱向贼。贼谓官军至，亟断藤。比明，木

❶属：通"嘱"。

石且尽，众噪而登，遂尽破之。是年夏，忻城猺贼谭团不靖，云讨擒之。

宣德初，蛮寇覃公旺作乱，据思恩县大、小富龙三十余洞，固守险阻，以拒官军。总兵官顾兴祖督兵分道攻之，斩公旺并其党千五十余人。捷至，帝曰："蛮民亦朕赤子，杀至数千，岂无胁从无辜者？以后宜开示恩信，抚慰而降之，如贾琮率交州可也。"

《通志》云："宣德初，以总兵山云副顾兴祖讨宜山县贼韦万皇、余党覃公旺等，蛮稍慑服。"按山云乃代兴祖，非副也。讨覃公旺等，旧志云"讨忻城猺贼"。《明史·山云本传》云"讨柳、庆蛮韦朝烈等"，俱与《通志》互异。万皇倡乱，忻城、柳、庆蚁附者，原非一处，故记载各不同耳。又《明史·土司列传》"宣德五年，山云讨庆远蛮寇，斩首七千四百，平之"，与"杀至数千"之语相符。此云"千五十余人"，恐讹。

九年，山云奏："思恩县蛮贼覃公砦等累年作乱，今委都指挥彭义等率兵剿捕，斩贼首梁公成、潘通天等，枭之。"仍督官军搜捕余党。帝赐敕慰劳。又奏："庆远、郁林等州县蛮寇出没，必宜剿除，而兵力不足。"帝命广东都司调附近卫所精锐士卒千五百人，委都指挥一员，赴广西听云调用。

英宗正统七年（1442），韦万皇余党覃公旺等复乱，诏思恩土府岑瑛抚而治之。

正统十年，宜山县述昆等乡贼首韦万秀作乱，总兵柳溥讨之。

景泰元年（1450），贼首韦万秀复乱，总兵官武毅剿之。时因蛮彝弗靖，司土者莫能慰。老人黄记祖与思恩府土官岑瑛交结，谋割宜山县归善、洛三等乡地属思恩，土人呶呶不服。韦万秀以复地为名，因而倡乱，寇河池所、德胜镇诸处。总兵官柳溥讨之，并破思恩蛮，擒韦万川，万秀遁。景泰元年，副总兵都督、佥事武毅调都指挥彭英抚之。三年，复乱，总兵官武毅剿之。

天顺元年（1457），田州头目吕赵伪称敌国大将军，张旗帜、鸣钲鼓，率众劫掠南丹州。又据向武州，杀田州土知府岑鉴。四年，巡按御史吴祯讨平之。

天顺三年，述昆、清潭、三岔等处贼首覃召管、李天反纠众围劫乡村。同知叶正进讨，弗克，死之。（详见《名宦》）

按：《明史》正本传及《通志·名宦传》俱云："峒酋韦父强寇庆远，叶正力战，死之。"则父强乃贼首而覃召管等即其党与[1]，故本传中亦有"其党愤之"语。但父强就擒而召管猖獗甚久，旧志因略父强而书召管等耳。今于《名宦传》内改从本传，而此仍旧志书之。虽贼名互异，而实则从同，非存疑也。

天顺间，庆远猺贼甚炽，知府周一清募壮士、籍民兵，协官军抚捕之，贼渐却。

此猺贼即覃召管等也。旧志《名宦传》："一清，以天顺间知庆远府。"并言其有征藤峡功，则抚捕猺贼当在天顺、成化之间。《秩官志》云"成化年间任"，误矣。

天顺五年，宜山县述昆乡土贼复为乱，仍以地方拨属思恩土府，檄土官岑瑛抚治之。

[1]党与：同党之人。今多作"党羽"。

宪宗成化六年（1470），总督韩雍遣参将张寿、游击冯昇分道讨忻城八寨蛮，及诸山猺贼据州县者，皆摧破之。

按：《明史》多讹处。如“忻城”作“忻州”，“永定”作“永安”是也。《广西通志》亦云“讨忻州八寨”，沿《明史》之讹耳。忻州属山西，忻城县属广西，各不相属，今正之。

宪宗成化十二年，天河县贼首韦谏诚作乱，都御史吴琛命将讨平之。

成化十六年，南丹土知州莫必胜率众攻荔波县，杀民二千七百有奇，掳三千七百有奇。时总镇诸臣俱事姑息，置不问。

成化二十二年，覃召管、李天反复乱。佥事李〔辙〕等委官抚之。

成化年间，柳、庆猺贼乱，广西右参将欧磐募敢死士夜入贼巢，斩其渠胡公返。

按：《明史》欧磐本传：磐，滁人，袭世职指挥使。成化中，用总督朱英荐，充广西右参将，分守柳州、庆远，与左参将马义讨融县八寨猺，克之。师旋，余贼复出掠，被劾。帝黜磐等功，但卹死事家。猺贼方公强乱，兵部劾总镇中官顾恒并及磐当谪戍。督抚奏：“磐所守乃猺、獞出没地，磐募死士夜入贼巢，斩其渠胡公返，威震群蛮，论功可赎罪。”乃宥之，还故任。但未识所云“八寨”即忻城八寨。为今之外八堡者否耶？

孝宗弘治六年（1493），覃召管、李天反复猖獗。知府姜绾督土兵擒之。召管、天反复纠述昆等乡贼，劫掠乡民。绾督东兰等土兵擒获二贼，详请奏立永定、永顺正、副三长官土司，分治其地。

弘治十二年，东兰土知州韦祖鋐（《明史》《通志》俱作“祖鋐”，旧志讹作“祖鎔”）集众五千，从思恩土知府岑濬攻田州，大肆杀掠。南丹土知州莫继恒奏：祖鋐擅调人马，强占地方。上命两广镇巡官勘之。岑濬伏诛，祖鋐幸免。

按：旧志《土司世系》内不载韦祖鋐姓名及助濬攻田州事。又按《江西通志》载：“程廷琪，字献之，浮梁人。弘治间，官广西参政，进布政使。时东兰吞并，往谕祸福，随解。”而旧志《抚蛮》内亦不载，仅于世系内载“河池州三旺、六里为东兰所据，督臣刘尧诲奏闻，下兵部议，以地归河池而占据如故。万历十六年，韦文炷始将其地退还”，则旧志所轶者多矣。

弘治十三年，述昆乡贼韦七鏇纠众攻城。知府姜绾率指挥王濬掩击，败之。七鏇纠合诸峒贼数万，猝至南关。知府姜绾部署官吏，与指挥王濬备御甚严。贼悉众穴城，城将溃。绾急率兵掩击，杀贼数十人。稍定，会四乡兵至，贼引退。纵兵合击之，追奔四十里。诸蛮慑服，东兰等州皆归侵地。近贼者多愿附为民。

弘治十五年，天河县贼首韦万妙等作乱，知府姜绾督土兵擒获，诛之。韦万妙等纠众作乱，知府姜绾督那地土州兵抵巢，擒万妙，诛之。生擒贼首魏总兵、□参将、覃知府、韦天王等，余党悉定。

武宗正德二年（1507），柳、庆獞贼时出劫掠，都御史陈金命官军讨之。

世宗嘉靖元年（1522），东兰土目韦正西作乱，盗三寨司巡检印，知府王显高以兵擒而诛之。

是年，南丹土知州莫扬兴兵侵思恩县界，知府王显高谕之，复其侵地。思恩县地与南丹土州犬牙相错，扬欲吞并，（与）〔于〕官侵茅滩界筑二堡，于普义、六传、川山、三疃复筑四堡。民诉之，院司委官逐退，扬桀骜不服。嘉靖元年，都御史张嵿委知府王显高、都指挥戚纲诣堡，谕以威令，扬始惧，尽撤目兵，毁其堡。扬后奉调征田州，卒于军，无嗣。

嘉靖间，南丹土官莫振亨纵目兵莫人蛮等复越思恩界筑堡，官兵剿退。

嘉靖三十年，南丹土目莫苇以罪伏诛。莫苇，南丹土官之族也，伪称岑苇，串田州土目，逐主母瓦氏。总督欧阳必进发兵诛斩，田州以宁。

是年，永定长官司韦启邦越城劫府库，知府陈柽计缚斩之。

嘉靖三十三年，总督鲍象贤遣将讨庆远忻城皂岭、板荒、龙楼、东欧等村巢贼，平之。时广西贼黄父将等扰，象贤捣其巢，大获。予象贤一子官，晋南京兵部侍郎。

查：东欧村即今忻城县治；皂岭即今峡岭，系忻城与迁江、凌所、横山村交界；龙楼村未知今属何处。

嘉靖末，东兰岑瑄诈称岑濬子起云，谋复土官，为九土巡检司头目所缚。

隆庆间，惠安郑一龙为右江兵备副使，至则申约束，严科派❶、偷安、骚扰、卖放、通夷诸弊，而密陈制府以迁江之东欧，来宾之北五，柳城之上油，宜山之清潭、都亮，宾州之涤里横行流劫，收捕宜先。制府檄守备辈听一龙指挥，分以疆域，责令雕剿。贼甫离巢，随即捕获。群盗屏息。

万历二年（1574），十寨蛮贼猖獗，巡抚郭应聘抚安之。

按：十寨，旧止八寨，曰思吉、曰周安、曰古卯、曰古凭（《通志》作古蓬）、〔曰古钵〕、曰都者、曰罗墨、曰洛红（《通志》作剥丁）。后益以龙哈、咘咳为十。其地东连柳州三都、皂岭、北四诸峒，北连庆远忻城东欧、八仙诸峒，西连东兰等土司及夷江诸峒，南接思恩府及宾州上林狪盘、渌毛诸峒，约三百余里。故皆迁江八所屯及上林三里民地。贼寨各有众千余，四山环合，共据一险，强黠悍猛，莫当其锋。嘉靖七年（1528），新建伯王守仁讨思恩，以降贼卢苏、王受愿自效，遂潜师分道进，□袭杀二千余级。不二年，辄复猖獗，焚掠无虚日。隆庆四年，都御史殷正茂奉旨克复古田。有贾人萧绅者，素贩十寨中，熟知地利。正茂购之，令赍文往谕。贼惧，闻谕遂欢呼出现，愿请官坐镇，输赋供兵，寨蛮稍定。惟龙哈寨獞贼樊尚劫藩库、攻县治，自知恶极，于法不宥，屡抚不就，与其党二百余啸聚山谷。巡抚郭应聘密令三寨土司黄旸等各选精兵，袭斩樊尚及其子弟凡十四人，并获原劫僧、道印二颗而还。散其余党，诸寨惧服。寻议分八寨为三镇，仍使土官

❶科派：责令出资或按定例摊派捐款。

族目韦应鳌、韦显能、黄旸各授巡检，领兵千余戍之，而以思恩参将统焉。建参将署于三里、龙哈、咘咳，各募兵立堡，又迁南丹卫以实边地。远近棋置，隐然一长城矣。

万历五年，河池州贼首韦宋武作乱，巡抚吴文华遣将剿平之。韦宋武，河池州惟建里贼也，纠横岭贼蓝龙返劫杀地方人民。巡抚吴文华选卒七千余，俾参将王瑞、倪中化往剿，诸贼悉平。

按《明史》吴文华本传："万历三年巡抚广西，偕总〔督潜云翼〕征河池、咘咳、北三猺，三〔猺未〕为逆，〔云翼喜事，杀戮甚惨，得〕荫袭，文华亦受赏。"❶□□不满于文华。□□□□《通志》则又甚称□□□柳州北三寇号划马贼，诸将皆惮之。适河池、咘咳有警，文华选卒七千余，俾参将王瑞、倪中化往剿。既得捷，即驰檄诸将曰："吾名攻河池耳，意固在北三。今河池捷，北三谓我兵疲，且休。必不我虞，可击也。"遂督兵分道进，连破七十余巢，斩四千八百级。俘获称是。《老子》有言："佳兵者，不祥之器物。"或恶之。然姑息适以养奸，将蔓延不可根究。即草薙而禽狝未为过矣。文华之歼三猺可轻訾哉！至其增设河池州同知，至今仍之。宜志称其"经略种种，足规永利也"。

万历七年，横岭贼蓝龙返复乱。巡抚、都御史张任，都指挥戚秉忠讨除之。蓝龙返据火把峒，与其子本伟、本堂、本惠焚劫各村。巡抚张任督秉忠谋除之。龙返有仆被挞甚怨，秉忠因厚结之，尽得贼中虚实。一日，龙返谋遣蓝金伏路劫夺，秉忠率兵斩之。蓝本伟在墟贸易，又追斩之。龙返怒，期会众杀秉忠。秉忠令仆伺龙返睡浓，窃断弩弦，藏其利刃。秉忠领二十余人潜伏峒口窃入，龙返惊觉，枪已倳❷其腹中。众兵拥入，剿灭余党，横岭诸贼遂平。

万历八年，南丹土官莫之厚寇荔波，总督刘尧诲谕退之。之厚故桀黠，时出剽寇。万历四年，土豪陈廷广等又将荔波地私与之厚，随以兵侵略。督臣刘尧诲、抚臣张任以闻兵部，议还其地。万历八年，之厚毁董界官堡，据喇立、喇歌、董界、翁隆、吉利、喇离、上下七□。督臣委指挥戚秉忠立牌定界，后始帖然。

万历八年，十寨复乱。总督军门刘尧诲、巡抚张任发兵平之，经理其地。

万历九年，东欧贼合马平三都贼掳官、杀役。总督刘尧诲、巡抚郭应聘发兵剿之。

万历十四年，东兰头目陈星等作乱，参议陈性学调兵擒而戮之。初，东兰土知州韦应龙以老告休，废其长子文煃，立幼子文韬。应龙弟应虬纠南丹、那地土兵攻之。万历十四年，文韬死。头目陈星、陈蒙等欲立其幼子文略，图专擅。乃囚应龙于武篆，杀家丁，执官男文煃，藏匿州印。性学计取应龙、文煃，星、蒙遂据寨叛。因调兵擒星等戮之，以文煃袭。先是，河池州三旺、六里为东兰所侵，督臣刘尧诲奏闻。下兵部议，以地归河池，

❶《明史·广西土司》载："万历六年（夏），总制潜云翼、巡抚吴文华大征河池、咘咳诸猺，斩首四千八百余级，岭表悉平。"

❷倳（zì）：古同"剚"，插入，刺入。

而占据如故。至是，文煃感再造恩，慑威令，始将其地复还。

万历三十三年，忻城叛目莫贵、莫良护等杀土知县莫恩辉。督、抚、按三院檄柳庆参将朱昇督永顺司土兵进剿，斩莫良护，生擒叛党莫付才等五人，缚送上司斩之。

万历三十三年，知府叶蕌调兵征德胜镇南、北两巢，平之。

本朝世祖顺治四年（1647），明永明王由梆自靖奔柳，道出古州，罗城土舍覃鸣珂率天河、思恩贼作乱，大掠城中，矢及由榔舟。官兵讨平之。

顺治九年，定南王孔有德开平庆远地，时明伪安西将军李定国猝至，蛮酋复叛。十五年，大将军绿国安复定之。

圣祖康熙二年（1663），荔波知县胡启睿赴任，借宿。苗民不容，击鼓合众屠杀。督抚请兵剿洗之。

康熙三年，思恩县土贼覃六作乱，提督马雄同右江兵巡道丁敬率兵剿擒之。

康熙四年，思恩县贵巢贼纠众据天门峰作乱，知县翁世庸督兵破之。

康熙十三年，滇黔吴逆变，柳庆协副将冶秉忠据城叛附。十九年，巡抚麻勒吉率师开复，戮之。

康熙十九年，永顺土官邓世广与戴天禄私铸伪印谋反，提督哲尔肯发兵平之。

康熙二十年，东兰土目覃慈、龙珠、龙王叛，杀土官韦兆羆，巡抚麻勒吉发兵剿平之。

康熙二十一年，思恩县逆党黄明作乱，将军标下左都统、副总兵招国璘，右都统、副总兵熊经讨之。

此条据《思恩县志》开载。但查《秩官图》内广西将军、都统等缺，于康熙二十年已裁。其将军以下等官俱未列名。此乃康熙二十一年事，广西已无所谓将军、都统等官矣。招国璘与熊经或系广东将军标下，亦未可定。

康熙二十四年，南丹目民莫包、郁冒等胁官族莫与齐据州。知府白启明率师往谕，服之。初，土知州莫与隆死，子大经袭，年幼。奸目卢歧、卢纳等擅权作威福，土人呶呶。莫包因胁与隆弟与齐占据州治。启明奉两院檄率师往抚，散其党，平定之。

康熙三十八年，吴逆伪将王明遁匿古州八万蛮地，造伪札煽惑夷众布滇黔楚粤间。柳庆协兵弁潜入古州擒明，送长沙弃市，事遂解。

康熙三十年，南丹官族莫与齐及其子大志等谋官夺印，相继叛乱。知府王锡瓛奉檄提大志，开诚谕之。并其子我谟、我善等安插宜山，乱始平。

世宗雍正元年（1723），宜山县中里贼纠众劫掠，知府赵世勋率兵擒之。韦朝客等，中里积贼也，结新堡、喇奋等村贼党，时出劫掠，放火烧杀。知府赵世勋同柳庆协守备率兵擒之，分别治罪。

雍正三年，天河县贼酋恃险抄掠。知县吴正一率土兵擒获，诛之。覃贵翁、莫东旺者，天河县福禄里贼也。里有上、中、下三疃，万山突起，俱蛮獞所居。贵翁等恃其险隘，窝藏煽诱，宵小闻声依附，抄掠无虚日。雍正六年，督、抚、提咨商檄剿。知府徐嘉宾檄知县吴正一授机宜，调发土兵进剿。擒获莫东旺父子及凶党十余置于法，余皆开予自新。獞贼敛迹，县境始安。

雍正五年，思恩县大溪等村蛮贼作乱，知县梁楷请兵剿之。大溪、上甲、思累村姓蒙者纠众掳杀，负固不服。知县梁楷奉檄帅师讨平之。

雍正七年，宜山县巢贼劫掠乡村，知府徐嘉宾计讨歼之。蓝明宽、蓝明若恃险出劫，捉人入峒，靴禁勒赎。知府徐嘉宾设计擒斩，请移同知驻扎德胜镇，调南丹、那地、东兰土兵三百戍之。添设巡检弓兵，革去龙门土舍，设龙门司巡检，互相缉防。

今上乾隆五年（1740），忻城蛮叛。庆远协副将毕映讨平之。蓝明星、莫明权，忻城外八堡蛮也。地近迁江、马平界，抗法拒捕。土知县莫景隆详奉督抚、提宪，檄庆远协毕映督东兰营守备王振远率官兵同忻城、永定、东兰土兵进剿岸水、山冲、石岩、板江等处，擒获积贼，解报。

乾隆五年，宜山县白土、邱索等十八村寨土蛮不服土司管束，恃险行凶。有首恶积贼蓝明反等盘踞其中，统凶劫掳、拒捕伤兵，居民久受其害。总督马尔泰、巡抚安图、提督谭行义派汉土官兵三千余百名，委右江道李锡秦监纪军务，游击杨刚统领，分路前驱，剿获巨魁，尽净根株。其胁从愿归命者，予以招抚。奏闻，奉旨："此次官兵奋勇成功迅速，实属可嘉。李锡秦、杨刚及在事有功官兵，着该督查明，交部议叙。该部知道。钦此。"部议叙赏有次。

## 征戍附

明正统年间，南丹土官莫祯随总兵官山云征大藤峡，以功加庆远府同知。

东兰土官韦正保调征广东九连山贼，卒于军。

忻城官男莫凤调征宾州八寨及东江龙山贼蓝万贵等。

嘉靖五年（1526），总督姚镆调南丹土官莫杨、那地土官罗志通征田州岜马寨。

七年，总督王守仁征八寨，调南丹官族莫振亨、东兰土官韦虎林、属右参将沈希仪，扑剿下岜、中寨，寻令东乡〔马拦、南岭、新村、莫村、落村等寨〕，贼首韦召蛮等，〔务要尽数擒斩，以靖地方。〕[1]

[1]此处〔〕文字原缺，文义殊不可解。据王守仁《分调土官韦虎林进剿事宜牌（五月十五日）》略作补充。

嘉靖八年，沈希仪为右江参将，守柳庆。调那地州狼兵二千[1]戍柳州。自后，东兰、那地各番戍一年，每戍各狼兵二百名，今久裁。

嘉靖二十四年己巳春，诏提督两广军务、督察院右副都御史张岳，总兵官征蛮将军陈珪剿马平县五都诸蛮。蛮据险为巢，以十数，大者五六百人，小亦不下二三百，多储蓄藏以防征。秋八月，征兵悉会龙城，分为三道。右参政郑纲监、参将戚振统南丹官男莫惟武[2]目兵出中道，以向鱼窝、雷岩、同银、北岓；左参议赵崇信、监参将孙继武统那地土官男罗廷凤兵，由东道以向马鞍、平田、北册、洛满、南团、口巢；副使魏良辅、监都指挥李霁统东兰土官韦起云目兵，由西道以向都博、高桅、龙船。九月丁卯，诸军按道分攻雷岩、北岓、平田、北册、洛满、都博，克之。遂进围鱼窝、马鞍、高桅诸巢。明年夏四月甲午，马鞍破；丙午，鱼窝破；蛮中震恐。因抚辑余党，分兵屯守，护旁近居民耕种，班师。

二十七年戊申，总督张岳调南丹、东兰、那地土官目兵剿贺县弓山、磦石、黄峒等巢贼首倪中亮、李三弟诸蛮。是年，以那地州土官罗廷凤有劳，命袭替，免赴京。

三十八年，调那地土官目兵征新宁蛮贼。

嘉靖四十二年，录平猺功授东兰州、那地州土官职。

隆庆六年（1572），总督殷正茂、巡抚郭应聘调东兰、南丹土兵，以土吏韦文明统之，讨府江北三、北五及东欧、西里、三都、五都划马贼，破古西、岩口、笋山、古造及两峰、黄洞等寨，斩获贼渠。余窜入仙回、古带诸山，搜捕殆尽。

万历四年（1576），调那地、忻城、永顺、永定各土官目兵剿广东罗旁贼龙旺等。

七年，调那地、忻城土官目兵剿八寨蛮贼樊公宾。

十四年，调那地土官罗忠辅征天河县谨四堡猺贼。

二十六年，调那地土官罗谦端征平乐府北陀抚獞黄朝田。

三十三年，调南丹土官莫伋、那地土官罗谦端随将军刘□征四川播州杨应龙，平之。

本朝顺治四年（1647），明永明王调东兰土官韦继宗讨罗城叛寇覃鸣珂。

雍正元年（1723），调永定土官韦廷璧擒宜山县喇奋村猺贼韦朝克。

三年，调永定土官擒天河县福禄里贼莫东旺。四年，复调征宜山县三岔、良音等寨贼韦明獠等。

七年，调南丹、东兰、那地土兵三百名，戍德胜镇。寻以东兰改土为流，撤回东兰土兵。

八年，调南丹土官莫我谦、永定土官韦廷璧随征古州逆苗，破六百、龙爪、车寨及滚

[1] 二千：结合后文“每戍各狼兵二百名”，及《武备志》所载“额设奉调土兵三百名”，此处系“二百”之误。

[2] 莫惟武：原文“惟武”完全缺失，据明张岳《小山类稿·报柳州捷音疏》校补。

唐、滚宗、邱车等寨。十年，复剿古州、清江苗乱。

乾隆五年（1740），调南丹土官莫我谦、那地罗会禧、东兰韦朝佐、忻城莫景隆、永定韦廷璧剿宜山县白土猺贼蓝明反及义宁县逆苗石金元等。是岁十一月，复调东兰、永定土官剿擒忻城外八堡蛮贼莫明权等。

六年，迁江逆贼李彩谋为不轨，忻城土知县莫景隆堵截要隘，擒获逆犯梁文臣。功闻，加级。

## 屯堡

自赵充国❶条留田便宜十二事，诸葛亮屯兵五丈原❷，而屯政以始。有屯因有堡。唐之府兵、明之卫所，皆本其遗意而经营之。国初革卫所，屯废而堡亦废矣。然土目之番戍，仍与官兵骖靳相需❸也。欲实边塞而严防维，其可略诸？爰列戍守，志屯堡。

### 宜山县庆远卫

左所屯六：

城南（在南关外）、洛坡、丹栏、均卢、小曹、南番（俱在洛东里），共兵一千二百六十八名，今裁。

右所屯一：

杜韦，兵一千三百四十二名，今裁。

中所屯四：

德胜、都街（俱在上青里）、周家庄（在中里）、清潭（在新安里），共兵一千三百八十四名，今裁。

前所屯一：

洛目（在洛目里），兵一千四百一十二名，今裁。

后所屯一：

洛德（在上里），兵一千三百四十一名，今裁。

堡四十六，各堡兵俱明设，今裁。

关厢堡募兵四十五名，龙塘堡募兵七十一名，打墙堡募兵七十名，拔拈堡募兵二十名，燕山堡募兵七十一名，中隘堡募兵十六名，武律堡募兵二十名，后割归永顺长，东营

❶赵充国（前137—前52）：西汉大将。其在西北屯田时有《条上屯田便宜十二事状》，详见《汉书·赵充国传》。

❷五丈原：古地名。在今陕西省岐山县南，斜谷口西侧，渭水南岸。

❸骖靳相需：相互依托之意。骖，驾在车前两侧的马；靳，套在辕马胸前的皮革，亦作夹辕两马的代称。

堡募兵十六名，北吉堡募兵三十名，马蹄堡募兵五十名，崔田堡募兵十名，三桥堡募兵十名，思龙堡募兵十五名，屯头堡募兵三十名，长镇堡募兵三十名，石鳖堡募兵一百名，铁岭堡募兵二十五名，大寨堡募兵四十七名，洛蒙堡募兵六名，马跑堡募兵二十五名，永宁堡募兵三十名，洛归堡募兵二十名，洛湖堡募兵二十名，挂榜堡募兵二十名，千万堡募兵七十名，古伏堡募兵十名，曲隘堡募兵三十名，古迈堡募兵二十五名，陆塘堡募兵二十五名，德胜堡募兵六十五名，上下喇积堡募兵二十五名，膺山堡募兵二十五名，谢表堡募兵二十五名，阮隘堡募兵一百名，大峒堡募兵十名，中隘堡募兵十名，高隘堡募兵十五名，长沙堡募兵二十名，伏地堡募兵十名，岜香堡募兵三十名，大湾堡募兵十五名，桥卜堡募兵二十五名，暮寨堡募兵十七名，龙女堡募兵二十五名，东江堡募兵一百名，桥市堡募兵十名。

在城东路各堡：姚家堡、戚家堡、大曹堡、新堡、洛榄堡、洛潢堡。

在城西路各堡：鹅岩堡、黄泥堡、古邕堡、宥劳堡、盔隘堡、膫峒堡、阮枧堡、白沙堡、莫家堡、红泥堡、乌龟堡、石灰堡、界牌堡、毛罗堡、刺塘堡、古运堡、所东堡、南堡。

在城南路各堡：孟家（一里）、高家（二里）。

在城北路各堡：古龙、古东、马令、东田。

在城东南路各堡：三帷、李家、钟家、焦家（俱在城五里）。

国初屯废，堡目亦废。康熙五十七、八年，南、北、西三巢獞纵横，设堡目防守，剽掠如故。雍正年间，知府徐嘉宾详复“明弘治时，立屯养兵、以土治土”之例，调南丹、那地、东兰土兵三百名，实止一百五十名，防守德胜要隘。将就近屯亩已归民者酌量给价，仍听佃种，纳租贮理苗同知仓，以备土兵粮食。乾隆九年（1744），因东兰改流，撤回东兰土兵，其口粮仍以同知所贮屯谷酬支。

## 天河县

屯无。

堡七，久废。

古波堡目一名，堡兵二十名；三峒堡目二名，堡兵二十四名；新安堡目一名，堡兵十二名；德谨堡目一名，堡兵二十名；三宝堡（在南路新洛归里）、东兴堡（在东南中里）、太平堡（在南路福禄里）。

隘九，各隘獞兵俱明设，今裁。

牛峒隘獞兵十名，剪刀隘獞兵十名，梅水隘獞兵十名，鲤鱼隘獞兵十名，古隆隘獞兵十名，米西隘獞兵十名，白马隘獞兵六名，上郭利隘獞兵八名，下郭利隘獞兵八名。

## 河池州

河池守御千户所，屯十：

如来屯、镇安屯、九门屯、外黄屯、宝剑屯、三家屯、罗山屯、镇南屯、古钵屯、古铭屯，以上各屯俱明设，今裁。

堡十六，各堡兵俱明设，今裁。

镇南堡目兵十五名，嘉禾堡目兵二十名，古郎堡目兵二十名，大浪堡目兵十五名，大山堡目兵二十名，红沙堡目兵十五名，卢塘堡目兵十名，拱黄堡目兵三十五名，崇枭堡目兵三十名，石叠堡目兵十名，鬼岩堡目兵十名，官村堡目兵十五名，金城堡目兵十五名，九门堡目兵十五名，雷山堡标兵三十名，大插堡暂代土兵十名。

## 思恩县

河池守御千户所，屯九，久废。

石村、梁村、万罗、廖村、周村、洛土、蒙村、驯驻、普传。

堡十九，蒙山堡尚存，余堡久废。

湘洞堡目兵三十名，香良堡目兵三十名，曹岭堡目兵三十名，官塘堡目兵三十名，下利堡目兵三十名，大塘堡目兵十名，中火堡目兵十名，卢隘堡目兵六十名，红泥堡目兵二十名。

以上堡兵明设，今裁。

寨坡堡旧设堡目、土兵，诸葛堡旧设堡目、土兵，伏波堡旧设堡目、土兵，古迹堡目一名、兵二十名，米岭堡目一名、兵二十名。蒙山堡目兵三十名，今为塘，有土目、土兵，又拨官兵五名防守。沙界堡在县城外，镇蛮堡在县南一百里，官峒堡在县南五十里，冷水堡在县东北四十里，今属宜山境内。

## 东兰州、东兰土分州

屯堡无。

## 南丹土州

屯无。

堡三：丹厂堡在州西五十里，长坡堡在州西四十里，挂红堡在州西六十里。每堡目一名，现今守御。

### 那地土州

屯无。

堡一：铜车堡，目一名，界连南丹大厂。

### 忻城土县

八仙屯，久废。

堡十四：板黄堡土兵二十名，内拨五名防守县城；思里堡土兵一十八名；思练堡土兵二十六名，内拨五名防守县城；定南堡土兵三十名，内拨五名防巡凤凰山峒；归仁堡土兵四十名，内拨十名防守县城；古尚堡土兵三十名，内拨五名防巡牛角峒；龙归堡土兵三十名，内拨五名防守县城；江信堡土兵三十名，内拨五名防巡凤凰山；古平堡土兵八名；石牛堡土兵十名；同其堡土兵二十名，内拨五名防守县城；板梨堡土兵四名；板罗堡土兵十名；三寨堡土兵二十四名，内拨五名防守县城。

### 永定长官土司

屯无。

堡一：大将堡，康熙年间设兵十二名。

### 永顺长官土司

屯无。

堡一：乌律堡，在司北四十里。

### 永顺副长官土司

屯堡无。

## 塘铺

塘铺之设，所以严奸宄而利往来也。故羽檄奔驰，飞传于铺卒；客途栖止，旅人赖有邮亭。是以量地计程，急公恐后制，法不既详且善哉！志塘铺。

### 宜山县（附郭）

城底塘（东十里至油卢塘，南十里至思榄塘，西十里至古石塘，北十五里至流河塘）。

油卢塘（防兵四名，十里至）、小曹塘（防兵五名，十里至）、三堆塘（防兵三名，十里至）、大曹水旱塘（防兵八名）。自大曹五里至界碑，地方与柳城交界。

思榄塘（防兵二名，十里至）、土桥塘（防兵二名），自土桥十里与永定司三寨塘交界。

古石塘（防兵二名，十里至）、独山塘（防兵二名，十里至）、大峒塘（防兵五名，十里至）、怀远塘（防兵三名，十里至）、十里塘（防兵三名，十里至）、太平塘（防兵三名，十里至）、桥军塘（防兵三名，十里至）、德胜塘（分路南去白土司北，去思恩县西十里至羊角塘）。

羊角塘（防兵三名，十里至）、都街塘（防兵三名，十里至）、落索塘（防兵三名，十里至）、东江塘（防兵三名，十里至）、大湾塘，十里与河池州金城塘交界。

德胜南十里至猴峒塘（防兵二名，八里至邱索又十里至）、加傍塘（防兵二名，十二里至）、果怀塘（防兵二名，十三里至）、底塘（防兵二名，十里至白土司）。

流河塘（防兵二名），十五里至天河县古隆塘交界）。

藕塘（流河至北二十里，防兵二名，又二十里至）、天桥塘（防兵五名），又十里至罗城马肠峒。

## 天河县

县前塘（南十里至公茅，东三十里至硃砂）。

硃砂塘（防兵二名，二十里至）、猫儿堡（防兵二名）与罗城四把墟交界。

公茅塘（防兵二名，南十里至）、东兴塘（防兵二名，十里至）、下里塘（防兵二名，十里至）、古隆塘（防兵四名，十里）与宜山县流河塘交界。

## 河池州

州头塘（西十五里至大山塘，东十五里至红沙塘）。

红沙塘（分路南十里至廖村塘，东十里至卢塘）、卢塘（十里至）、鬼岩塘（四里至六塘堡，有兵防守又六里至）、金城塘，渡江十五里至宜山大湾塘。

大山塘（三十里至南丹州八铺[1]塘）。

廖村塘（十五里至）、洪龙塘（十五里至）、古浪塘（十五里至）、板马塘（十五里至）、九墟塘（十五里至）、罗山塘（十里至）、龙池塘（二里至三旺，又十五里至）、喇赤塘（十五里至）、东兰窄山塘。

以上各塘俱有官兵防守。

[1] 八铺，或即今南丹县车河镇八步村。

## 思恩县

县前塘（南十里至红泥塘，西十里至陈藤塘）。

红泥塘（十里至）、中火塘（十里至）、米岭塘（昔名古积塘，十五里至）、宜山县德胜镇。

陈藤塘（十里至）、都黎塘（南十里至蒙山塘，西北十里至飞来寺塘）、飞来寺塘（十里至）、上古宾塘（十里至）、河屯塘（十里至），荔波县界。

蒙山塘（南至宜山县大湾塘，西至河池州金城塘）。

以上各塘俱有官兵防守。

## 东兰州

州底塘（在州城东，防兵二名，二十里至）、红水塘（防兵三名，二十里至）、福宁塘（防兵三名，二十里至）、白牛塘（防兵三名，二十里至）、窄山塘（防兵二名），十五里至河池州喇赤塘。

## 东兰土分州

原无塘铺，公文俱沿村递送。

苟架塘（州南十五里又二十里至）、参里村（二十里至）、喇任村（二十里至）、坡正村（五里至），东院哨与东兰流州交界。

## 南丹土州

州底塘（东南三十里至罗猴塘，西北三十里至移周塘）。

罗猴塘（三十里至）、茶亭塘（三十里至）、八铺塘，三十里至河池州大山塘。

移周塘（三十里至）、巴平塘（三十里至）、六寨塘（二十里至贵州丰宁下长官司蛮维塘）。

以上塘铺原系土知州捐建。乾隆十一年（1746），奉文领帑各设号书一名、土兵二名，递送公文。北路有堂前、芝麻、打拘三塘，直接荔波。雍正七年（1729），荔波割归黔省，裁废。

## 那地土州

无。

## 忻城土县

高阳站（在县西二十里，北二十里至）、风火塘（四十里至黄陀，与永定土司交界）。
罗墨塘（自高阳分路，南十里至此，又三十里至红水河。与上林县思吉镇交界）。

## 永定长官司

三寨塘（在司治南一里，防守土兵一名）。

## 永顺正长官司

无

## 永顺副长官司

思农水塘（在司治五里，防守官兵二名）。

# 《庆远府志》卷六　秩官志

## 文职

文职，自秦罢侯置守，而亲民官遂与古异矣。汉置州，所〔倚〕郡置尹，侯国置相，余郡太守，皆有丞。边郡丞为长史。县万户上令，以下长，皆有丞、尉佐之。官吏多久于其任，惟边郡三岁一更，均劳逸焉。唐宋后代变，要之不离乎汉制者。近是边徼，额设题名类，缺不可考，就其可考者编次之，亦当事得失之鉴也。志文职。

*庆远府额设题名*

**隋以前无考。**

**唐宜州刺史**

吴怀忠，天宝间任，时城系土垣，易以砖石。

苏仕评，大顺二年（891）[1]，以柳州亚将援宜州平寇，寻领州事。

苏日朝，仕评子，继父知宜州[2]。

**录事参军，司功参军，司户参军，司仓参军，司兵参军，司法参军，司士参军，经学博士。**

**附：环州刺史**（领县八）、**芝州刺史**（领县七）

以上题名无考。

**宋宜州观察使**

王友直，字圣益，博州高平人。绍兴间任。

---

❶原文作“大顺三年”。“大顺”系唐昭宗李晔的第二个年号，自890年正月至891年十二月，共用2年，当系“大顺二年”之误。

❷据金鉷《广西通志》卷四十二：“大顺三年，文兰等州叛，仕评率兵自柳来援，寻领州事，尽戮其渠魁，境内宁谧，复徙柳州。卒，子日朝代。光化三年，马氏叛，攻桂州，日朝率其子入援，军不利，皆死之。”

**宜州团练使**

和　斌，濮州[1]人，旧《通志》作“何斌”。

胡　田

陈文思

**宜州团练副使**

光铭达

宋　沆，端拱间以右正言任。

**宜州刺史**

张　佶，字仲雍，燕人，景德间任。

**知宜州**

侯　汀，雍熙二年（985），以赞善大夫任。旧志作“刘”。

张从吉，青州临朐人。

宋师禼，咸平初任。详《名宦》。

曹利用，赵州宁晋人，景德间任。详《名宦》。

刘永规，景德中任，旧志作“承规”。

董元已，大中祥符间任。

李守睿，大中祥符间任。

程化鹏，大中祥符间任，讨抚水蛮。

冯伸己，天圣初任。详《名宦》。

刘　随，字仲豫，开封考城人。

徐　疆，白州人。详《名宦》。

李仲政，景祐间任。

王世宁，庆历间任，安化蛮乱，被害。

张师正，庆历间任。

杨文广，皇祐间任。

和　斌，嘉祐间任。详《名宦》。

钱师孟，熙宁初任。

智　诚，熙宁中任。

王　奇，元丰间任。详《名宦》。

熊　本，鄱阳人，元祐间任，升广西经略使。

刘　籍，以武节郎任。

[1] 濮州：州名，在今河南省濮阳市范县濮城镇。隋开皇十六年（596）置，治鄄城（今山东鄄城北旧城），辖今山东鄄城及河南濮阳南部等地，后屡有改易。

郭　烤，以右武郎任，旧志作“郭晔”。

党光嗣，崇宁初任。详《名宦》。

李　忠，以武功郎任。

李　让，崇宁间任。

马顺福，以右武郎任。

岑利疆，以右武大夫任。

曹　襄，以武功大夫任。

罗选安，以武功大夫任。

刘　护，以武功大夫任。

谢季成，字子立，晋江人。绍兴间由邕州改任，累迁内库藏使。❶

杨可辅，以武功大夫任。

李　骧，以武义大夫任。

光　盛，以武翼大夫任。

李　恭，以武义大夫任。

张　珠，以武显大夫任。

李　寰，以朝请郎任。

程　沂，以左朝请郎任。

李守柔，乾道间任。

张　昂，以武翼大夫任。

解　嵩，以通议大夫任。

陈舜举，字元恺，嘉禾人，乾道间以修武郎任。

韦　楫，字济川，清江人，乾道进士。所至有声，善折狱。旧志作“常楫，靖江人”。

韩　璧，淳熙间任。详《名宦》。

赵伯光，以朝奉郎任　。

马宁祖，淳熙间以训武郎任，克减蛮人生料钱盐，降一官。

赵　忠，以通直郎任。

王　侃，以承议郎任。

黄文瞻，以承议郎任。旧志作“民瞻”。

赵与荣，淳熙间任。

❶谢季成：《万姓统谱》《氏族典·诸姓部》载：字子立，晋江人。父徽，职方郎中。季成以荫历大理寺评事、卫尉丞。熙宁中，累迁内藏库使，知宜廉融邕四州、广西钤辖。峒蛮侵叛，悉讨平之。合浦筑城、浚隍，备御之具，为一路最。邕管外寨戍兵岁物故常千余，以峒丁代戍而教之，不失备，且可救死亡，民以为便。元祐中卒于官。邕人庙祀之，号清戎将军。

徐　桶，以朝请郎任。

李　芮，以朝奉大夫任。《通志》云："淳熙间屡立边功，以副总管兼知宜州。"

沙世坚，绍熙三年（1192），郁州改任。

陈德一，连江人，绍定四年（1231），进士以朝散郎任。

长孙宗旦，以武节大夫任。

陈表臣，字止甫，永福人，元初〔以武节大夫任〕。

刘　丙，以朝奉郎任。

刘　董，以朝请大夫任。

耿　明，字德昭，开封人。庆元中以武节大夫任。

彦必先，以宣议郎任。

冯公选，以朝奉郎任。

汪瑞中，以朝奉郎任。

黄　东，以武议郎任，一作黄束。

李　显，以武义大夫任。

刘湛之，以奉议郎任。

姚　均，以从议郎任。

蔡　弦，以武经郎任。

池待聘，平阳人，嘉定间任。

张自明，嘉定间任。详《名宦》。

邹　林，平阳人，嘉定间以武功大夫任。

董道隆，以朝请郎任。

黄　琼，宝庆[1]间任。

黄　夔，宝庆间任。

赵汝成，以朝奉大夫任。

张　琮，绍定三年（1230），以通直郎判融州，升知宜州事。

黄　路，绍定间任。

沈安义，端平元年（1234）以朝奉郎任。

陈　滁，端平二年，以朝奉郎任。

王国忠，嘉熙元年（1237），以武节大夫任。

李显忠，嘉熙三年，以武翼大夫任。九月事故。

朱　禼，嘉熙三年，以奉议郎任。

张毅然，嘉熙四年，以朝散大夫任。淳祐元年（1241）论罢。

[1]宝庆：南宋理宗的年号，1225—1227年，共计3年。

陈尧臣，淳祐元年以忠训郎任。

王　庭，淳祐二年以忠训郎任。

王　雍，以武节大夫任。

赵希鄂，淳祐七年以承议郎任。

曹　暕，淳祐八年以武德郎任。

赵汝杰，字君用，淳祐十年以朝奉郎任。旧志作“与荣”。

王子文，淳祐十一年以朝奉大夫任。

吴　藤，以朝奉郎任。

云　拱，宝祐间以武经大夫任，筑宜州城。

汪雷发，以武功大夫任。

苏　绅，知州事，整饬边备，彝夏信服。

彭宗杰，以保护郎任。

余梦发，以武节大夫任。

李　尔，以武节大夫任。

宋朝兴，以武节郎任。

宋伯奇，以奉议大夫任。

华宗泽，以修武郎任。

勾龙杰，以朝奉大夫任。

严合龙，以承议郎任。

**庆远军节度使**

李　道

**知庆远军州事**

王安国，咸淳间，以武功大夫带行右武卫将军，权知州事。

**知庆远府**

仇子真，咸淳间任。详《名宦》。

**通判**

卢成均，景德间任。时军校陈进叛，推为首，僭号“南平王”，伏诛。

赵　抃，字阅道，浙江人。庆历中任。祀《名宦》。

金　相，仙游人，嘉祐间由光禄寺丞迁任。

吕　琦，皇祐间任。祀《名宦》。

俞若著，崇宁间任。祀《名宦》。

钟　佃，福建人，政和间任，升知桂州。

施　才，贵州人，宣和时任。见《名宦》。

郭见义，乾道间任，有《修冯三元祠记》。

舒　璘，淳熙中任。详《名宦》。

廖复之，建宁人，嘉定中任。

张可久，督建龙溪书院。

钟　嶅，宝祐间任，监筑铁城。

**推官**

苏　绅，福建泉州人。详《名宦》。

李　扶，字助国，德兴人。《通志》："司理参军。"[1]

吴　简，庆历间任。

黄伯荄，嘉熙二年（1238）以从事郎任。

陈　泾，嘉泰间任，有《修学碑记》。

李公著，淳祐元年（1241）以承直郎任。

管　及，全州人，崇宁间任。《通志》作"司理参军"。

郑发元，淳祐八年以迪功郎任。

赵希珇，淳祐九年以从事郎任。

汪　斐，绍定五年（1232）以朝散郎任。

**教授**

陈　阜，闽县人，绍兴间任。

丁庚金，咸淳间任。

余　愚，嘉熙元年以从政郎任。

林　均，宝祐间任，监筑铁城。

张自明，嘉定间任，升知宜州。

唐天麟，嘉泰间任。

郑发元，淳祐六年任，升本州推官。

**庆远军节度判官**

李用之

**（清）〔庆〕远军节度推官[2]**

颜得遇，宝祐间任，监筑铁城。

---

[1]道光《庆远府志》作"宜州司理参军"。

[2]庆远军节度推官：卷九《艺文志·庆远铁城序》亦云："清远节度推官颜得遇。"然北宋清远军在今宁夏回族自治区同心县，远在宜州万里之外。而庆远府实于咸淳年间（1265—1274）由庆远军节度升格而来，故当以"庆"为是。

**元庆远路总管、同知、判官、推官、经历、知事、照磨、教授、司狱**

以上题名无考。

**庆远南丹溪洞等处军民安抚司达鲁花赤**

牡　丹，大德间任。

忽都鲁沙，天历间任。

钉住海涯，至正间任。

**佥判**

教化的

**经历**

柴遵美，大德间任。

骆　绮

易　鼎，天历间任。

罗　咸，庐陵人，至正间任，有《城池图记》。

**照磨**

邓仁寿，至正间任。

**知事**

陈立佑，大德间任。

王　贤，天历间任。

**教授**

李海孙，延祐间任，有《先圣锡号碑记》。

**明庆远府知府**

王志高，广东新兴人，洪武间任。

文卫钦，灌阳人，洪武间任。

翟　迪，淄川人，永乐间任。详《名宦》。

乔　梁，永乐间任。

回　谦，巢人，宣德间任。

姚　文，嘉兴人，正统间任。

杨　禧，太和人，正统间任。详《名宦》。

黄　振，合浦人，景泰间任。

吴　让，广东人，天顺三年（1459）任。

周一清，临海，进士，天顺六年任。详《名宦》。

孔　儒，嘉鱼人，成化间任。

孙　期，丰城，进士，成化间任。

潘本恭，博罗，举人，成化间任。

马　駉，新会，进士，成化二十一年（1476）任。

汪　溥，绩溪，举人，弘治间任。

陈遵毅，庐陵，进士，弘治间任。

叶　应，归善，进士，弘治间任。

姜　绾，弋阳，进士，弘治间任。详《名宦》。

车　份，会稽，进士，弘治间任。

谢文著，长乐，举人，正德间任。

于　珇，嘉善，进士，正德间任。

杨　信，松滋，举人，正德间任。

初　贤，福山，举人，正德七年（1512）任。

陈大忠，蕲州，进士，正德间任。

王显高，绵州，进士，嘉靖初任。详《名宦》。

吉　裳，镇江，进士，嘉靖间任。旧作“古裳”。

叶　藟，祁门，举人，嘉靖间任。

王　桥，京山人，嘉靖间任。

闵　旦，浮梁人，嘉靖间任。

刘一中，嘉靖间任。

曾　云，嘉靖间任。

欧阳必述，嘉靖间任。

秦　柽，嘉靖间任。详《名宦》。

张　宓，惠安人，荫生，嘉靖间任。

林（廷）〔庭〕杓[1]，福建人，嘉靖间任。

岳和声[2]，福建嘉兴，进士，万历间任。

黄文魁，邵武，贡生，万历间任。

翟　涛，相州人，万历间任。

柯　名，将乐人，万历二十三年（1595）任。

毛以燧，字允奎，吴江，举人，万历间任。[3]

---

❶原文作林廷杓，考后文《艺文志》中李文凤《郡守林公去思碑记》、王钜《游南山龙隐洞记》及其《游南山》署名，均作“林庭杓”，因此三条均系其本人或身边人所记，当不误，故应以“庭”为是。

❷岳和声（1569—?）：字尔律，浙江嘉兴府秀水县（今桐乡市）人。南宋著名军事家、诗人岳飞十八世孙。岳和声于万历四十年（1612）正月奉使出守庆远，七月还，其《后骖鸾录》记此行程甚详。

❸毛以燧：此处作万历间任，或误。结合本志《艺文志·德政驱虎碑记》可知其到任于天启五年（1625）。

陈尧钦，万历间署任。

黄文炳，万历十年任。

王　衮，江南，进士，万历间任。祀《名宦》。

许国秀，北直人，天启间任。

黄世忠，福建崇安，举人，崇正间任。

贺纳贤，字治原，丹阳，举人，崇正间任。

曹　安，崇正间任。

顾民岩，浙江，进士，崇正间任。

张慎行，北直人，崇正间任。

宋凤来　山东人，崇正间任。

郑凤仪，崇正间任。

吴起元，崇正末年任。

**同知**

郑　安，福建兴化，贡生，洪武间任。

叶　正，高要人，景泰间任。详《名宦》。

陈　絧，字文举，潮阳人，成化间任。

刘志诚，成化间任。

王景贤，广东人，弘治间任。

叶　性，福州，举人，正德间任。

区　益，高明，举人，嘉靖间任。

汤　介，嘉靖间任。

吴　旦，嘉靖间任。

汪　良，贵州人，万历间任。祀《名宦》。

傅道唯，万历间任，署府事，造荔波县城署。

陈尧钦，福建人，万历间任，福建储元文馆。

林守万，万历十八年（1590）任。

**通判**

王　毅，洪武间任。

廖　余，博罗，举人，永乐间任。

郭　辉，全州，举人。

邓玉铭，天顺间任。

阮时懋，字勉夫，闽县，举人，成化间任。

欧　详，成化间任。

李　江，德兴，举人，弘治间任。

王　钜，字德卿，龙泉，进士，嘉靖间任。

冯　琦，南雄人，贡生。

**推官**

杨　平，天顺间任。

罗　环，字廷宾，新喻人，弘治间任。迁知上思州。

黄　浩，汀州，贡生，正德间任。

方　瀚，福建兴化人，嘉靖间任。

黄兆亨，嘉靖间任。

黄　伋，江西人。

奚元吉，江西，举人，嘉靖间任。因俗为治，政号平恕。

安　和，嘉靖间任。

萧富春，福建人。

黄大顺，江西人。

骆上达，万历三十年（1602）任。

魏开之，湖广人。

路之升，江南人。

欧阳始泰，湖广人。

俞　耿，浙江人。

江（失名），万历三十七年任，曾署府，详革宜山县粮差。

苏希辙，崇正间任。

**经历**

刘文远，天顺间任。

易　极，成化间任。

陆唐臣，万历间任。

胡世贤

覃朝望，万历三十年任。

刘应宾，万历间任。

胡效义，万历二十九年任。

**教授**

规　恂，夏邑人，弘治中任。

蔡　亮，福建，举人，正统间任。

吴子坚，嘉靖中任。

刘　引，万历中任。

**训导**

陈　篪，闽县人，成化间任。

钟　渊，兴国人，成化间任。

唐　和，临桂人，成化间任。

韦　昺，万历间任。

祝守骥，崇正间任，有《修启圣宫记》。

**广盈仓大使**

唐仁誉，万历二十七年（1599）任。

黄希杰，万历间任。

杨　宦

**知事、检校、司狱**

以上题名无考。

**本朝庆远府知府**

胡　允，浙江，进士，顺治九年（1652）任。

王家荫，山东人，顺治十五年任。

赵玉麟，顺治十五年署任，取黄山谷石刻真迹以去。

崔　俊，顺治十八年任。

李学礼，辽阳人，荫生，康熙三年（1664）任。

任风厚，陕西，举人，康熙五年任。

赵开雍，高邮，举人，康熙六年任。

王燕征，盛京，拔贡，康熙九年任。

朱鸾鹭，江南，贡生，康熙十二年任。

连国梁，奉天，监生，康熙十九年任。

白启明，奉天，举人，康熙二十一年任。详《名宦》。

赵清贞，镶黄旗人，康熙二十八年任。

刘麟趾，商邱[1]，进士，康熙三十七年任。

焦映汉，武功，生员，康熙三十九年任。

李世仁，大兴人，康熙四十四年任，升左江道。

苏世禧，旗人，康熙四十八年任，重建山谷祠。

章　昭，绍兴人，康熙四十九年任。

高茂选，祥符，贡生，康熙五十四年任，建龙江书院。

---

❶商邱：即商丘。

王锡瓛，安邑，贡生，康熙五十八年任。

赵世勋，镶白旗，进士，康熙六十一年任。

刘之顼，镶蓝旗人，雍正二年（1724）任。

徐嘉宾，顺天，贡生，雍正四年任。

王　琠，奉天，监生，雍正十一年任。

陈希芳，旗人，乾隆二年（1737）任。

陈于中，涪州，举人，乾隆九年任。修儒学，设义学。

印光任，宝山人，乾隆十七年任。

李文琰，字玉重，石首，贡生，乾隆十八年任。

商　盘，会稽人，编修改授，乾隆二十一年任。

**同知**（康熙三年裁，雍正六年复设，驻德胜镇）

钱志和，浙江山阴，监生，雍正七年任。

陈舜明，东昌卫，监生，雍正十二年任。

沈志荣，德清人，乾隆元年任。

屠用中，孝感，举人，乾隆二年任。

宋齐馨，河南人，乾隆七年任。

马德生，宁朔人，乾隆九年任。

查　礼，字恂叔，宛平人，乾隆十五年任。

徐　良，松江，举人，乾隆二十一年任。

**推官**

谢天枢，福建，举人，顺治十八年（1661）任，康熙三年裁。

**经历**

乔国栋，陕西，拔贡，顺治九年任。

吴何盛，康熙十九年任。

章华衮，江西人，康熙二十一年任。

汪　超，江宁，吏员，康熙四十四年任。

蔡　甸，易州人，康熙四十五年任。

谌绍润，南昌人，康熙四十九年任。

吴以诠，仁和人，康熙六十一年任。

赵仕英，宛平人，雍正三年任。

汪之彪，宛平人，雍正八年任。

龚一柱，沔阳，拔贡，乾隆元年任。

李　丰，武清人，乾隆五年任。

雷　琰，宁化人，乾隆十七年任，监修府志。

**教授**

唐　甲，全州，举人，康熙十年任。

伍文海，全州，举人，康熙十年任。

廖之谅，全州，举人，康熙二十六年由宾州学正升任。

时　枢，灌阳，举人，康熙三十年任。

李甲先，博白，贡生，康熙三十一年任。

邓生莲，全州，举人，康熙三十七年任。

张　廉，临桂，举人，康熙四十三年任。

苏　源，苍梧，举人，康熙四十七年任。

蒙圣宗，武宣，拔贡，康熙五十一年任。

卢元复，永康，举人，康熙五十五年任。

许鸿策，万承，举人，康熙五十九年任。

何灿霄，兴业，拔贡，雍正三年任。

莫冀鄷，宣化，副榜，雍正七年任。

邓郁南，灌阳，举人，雍正十一年任。

姚日升，贺县，拔贡，乾隆三年任。

苏　炯，藤县，拔贡，乾隆六年任。

邓　琮，全州，进士，乾隆八年任。

陈映湘，恭城，副榜，乾隆十三年任。

蒋如乾，全州，举人，乾隆十四年任。

张友朱，宾州，副榜，乾隆十五年任。

**训导**

刘日昭，临桂，岁贡，康熙二十二年任。

梁魁祚，贵县，岁贡，康熙二十五年任。

黎崇学，苍梧，贡生，康熙三十六年任。

李环河，义宁，贡生，康熙四十四年任。

李绍杰，隆安，贡生，康熙四十六年任。

韦编易，上思，贡生，康熙四十八年任。

方　瑛，武缘，贡生，康熙五十年任。

谢琮璜，博白，贡生，康熙五十四年任。

蒙　瑄，贵县，贡生，康熙五十八年任。

朱　琫，左州，贡生，雍正二年任。

周德滋，富川，贡生，雍正十一年任。

欧阳伟略，融县，贡生，乾隆元年任。

沈　镐，马平，贡生，乾隆七年任。

梁殿卿，桂平，贡生，乾隆十一年任。

何天祥，修仁县，贡生，乾隆十二年任。

**广盈仓大使**

周国相

泰汝蕴，陕西人。

赵益珍，江西人，康熙二十一年任。

李景世，河南人，康熙二十三年任，二十五年裁。

**照磨**（康熙三年裁）

题名无考。

## 宜山县额设题名

**唐　龙水县令、县丞、县尉、主簿**

题名无考。

**宋　龙水县令**

范祖禹

**宜山县令**

宋师卨，咸平初年（1237），因督捕〔功〕知宜山县。后历通判，知宜州。

宋　尚，嘉熙元年任。

旧志载“宋尚，嘉熙元年任”，又载“宋卨，端平二年任，后历通判，知宜州”，又云“嘉熙三年，卨以奉议郎特差知宜州”，不云由宜山令历通判升也。又云“嘉熙三年任通判”，又“李显忠知宜州”，注云“嘉熙三年任”，既自相矛盾矣。按：端平三年之后为嘉熙元年，窃意宋卨当以端平二年令宜山，至嘉熙三年始升通判，而知宜州又在嘉熙三年后矣。宋尚或即宋卨之讹，嘉熙亦不应列端平之前。再查《通志·名宦传》，宋师卨在咸平中由宜山令知宜州，则宋卨又即宋师卨之讹矣。《通志·秩官》内汰去宋尚、宋卨，不为无见。

**县丞、县尉**

题名无考。

**主簿**

张可久，嘉定中任。

**元　宜山县尹、县丞、主簿、县尉、典史**

题名无考。

**明 宜山县知县**

王仕忠，洪武间任。祀《名宦》。

阮时懋，闽县，举人，成化间任。

朱斌备，洪治间任。

任　球，（弘）洪治六年（1493）任。

李　谧，（弘）洪治十二年任。

徐志道，正德元年（1505）任。

金麒永，字曼甫，金陵人，正德七年任。

毕方可，江西人，嘉靖间任。

彭德馨，广东人，嘉靖十年（1531）任。

左天英，宛平人，嘉靖间任。

江必振，福建人，嘉靖间任。

周　南，四川人，嘉靖四年任，捐建宜山学宫。

杨延嗣，云南人，万历间任。

郑振亨，江西人，万历间任。

郑懋藩，万历间任。

欧阳东，万历二十五（1597）任。

邱时中，乳源，贡生。

王　廷，崇正间任。

**县丞**

张叔廉，洪武初任。

胡　通，正德元年（1506）任，《通志》作“弘治间任”。

骆贵敬，嘉靖四年任。

杨　儒，万历间任。

张　佐，万历二十七年任。

王可贤，崇正十一年（1638）任。

**教谕**

沈　亨，晋江，贡生，嘉靖间任。

梁　宜，万历二十五年任。

训　导，题名无考。

**典史**

倪汝敬，正统间谪任。详《名宦》。

陈甘霖，万历间任。

萧应璋，万历二十六年任，督建储元文馆。

何天衢，万历二十八年任。

**德胜巡检司巡检**

黎遵化，万历三十年任。

彭　彰，万历间任。

李　本，万历间任。

麦　蕃，广东人。

蒋　龙，万历三十五年任。

温而厉，崇正十七年任。

**东江镇巡检司巡检，宜阳、大曹、德胜三驿**

以上题名无考。

**本朝　宜山县知县**

陆合泰，江南恩贡，顺治九年（1652）任。

冯尚策，顺治十三年任。

任德敏，顺治十五年任。

孙文灿，陕西，举人，康熙元年（1662）任。

熊世镆，湖广，进士，康熙六年任。

吴伯琮，江南，举人，康熙十年任。

王　焜，会稽，县人，康熙间署任。

于重光，江宁，例监，康熙十九年任。

杨立正，休宁，附监，康熙二十一年任。协修府城、府学、府志、府署。

张承祚，宛平人，康熙二十八年任。

童华祖，山阴，监生，康熙四十一年任。

陈学海，桐乡，举人，康熙四十四年任，修县学宫。

袁定国，萧山，举人，康熙五十年任。

吴锡爵，武进，举人，康熙五十四年任。

张嘉硕，吴县，岁贡，康熙五十八年任。

傅　峻，南丰，副榜，雍正三年任。

张梦白，章邱，进士，雍正四年任。

陈　谟，大兴，举人，雍正九年任。

杨师游，分宜，拔贡，乾隆五年任。

吴毓芝，乌程，进士，乾隆十一年任。捐修县学，免夫役，士民德之。

王　苍，长泰，进士，乾隆十四年任。

邓　瑄，奉节，举人，乾隆十六年任。

李　瑛，举人，乾隆十九年任。

**县丞**（雍正七年移驻涝村）

邹　德，顺治十五年（1658）任，升河池州同。

汪维桐，江南，贡生，康熙二年任。

冯　煜，山西，拔贡，康熙九年任。

陈中道，广东人，康熙十九年委任。

王廷曾，浙江人，康熙二十年任。

徐圣典，仁和，监生，康熙四十三年任。

赵作楫，康熙四十四年任。

祝致道，镶黄旗监生，康熙五十年任。

赵弘图，辽阳人，康熙五十四年任。

萧烜光，平远，监生，康熙五十八年任。

陈克恭，宛平，生员，雍正二年任。

穆允锡，天镇人，雍正三年任，七年驻涝村。

王　觐，吴县人，乾隆三年任。

刘宪熹，铜仁，拔贡，乾隆九年任。

徐肇恺，临川人，乾隆十二年任。

左士吉，黎平，拔贡，乾隆十二年任。

金　甲，仪征人，乾隆十七年任。

**教谕**

蒋维新，全州，举人，康熙七年任。

谢希廉，全州，举人，康熙二十一年任。

伍　傅，全州，举人，康熙二十五年任。

邓生嵋，　全州，举人，康熙二十八年任。

林文模，义宁，举人，康熙三十四年任。

袁简临，养利，举人，康熙三十八年任。

徐云捷，荔浦县，举人，康熙四十二年任。

蒋尚弦，全州，副榜，康熙四十四年任。

唐时雍，灌阳，贡生，康熙四十七年任。

程　容，恭城，拔贡，康熙五十一年任。

黄猷立，灵川，举人，康熙五十五年任。

唐跃龙，永宁，举人，康熙五十九年任。

黄正炽，临桂，举人，雍正三年任。
陈　蔚，灌阳，举人，乾隆元年任。
易国弼，全州，举人，盐山知县改任。
朱　桐，临桂，举人，乾隆十九年任。

**训导**（雍正十二年裁）

徐孚淳，上思，州岁贡，康熙二十二年任。
黎传缙，贺县人，康熙三十一年任。
梁以楠，柳城人，康熙三十五年任。
黎民表，怀远人，康熙四十一年任。
唐子玉，兴业人，康熙四十四年任。
全为极，灵川人，康熙四十七年任。
杨其绩，兴安，贡生，康熙五十年任。
经一相，永宁，贡生，康熙五十四年任。
龚　玮，永宁，贡生，康熙五十九年任。
诸葛世珦，修仁，岁贡，雍正十年任，后裁。

**典史**

陈巩基，江南人，康熙十五年任。
胡文震，直隶人，康熙二十一年任。
徐　锜，浙江人，康熙二十三年任。
汪　贞，江南人，康熙二十四年任。
朱凤台，山西人，康熙二十五年任。
张起鳌，顺天永清左卫人，康熙三十七年任。
钟　瑞，临邑人，康熙四十四年任。
盛家埏，山阴人，康熙四十六年任。
汪纯锡，北直东安人，康熙五十一年任。
朱　琏，顺义人，康熙五十五年任。
丁祚锡，昌平人，康熙六十年任。
杨秉钧，宛平人，雍正十一年任。
胡士林，大兴人，乾隆二年任。
杨　皞，绍兴人，乾隆三年任。
金　煌，大兴人，乾隆十一年任。
梁恒谦，奉天，监生，乾隆十七年任。

**德胜镇巡检司巡检**

杨宗保，顺治十五年（1658）委任。

张 燧

李云凤，河南人，康熙二十一年任。

常文谟，山东人，康熙三十三年任。

张怀仁，浮山，吏员，康熙四十二年任。

吴 儁，新乐，吏员，康熙四十五年任。

师 言，康熙四十七年任。

杜翰馨，江都阁供，康熙四十八年任。

包 锦，直隶新城人，康熙五十三年任。

丁一乾，乐亭人，康熙五十八年任。

樊良栋，大兴，吏员，康熙六十年任。

孟 樾，会稽，监生，雍正五年任。

张维贤，单县，附生，雍正九年任。

王居琏，鄜州，监生，雍正十一年任。

李 猺， 漷县人，乾隆四年任。

何 荣， 武岗人，乾隆九年任。

李友伯，贵定人，乾隆十年任。

蒋 垣， 武进人，乾隆十二年任。

喻尚仁，麻哈人，乾隆十六年任。

**龙门巡检司巡检**

江 溱，宛平人，雍正九年任。

杨师游，分宜拔贡，雍正十二年借补。

王绍曾，宛平人，乾隆六年任。

何法先，平番人，乾隆十年任。

冯汝麟，海盐人，乾隆十二年任。

赵 圻，浙江山阴人，乾隆十八年任。

**白土巡检司巡检**（乾隆六年新设）

顾永诜，大兴人，乾隆七年任。

高 圣，浙江人，乾隆八年任。

胡 琏，浙江人，乾隆十三年任。

余宏声，浙江山阴人，乾隆十七年任。

## 天河县额设题名

**唐　天河县令、县丞、县尉、主簿**

题名无考。

**宋　天河县令、县丞、县尉**

题名无考。

**主簿**

徐弥高，淳熙间任。详《名宦》。

**明　天河县知县**

何　政，正统七年任。

萧　育，江西，举人。

杨　荣，永州人，成化二十三年（1487）由御史谪任。

史　弦，弘治八年（1495）任。

魏朝阳，正德八年任。

尚汝弼，正德十二年任。

韩　文，福建人。

马云衢，云南人，嘉靖间任。

邓维新，乳源，贡生。

黄汝槐，北直人，万历间任。

杨继显，江西人，万历间任。

贺直之，万历二十五年任。

黄宗明，江西人，万历间任。

薛志学，常熟人，万历间任。详《名宦》。

何　擢，江西人，万历间任。

蔡日杲，浙江人，万历四十二年任。

李廷谟，长乐人，万历间任。

杨文焕，四川人，崇正六年任。

程世显，四川人，崇正间任。

尹懋中，浙江人，崇正间任。

徐缵先，江南人，崇正间任。

**县丞**

王居礼，洪武间任。创建县学，后裁。

**训导**

喻迁善，洪武间任。

**典史，东江镇巡检，思农、归仁二镇土巡检**

以上题名无考。

**本朝　天河县知县**

沈道先，浙江人，顺治九年（1652）任。

李际春，河南人，顺治十五年任。

李甲声，江南人，历升广州知府。

李时茂，辽东人，康熙十年由御史谪任。

董　瑛，浙江山阴吏员，康熙十九年任。

黄中道，山东人，康熙二十年任。

黄　澋，无锡，拔贡，康熙二十一年任，协修府城、府学、府志、府署。

沈皞日，字寓斋，平湖，贡生，康熙二十八年任。

李滋春，直隶通州举人，康熙三十四年任。

刘兴诠，宛平，监生，康熙三十九年任。

谢　恩，闽清，进士，康熙四十年任。

阮廷藩，慈溪，举人，康熙四十二年任。

萧　旼，江都，监生，康熙四十三年任。

周祚显，字星岩，鳌山，进士，康熙四十九年任。

陈　珣，字时庵，施秉，进士，康熙五十年任。

徐三旗，字愧轩，嘉兴，举人，康熙五十二年任。

周祖武，字绳其，黄冈人，康熙五十七年任。

王斗枢，宜兴，贡生，康熙五十八年任。

吴钟芬，大兴，副榜，康熙六十年任。

成宗发，忠州，举人，雍正三年任。

吴正一，钱塘人，雍正五年任。详《名宦》。

赵　弦，字荣西，莱阳，举人，雍正八年任。

陆　炜，浙江人，雍正十三年任。

张　铸，北直人，乾隆六年任。

傅锡鞶，河南，进士，乾隆十四年任。

查克亶，字承斋，满州举人，乾隆十七年任。协修府志。

**训导**

蒋兴周，灌阳人，康熙元年任。

钟子贤，康熙十二年委任。

韦泰运，上林人，康熙十九年委任。

王　严，洛容人，康熙二十二年任。

赵翼成，全州人，康熙二十六年任。

植国瓛，岑溪人，康熙三十二年任。

曹　熠，全州人，康熙三十五年任。

吴素学，贵县人，康熙四十年任。

罗世锦，昭平人，康熙四十二年任。

刘宸任，临桂，贡生，康熙四十六年任。

陈之嵩，宾州，贡生，康熙四十九年任。

关进贤，永安，贡生，康熙五十三年任。

唐懋德，灌阳人，康熙五十八年任。

朱厚增，康熙五十九年任。

刘继芳，永福人，康熙六十年任。

吴祖官，昭平人，雍正四年任。

袁祖坤，贺县人，乾隆六年任。

覃名世，宾州人，乾隆九年任。

丁光世，宾州，贡生，乾隆十三年任。

张显祖，宾州，贡生，乾隆十六年任。

曾光瑜，怀远，贡生，乾隆十九年任。

**典史**

吴树德

涂履泰

章孔阜，浙江人。

诸宏基，浙江人，康熙十九年委任。

范　俊，江南人，康熙二十一年任。

王锡祚，浙江人，康熙二十二年任。

姬　鼎，浙江人，康熙二十六年任。

朱　圻，溧阳，儒士，康熙四十三年任。

朱方海，大兴人，康熙四十七年任。

朱　锦，颖州人，康熙五十五年任。

骆有藩，南昌人，康熙五十九年任。

韩相虞，茂山人，雍正元年任。

赵　璧，山阴人，雍正十一年任。
王齐贤，会稽人，乾隆元年任。
王　圻，会稽人，乾隆二年任。
钱云翼，固安人，乾隆四年任。
严　鹍，会稽人，乾隆八年任。
鲁大光，会稽人，乾隆十三年任。
李奇璋，仁和人，乾隆十七年任。

河池州额设题名

唐以前无考。
**宋　河池县令，怀德县令、县丞、县尉、主簿，知庭州、通判、推官、教授**
**元　河池县尹、县丞、县尉、主簿、典史**
**明　河池县知县**（题名无考）
**县丞**
盖　让，洪武间任。
**亭州知州**（题名无考）
**河池州知州**（弘治十七年五月改）
何　昱，弘治间任。
周　钺，嘉靖五年（1526）任。
林　金，连江，举人，嘉靖间任。
黎　楚，广东人，隆庆元年（1567）任，升桂林府同知。
徐宗静，福建人，隆庆五年任。
刘正亨，江西人，隆庆六年任，升衡州府同知。
漆文昌，江西人，万历四年任，升柳州府同知。
梁绍震，广东人，万历九年任，升平乐府同知。
周日申，福建人，万历十四年任。
彭士远，江西人，万历十七年任，升凤阳同知。
柯　名，福建人，万历二十一年任，升本府知府。
何　诗，湖广，举人，万历二十三年任。
吴　达，江西，举人，万历三十一年任。
李应中，广东，举人，万历三十二年任。
马荩臣，江南人，万历三十四年任，升巩昌府同知。
曾士懋，广东人，万历三十九年任。

詹一纲，福建人，万历四十一年任。

雷　恒，云南，举人，天启间任。

方承柯，福建，举人，崇正元年任。

庄器宇，云南，贡生，崇正四年任。

萧凤来，广东，举人，崇正七年任。

李邦柱，崇正九年以思恩县知县任。

黄公仪，广东，举人，崇正十二年任。

杨正嗣，云南，举人，崇正十五年任。

林梦祯，福建人，崇正十七年任。

梁天成，广东，贡生，明末任。

冯时显，四川，贡生，明末任。

张　璸，四川，监生，明末由本州州同升任。❶

**州同**

左公升，福建人，万历十五年任。

俞　镐，福建人，万历十九年任。

谭　珙，江西人，万历二十年任。

黄九官，浙江人，万历二十五年任。

汪　�，湖广人，万历二十七年任。

康一烈，福建人，万历二十九年任，监筑荔波县城。

周道东，湖广人，万历三十九年任。

叶逢阳，广东人，万历三十九年任。

冉邦俊，四川人，贡生，崇正二年任。

杨　风，四川人，崇正四年任。

纪象台，浙江，监生，崇正八年任。

萧廷鸾，江西，贡生，崇正十一年任。

秦文选，云南，贡生，崇正十四年任。

王　麟，浙江，贡生，崇正十七年任。

张　瑧，四川人，明末任，升本州知州。❷

**学正**

张　翰，弘治中任。

---

❶参见“张瑧”条校记。

❷张瑧，根据前文“河池州知州　张璸”条可知此2人系同一人之误载，查雍正、嘉庆《广西通志》均不载其人，道光《庆远府志》亦分别载为张璸、张瑧。余皆失考。

叶　润，万历间任。

刘绍仁，万历二十六年任。

周　蕃，万历间任。

韦崇质

朱　泰，湖广，贡生，崇正四年任。

杨本心，广东人，崇正十二年任。

王亮载，临桂，贡生，崇正十四年任。[1]

谢明诏，南宁人，崇正十六年任。

**吏目**

黄　恩，直隶人，万历五年任。

简　濬，广东人，万历十五年任。

兰廷瑞，福建人，万历十七年任。

陈　绾，福建人，万历二十一年任。

丁尚贤，浙江人，万历二十七年任。

薛懋志，浙江人，万历二十七年任。

李文林，直隶人，万历三十四年任。

吴底英，江西人，万历三十六年任。

沈时魁，浙江人，万历三十九年任。

叶德奎，浙江人，万历四十年任。

斯邦彦，浙江人，万历四十八年任。

李跃明，湖广人，崇正四年任。

王秉贤，浙江人，崇正八年任。

范绍烈，浙江人，崇正十二年任。

李用之，湖广人，崇正十五年任。

秦明登，江南人，崇正末年任。

**金城、都铭、土堡三镇巡检**

题名无考。

**本朝　河池州知州**

施大猷，江南，贡生，顺治九年（1652）任。

韩家谷，四川，贡生，顺治十年任。

李凤仪，江南人，顺治十五年任。

宋廷对，陕西，举人，顺治十六年任。

---

[1]“王”此处原文残剥，或为“玉”字。道光《庆远府志》作“土”，似谬，自古未闻广西有“土”姓。

李若磷，辽东人，顺治十七年任。

王玉麟，北直，官荫，康熙三年任。

史崇恂，山东，进士，康熙九年任。

徐逢本，江南，拔贡，康熙十九年任。

刘安国，辽东人，康熙二十二年任。协修府学、府志、府署。

黄志璋，晋江，官生，康熙二十九年任。

程　溥，江都，监生，康熙四十年任。

秦国辅，正黄旗，监生，康熙四十四年任。

杨维宁，宿松，贡生，康熙四十九年任。

翁与义，海康，举人，康熙五十三年任。

闫明德，奉天正黄旗人，康熙六十年任。

陈舜明，东昌卫，监生，雍正三年任。

史玉节，原名凌，德清，举人，雍正十二年由贺县升任，改今名。

孙　超，天津人，乾隆三年任。

朱　红，江都，举人，乾隆七年任。

茅张巽，宛平，举人，乾隆十二年任。

汪洪渊，字临川，奉天人，乾隆十五年任。

**州同**

邹　德，广东人，顺治十七年（1660）任。

聂　辉，山西，贡生，康熙二年任。

郑希瑜，福建，贡生，康熙五年任。

朱　璇，福建人，康熙十九年任。

刘光辅，广东人，康熙二十年任。

牛　琬，山东人，附监，康熙二十一年任。

宋　著，山西人，康熙二十七年任。

尤鸣高，晋江，监生，康熙四十年任。

钮秉铨，奉天镶白旗，监生，康熙五十年任。

洪元懋，婺源，生员，康熙五十一年任。

魏松龄，晋江，监生，雍正三年任。

张开第，祥符，附生，乾隆二年任。

王晋秩，临潼，监生，乾隆三年任。

蒋　焯，长洲，监生，乾隆六年任。

吴　瀜，清阳人，乾隆十年任。

叶弘图，江夏人，乾隆十二年任。

陈 □， 浙江人，乾隆十八年任。

**学正**

周兼三，临桂，举人，康熙六年任。

萧联云，临桂，举人，康熙十二年任。

张应宿，临桂，贡生，康熙二十三年任。

李甲先，博白人，康熙二十七年任。

黄 埏，武缘，贡生，康熙三十二年任。

余宏猷，藤县，贡生，康熙四十年任。

欧阳伟业，融县，拔贡，康熙四十四年任。

谢鼎镒，全州，举人，康熙四十八年任。

周之翰，临桂，附榜，康熙五十二年任。

吴朝佐，康熙五十六年任。

冯龙章，崇善，举人，康熙五十八年任。

龙 见，马平，举人，康熙五十九年任。

陶一鼎，永宁，举人，雍正三年任。

程光祖，全州，举人，雍正六年任。

刘神清，宣化，举人，雍正十二年任。

王麟兆，永安，贡生，乾隆七年任。

江 玑，陆川，举人，乾隆七年任。

谢 灏，全州，举人，乾隆十八年任。

**吏目**

潘 斌， 浙江人，康熙二年任。

冯光祚，浙江人，康熙九年任。

罗 昭，江西人，康熙十九年任。

章 尚，浙江人，康熙二十一年任。

胡 锦，直隶人，监生，康熙二十四年任。

孙钟睿，昌平人，康熙四十一年任。

王 仪，华阴，监生，康熙四十四年任。

娄 琮，康熙四十七年任。

蒋以賁，萧山人，俊秀，康熙五十年任。

朱桂馨，新建，监生，康熙五十五年任。

邢元征，汶上人，康熙六十年任。

吴三槐，宛平，吏员，雍正四年任。
叶　谟，滑县人，雍正五年任。
余嘉谋，大兴，监生，雍正九年任。
吕廷禧，宛平人，乾隆元年任。
关应诏，陇西人，乾隆六年任。
武揆绪，奉天人，乾隆十三年任。

思恩县额设题名

**唐　思恩县令，属环州**
**宋　思恩县令，属宜州**
**元　思恩县尹，属庆远路**
**县丞、县尉、主簿**
以上题名无考。
**明　思恩县知县**
梁　广，德庆，贡生，成化间任。
荣（失名），成化间任。
邓　琮，乐昌，贡生。
郑守思，长乐，举人。
萧　惜，电白，举人。
邱本俊，始兴，贡生。
吴　亨，乐昌，贡生。
林应龙，福建人，万历间任。
甘廷玉，万历二十六年任。
魏　鹗，江西人，万历二十七年任。
朱家贤，万历三十年任。
杨天启，云南人，万历三十六年任。
李邦柱，崇正九年任，升河池州知州。
**教谕**（后改训导）
张廷猺，万历二十七年任。
邓以德，江西，举人，万历三十七年任。
**典史**
林学道，福建人，万历三十七年任。

**安化、归思、普义、吉安、北兰五镇巡检**

题名无考。

**本朝 思恩县知县**

曹国风，湖广，贡生，顺治九年任。

时 云，湖广，贡生，顺治十五年任。

翁世庸，浙江，进士，顺治十八年任。

张永庚，辽东人，康熙七年任。

谢 铨，瓯宁，进士，康熙八年任。调北流县。

刘元浤，颍州人，康熙十九年任。

鲍复相，奉天正红旗，监生，康熙二十二年任。

吕廷云，浙江山阴人，康熙二十七年任。

佟世思，满洲镶黄旗人，康熙三十年任。

张峝生，乐清，拔贡，康熙三十二年任。

陈成郊，会稽，监生，康熙三十五年任。

沈 昭，乌程，贡生，康熙三十八年任。

彭宸渌，夏邑，监生，康熙四十年任。

谢琮玉，安肃，举人，康熙四十四年任。

陈于峻，秀水，监生，康熙四十七年任。

方 任，大兴，贡生，康熙五十四年任。

胡士玮，云南建水，举人，康熙五十七年任。

梁 楷，陕西咸宁，贡生，康熙五十九年任。

林 协，字〔煌如，闽县举〕人，雍正五年任。❶

张月甫，新会，举人，雍正十三年任。

何梦猺，广东人，乾隆四年任。

祈秉衡，建水，举人，乾隆十一年任。

李景贤，淮安，拔贡，乾隆十九年任。

**训导**

江昆涞，全州人，顺治十五年任。

蒋学先，灌阳，贡生，康熙十三年任。

李 素，怀远，贡生，康熙二十一年任。

刘世瑛，武缘，贡生，康熙二十二年任。

❶“林协”名下原文仅存“字、人”2字残文。据嘉庆《广西通志》“雍正五年柳城县调任”补足署任年，又据乾隆《福州府志》补足字、籍贯、功名。

唐时雍，灌阳，廪贡，康熙二十四年任。
植国琦，岑溪，贡生，康熙三十四年任。
罗秀裘，贺县，贡生，康熙三十六年任。
谭洪绪，上思，贡生，康熙四十一年任。
方廷佐，来宾，贡生，康熙四十二年任。
卢象奕，永淳，贡生，康熙四十六年任。
赵日升，临桂，贡生，康熙五十年任。
张星联，贺县，贡生，康熙五十三年任。
袁　琪，平乐，贡生，康熙五十八年任。
何文煜，永安，贡生，雍正二年任。
金声宏，马平，贡生，雍正九年任。
唐友宽，永福，贡生，雍正十三年任。
邓国珩，全州，贡生，乾隆三年任。
黎捷三，昭平，贡生，乾隆九年任。
游　灿，宁明，贡生，乾隆十年任。
周辉文，永淳，贡生，乾隆十五年任。

**典史**

周国枢，浙江人，康熙七年任。
孟复元
麦成才，康熙十九年委任。
苗之蔚，北直人，康熙二十一年任。
崔士元，房山人，康熙四十二年任。
金生丽，清平人，康熙四十六年任。
叶　斐，遵化人，康熙五十年任。
朱　辉，通州人，康熙五十四年任。
吴　斌，宛平人，康熙五十七年任。
张拱垣，曲沃人，康熙六十一年任。
王　霖，大兴人，雍正二年任。
柯　楫，大兴人，乾隆五年任。
李　穆，山阴人，乾隆十一年任。
陈　煓，大兴人，乾隆十五年任。
陈　秔，大兴人，乾隆十九年任。

## 东兰州额设题名

**宋　兰州团练副使**

孙全兴，太平兴国中，以讨交州顿兵不进，弃市。

**本朝　东兰州知州**（雍正七年新改）

吴正一，雍正八年任。详《名宦》。

沈志荣，字震东，德清，进士，雍正十年任。

魏运景，广昌，举人，乾隆三年任。

祖承祐，正蓝旗人，乾隆六年任。

宋　敞，长洲人，乾隆十二年任。

戴汝槐，掖县，举人，乾隆十五年任。

张允观，奉天人，乾隆十九年任。

**州学学正**（新设）

何怀英，罗城，举人，雍正十二年任。

蒋赵济，兴安，举人，乾隆四年任。

唐利仁，兴安，举人，乾隆十三年任。

**明吏目**（原属土州，雍正七年改属流州）

吴　昌，江西，贡生，成化间任。

**本朝吏目**（原属土知州，雍正七年改属流知州）

王日仁，浙江，吏员，康熙七年任。

翁月祚，浙江人，康熙二十一年任。

陶　琏，浙江，监生，康熙二十四年任。

郭世彦，富平，监生，康熙四十年任。

杨洪道，兰州人，康熙四十四年任。

张台觐，猗氏人，康熙四十九年任。

王　彩，康熙五十四年任。

华名成，康熙五十五年任。

李维阶，康熙五十七年任。

张振趾，山阴，监生，雍正九年任。

柳攀林，德阳人，乾隆三年任。

丘之均，浙江人，乾隆六年任。

施廷文，娄县人，乾隆十年任。

储　京，靖州人，乾隆十四年任。

## 东兰土分州流官额设题名

**本朝　流官州同**（雍正四年设，七年裁）

郭　恒，雍正间任，七年裁，改土州同。

**吏目**（详载东兰流州内）

## 南丹土州流官额设题名

**明以前无考**

**本朝流官州同**（雍正四年新设）

朱士炎，浙江人，雍正四年任。

庄景涑，江南人，雍正十一年任。

赵　定，大兴人，乾隆二年任。

刘元燮，湘潭，进士，由御史乾隆四年谪署，寻撤回，忧归。

董　仁，江南人，乾隆六年任，升杭州通判。

汪良受，江南人，乾隆十二年委署。

刘学先，江西，贡生，乾隆十三年任，以大计罢。

冯邦直，番禺人，乾隆十五年任。

## 那地土州流官额设题名

**明以前无考**

**本朝流官州判**（雍正四年设）

徐绍南，永清人，雍正五年任。

王聿德，旗人，乾隆三年署，五年实授。

杨日梗，宜良，副榜，乾隆九年任。

胡之校，永从[1]，拔贡，乾隆十三年任。

姜兴周，修文人，乾隆十九年署任。

## 忻城土县流官额设题名

**唐无考**

**宋　忻城县令**

林　毅，绍圣间，以来宾知县署。

梁富宇，咸淳间任。

---

[1] 永从：明、清时县名，治所在今贵州黎平县永从镇。

**佐杂额设题名无考**

**元无考**

**明　忻城县知县**

苏　宽，正德间任。

**本朝　流官典史**

翟世奇，康熙四十七年任。

王国弼，南阳人，康熙四十八年任。

范大本，会稽人，康熙五十二年任。

杨之纯，大兴人，康熙五十四年任。

童学裕，钱塘，儒士，雍正元年任。

杨　龙，承德，吏员，雍正二年任。

陈曾荣，宛平人，雍正七年任。

金应龙，会稽人，雍正十二年任。

王振珏，蓟州人，雍正十二年任。

侯　镇，大兴人，乾隆四年任。

孙兰言，宛平人，乾隆八年任。

倪　洪，上虞人，乾隆十二年任。

范良佐，宛平人，乾隆十五年任。

钱　泰，宛平人，乾隆十八年任。

附荔波县额设题名

（雍正十年以后割属贵州都匀，雍正十年前属庆远者，例得附载）

**明　荔波县知县**

尹东表，嘉靖间任。

刘邦征，见《名宦》。

叶有声，万历二十六年任。

何天衢，万历三十年任。

申　翀，见《名宦》。

**本朝知县**

王家祯，江西，进士，顺治十六年（1659）任。

胡启睿，辽东人，康熙元年赴任被害。

张　瑛，见《名宦》。

李元贞，奉天人，康熙七年任。

刘　棻，永新，贡〔生〕，康熙十九年任。

傅鸿业，奉天人，康熙二十三年任。

尹维旆，阆中，进士，康熙二十七年任。

韦圣揆，芜湖，贡生，康熙二十八年任。

李瑞征，容城，进士，康熙三十年任。

陈金斗，鄞县，荫生，康熙三十二年任。

陈　延，吴江，监生，康熙三十七年任。

陈芳夏，富平，监生，康熙四十二年任。

岳　维，四川南江，进士，康熙四十五年任。

曹秉谷，正白旗人，康熙四十九年任。

田　淮，阳城，举人，康熙五十年任。

査　溥，海盐，贡生，康熙五十五年任。

任天宿，福建顺昌，进士，康熙五十八年任。

苏　潮，长泰，举人，雍正二年任。

沈志荣，德清，进士，雍正七年任。

吕　瑛，昆明人，雍正十年任。

## 武职

古军，将皆命卿以及师、旅、卒、两并大夫、士率之。秦汉郡县守令外，别置尉典兵。虽时或兼掌，而文武职自是判矣。庆远武职，元以前无可稽。自明洪武时开建卫所，成化开设柳庆右参将分守其地。本朝革卫所，改协营，捍卫边疆，干城之选茂焉。志武职。

庆远府额设题名

**唐以前无考**

**宋　宜、融、邕三路安抚、都监**

王继勋，开宝间任。详《名宦》。

朱　宪，开宝五年（972），平容州獠贼。

杨守珍，景（泰）〔德〕中任。

马　玉，大中祥符间任。

王文庆，大中祥符间任。

冯伸己，天圣中任。

桑　怿，宝元初任。详《名宦》。

张日新，庆历中任。详《名宦》。

张　立，皇祐初任。详《名宦》。

张　拱，皇祐中任。详《名宦》。

马用之，治平初以供备库使任。

王　奇，元丰中任。详《名宦》。

**副都监**（题名无考）

**宜州都监**

**监押**

李　珙，详《名宦》。

伍　廷，嘉泰间任。

**宜州都钤辖、副钤辖**

**宜州部署，庆历八年改为兵马总管、副总管**

**宜州驻扎将官**

田昭嗣，淳熙间任，安化蛮叛，力战死。

**宜州捉贼使**

李德用，庆历间，平环州蛮区希范[1]。

**提举弓箭手**

**提举峒丁**

**元　庆远路万户府万户、副万户、镇抚司镇抚**

**经历、知事**

**担控案牍、达鲁花赤、千户所千户、副千户**

**达鲁花赤、弹压、百户所百户**

**明　庆远卫军民指挥使司指挥使一员**（正三品）

指挥同知二员，从三品

指挥佥事四员，正四品

镇抚司镇抚二员，从五品

经历司经历一员，从七品

知事一员，正八品

吏目一员，从九品

仓大使、副使各一员，未入流

千户所千户五员，正五品

副千户十员，从五品

[1] 区希范：一作“欧希范”，实系同一人。《宋史》等众多史料中亦区、欧混用。

镇抚司镇抚十员，从六品

吏目五员，从九品

百户所百户五十员，正六品

总旗千人，各统十小旗

小旗五千人，各统军十名。

**河池守御千户所，额设并同所千户**（不隶卫而自达于都司，以上题名无考）

**分守柳庆右参将**（成化八年设，驻柳州）

孙　麟，柳州人。

孙（云）〔震〕，象州人。

张　寿，武昌人。

欧　磐，广州人，弘治间任，升都指挥同知。

陈　宽，常德人。

吴　英，北直人。

王　玺，北直人。

康　永，北直人。

康　泰，郧阳人，正德间任，升都指挥佥事。

马　荫，桂林人。

张　麟，柳州卫人。

王　震，衡州府人。

官　缨，荆州人。

张　祐，广州卫人。

甘　霖，南丹卫人。

王　英，广州卫人。

钱　勋，驯象卫人，嘉靖间任。

李　璋，宁远卫人，嘉靖间任。

冯　勋，涿鹿人。

王继善，嘉靖六年任。

沈希仪，奉议卫人[1]，嘉靖八年任。

徐丙中，河南怀庆卫人。

沈希仪，复任。

李　荣，广州人，嘉靖间任。

王良辅，驯象卫人，嘉靖间任。

---

[1]沈希仪：过庭训《明分省人物考》作驯象卫人，传其事甚详。

张　垣，武昌人。

戚　振，山东人。

刘　远，南直济州卫人，升都督副总府。

朱　升，驯象卫人。

范德荣，神电卫人。

莫如爵，桂林右卫人。

谢　敕，赣州卫人。

史　符，靖州卫人，嘉靖间任。

王世科，杭州前卫人。

倪中化，荆州卫人，万历间任。

金　丹，嘉兴府人，万历间任。

童元镇，桂林右卫人，万历间任。

熊文济，南昌人，万历间任。

卢鼎臣，福州右卫人，万历间任。

李　凤，庆远卫人，万历间任。

侯国弼，泉州卫人，万历间任。

甘　霖，漳州卫人，万历二十七年任，加副总兵衔。

郭绳武，万历三十八年任。

汪弘器，漳州卫人，万历四十年任。

熊大经，淮安卫人，万历四十三年任。

**中军守备**

门崇文，桂林卫人，嘉靖间任，历升副总兵。

周德隆，万历间任。

李　芳

按：明初武职尚因元旧置千户所旧置千户所，设正千户（正五品）、副千户（从五品）、镇抚百户（正六品）。又立各万户府，设正万户（正四品）、副万户（从四品）、知事（从八品）、照磨（正九品）。寻以名不称实，遂罢万户府，而设指挥使及千户等官，核诸将所部，有兵五千者为指挥使，千人者为千户，百人者为百户，五十人为总旗，十人为小旗。七年，申定卫所之制。先是，内外卫所，凡一卫统十千户，一千户统十百户，百户领总旗二，总旗领小旗五，小旗领军十。至是更定其制。每卫设前、后、中、左、右五千户所，大率以五千六百人为一卫，一千一百二十人为一千户所，一百一十二人为一百户所。每百户所设总旗二人，小旗十人。二十年，始命各卫立掌印佥书，以指挥使掌印，管理卫事。佥书不论同知、佥事，考选其才者充之，分理屯田、验军、营操、巡捕、漕运、备御、出哨、入卫、戍守、军器诸杂务。率世官，或有流官。凡千户所，一人掌印，一人佥书，曰“管军千户”。百户有试、有实授。其掌印恒以一人兼数印。凡军政卫下于所，千户督百户，百户下总旗、小旗，率其卒伍，以听令镇抚。无狱事则管军，百户缺则代之。凡袭替升授、优给优养及属所军政，掌印、佥书报都指挥使司，达所隶都督府、移兵部。广西都指挥所领卫所隶右都督府也，每岁抚、按两院察其贤否，五年一考选。军政废置之征行，则率其属听所命主帅调度。其守御千户所不隶卫，而自达于都司。庆远自洪武二年（1369）设庆远南丹军民安抚司，以莫天护为安抚使。至二十八年，莫金叛乱，都督杨文平之。二十九年，始开庆远卫及河池守御千户所。前此未尝有所，调右千户所及守御府也。而旧志云“洪武初置右千户所及守御府”，何哉？又卫所俱属都司，《明史》可考，而旧云“统之以守御府”，尤为不（轻）〔经〕矣。至设右参将分守柳庆，自成化八年（1472）韩雍建议始驻扎柳州。其后，庆远设守备，以指挥使为之。本朝革卫所，立柳庆协，设副将及河池营参将、守备等员驻扎庆远。雍正七年，改庆远协副将如故。各营守备、都司多有更置。详见《武备志》。

**柳庆协副将，驻扎庆远府。雍正七年改庆远协**

全　节，辽东人，系定南下右翼镇固山额真总兵官。顺治九年（1652）开疆镇守，礼士爱民，人号“全菩萨”。

张汉鼎，顺治十四年任。

陈　琏，湖广人，顺治十五年署任。

沈　伟，辽东人，顺治十八年任。

王启孝，河南人，康熙二年（1663），任奉督招兵，始立营制。

陈　可，辽东人，康熙六年任。

治秉忠，陕西人，康熙十年任。至十三年叛乱，后投诚，戮之。

齐人龙，陕西人，康熙二十年委任。

江杨惟，海南人，康熙二十二年任，捐建卫署。

杨　彪，河南人，康熙二十八年任。

杨　撰，江都人，康熙三十五年任。

康承祖，济南人，康熙四十年任。

陆臣扬，晋江人，功加，康熙四十五年任。

倪业显，镶蓝旗人，康熙五十二年任。

杨　谦，仪真人，武状元，康熙五十五年任。

麦世位，江陵人，康熙五十七年任。

张殿臣，贵州人，武进士，康熙六十一年任。

孙士魁，甘州人，武榜眼，雍正二年（1724）任。

潘绍周，陕西靖远人，雍正四年任。

顾纯祖，江南人，雍正十一年任。

王应熊，贵州人，雍正十一年任。

毕　暵，山西，榜眼，乾隆六年（1741）任。

许应虎，陕西人。

吴士英，云南人。

范　荣，宁夏人。

陈廷桂，北直人。

舒通阿，满州人，乾隆十九年任。

**中军管左营守备**

丁翼圣，湖广人，武进士，康熙二年任。

廖正英，江西人，康熙二十年任。

梁　谟，河南人。

陈　飞，福建人。

张　荣，广西人。

王国泰，旗人。

萧　复，陕西人。

**中军都司，雍正间以守备改**

杨　刚，柳州人，雍正七年任。

谢元相，柳州人，乾隆年任。

朱光鼎，南宁府人，乾隆年任。

李调鼎，本京人，乾隆年任。

**千总一员，把总二员，外委千总一员，外委把总三员**

**右营守备，原驻防柳州府**（雍正七年移驻河池州）

谢文英，河南人，康熙元年任。

解　玙，河南人，康熙十二年任。

陈国良，江南人，康熙二十年任。

王天福，北直人。

钱来凤，江南人。

许应虎，陕西人。

李　薰，直隶人，雍正年间任。

殷起龙，贵州人，雍正年间任。

谢元相，马平人，乾隆元年任。

刘友梅，山西人，乾隆四年任。

王世选，教门，马平人，乾隆七年任。

严　茂，临桂人，乾隆十年任。

卢成举，柳州人。

张文弘，马平人，乾隆十五年任。

马世奇，马平人，教门，乾隆十七年任。

**千总一员，把总二员，外委千总一员，外委把总三员**

**东兰营守备，驻扎东兰州**（雍正七年新设）

罗　振，柳州人。

宋正文，柳州人。

高　鳞，江南人。

傅秉魁，柳州人。

王　元，柳州人。

刘永忠，桂林人。

曾胜奇，镇安人。

**河池营参将，原驻河池州**（雍正七年移驻宾州，改为宾州营）

王宪章，陕西人，康熙元年任。

刘天才，四州人，康熙八年任。

杨　衍，陕西人，康熙三十年任。

宣成功，陕西人，康熙二十年任。

王大胜，江西人，康熙二十一年任。

石钟华，京卫人，武进士，康熙二十四年任。

曾春福，惠安人，康熙二十七年任。

朱元英，顺天人，康熙三十二年任。

汪　滔，徐州人，康熙三十五年任。

林　芳，海澄人，康熙三十八年任。

常　太，榆林人，康熙四十一年任。

李　智，南安人，康熙四十七年任。

周　锦，宁夏人，康熙五十五年任。

夏日瑚，凉州人，康熙五十八年任。

李必显，蓬莱人，雍正二年任。

高攀麟，介休人，侍卫，雍正七年任。

## 土官

广西种落，自唐宋内附，分析其地，大者州，小者县，又小者为峒。推其雄长者为首领，籍其民为壮丁，不尽以中国教法绳治，姑羁縻之而已。有知州、权州、监州、知县、知洞，其次有同发遣、权发遣之属，谓之主户。明初，诸蛮朝贡，多因元官授之，稍与约束，定征徭差发之法，使之附辑。诸蛮谨守疆土，修职贡，供征调，无相携二，讵得以其非流官也而忽诸？志土官。

### 东兰州土分州

原为东兰土州，在府城西南，古百粤地。唐为羁縻州，隶邕州都督府。宋有韦君朝者，居文兰峒，为蛮长，依绥南岩家焉，传子宴闹。崇宁五年（1106）内附，因置兰州，以宴闹知州事，俾世其官。元改东兰州。明洪武十二年（1379），土官韦富挠遣其家人韦钱保诣阙，上元时所授印，贡方物。钱保匿富挠名，以己名上。因以钱保知东兰州，设流官吏目佐之。既而钱保征敛暴急，民不堪命，藉富挠作乱。广西都司讨平之，执钱保正其罪，除官代之，以州隶庆远府。永乐九年（1411），韦万目袭。万目死，子质袭。传子济民，无嗣，以万目胞弟万喜袭。万喜死，子爵袭。爵死，子玩袭。玩死，子兴宗袭。兴宗死，子祖鋐袭。祖鋐以事废，子正保袭，奉调征广东九连贼，亡于军。子虎臣袭。虎臣死，子起云幼，虎臣弟虎林顶袭。嘉靖十年（1531），虎林有疾，仍以起云袭。起云死，子应龙袭。应龙以老告休，废长子文煃，传幼子文韬。应龙弟应虬纠南丹、那地兵攻之。万历十四年，文韬死，叛目陈星等欲立其幼子文略，图专擅，乃囚应龙于武篆，杀家丁，执官男文煃，藏匿州印。参议陈性学计取应龙、文煃，收其印信。星等据寨叛，因调兵擒星等，戮之，以文煃袭。先是，河池三旺、六里为东兰所据，督臣刘尧诲奏闻，下兵部议，以地归河池，而占据如故。至万历十六年，文煃感再造恩，且慑威令，始将其地退还。后文煃被文略杀绝，应龙弟应虬守文灿袭。文灿死，子继宗袭，继宗传子光祚。

本朝定鼎，顺治九年（1652），光祚归命，予旧职世袭。光祚死，子兆麟袭。兆麟死，绝序，应胞弟兆虎袭，房族韦兆羆因兆虎年幼，夺其袭，寻为下典覃慈、龙珠等所杀，子国忠袭。国忠夭绝，弟国岳袭。土众不服，头目龙汉等控府，勘正，以光祚次子兆象袭。兆象传子国栋。国栋死，子朝辅袭。先是，国岳之兄国耀据东院等哨，与兆象、国栋仇杀，相寻积年所。雍正七年（1729），知府徐嘉宾开诚劝谕，国耀同子韦扬投款，安置宜山，改东院内六哨，设流官知州。降土知州为土州同，分驻凤山，管辖外六哨。朝辅故绝，弟朝佐顶袭。朝佐死，子振声袭。振声死，子宏幼，从父振声协理，俟宏长，议请承袭。

## 南丹土州

古蛮峒地。唐为羁縻州。宋太祖开宝初，土官莫洪暂内附。太宗雍熙四年（987），南丹土人莫淮阆作乱，诏服之。真宗大中祥符九年（1016），抚水蛮乱，诏莫淮辿约勒溪峒，勿从诱胁。仁宗景佑三年（1036），命莫淮戟为南丹州团练副使。时莫淮辿自称南丹州刺史。死，子世忍袭。岁输贡，授如其官。世忍死，子公佞袭。徽宗大观元年（1107），经略使王祖道欲急边功，杀公佞，改南丹为观州。公佞弟公晟结溪峒蛮图报复，焚宜州宝积监。高宗绍兴五年（1135），废观州。莫公晟来降，授南丹州土巡检使。孝宗乾道间，刺史莫延葚逐其弟延廪自立。延廪奔朝，调之出宋（见《虞衡志》）。元世祖至元十四年（1277），莫秀太内附。至元末，莫国麟献图纳土，命为庆远南丹溪峒安抚使。至（正）〔元〕初，莫忠赦党贼残民，平章探（焉）〔马赤〕降之。明洪武元年（1368），莫天护首来款附，授庆远南丹军民安抚司同知。七年（1374），罢安抚司，仍改南丹州。召天护赴京，赐土官莫金文绮六匹，命为土知州，设流官吏目佐之。二十八年（1395），莫金叛，诏征南将军左都督杨文讨平之，废州置南丹卫。既而彝民作乱，复置州，以金子莫禄为知州，抚治之。禄死，子祯袭。正统间，以军功加庆远府同知，仍知州事。传子必升，必升死，无嗣，胞弟必胜顶袭。成化十六年（1480），率众攻荔波县，总镇诸臣畏葸❶，置不问。必胜死，子继泰袭。继泰死，弟继恒借袭。继恒死，以继泰之子杨袭。杨颇桀骜，嘉靖间，调征田州，卒于军，无嗣。以继泰弟继华之子振亨袭。振亨死，子惟武袭，以军功敕赐建坊。惟武卒，子从时袭。从时死，子之厚袭。之厚死，子庆麟袭。庆麟死，子隽袭。隽死，无嗣，胞弟伋顶袭，以征播功加参将衔，食游击俸，敕赐建坊。卒，子自乾袭。

本朝定鼎，顺治九年（1652），自乾来归，仍予旧职。自乾好古爱贤，藉藉有声誉。死，子与隆袭。与隆死，子大经袭。大经死，子我谦袭，以军功加纪录。传子遐昌。现今供职。

## 那地土州

在府西南，古百粤地。唐为溪峒，名曰“那周”，世以蒙氏为酋长。宋真宗大中祥符间讨平之。神宗熙宁初，土人罗世念来降，授官世袭。崇宁五年（1160），诸蛮纳土，遂置地、那二州，以罗氏世知地州。大观初，析地州为建隆县，置孚州。宣和初，孚州废，仍为地、那二州。明洪武元年(1368)，土官罗黄貌归附，诏省那入地，改为那地州，予印，授黄貌世袭土知州，设流官吏目佐之，隶庆远府。黄貌死，子明宝袭。明宝死，子程达袭。程达死，子志通袭。志通死，子文愈袭。文愈死，子武杰袭。武杰死，子世爵袭。世

❶葸（xǐ）：害怕，畏惧。

爵死，子廷楚袭。廷楚死，无嗣，胞弟廷凤因听调有劳，嘉靖二十七年（1548），命袭替，免赴京。廷凤死，子忠辅袭。万历十四年（1586），调征天河谨四堡猺贼有功，赐冠带，加四品服色。卒，子谦端袭。谦端死，子振芳袭。振芳死，子道棋袭。道棋死，子德惠袭，调征连山贼有功，加参将衔。卒，无嗣，胞弟德象顶袭，被叛目宁义兴、叛族罗振明杀死。子明臣袭，亦被杀绝。振芳胞弟振茂嫡长孙德寿袭。

本朝定鼎，顺治九年（1652），德寿来归，仍予世袭。顺治十年（1653），又被振明谋死绝。德寿胞弟德全顶袭。德全死，子明经袭。明经夭绝，谦端胞弟谦范长孙德忠袭。德忠死，子明绪袭。明绪死，子会禧袭。会禧死，子元善袭。现今供职。

按：《明史·土司列传》："洪武元年（1368），土官罗黄貌归附，诏并那入地，为那地州。授黄貌世袭土知州，以流官吏目佐之。"又云："八年，那地县土官罗貌来朝，以貌知县事。"不应归附。既授知州来朝，反降知县；罗貌与黄貌名之单复参差不合，缘纂修非出一人，故多矛盾。大约来朝、授知县之事为不经云。

## 忻城土县

在府南，古百粤地。唐置芝州，治忻城县，属岭南道。宋庆历间，省芝州，改属宜州。元仍旧，至正间，以土官莫保为八仙屯千户。明洪武初，罢管官兵，改屯为民。莫氏迁居忻城界。正统间，猺獞屡乱，流官知县苏宽不事事，獞老韦公泰等举莫保元、孙敬诚为土知县，协办县事。时一邑二令，权不相统。流官徒拥虚名，僦居府城。而土官长子孙世其地。敬诚传子凤，凤卒，子鲁袭。弘治九年（1496），总督邓廷瓒奏裁流官，而土人韦涓为内监官，阴主之，独以印授鲁。鲁死，子继清袭。继清死，子廷臣袭。廷臣死，子应朝袭。应朝死，子镇威袭，屡有军功。镇威死，子志明袭。志明死，子恩光袭。恩光死绝，弟恩辉顶袭，为叛族莫贵等杀绝，弟恩达袭。恩达死，子猛袭。

本朝定鼎，顺治九年，猛来归，予旧职，后为叛族莫付祥等所杀。子宗诏袭，以目疾休，子元相袭。元相传子振国。振国死，子景隆袭，现今供职。

## 永定土司

在府城东南六十里莫往峒，旧为宜山县归善、洛三等乡及都博等里之地。明弘治五年（1492），都御史闵圭因平定清潭、南乡巢贼，题请以韦槐为世袭长官司长官。槐死，子宝袭。宝死，子继祖袭。继祖死，子启邦袭。启邦以事诛，妻莫氏代理，子萌发袭。萌发死，子世兴袭。世兴年老告休，子英袭。

本朝顺治九年（1652），仍予故职。英死，子盛春袭。盛春死，子韦国相袭。国相老病，告致。子廷壁袭，因病告致。子日隆袭，现今供职。

## 永顺长官土司

弘治时，以邓文茂为世袭长官。文茂死，子经袭。经死，子秀袭。秀死，子承印袭。承印死，子德扬袭。德扬死，无嗣，弟德威顶袭。德威死，子宗圣袭。宗圣死，子国斌袭。国斌死，子世禄袭。世禄夭，无嗣，宗圣胞弟宗贤顶袭。宗贤死，子国兴袭。国兴死，子世广袭。

本朝定鼎，顺治九年（1652），世广来归，照予世袭。世广死，子天柱袭。天柱死，子启明袭。启明死，子朝宸袭。雍正三年（1725），串党杀亲叔邓启慧等，参革发遣江南安庆府，胞弟朝辅顶袭。乾隆五年（1740），土蛮蓝明反等叛土抗流，逐官拒捕。朝辅以不能严束地方，参革。子廷鹤袭，现今供职。

## 永顺副土司

明弘治五年（1492），指挥彭访协剿宜山县七十二峒及思农等处猺贼有功，三院题请即思农里立永顺副土司，以访为世袭副长官，给予铜印。访卒，孙锜袭。锜年老告替，子大武袭。大武奉调征广东罗旁有功，加千总服色。卒，子珑袭。珑卒，子希圣袭。

本朝定鼎，顺治九年（1652），希圣来归，缴印。未经换给、更用钤记关防。卒，子澄袭。澄卒，子志韬袭。志韬卒，子升袭。乾隆六年，以贪污不法参革，安插桂林府。子世基袭，现今供职。

按：三长司皆武职也。以其土官不合与流官类编。又各有守土之任，故仍遵旧及《通志》例，次土属州县之后。

## 附：承袭例

宋元例无考。

明洪武二十六年（1393）例，广西土官承袭，务要验封司委官体勘别无争袭之人明白，取具宗支图本，并官吏人等结状，呈部具奏，照例承袭。

正德初年（1507），令极边有警地方暂免赴京，余各依旧。

嘉靖七年（1528）例，土官病故，其应袭儿男，查勘无碍，止令以官男、孙名色就彼袭替，权管地方。俟著功劳，然后授以冠带；俟功劳再著，然后授署职；俟功劳屡著，然后实授本职。九年例，土官衙门造册，将见在子孙尽数开报：某人年若干岁、系某氏生，应该承袭；某人年若干岁、某氏生，系以次。土舍未生子者，候有子造报。愿报弟侄若女者，听布政司送吏、兵二部查照。二十八年例，应袭土舍曾经调遣效有功劳者暂免赴京，就彼冠带署印，管束彝民，迨后功劳显著，方许实授。

万历二十年（1592），三院会议，土舍初袭，照旧小帽管事。三年后，若守法奉公，兵粮充足者，给冠带。至六年、九年，劳积愈彰，渐次议加署职、实授。如有恣肆不检、仇儳构兵，及钱粮兵马负欠逾期，追夺示罚，仍置立宗支、文簿、印宁贮辖属该道。遇土官嫡妻生子，限一月内具报该府，报道填注，用为日后勘袭左券，以杜争端。二十二年例，土官、土舍与民间子弟不同，一经援纳，假借大冠，交结生事，麋扰遐方，深为不便。通行广西抚按卫门，一体禁革。二十四年例，凡有土官、土舍告加纳级等项，一体严行禁革施行。

本朝顺治十年（1653）例，凡土司袭职，年至十五岁方准承袭。未满十五岁者，该督抚报部，将土司印信事务令该土官本族、土舍护理。至年满十五岁之时，该督抚具题准其承袭、管理事务。至凡土官准袭世职，每一员给与钤记号纸一张，将功次、宗派及职守事宜填注于后。后遇子孙替袭，本省都司验明起文，如无都司，即在布政司起文，执号纸赴部查对。无异，奏明袭替，即将袭替年月、顶辈填注于后，填满另给。如遇有水火、盗贼、损失等事，于所在官司告给执照，赴部查明，另行补给。如有犯罪、革职、故绝等项，仍着都司、布政司衙门具由，将号纸呈缴本部查销。如宗派冒混等弊，查出究参。

康熙十二年（1673）例，云南、四川等省路远，土司等如袭职来京艰苦，来京后，该土司等又无管辖之人，胡行亦未可知。况土司等若无袭职之人，亦有将此亡过土官之妻女，不准来京，即准袭职管理。嗣后土官袭职，该土司等停其亲身赴京，应取具该地方官保结，并户族宗图呈报该督抚。保送到日，准其承袭。

## 封建

自分茅胙土[1]，而有封建。汉唐后，或因或革，代异制矣。庆处边徼，从前不乏展亲酬庸盛典。侯、伯、子、男[2]，名缘积宠。原其所以封与所以废，亦存美纪功之意云。志封建。

**南汉　（宜）〔宣〕王刘洪昭[3]**

龚子。大有五年封（宜）〔宣〕王。〔后与弟〕洪弼、洪道等为晟所杀。出《南汉世家》。[4]

**明　宜山王朱铨鏋**

沈庄王幼㙺子。薨，子勋渥嗣，长子荫樾坐累，长孙恬蟖嗣。出《名山藏》。

---

❶分茅胙（zuò）土：分封侯位和土地。

❷侯、伯、子、男：爵位名。旧说周代有公、侯、伯、子、男五种爵位。

❸宣王，原文作“宜”，查《新五代史·南汉世家第五》，当作“宣”。其人与庆远无涉，此条或系误收。

❹事见《新五代史·南汉世家第五》：“五年，（龚）封子……洪昭宣王”；“五年，晟弟洪弼、洪道、洪益……洪昭，同日皆见杀。”

**忻城伯赵彝**

虹人[1]，永乐时，论功封食禄一千石。卒，子荣嗣。卒，子溥嗣。卒，侄槿嗣。卒，子武嗣。出《名山藏》。

## 名宦

官其地者曰宦，必利泽施于民，声誉著于时，而名始永焉。故召伯、甘棠之爱，子产谁嗣[2]之歌，至今赫赫照人耳目。庆居极边，猺獞杂处，古称难治。官斯土者，能因地制宜，乂安兆姓，斯足永人去后思。历世虽久，而黄童、白叟咸艳称之也。志名宦。

宋

宋师禼　咸平初，罗蛮率众内寇，据土堡寨。师禼领兵戡定，不逾月而俘馘无遗类。以功辟知宜山县，再迁知宜州。四境安堵。

刘　随　字豫仲，河南开封人。以进士及第，历迁左司谏，数言事。后迁尚书、刑部员外郎，改三司盐铁副使。使契丹，以病足痹，辞不能拜。及迁，为有司劾奏。出知信州，徙宜州。

曹利用　字用之，赵州宁晋人。累官忠州刺史。景德四年（1007）知宜州。刘永规驭下残酷，军校陈进乘众怨杀永规叛，陷柳城县，围象州，岭南骚动。上以利用晓方略，尽心于事，授利用为安抚使，利用辟监涔阳酒税孙继邺与俱。南，遇贼武仙[3]，贼持健镖、蒙采盾，衣甲坚利，锋镝不能入。利用使士持巨斧破盾，遂败贼。引兵趋象州，复破之，大乌岭斩陈进，抚安其党。岭南平，以功迁引进使，官至尚书左仆射，兼侍中、武宁军节度使。

陈尧叟　广西巡检使。咸平中安缉宜蛮，真宗尝嘉其能。

曹克明　字尧卿，雅州人。景德中知邕州，平左右江蛮峒。又会曹利用破宜州贼澄海军校陈进，贼平，代还。会抚水蛮叛，徙宜、融、桂、昭、柳、象、邕、钦、廉、白十州都巡检使兼安抚使。既至，蛮酋进药一器曰："溪峒药箭中人，以是解之，可不死。"克明曰："何以试之？"曰："请试以鸡犬。"克明曰："当试以人。"乃取药箭刺酋股，而饮以药，即死。群蛮惭惧而去。是年冬，安抚都监王文庆、马玉出天河砦东，克明与中人杨守珍出桂岭西。磴道危绝，林木深阻，蛮多伏弩以待。玉所向力战，屡败蛮军。是时朝廷意

[1]虹，此处指古地名虹县，大致位置在今安徽省宿州市泗县。

[2]子产谁嗣：语出《左传·襄公三十年》："子产而死，谁其嗣之？"意为子产死了，谁来继承呢？嗣，继承。

[3]武仙，即今来宾市武宣县。

在招附，数诏谕克明。克明乃至抚水州，与知州蒙承贵等约盟而还。

杨守珍　字仲宾，祥符人。入内黄门习书史，学兵家方略，善射。为环庆路走马承受公事，寻迁邕、桂、宜等十州安抚都监。从曹克明降抚水州蛮，筑二棚以扼其要。天禧中，累迁至端州刺史。（《宋史·宦者列传》）

苏　绅　字仪甫，晋江人。安化蛮蒙光月率众寇宜州，败官军，杀钤辖张怀志等六人。绅上言以为可以缓图，不可以速取。请命转运使备数年兵食，为持久计，伺便即图深入。不越一年，必就殄灭。从之，遣冯伸己守桂州经制之，蛮遂平。（《粤西文载》）

按：传内不载知宜州、判宜州事，旧志载入《秩官》内，似因言宜州安化蛮事而误也。雍正十年新修《通志》于《秩官》汰其名，于《名宦》存其传，颇为得之。

冯伸己　字齐贤，河阳人。始官桂州兵马都监，俞献可荐知宜州。天圣中，改桂、宜、融、柳、象沿边兵马都监，复知宜州，代还道，改知邕州。未几，改知桂州，兼广西钤辖。会安化蛮犯边，官军不利，仁宗遣中人驱伸己讨之。伸己日夜疾驰至宜州，缮器甲，募丁壮，转粮饷，分三路以进。伸己临军，单骑出阵，语酋豪曰："朝廷抚汝甚厚，汝乃自取灭亡耶？今我奉天子命来，汝听吾言则生，不则无噍类矣。"众仰泣罗拜。明日，蛮渠弃兵械，率众降军门。初，部卒以覆将畏匿，伸己曰："纪律不明，主将也，战士何罪？"请于朝，贷其死。以劳迁西上閤门使，知宜州。乐善蛮寇武阳，伸己遣谕祸福，蛮大悦，悉还所掠。又莫世堪负险强黠，抄掠边户，为疆埸患。伸己设伏擒捕，皆置于法。区希范平安化贼，诣阙自言其功。诏下宜州议，伸己谓希范无功要[1]赏，编管全州。

萧定基　字守一，吉水人，累官侍御史。宜州蛮为寇，以定基为安抚使。定基驰至，问所以反故。遣兵万余守要害，戒诸将无妄击，蛮遂遁。仁宗曰："边臣好生事，定基乃能如是。"召还，除淮浙荆湖制置发运副使。（节本传）

桑　怿　雍邱人。勇力过人，有谋略。宜州蛮叛，杀海上巡检。官军不能制，因命怿以府班殿直往讨平之。还，授閤门祗侯，怿让其赏于已上者。或讥以好名，叹曰："士当信其心尔，若欲避名，则善皆不可为矣。"辞益坚，不许。宝元初，迁西头供奉官、广西驻泊都监。后徙泾原，讨元昊，死之。[2]

徐　噩　字伯殊。其先洪州人，五世祖名申，唐元和中为邕管经略使，留家白州。噩六岁，好读书。专治《周易》，兼通《国语》。仁宗朝举于乡，摄知宜州，以讨区希范功，擢宣教郎、白州长史。皇祐间，邕贼首侬智高叛，诏噩讨之。引兵追至函阳，大捷，力战于金城驿，援兵不至而死。赠大理寺丞。（旧志）

杜　杞　字伟长，无锡人，累迁尚书虞部员外郎。宝元间知横州[3]，时安化蛮寇边，

---

[1]要，通"邀"。

[2]桑怿：《宋史》有传，又有欧阳修《桑怿传》。

[3]横州：古地名，今广西南宁市横县，其县城仍名横州。

杀知宜州王世宁，朝议讨之。上言："横为邕、钦、廉三郡咽喉，地势险阻，可屯兵为援，内制广源，外控交阯。愿择文臣识权变、练达岭外事者，以为牧守，使经制边事。"后区希范诱白崖山蛮蒙赶反，袭破环州带溪、普义、镇宁砦，岭外骚然。擢杞为广南西路转运按察安抚使。行次真州，先以书谕蛮，听其自新。次宜州，蛮无至者。杞令州校出狱囚，脱其械，使入峒说贼。不听，乃勒兵攻破白崖、黄泥、九居山砦及玉峒，焚毁积聚，斩首百余级，复环州。贼散走，希范走荔波峒，杞遣使诱之。赶求降，杞诈许，而饮以曼陀罗酒，伏兵发，尽杀之。后三日，又获希范，醢之。御史梅挚劾杞杀降失信，诏书戒谕，迁两浙转运使。❶

徐弥高　天河县主簿。淳熙初，南丹为（水）〔永〕乐州所攻，弥高谕和之。

赵　抃　字阅道，衢州兰溪人。庆历中为宜州别驾。爱民如子，尤加意士类。暇则集诸生于香山寺讲身心性命之学，士习为之丕变。有卒误杀人，法当死。方系狱，病疽未溃，抃使医疗之，得不死，寻会赦免。其爱人之周类此。出入琴鹤相随，建放鹤亭于大号山岭。鹤死，瘗于龙塘之源。民思公德，即其地建瘗鹤亭云。祀《名宦》。

按：《宋史》止言清献判泗州，不言宜州。岂遣之即至？以琴鹤事附之宜州，则失其真矣。

和　斌　字胜之，濮州鄄城人。皇祐中，狄青南征，使部骑兵为前锋。青驻宾州十日以怠寇，既乃倍道兼行。斌以兵疲于险，利在速战，即日度关鏖贼归仁铺。孙节死，斌引骑血战，绕出贼后，遂败之。擢文思副使，权广西钤辖。累岁徙泾原。安南入寇，复徙广西，累徙皇城使、昭州刺史。抚水蛮罗世念犯宜州，守将战死。斌乘暑，昼夜趣兵至怀远寨，因示弱骄之，蛮果大至。斌走，诱至平坡，列八阵以待之，分骑翼其旁。自被甲出，为众士先，殊死战。蛮大败，世念率酋党内附，遂以荣州团练使知宜州。斌老将，能以恩信得边人心，岭外珍宝一无所畜❷。边吏希功造事，皆惮不敢发。或巧为谍报启衅，亦必折其奸谋。故所至无事，士大夫称之。祀《名宦》。

吕　璹　字吉甫，晋江人。通判宜州时，侬智高入寇，转运使檄璹与兵会将二千人蹑贼后，得首虏为多。终光禄卿。

胡　则　广西转运使，按宜州，重辟凡十九人，为辩活者九人。

范祖禹　英宗时为龙水令，惠受弘深。熙宁三年（1070），翰林学士司马光乞差前知龙水县范祖禹同修《资治通鉴》，许之。事载《少微通鉴》，《宋神宗纪》注云"龙水县即今庆远府宜山县"。祀《名宦》。

熊　本　字伯通，鄱阳人。元丰中，宜州蛮扰边，除龙图阁待制，知桂州。至则谕溪峒酋长，戒边吏勿生事。请选将练兵代戍，益市马以足骑兵，宜州遂无事。民蔡宝琀煽龙

❶杜杞：本条事详见《宋史·杜杞列传》，本志有节略。

❷畜：通"蓄"。

蕃与峒户相仇杀，欲引兵致讨以为功。本质之色动，缚而投之海，蛮夷以为神。转运判官许彦先议通湖盐于广西，计口授民，度可得息三十万。本言桂管民贫地瘠，恐不堪命，议遂寝。祀《名宦》。

王　奇　汾州人。元丰间，为湖南都监，徙广西。时宜州蛮寇边，奇领兵至天河县，期旦日会战。裨将费万夜以众窃出河泥隘，战殁。经略使移书迫奇，奇不能堪。后数日，蛮众万人聚集，奇轻出，遂败。麾下犹数百人，劝策马逃去，奇骂曰："大丈夫当尽忠报国，何走为!"力战而死。诏赠皇城使、忠州防御使，官其子六人，赐金帛。祀《名宦》。

俞若著　通判宜州。崇宁间，黄庭坚谪居宜州。时党论甚严，士夫削轨扫迹，惟若著为之经理馆舍，敬礼不息，遣二子执诸生礼，人咸嘉之。祀《名宦》。

党光嗣　字明远，河西人。崇宁初守宜州，安化酋蒙光有复啸聚为乱。光嗣与统制黄沈等击败之，以三州一镇户口六万一千来降。黄沈遂于安化、抚水蛮地置德胜寨。

管　及　先世缙云人，游湘，因家焉。崇宁间为宜州理曹，时黄庭坚谪居宜，当路畏禁，无敢往来，及独与之游甚密。庭坚大书"折桂亭"三字赠之，曰："君家积庆，后必有登进士者。"数世，科第果盛。

黄　璘　大观元年（1107），破南丹溪峒，擒莫公佞、公晟，斩张林松、朱恩等。徽宗赐书劳奖。

谢　麟　字应之，瓯宁人。由太常博士改西上閤门副使，诏使经制宜州獠。降其种落四千八百人，纳思、广峒民一千四百室，得铠甲二万，褒赐甚渥。元祐中知桂州，融江有警，麟以计平之。戍兵从北来，不习水土。麟部土人使极南，而北兵止屯近郡，赖以全者甚众。卒于官。

沈　晦　字元用，钱塘人。绍兴间为广西经略兼知静江府。先是，南丹蛮莫公晟以归附，用为本路钤辖，后遁去，旁诱诸蛮，岁出为边患。晦遣将罗统往戍，统至，招抚诸蛮，谕以恩信，皆诣府请降。晦犒赏之，结誓而去。自是公晟势孤，不复犯边。晦在郡，岁买马三千匹，继者皆不能及。进徽猷阁直学士。（节本传）

吕愿中　绍兴中官广西经略安抚使。先是，朝廷用广南经略安抚使刘彦适言，以莫公晟知南丹州事，未受命。是岁公晟始贡马，率群蛮来归。帝谕辅臣曰："得南丹非为广地，但猺人不叛，百姓安业，为可喜耳。"愿中谕降诸蛮三十一种，得州二十七、县一百三十五，寨峒合二百余及一镇三十二团，皆为羁縻州县。

蒙　明　不知何许人，为广西经略使刘焞牙将。乾道六年（1170），宜州蛮莫才都作乱，焞欲谕降，遣蒙明为质。明在贼中，知贼虚实，密书与焞言贼可破状。为才都所觉，烹之。后才都被擒，伏诛。焞论功请旌死事，推恩明后，官其子蒙泽为进武副尉。

李　浩　字德远，临川人。乾道六年（1170）以直宝文阁知静江府，兼广西安抚使。前帅建议于南丹州置买马场，朝廷将从之，浩力争其不可，遂止。又朝廷令市象于交阯，浩复力争。治广二年诏还。浩天资质直，立朝慨然以时事为己任，言切时弊，为郡尤洁己。自广右归，不载南海一物。平生奉养如布衣时，风采素高，人不敢于以私云。（参本传）

舒　璘　字元质，浙江奉化人。张栻官中都，璘往从之，又从陆九渊游。朱熹、吕祖谦在婺，璘徒步往谒之，以书告其家曰："敝床疏席，总是佳趣；栉风沐雨，反为美境。"乾道八年（1172）第进士，历徽州教授，以荐知平阳县，秩满，通判宜州，卒。璘与沈焕为友，而乐于教人。尝曰："师道尊严，璘不如叔晦。若启进后人，则璘不敢多逊。"淳祐中，特谥"文靖"。

李　椿　字寿翁，永平人。广西提点刑狱，狱未竞者，一以平决之，释所疑数十百人。除枢密院检校，有小吏持南丹州土官表求自宜州市马者，因签书张说以闻。椿谓："邕远宜近，故迁之，岂无意？今莫氏方横，奈何导之以中国地里之近？小吏妄作，将启边衅。"说怒，椿因求去，上慰谕令安职。（旧志）

施　才　号拙翁，贵县人。仕宜郡，卒。宣和间莫往峒蛮叛，才御之有功，秩满入奏，上问以南方风土，对曰："道德一而风俗同。"上喜其质，即得右迁。

王友直　字圣益，高平人。幼谙兵法。绍兴三十一年（1161），金人渝盟[1]。直结豪杰，志恢复。遍谕诸州县勤王，得众数万，进攻大名，一鼓而克，除检校少保。淳熙元年（1174）授奉国军节度使，晚节宴安，政稍失律。五年授宜州观察使，徙知信州。

李　珙　字温之，永福人。少业儒，尚气节。三试礼部、两升上庠不偶，仍慨然以功名自奋。会宜州蛮入寇，以御贼首功补右职。进筑南丹州，以珙摄州监押，为先锋，群蛮畏慑，纳款归疆。积官至武功大夫。

韩　璧　淳熙间以经略司主管机宜文字，用张栻荐知宜州。清俭恺悌，修建学宫，作兴士类，为云汉、昭回阁以贮御书。先是，养士之租岁入仅五十斛，璧增至二百斛，且月拨公帑钱以助供给。祀《名宦》。

沙世坚　绍熙三年（1192），以郁林州改知宜州，素号武勇，平剧贼，一路赖之。

方信儒　字孚若，莆田人。自使金迁，既以风节不挠，为世所称。语触韩侂胄，遂外调。后从广西转运罢归，复以提刑至。视事之暇，娱游水石，政简刑清，所至不扰。时知宜州张自明建龙溪书院，信儒捐差钱二十四万助之，又捐四十万买田给诸士，于是宜士斌斌向风。因祀《名宦》。

张自明　字诚子，江西建昌人。嘉定间以宜州教授摄州事，施政循良，甚重教化。新郡学，建黄太史祠。又以州用赢钱二十万作龙溪书院，商之刑曹方信儒、仓台刘垣之，得赢钱买田，岁收米三百斛，日养士三十人，士多向之。后授知宜州事，一日，语诸人士曰："吾入关矣。"诣九龙山洞，有石碑题曰"宋刺史丹霞张公之墓"，镌磨宿构，公飘然

[1]渝盟：背叛盟约。

而入。浮云半掩，洞口渐合。今石门尚存，仅容一人侧身可进。祀《名宦》。

按：张自明，循吏也，列之《名宦》宜矣。旧志另入《仙释》，欲以夸异于世，实非所以尊张公也。今将《仙释》所载丹霞之说改附《名宦传》后，览者幸勿讶之。

仇子真　庆远知府。德祐元年（1275），与淮东兵马钤辖阮克已各将兵二千人入卫，诏与张世杰、张彦分道出击元军。

按：宋季是时天命已改，勤王师除文信国外，罕有其人。阅《通鉴长编》，见此独觉忠义之气凛然。特附《名宦》后，以识表章之微意云。

明

王仕忠　洪武中知宜山县，慈祥恺悌，深得民心。甫三载，升知寿州，民不忍其去。祀《名宦》。

韩　观　字彦宾，虹人，高阳忠壮侯成子也。以舍人宿卫，忠谨，为太祖所知，累迁广西都指挥。洪武二十三年（1390），捕擒宜山诸县蛮，斩其伪王及万户以下二千八百余人。以征南将军从都督杨文讨龙州，移兵征南丹、奉议、上林、思恩、都亮诸蛮，先后斩获万余级。观生长兵间，有勇略，性骁悍，诛罚无所假。下令如山，人莫敢猖。诸蛮胆落，由是境内获安。成祖即位，佩征南将军印镇广西，节制两广官军。会群蛮复叛，帝遣员外郎李宗辅赍敕招之。观遣使与宗辅俱，桂林蛮复业者六千家，惟思恩蛮未附，而庆远、柳、浔诸蛮方杀掠夷民，乃上章请讨。永乐元年（1403），击斩诸山贼，还所掠男女子民，而抚绥其逃散者。明年，遣都指挥朱辉谕降宜山、忻城诸山寨。荔波猺震恐，乞为编户。帝属观抚之，八十一洞皆归附。

顾兴祖　其先湘潭人，后徙成都，镇远侯成嫡长孙也。父统，建文时以成降燕被诛。永乐十二年（1414），成卒，兴祖嗣侯。仁宗即位，广西蛮叛，诏兴祖为总兵官讨之。先后讨平浔州、平乐、思恩、宜山诸苗，降附甚众。

王　膴　父得，全椒人，自滁州从高皇帝，屡立功。洪武初授世袭，敕命已从太傅徐达北征，没于阵。膴袭凤阳留守司右所百户，历军功，授龙骧卫中所世袭副千户。二十八年调广西，从都督杨文征奉议、南丹等处，以劳积迁南宁卫武缘守御千户所。又从讨平清水蛮及庆远贼。永乐四年（1406），征安南、平忻城等处，奋勇率为诸将先，战功懋焉。卒，子瓛袭。（节旧志）

翟　迪　山东淄川人。永乐间知庆远，以宽简得众心。在郡九年，当报政之京。州县士民诣郡攀留，不得，相随入都者数百人，伏阙请遣，报可。正统间，杨禧亦知郡事，公廉有为，及满，士民援迪故事上章请留，因擢广西布政司左参政，仍领郡事。十二年，以老乞归，加右布政使。禧，云南太和人，与迪俱祀《名宦》。

山　云　徐州人，貌魁梧，多智略。初袭金吾左卫指挥使，累迁北京行都督府。宣德二年（1427），柳庆蛮韦朝烈等掠临桂诸县。命佩征蛮将军印，充总兵官讨朝烈，破之。贼保山巅，山峻险，挂木于藤，垒石其上。官军至，辄断藤下木石，无敢近者。云夜半束火牛羊角，以金鼓随其后，驱向贼。贼谓官军至，亟断藤。比明，木石且尽。众噪而登，遂尽破之。是夏，忻城谭团作乱，云讨擒之。广西自韩观卒后，诸蛮渐横，云以广西兵少，留贵州兵为用，先后讨平浔、柳、平乐、桂林、宜山、思恩诸蛮。九年，又以庆远、郁林苗猺非大创不服，请济师，诏发广东兵一千五百人益云。云分道剿捕，擒斩甚众。云所至，询问里老，抚善良，察诬枉，土人皆爱之。初，韩观镇广西，专杀戮。庆远诸生来迓，观曰："此皆贼觇我也。"悉斩之。云平恕，参佐有罪，辄上请，不妄杀人，人亦不敢犯。

彭　举　永乐初为庆远卫指挥使。先是，蛮獠数出掠，为民害。举号令严明，恩威广布。由是，蛮人慑服，百姓安堵。

倪　敬　字汝敬，无锡人。正统十三年（1448），进士擢御史。景泰六年（1455）七月，以时多灾异，偕同官吴江盛昶、江阴杜宥、芜湖黄让、安福罗俊、固始汪清上言："愿罢桑门之供，辍宴佚之娱，止兴作之役，宽直臣之囚。"帝得疏不怿，下之礼部。部臣称其忠爱。帝报闻，然意终不怿。未几，诏都御史萧维祯考察其属，御史罢黜者十六人，敬等预焉，皆谪典史，敬得宜山。英宗复辟，诏授祥符知县。安远侯柳溥雅器敬，西征，请以自随，改都督府都事。逾年师还，卒。士类惜之。

叶　正　字梦吉，广东高要人。举于乡，历迁庆远同知，居官廉介。时蛮贼横暴，守吏畏懦不发。正毅然自任，乃条郡中便宜事上督抚，增括丁壮，什五其人，立长目分领，日训练之，谕以保卫乡井之意，人咸奋厉。峒酋韦父强者，积年剧贼也，寇庆远，围旗山，数败官军。正督兵生执之，其党忿诇，知我无援，潜蹑其后。正反旆力战，子荣死焉。顷之，贼合众攻鸡辣等寨。报至，指挥黄钺与知府黄振方酣饮，正躬请救，弗顾。叹曰："民急矣，我为父母，不一拔之，忍乎？"遂拂衣上马去。督东兰、那地目兵及民兵三百人往援。抵柳青铺，遇贼人头山下，力战不克。身被数枪，犹手刃贼首，与从子官庆、民壮璩用和❶等三百人皆死之，时天顺三年正月晦也。岭南素无雪，是夜雷雹风雨大作，雪深尺许。贼大惊，解围去，所活千余人。天顺六年（1462），都御史叶盛闻于朝。制下，赠朝列大夫、广西布政司右参议。守臣为立庙祀之，额曰"忠义"。

吴　让　字尧让，广东南海人。景泰中进士，授广西临桂县知县，以清慎名。天顺三年（1459），升知庆远府。郡地属在极边，所辖东兰、南丹、那地三州皆土官，各馈白金三百两为贽，悉却不受。南丹知州莫必善倍数力恳，让口占四句遗之曰："贪泉爽酌吾何敢，暮夜怀金岂不知？寄语南丹贤太守，原封回赠莫相疑。"居一年，卒。民泣慕之，祀《名宦》。

---

❶璩用和：参见卷八《人物志·璩礼》。

按：《土官世系》有莫必升、莫必胜，无莫必善，恐必善即必升或必胜，因音近而讹也。

周一清　浙江临海人。由进士天顺六年任庆远知府，政尚严明，人莫敢欺。时猺贼孔炽[1]，乃募壮士，籍民兵，协官军捕之，贼渐却。当事闻其才，檄兼管庆远卫事，以征藤峡功升正三品。后忧归，士民思之，祀《名宦》。

韩　雍　字永熙，长洲人。正统进士，授御史，官至兵部右侍郎。成化元年（1465）出为浙江参政。会两广贼寇流剽，授雍都御史，统督两广赞理军事，寻以忧归。明年，两广盗复作，起雍右都御史，统督如故。雍遣参将张寿、游击冯升分道讨忻州八寨蛮及诸山猺獞掠州县者，皆摧破之。蛮民素慑雍威，寇盗寝息。

按：忻州乃忻城之讹。

鲍象贤　歙人，由进士累官总督两广军务。广西贼黄父将等扰庆远，捣其巢，大获。予象贤一子官，入佐南京兵部。

姜　绾　字玉卿，江西弋阳人。成化十四年（1479）进士。由景陵知县擢南京监察御史。弘治初，忤权贵，谪判桂阳州，移宁国同知，升知庆远府。刚果严明，轻徭薄敛，民安之。十三年（1500），述昆乡贼首韦七璇纠众数万，猝至南关外，城几陷。绾设策备御，躬率指挥王濬等军击败之。十五年，天河县贼韦万妙等作乱，绾督那地州土兵抵巢，擒万妙诛之，东兰诸州蛮悉归侵地。总督刘大夏奇其才，荐为右江兵备副使，风裁凛然，寻擢河南按察使去。祀《名宦》。

杨　荣　永州人，成化间御史，谪知天河县。爱民造士，人咸思之。

王景贤　海康人，号愚谷，庆远同知。弘治间，文宗在潜邸得所为诗，嘉之，手书“愚谷”二大字以赠。

王显高　四川绵州人，由进士嘉靖初知庆远府。刚介严明，积弊冗费，一切裁之。凡蠹役害人者，悉绳以法。用是奸宄敛迹，境内肃然。南丹等州猺蛮桀骜痛怨之，而复其侵地。土目韦正西盗三寨巡检司印，计擒诛之。尤加意士类，新学宫，复书院。擢本省兵备道。祀《名宦》。

沈希馀　字良贵，其先临淮人。景泰中，迁贵县。少有智略，能挽强命中。嘉靖中任思田参将，剿平乐贼，调柳庆参将。御诸猺不专以威，加意绥缉，猺怀其德。御土目不专以恩，察其险要，坐犏其牙，故詟而知惧。在柳庆十余年，歼渌里诸溪峒凡五十余所，获诸大姓巨帅凡数千人。身为大将，每战辄先登，散家财为赏，得狼卒死之。又善用谍，动辄成功。历升总兵，时号名将。西土谣云：“军中有一沈，军士闻之心凛凛。”其为时艳称如此。

秦　柽　知庆远府。明嘉靖中，永定土司韦继祖及其子启邦皆□□过人，尝有贼三百

[1]孔炽：很猖獗，很嚣张。

余夜入府署，杀数人，劫官帑数千金出，人莫敢撄。知府闵旦以上计去，郡事遂寝。自是，粤西暨□□往往盗藏库，获贼鞫讯，咸列启邦父子姓名，历任守皆不敢发。会柽至，谒军门，首以是委之。柽不动声色，各土司承檄来谒，多待以礼貌。启邦莫测柽意，又以岁久事已，守新任不能遽察，遂挺身出。柽一见，大喜，奖劳，讯其技能，益佯喜厚犒，且许荐之。启邦出望外，由是往来频数。一日，柽密计召启邦至怀远，候分都亮地。先伏壮士于两厢，启邦入，突出缚，数前罪，斩之，并斩其随行五十人。柽恐余党变节，即下令安插，檄启邦妻莫氏代理永定，贴然。

薛志学　字海观，常熟人。万历间知天河县。四堡皆没于贼，志学折简谕之，悉归复。治有循声。

林应龙　福建莆田县人。万历二十六年（1598）知思恩县，抚苗有方，定赋无扰，邑人至今德之。

魏　鹗　江西人。万历间知思恩县，治权衡，制升斗，收粮禁耗，阖邑称平。有碑记在县西门内。

杨天启　号凤楼，云南楚雄进士。万历末年知思恩县，创立学宫，振兴文教。时教谕邓以德、典史林道学共为佐理，故邑人有“启德学”之谣。

黄流芳　字若瓒，博罗人。万历间官按察副使。时天河县为土司蚕食边界，下檄责其罪状，土酋惶恐，不敢扰。柳庆间多剧盗，率诸将削平之。进参政，部苍梧，首饬军政，境内肃然。在官以廉节自敦，文武将吏无敢以馈遗进者。尝语吉水邹南皋曰：“非敢异物，率吾性耳”。

本朝

白启明　字见宸，奉天人。康熙二十一年（1682）知庆远府。时初经兵燹，疮痍未复，田亩蒿莱。启明竭力拊循，劝民垦辟。无力者给之牛种，民赖复业。二十二年，自春徂夏数月不雨。启明祷于神，清滞狱，释无辜，发常平仓谷振之，甘霖旋沛。复以时修举废坠，建学宫，葺城垣，创府志，皆捐俸成之，不以扰民。

焦映汉　陕西武功生员，知平乐府。康熙三十九年（1700）调庆远，心切爱民，兴利除弊。先是，宜山县库以各里总催轮守，遇贪令亏折，责总催赔尝，致倾家。映汉廉知，革除其弊。巡抚彭鹏革杂派，映汉书于木牌，榜门以示，永为定例。去后民多思之。

高茂选　河南祥符人。有干才，爱民重士。康熙丙申（1716）由平乐知府调庆远。庆属文风鄙俚，捐资建龙江书院，选其秀者，延师训迪，资以膏火。暇则亲为讲习，士类咸知自奋。先是，盐无定价，斤至值七八分、一钱不等。茂选请定作一分四厘六毫，至今赖之。

徐嘉宾　直隶顺天人。公明勤慎，遇事能断。雍正五年（1727）由梧州守调庆远。目击猺獞横行劫杀，喟然曰："太守，古诸侯。若不惩凶禁暴，如职守何？"因计擒天河县积贼莫东旺，平东兰、那地、永顺各土司争袭仇杀诸案。又以所属地方辽廓，改清潭、南乡四里属宜山县丞专理。革龙门土舍，设巡检司及外委防之。德胜镇南、北、西三巢蛮贼出没之冲也，请设理苗同知驻扎，拨土兵三百戍之。东兰外六哨为土族韦国耀所踞，改设流知州抚之。莅任五年，在署仅十越月，而庆郡积弊尽除，其明敏类若此。

吴正一　字向亭，浙江钱塘人。雍正五年（1727）由举人知天河。县地荒瘠，蛮獠错处溪谷，寻仇构衅阅日无虚。正一著论，独谓："凡此非无天良，惟愚罔知法度，使平吾心以听政，迎机开导，而善启其良，服驯当不与内郡民异，奈何草菅驭焉。"逾年，治果称最。凶党莫东旺劫狱远扬，久不获。正一亲入寨迹捕，草止露宿，浃旬得之。会黔省古州苗梗，粤西兵进巢，饷道陆行险远，恐不继。正一奉委监运，侦知由怀远县小江道梅寨溯流可达古州。苗人来役者，劳以烟盐，皆踊跃，愿为向（道）〔导〕。粮运径而费约省。今古州接济兵米水道便利，乃其创始功也。八年，升知东兰州。时东兰改土归流□庆伊始，会盛暑，正一不避瘴疠，经纪州事无少休，以劳疾卒。

屠用中　湖广孝感，举人。乾隆二年（1737）庆远府同知，驻德胜镇。时南巢贼覃奉恩、蓝明反等恃横劫掠。用中奋曰："身为民上，而使蛮夷跳梁城下，若吾民何？"绘图请兵进剿。破其巢穴，获奉恩等正法，余党分别治罪。就白土、邱索二村添设巡检、外委、把总各一员，领兵防御。数十年积寇，一旦扫平，民得安生。后卓异升琼州府知府，宜民思之。

## 附荔波县名宦

刘邦征　万历丁未（1607）任荔波知县。荔介黔粤极边，内蛮外苗交讧。凡之官者居府城，备员而已。邦征谓："地不亲历，如守土何？"驰至邑，檄诸蛮于前，推诚抚谕。蛮为惧伏，凡所规画，悉听邦征命。白上官请置县治喇轸村，历任数年，蛮野不敢蓄异志。民立祠以祀。

申　翀　号月岩，湖广祁阳人。崇正间由特荐进士任荔波县。清正临民，爱士兴学，建举，选二门以培文风。士民思之。

王家祯　江南山阳人，顺治丁亥（1647）进士，十六年除知荔波县。州故蛮苗难治，城堞俱坏。祯至，移县治于山巅，民便之。獞苦无金钱输粮，祯许以布折偿，民甚喜，无逋欠者。岁大歉，设法赈之，赖以活者甚众。凡告诉，立为剖决，未两期也。忧去，荔人德之，请祀《名宦》。

张　瑛　江西安福人，顺治戊戌（1658）进士，授荔波令。时蛮乱，杀前令胡启睿，灭其家。遣师声罪，稍就戎索。瑛来，从者有忧色。乃单骑造邑指陈利害，蛮皆悔过，听约束。更为力清徭赋，民怀之，乐输恐后。寻以病休，致邑。人不忍其去，请祀《名宦》。

# 迁寓

乾称父，坤称母，横览宇内，一大宫耳。为迁为寓，奚别焉。虽然，放逐者每在穷乡瘴岭之区，以故孤忠杰士辈羁栖兹土，而流风余韵独有存者。故粤考名流，志迁寓。

唐

袁恕己　博陵安平人。神龙二年（706）丙辰，武三思阴榜皇后秽行，上命李承嘉穷核其事，承嘉谓是敬晖、桓彦范、张柬之、袁恕己、崔玄玮等所为，当族诛。李朝隐以未经推鞫，不可遽诛，因各长流岭表。恕己分流环州，后周利用希三思意，至岭外逼之，使饮野葛汁，尽数升不死，乃捶杀之。

宋

洪　湛　字惟清，升州上元人，以右拾遗直史馆。端拱初，与左正言尹黄裳、冯拯，右正言王世则、宋沆伏阙，请立许王元（召）〔僖〕[1]为储贰，词气狂率，太宗怒。宋沆坐吕蒙正亲党，出为宜州团练副使。[2]

金　相　福建仙游人，庆历间进士，官光禄丞。仁宗时，王安石已有盛名。相言安石议论诡僻，名实炫耀，虽为一时文人，终为异日巨蠹。因左迁通判宜州。

黄庭坚　字鲁直，洪州分宁人。举进士，调叶县尉。苏轼见其诗文，以为超轶绝尘，由是声名始震。知泰和县，历国史编修官。章惇、蔡卞与其党论《实录》[3]多诬，贬涪州别驾、黔州安置。忌者不欲其处善地，逐移戎州。蜀士从之，讲学不倦。徽宗即位，起监鄂州税，辞不行。复知太平州，罢，主管玉龙观。尝与赵挺之有微隙，挺之执政，转运判官陈举承风旨，上其所作《荆南承天院记》，指为幸灾，羁管宜州。三年，徙永州。与蒋伟友善，时庭坚名在党籍中，士夫畏祸不敢往还，伟日陪杖履。次年，庭坚召还，未行疾革。伟往见，庭坚大喜曰："身后事委君矣。"及卒，伟为棺殓，具舟送归。时年六十有一。

范　寥　字信中，成都华阳人。慷慨重义，尝以省叔父祖禹寓桂林天宁寺。时黄山谷谪宜州，赠以诗云："范侯来寻八桂路，走别俗人如脱兔。"其后山谷殁，寥为护丧出岭。士大夫义之。

---

❶原文作"元召"，据《皇宋通鉴长编纪事本末》《资治通鉴后编》载"宋沆等五人伏阙，上疏请立许王元僖为太子"，故此处当为"元僖"。

❷洪湛：《广西通志》"洪湛"，其后尚有"乃出湛知容州。容有戍卒谋窃发者，湛侦知，亟斩之。迁比部员外郎。咸平二年，命试舍人院，直史馆"一段。

❸《实录》：此处指《（宋）神宗实录》。

徐　俯　字师川，洪州分宁人，黄庭坚甥也。崇宁间，庭坚谪宜州，俯来视舅氏。庭坚卒，往寓昭州。绍兴中，除谏议大夫。有《访邹道乡故居诗并序》。

管　及　见《名宦》。

明

严德珉　吴人，明洪武中由御史擢左佥都御史，以疾求归。帝怒，黥其面，谪戍南丹，遇赦还。布衣徒步，自齿齐民，宣德中犹存。尝以事为御史李立所逮，德珉跪堂下，自言曾在台勾当公事，晓三尺法。御史问何官，答言："洪武中台长，即今堂上版榜所称严德珉是也。"李大惊，揖起之。次日，往谒，则担囊徙矣。有教授与饮，见其面黥，戴敝冠，问："老人所犯何法？"德珉述前事，因言："先时国法甚严，仕者不保首领，此敝冠不易戴也。"乃北面拱手，称"圣恩、圣恩"。

按：德珉，《通志》作德明，今据《明史》，究未知孰是。[1]

方孝复　宁海人，孝孺从弟也。洪武二十五年（1392），尝上书阙下，请减信国公汤和所加宁海赋，谪戍庆远卫。成祖族诛孝孺时，孝复以军籍获免。子琬，后得释为民。[2]

铁福安　邓人，明兵部尚书铉子也。建文初，铉为山东参政，靖难兵起，屡挫燕兵于德州东昌间，擢布政使，进兵部尚书。成祖即位，铉屯淮上，兵溃被执至，背坐廷中嫚骂，令一回顾，终不可，遂磔于市，年三十七。父仲名，年八十三，母薛氏，并安置海南，子福安戍河池州。

茹　铨　衡山人，父瑺，以兵部尚书封忠诚伯。兄鉴，秦府长安郡主仪宾。永乐时，茹为家人所讼，逮至京。释还，过长沙不谒谷王，王以为言。时方重藩王礼，谷王又开金川门有功，帝意向之。陈瑛[3]遂劾瑺违祖制，逮下锦衣狱。瑺知不免，命铨市毒药服之，死。法司劾铨毒其父，请以谋杀父母论。后以铨实承父命，减死，与兄弟家属二十七人谪戍河池州。仁宗立，释还。

杨　瑄　字廷献，丰城人，景泰五年（1454）进士，授御史，刚直尚气节。天顺初，

---

[1]本志《严德珉》条与《明史•列传第二十六》所载相同。《明实录•太祖实录》、《皇明异典述》、《续通典》、王世贞《弇山堂别集》等俱载此条内容，均作"德珉"。雍正《广西通志》、杨循吉《吴中故语》均作"明"。似当以"珉"为是。

[2]参见《明史》列传第二十九《方孝孺传》。

[3]陈瑛：滁（今安徽省滁州市）人。洪武中以人才贡入太学。擢御史，出为山东按察使。善书法。燕王称帝，召为都察院左副都御史，署院事。"以刻酷济其奸私，逢君长君，荼毒善类。"永乐九年（1411）春，瑛得罪下狱死。参见《明史・奸臣》本传。

彗星见。同十三道御史[1]张鹏、周斌等劾曹吉祥[2]、石亨诸违法事。疏入，帝大怒，收鹏及瑄，御文华殿，悉召诸御史，掷弹章，俾自读。斌且读且对，神色自若。至冒功滥职，帝诘之曰："彼帅将士迎驾，朝廷论功行赏，何云冒滥？"斌曰："当时迎驾止数百人，光禄赐酒馔，名数具在。今超迁至数千人，非冒滥而何？"帝默然。竟下瑄、鹏及诸御史狱。搒掠备至，论瑄、鹏死，余遣戍。会大风震雷，拔木发屋，须臾大雨雹。亨、吉祥家大木俱拔。帝感悟，戍瑄、鹏铁岭卫。行半道，适承天门灾□，赦放还。或谓当诣亨、吉祥谢，二人卒不往，复谪戍南丹。宪宗即位，还原官。

张　鹏　字腾霄，涞水人，景泰二年（1451）进士，授御史。天顺元年（1457）同杨瑄等劾曹吉祥、石亨，俱得罪下诏狱，诸御史多谪官，而鹏、瑄戍辽东。顷之赦免，复戍南丹。宪宗立，廷臣交荐，召复原官。成化四年（1468）巡抚广西，剿蛮寇有功。累官至兵部尚书，加太子少保，卒谥"懿简"。

倪　敬　见《名宦》。

杨　荣　见《名宦》。

马　录　字君卿，信阳人，嘉靖初为御史巡按。山西有妖贼李福达戍山丹卫，逃居洛川，更名曰张寅，输粟得太原卫指挥使。为其仇薛良告发，录穷治之。寅素事武定侯郭勋，乃赂勋使遗书解之。录得书，具以闻。上眷勋，贳[3]不问，反移寅狱于三法司[4]。会勘狱，上悉如录指。上复疑有党，令张孚敬[5]等庭审。勋素以议礼迎，孚敬意遂直勋，寅得脱□三法司。勘官得罪去，录坐廷杖，戍南丹卫，缘及子孙，遇赦不宥。时嘉靖六年（1527）九月壬午也。居戍岁久，绝口不言往事，竟卒戍所。[6]

赵贞吉　字孟静，内江人。嘉靖庚戌（1550），贼长驱至京郊，廷臣惴惴。贞吉为国

[1]十三道御史：明朝各道监察御史的合称。明初于都察院下置监察御史对地方进行审计监督，以各布政使司分别设置为道。宣德十年（1435）定为十三道，即浙江、河南、山东、山西、陕西、湖广、福建、江西、广东、广西、四川、贵州、云南，共置御史110人。

[2]曹吉祥（？—1461），永平滦州人。明代权宦，累官至司设监太监。景泰八年（1457）与大将石亨等密谋，率兵迎明英宗复辟，史称"南宫复辟"。1461年，吉祥嗣子钦举兵叛乱，曹吉祥被英宗设计逮捕，事后被磔刑处死。事见《明史·宦官传》《大明英宗睿皇帝实录》等。

[3]贳（shì）：宽纵，赦免。

[4]三法司：古代三个中央司法机关的合称。明清两代以刑部、都察院、大理寺为三法司，遇有重大案件，由三法司会审，即"三司会审"。

[5]张孚敬（1475—1539）：本名张璁，字秉用，号罗峰，明世宗赐名孚敬，字茂恭。浙江温州府永嘉（今浙江省温州市龙湾区）三都人。明代中期重臣，事详《明史》列传第八十四《张璁传》。

[6]马录：详见《明史》列传第九十四本传。

子司业，上疏激烈，因以贞吉为左春坊谕德[1]兼御史犒师。大将军仇鸾[2]衔之，遂被谮，谪荔波典史，道病，留全时，入湘山，读书僧舍。居久，以病谢去[3]。

刘　敬　字子钦，江西吉水人。为刑部主事。坐黄让[4]与门达[5]有隙，累谪戍南丹。困厄中处之裕如，无几微陨获[6]态，人称其贤。学士曾棨[7]荐之，起新淦[8]学训。

按：黄让与门达有隙被谪，而薛岩、刘敬则仅云坐累，刘谪戍南丹，薛、黄皆不详其戍所。薛虽复用，竟死安南，尤足悲矣。（此处共3列约64字漫灭）或严鹰逐，上拂人主。谪之遐荒，一时若（此处下12字漫灭）郁林州同知王同休[9]以铨部谪，宾州判官曾伟方、玉林判官陈楚产俱以兵部谪，崇善县典史吴文梓以都给事中谪，灌阳县典史周希圣以御史谪，不可枚举。大抵明时信用佥壬[10]，事多操切。前之数君子，守正不阿，虽身罹播迁之毒，然而在朝朝重，在边边重，芳徽流于百世，固未为不幸也。惟郁林佐君王大用未究，令人有长沙之恨，悲夫！

[1]左春坊谕德：官名，唐置，为太子属官，掌讽谏规劝。分左右，左谕德属左春坊，右谕德属右春坊。

[2]仇鸾（1489—1552），明陕西镇原（今属甘肃）人，字伯翔，正德时名将仇钺之孙，袭封咸宁侯。任甘肃总兵，后曾投靠严嵩，得重用为太子太保，充总兵官，镇守大同。死后被嘉靖以“叛逆”罪名开棺戮尸。事见《明史·奸臣》本传。

[3]赵贞吉（1508—1576）：明代名臣、学者，事详《明史》列传第八十一本传等。

[4]黄让：太平府芜湖（今安徽省芜湖市）人，字用逊。景泰五年（1454）进士。“正统间为御史，坐言事谪知安岳县，有善政。迁中府都事，以挞锦衣卫隶，为门达所谮，谪戍广西南丹卫。赦还，贫甚，课耕自给。”

[5]门达：丰润（今河北丰润）人。天顺间任锦衣卫指挥。“怙宠骄横，凡忤之者，辄嗾觇卒潜致其罪，逮捕拷掠，使无诘证，莫可反异。由是权倾一时，言者结舌。”事见《明史·佞幸列传》。

[6]陨获（yǔnhuò）：丧失志气。

[7]曾棨：明江西永丰人，字子启，号西墅。永乐二年（1404）进士，工文章，与修《永乐大典》。卒，谥“襄敏”。有《西墅集》。

[8]新淦：古旧县名，西汉置。明清属临江府，1957年改名新干县。

[9]王同休：福建晋江人，万历十四年（1586）进士，官吏部员外郎，谪玉林同知。

[10]佥壬：小人、奸人。佥，通“憸”。

# 《庆远府志》卷七　选举志

## 进士

《礼·王制》："造士之秀者，升之司马，曰进士。"[1]历秀选俊，造而后至，盖所以待之重矣。自汉为礼官，甲科[2]射策、对策、经义[3]，诸议皆试以文辞，故隋设进士科，唐宋因之，至明尤盛。本朝复分直省，与计偕之数，临期奏请定额，于是桂海炎方[4]之士，联翩南省。庆虽僻壤，冯黎而后，彬彬不乏也。志进士。

宋

**皇祐元年己丑科冯京榜**

冯　京，龙水人，三元及第，官至参知政事。详《人物》。

**治平四年丁未科许安世榜**

黎　志，龙水人，榜眼及第，吴川令[5]。详《人物》。

廖克明，龙水人。

**元祐三年戊辰科李常宁榜**

韦　安，龙水人。

---

❶《礼记·王制》："大乐正论造士之秀者，以告于王，而升之司马，曰进士。"《礼记正义》："进士，可进受爵禄也。"

❷甲科：汉时课士分甲乙丙三科。《汉书·儒林传序》："平帝时王莽秉政……岁课甲科四十人为郎中，乙科二十人为太子舍人，丙科四十人补文学掌，故云。"

❸射策、对策、经义：均为汉代考试科目名。《汉书·萧望之传》："望之以射策甲科为郎。"颜师古注："射策者，谓为难问疑义书之于策，量其大小署为甲乙之科，列而置之，不使彰显。有欲射者，随其所取得而释之，以知优劣。射之言投射也。""对策者，显问以政事经义，令各对之，而观其文辞定高下也。"

❹桂海炎方：古代泛指南方边远、炎热地区。《文选·江淹〈袁太尉淑从驾〉》："文轸薄桂海，声教烛冰天。"李善注："南海有桂，故云桂海。"

❺黎志：治平四年（1067）进士，曾任为化州路吴川（今广东省吴川市）令。以政事加勋武骑，赐绯鱼袋。元庆远安抚司经历罗咸言："冯三元以文学魁天下，黎特科以及第擅当时，并称为人物之杰出，则其人可知矣。"

**大观三年己丑科贾安宅榜**

韦　经，龙水人，官通判。详《人物》。

**宣和中**

何　俊，宜州人，贡赴辟雍，上适幸学，问《春秋》疑难，称旨，赐进士出身。详《人物》。

**绍兴二年壬子科张九成榜**

韦民望，宜山人。

吴巨川，宜山人。

韦安雅，宜山人。

**绍兴五年乙卯科汪应辰榜**

何　谓，宜山人。

钟　定，宜山人。

**隆兴元年癸未科木待问榜**

秦　璘，宜山人，官将仕郎[1]。

**庆元五年己未科会从龙榜**

何　旦，宜山人，海南都巡检[2]。详《人物》。

刘万敌，宜山人，官迪功郎[3]。

区　革，宜山人，琼州司理[4]。详《人物》。

唐仪凤，宜山人，见荐举特科。详《人物》。

**嘉定元年戊辰科郑自诚榜**

唐天麟，宜山人。

唐总龟，宜山人，官从仕郎[5]。

**嘉定十六年癸未科蒋重珍榜**

周忠信，宜山人。

**宝庆二年丙戌科王会龙榜**

廖洪宁，宜山人，官承议郎[6]。

---

[1]将仕郎：文散官名。隋始置，唐为文官第二十九阶，即最低一阶，从九品下。

[2]参本志卷五《武备志·兵制》。

[3]迪功郎：宋代官名，亦称宣教郎，为从九品。

[4]司理：司理参军的简称。宋初各州有马步院，以军人为判官，掌狱讼。

[5]从仕郎：文散官名。金始置，秩从八品下。

[6]承议郎：文散官名，隋始置，〔宋〕元丰时改制用以代左右正言、太常博士、国子博士。后定为第二十三阶。

**绍定二年己丑科黄朴榜**

雷景焕，宜山人。

**咸淳七年辛未科张镇孙榜**

旧志作“镇标”，“咸淳”作“咸熙”，今从《通志》正之。

谢云之，宜山人，官从仕郎

易　震，宜山人，官迪功郎。

易　功，宜山人，官迪功郎。

**咸熙十年甲戌科王龙泽榜**[1]

区文焕，宜山人，官迪功郎。

**宋年次无考进士四人**

朱宗寿，庆远人。

韦文虎，庆远人。

周德祖，庆远人。

诸葛镛，庆远人，柳州教谕。

元

无。

明

**洪武十八年乙丑科丁显榜**

陈以仁，宜山人。

**洪武二十七年甲戌科张信榜**

喻居善，宜山人，副使[2]。

**永乐四年丙戌科林环榜**

杨　谙，宜山人。

**永乐十九年辛丑科曾鹤龄榜**

韦　昭，宜山人，大理寺副[3]。详《人物》。

**宣德二年丁未科马愉榜**

韦　广，宜山人，御史。详《人物》。

---

❶咸熙十年：原文如此。按前一榜为咸淳七年辛未，3年后应当咸淳十年甲戌（1274）。参其他古文献亦可推知为“咸淳”。

❷副使：此处指按察司副使。

❸大理寺副：明朝于大理寺左、右寺正，下设左、右寺副各二人，协助寺正办理二寺刑名案件，秩从六品。

**天顺元年丁丑科黎淳榜：**

邢　正，宜山人，云南参政。详《人物》。

韦　嵩，宜山人，官知府。

**天顺四年庚辰科王一夔榜**

冯　俊，宜山人，四川巡抚。详《人物》。

**成化十七年辛丑科王华榜**

冯良辅，宜山人。

**嘉靖八年已丑科罗洪先榜**

张　烜，宜山人，河池学，官至都御史，巡抚河南，有传[1]。

**嘉靖十一年壬辰科林大钦榜**

李文凤，宜山人，官至云南佥事，有传[2]。

**嘉靖二十六年丁未科李春芳榜**

陈学夔，宜山人，官湖广副使。详《人物》。

本朝

**康熙十二年癸丑科韩菼榜**

张汝贤，临桂人，天河籍，迁安知县[3]。

**雍正八年庚戌科周澍榜**

王秉运，河池人。

## 举人

唐制，岁贡举，送尚书省集试，后移礼部。宋率三岁，秋收解，冬集礼部，春考试，通谓之举人。元、宋罢乡贡，举人仁宗亲试，举人是也。明洪武十五年定科举法，以乡试及格者为举人，得铨注。本朝因之，简主司，增解额，典弥重焉。近简择试用，开仕进之门。士益于于然[4]，思歌鹿鸣[5]矣。志举人。

---

❶张烜：传见卷八《人物志・儒林》。纪昀等《河南通志》、曾筠《浙江通志》、谢旻《江西通志》、郝玉麟《福建通志》分别记载：张烜，字仲熙。曾任河南巡抚都御史、浙江提刑按察司按察使、江西巡按监察御史、侯官县知县，“有干略”。〔明〕黄虞稷《千顷堂书目》载：张烜，《吉山集》四卷。“字仲熙，广西庆远卫人，总督漕运，右副都御史。”河池学，即当时的河池州学。

❷李文凤：传见卷八《人物志・乡贤》。

❸迁安：县名。即今河北省迁安市。

❹于于然：自得的样子。《庄子・应帝王》：“泰氏其卧徐徐，其觉于于。”成玄英疏：“于于，自得之貌。”

❺鹿鸣：本义指鹿的鸣叫。出《诗・小雅・鹿鸣》。此处当指鹿鸣宴，借指科举考试。

明

**洪武十七年甲子科**

胡文通，解元，教授。

陈以仁，见《进士》，俱宜山人。

**洪武二十年丁卯科**

吴　谦，庆远人，教谕。

王继祖，庆远人，教谕。

**洪武二十三年庚午科**

米文节，解元，教授。

吴　忠，教谕。

韦崇德，俱宜山人。

谢文迪，天河人。

是科解元，按《通志》《永福县志》及《科名盛事录》当是临桂刘渊，旧志载米文节，《阳朔县志》载朱贞，似皆误，今姑仍旧志载之。

**洪武二十六年癸酉科**

喻居善。见《进士》。

杨　谙。见《进士》。

李宗辅，盐运使。

赵　勤，俱宜山人。

罗　旺，天河人，知县。

**永乐六年戊子科**

何　清，解元，宜山人。

罗　敬

石　达，俱天河人。

是科解元，按《科名盛事录》及州县各志皆载临桂贺敬，似非何清，今姑仍旧志载之。

**永乐九年辛卯科**

郑　泰，庆远人。

贾　鲁，学正。详《人物》。

韦　昭，见《进士》。

王　俊，知县。

莫　进

黄　斌，俱宜山人。

**永乐十二年甲午科**

秦　良，庆远人，教谕。

胡　昌，庆远人。

王　濬，庆远人，同知。

韦　广，宜山人。见《进士》。

石　应，宜山人。

高　泽，宜山人。

卢　真，宜山人。

**永乐十五年丁酉科**

岳　敏，庆远人。

喻　祐，庆远人，教谕。

苏　诚，庆远人，主簿。

卢　昌，宜山人。

谢　泽，天河人。

**永乐十八年庚子科**

程　茂，庆远人，照磨。

郑　毓，庆远人。

邓文昌，庆远人。

蒋　颖，庆远人。

侯　刚，庆远人。

秦　嘉，宜山人。

陈　伦，宜山人。

**永乐二十一年癸卯科**

秦　祐，宜山人。

**宣德四年己酉科**

吴〔贵，庆远人〕。

李　实，庆远人。

韦　诚，宜山人。

王　满，宜山人，知县。

**宣德七年壬子科**

郑永昌，庆远人。

**正统三年戊午科**

莫　鲁，宜山人，教授。

**正统六年辛酉科：**

谭　亮，宜山人，知县。

**正统九年甲子科**

陈　鼎，解元，宜山人，知县。

罗　缙，宜山人，员外。

**正统十二年丁卯科**

邢正，宜山人。见《进士》。

**景泰元年庚午科**

韦　嵩，解元，宜山人。见《进士》。

薛致中，宜山人，教谕。

冯　俊，宜山人。见《进士》。

邓　感，宜山人，训导。

吴　溥，宜山人。

**景泰四年癸酉科**

吴　渊，解元，宜山人，灵山训导。详《人物》。

刘　源，宜山人。

司马昌，宜山人，典籍。

秦　明，宜山人，知县。

邱　端，宜山人，知县。

陈　镛，宜山人。

莫朝宣，宜山人，训导。

凌道生，宜山人，教谕。

**景泰七年丙子科**

王　聪，宜山人，训导。

陈　谦，宜山人，训导。

贾　询，宜山人。

秦祖盛，宜山人，训导。

韦　谦，宜山人，教谕。

**天顺三年己卯科**

邱　升，宜山人，知县。

柏　永，宜山人，训导。

魏宗广，宜山人。

韦　沆，宜山人，通判。

于　仁，宜山人。

邱　亮，宜山人，知县。

彭　彦，天河人。

**天顺六年壬午科**

孟　洪，宜山人。

卢　琼，宜山人，通判。

宋　璘，宜山人。

张　煊，宜山人，州同。

李　显，天河人，知县。

**成化元年乙酉科**

陈　杰，宜山人。

罗　瑛，宜山人。

吴　兴，宜山人，知县。

**成化四年戊子科**

陈　璧，庆远人，知县。

邬　杰，庆远人。

杨　文，庆远人，知县。

邓　演，庆远人，知县。

璩　纶，宜山人，平乐教谕。详《人物》。

韦　珠，庆远人，知县。旧《通志》作韦球。

于　礼，庆远人。

**成化七年辛卯科**

冯良辅，宜山人。见《进士》。

宋　清，宜山人，知县（宋）淳兄。详《（宋）淳传》[1]。

易　瓒，宜山人，训导。

柏　清，宜山人。

**成化十年甲午科**

彭　伦，宜山人。

赵　禧，宜山人，教谕。

郭　伟，宜山人，通判。

王　浩，宜山人，都事。

沈　庸，宜山人，知县。

---

❶《宋淳传》：见卷八《人物志·孝友》。

**成化十三年丁酉科**

李　经，宜山人，教谕。

徐　纲，宜山人，知县。

谢　瑾，宜山人，训导。

**成化十六年庚子科**

李景芳，庆远人，知县。

陈宗周，庆远人，官知县。旧《通志》作陈宗□。

米世用，庆远人，知县。

**成化十九年癸卯科**

冯良弼，宜山人，知县。

于　江，宜山人，教谕。

**成化二十二年丙午科**

陈　经，宜山人，教谕。

杨寿，宜山人。

**弘治二年己酉科**

杨　昺，宜山人。

黄　纹，宜山人，推官。

吴　桐，宜山人。

高　嵩，宜山人，太仆寺正卿。详《人物》。

覃　璋，宜山人，训导。

**弘治五年壬子科**

宋　澍，宜山人，知县。（宋）淳弟。详《（宋）淳传》。

刘　英，宜山人，训导。

杨　梁，宜山人，知州。

秦　纯，宜山人，知县。旧志作緰。

赵　钱，宜山人，教谕。

梁　琮，宜山人，通判。

**弘治八年乙卯科**

刘　璋，庆远人，王府奉祀。

张　祚，庆远人，通判。

刘主诚，天河人，同知。

**弘治十一年戊午科**

李　华，庆远人，同知。

谢　金，庆远人。

李兴秀，庆远人，教谕。

杨　贞，庆远人。

李　岊，天河人。

**弘治十四年辛酉科**

刘孔仁，庆远人。

秦　鉴，庆远人，教谕。

诸　臣，庆远人，教谕。

王士奇，庆远人，同知。

邱　山，庆远人，知县。

邢惟高，庆远人，知县。

秦　镃，庆远人。

吴钟玉，宜山人，教谕。

**弘治十七年甲子科**

杨　槛，庆远人，同知。《通志》作“鉴”。

叶　金，庆远人，知县。

孟　贤，庆远人，知县。

邢惟齐，庆远人，知县。

张　镇，庆远人，训导。

谢　璋，庆远人，教授。

周　璩，宜山人，经魁，教谕。本姓璩。

杨　樯，宜山人，教谕。

李　蓁，宜山人。

邓　玉，宜山人，教谕。

陈　端，宜山人，学正。

**正德二年丁卯科**

秦邦儒，庆远人，教授。

陆万里，庆远人，学正。

沈　磐，天河人，教谕。

李文魁，天河人，知县。

**正德五年庚午科**

韦　伦，庆远人，训导。

邢国宾，庆远人，知县。

王　崑，庆远人，教谕。

彭季观，庆远人。

李　睿，宜山人。

宋尚宾，宜山人，通判。

杨　杲，宜山人，教谕。

曹　通，宜山人。

**正德八年癸酉科**

吴显宗，庆远人，教谕。

陈　策，宜山人，广惠子，建昌推官。详《（陈）广惠传》。

陈　珣，宜山人。

**正德十一年丙子科**

冯　轩，庆远人。

王　臣，庆远人，训导。

**正德十四年己卯科**

王　询，宜山人。

张　烜，宜山人，河池学。见《进士》，有传。

**嘉靖元年壬午科**

李应旸，宜山人，知县。

吴　谟，宜山人，知县。

黄钟美，宜山人，通判。

**嘉靖四年乙酉科**

李文凤，宜山人，解元。见《进士》，有传。

王　训，庆远人，知县。

马　荫，宜山人，教谕。

**嘉靖七年戊子科**

杨　滋，庆远人。

杨　蔚，庆远人，教谕。

杨　澄，庆远人，知县。

莫　晦，庆远人。

李文瓒，宜山人。

宋尚恩，宜山人。

吴　贡，天河人。

**嘉靖十年辛卯科**

杨　茌，庆远人。

冯　辕，河池人。

谢　祥，宜山人。

**嘉靖十六年丁酉科**

阮　霁，庆远人，知县。

陈学夔，宜山人，广慧孙。见《进士》，有传[1]。

李成材，庆远人。

李资深，宜山人，河池学，知县。详《人物》。

李资仁，宜山人，河池学，知县。详《人物》。

**嘉靖十九年庚子科**

唐启贤，庆远人。

邹　让，庆远人，教谕。

李成春，庆远人。

**嘉靖二十二年癸卯科**

韦可受，庆远人，通判。

吴　珊，庆远人，通判。

唐启宾，庆远人，知县。

李　灿，河池人。

**嘉靖二十五年丙午科**

钟世彦，宜山人，知县。

李廷芳，宜山人，知县。

张师善，河池人。

**嘉靖二十八年己酉科**

陈　埙，宜山人，知县。

**嘉靖三十一年壬子科**

李　洵，庆远人。

高应旸，宜山人，琼子，奉化知县，有传[2]。

杨　宽，宜山人，知县。

**嘉靖三十四年乙卯科**

张师益，宜山人，徐闻知县。详《人物》。

---

[1] 见卷八《人物志·乡贤》。

[2] 见卷八《人物志·乡贤》。

吴尚礼，河池人，知县。

张　松，天河人，通判。

**嘉靖三十七年戊午科**

黎　资，宜山人，知县。

朱　奇，宜山人，知州。

**嘉靖四十年辛酉科**

李邦奇，庆远人，知县。

倪良材，宜山人，知县。

**嘉靖四十三年甲子科**

唐之良，庆远人，知州。

杨　尹，河池人，知县。

周希尹，宜山人，云南姚安知府。详《人物》。

**隆庆元年丁卯科**

陈学益，宜山人，知县。学夔弟。

**万历元年癸酉科**（旧志作隆庆癸酉科，讹）

李兆雄，宜山人，知县。

**万历四年丙子科**

邱九畴，宜山人，知县。

王　珽，宜山人，都匀知府。

吴一阳，宜山人，知县。

**万历七年己卯科**

谢朝纪，宜山人，阿迷❶知州。详《人物》，祀《乡贤》。

陆万星，思恩人。

**万历十年壬午科**

孟养性，宜山人，江西东乡❷知县。

杨　宇，宜山人，高要❸知县。

**万历十六年戊子科**

金　声，庆远人，知县。

杨　芳，庆远人。

---

❶阿迷：州名，元始置，后多次改撤、复置。今为云南省红河哈尼族彝族自治州开远市。

❷东乡：县名，明正德七年（1512），分抚州府临川县的东境，并割金溪和饶州府的安仁、余干及南昌府的进贤县等部分领地合置，隶属于抚州府。今为江西省抚州市东乡区。

❸高要：县名，汉元鼎六年（前111）始置，今广东省肇庆市高要区。

周　文，宜山人，知县。

**万历二十二年甲午科**

周　立，宜山人，知县。

**万历二十八年庚子科**

孟养志，宜山人，通判。

**万历三十一年癸卯科**

高　辉，宜山人。

**万历三十四年丙午科**

周　齐，宜山人，知县。

张自谔，宜山人，通判。

**万历三十七年己酉科：**

杨　言，宜山人，亚元。

**万历四十年壬子科**

周　衮，宜山人，同知。

金　浥，宜山人。旧志作“金色”。

**万历四十三年乙卯科**

孟养气，宜山人，推官。

**万历四十六年戊午科**

周　玹，宜山人，知县。

**天启元年辛酉科**

杨　瀛，宜山人，同知。

**天启四年甲子科**

璩之美，宜山人，推官。

张　经，宜山人，知县。

**天启七年丁卯科**

吴继宪，思恩人，知县。

董其英，宜山人，河池学，知县升兵部主事。详《人物》。《通志》作“黄”，讹。

**崇正九年丙子科**

璩之洁，宜山人。

**崇正十二年己卯科**

余犹龙，宜山人，河池学，亚元，知县。

**附记**

熊孟祥，河池人。《通志》作“洪孟祥”，中明末乙酉科。

黎　胤，河池人，中明末甲午科。

本朝

**康熙二年癸卯科**

鲍　杰，宜山人，拣选知县。

**康熙五年丙午科**

刘光汉，天河人，教授。

**康熙十一年壬子科**（旧志作康熙八年癸酉科，今按《通志》正之）

张汝贤，临桂人，天河籍。见《进士》。

**康熙二十一年壬戌补试辛酉科**

余心孺，宜山人，亚元，延津❶知县，有传。

**康熙二十三年甲子科**

璩鸿逵，宜山人，教授。

**康熙五十年辛卯科**

蓝露润，宜山人，副榜，岑溪教谕。

**康熙五十二年癸巳恩科**

程　章，天河籍，兴安人。

赵　溥，河池籍，全州人。

**康熙五十六年丁酉科**

鲍　朝，宜山人，青县❷知县。

**雍正元年癸卯恩科**

诸来晋，河池人，桃源❸知县。

**雍正四年丙午科**

董敬修，天河人，昭平教谕。

**雍正七年己酉科**

王秉运，河池人。见《进士》。

陈嘉猷，宜山人，武榜。

**雍正十年壬子科**

鲍道中，宜山人，副榜。

---

❶延津：县名，宋政和七年（1117）以黄河渡口改称延津县，元废，清复置。今属河南省新乡市。

❷青县：位于华北平原东部，汉高帝时期置参户县，明洪武八年（1375）始称青县。今属河北省沧州市。

❸桃源：县名，东汉建武二十六年（50），桃源地域从临沅县析出，置沅南县，隶属武陵郡。宋太祖乾德元年（963），以东晋陶渊明《桃花源记》传颂于世而置桃源县，今属湖南省常德市。

李绍勉，宜山人，武榜。

**乾隆六年辛酉科**

汤德崇，宜山人，拔贡。

董联芳，宜山人。

王家相，宜山人，武榜。

**乾隆九年甲子科**

杨　藻，宜山人，副榜。

**乾隆十七年壬申恩科**

吴凤俿，宜山人。

**乾隆十八年癸酉科**

黎之标，河池人。

## 岁拔（廪额附）

明初下《开科诏》，乡、会试外，令天下府州县学岁贡食廪生赴礼部试。试中，补国学监生。已改从提学考试，得应两京试，与诠注。弘治中，祭酒章懋[1]又奏行“选贡法”[2]，更严贡非其人之罪[3]。遇覃恩，复有恩贡之授，所以遴之者至严且重也。本朝循旧制，其间登仕版、式乡闾者，多有可述焉。志岁拔。

宜山县

**明　岁拔**

李　春，府学，知府。祀《乡贤》。

邵祖尧，府学，县丞。

璩　桊，府学，知事。

戚靖忠，府学，州同。

李若楠，毕节道。

高　翀，信宜知县，有传。

邵承尧，通判。

---

[1]章懋（1437—1522），字德懋，号闇然翁，晚年又号瀫滨遗老，浙江兰溪渡渎村人。成化二年（1466）会试第一，选为庶吉士，授翰林编修。官至南京国子监祭酒、礼部尚书，卒后追赠太子太保，谥“文懿”。著有《枫山语录》《枫山集》等。所纂《兰溪县志》，为兰溪现存最早方志。

[2]选贡法：由地方贡入国子监生员的一种科举制度，由南京国子监祭酒章懋于弘治十七年奏请推行。

[3]贡非其人之罪：自唐代以后，各朝均对不合规的贡举行为治罪，大体有“贡举非其人”“课试不实”和“应贡举而不贡举”三种情况。

璩 纯，教授。

邱 岑，经历。

张自谦，主簿。

江弘范，知州。

璩宗琰，教谕。

刘幼学，通判。

璩 绣，主簿。

**以上恩拔。**

蒋 稳，怀安知县，有传。

璩世宝，训导。

彭 圯，府学，教谕。

璩善敬，教谕。

彭 玳，府学，教谕。

陈 枢，教谕。

璩世鸣，教谕。

鲍云龙，湘王府伴读，有传。

璩善义，训导。

李应甲

陈五美，府学教授。

彭 坤，训导。

璩 金，教谕。

璩之珍

彭承熙，府学教授。

高愈让，府学教授。

陈龙光，训导。

璩 镐，教授。

陈龙颖

璩世皞，教谕。

璩凤翔，主簿。

陈大节，教授。

璩凤翻，教谕。

高 琼，经历，有传。

韦象辉

莫　骄
彭大受，训导。
李可成，府学。
胡呈章，知县。
朱应奎，训导。
李守正，训导。
张　琼，训导。
□文选，府学教授。
韦　谦
□执忠
高竭忠，府学教授。
□如铎
□华祚，教授。
□崇祚
莫文琏
璩　震，教授。
璩　良，教谕。
陈　鼎，见《举人》。
谢　淑，教授。
璩　乾，府学，教谕。
璩在卞，训导。
谢　汲，教谕。
李　睿
璩希儒，训导。
璩万亿，教授。
□茂柏
高　珊
璩万镒，教谕。
谢　浚
李　文，教谕。
黄天榜
蒋继祯，教谕。
蒋继风

邱　□，教谕。

周　言，府学。

璩待聘，教授。

陈　经，教谕。

黄　宿

黄日章，知县。

黄日昌，教谕。

冯　春，学正。

王　熙

胡翼三

吴之鹏

莫逢周

陈国宪

陈　瑛，博通五经。

鲍　化

郑　纪

左国珍，知县。

黎世衡

叶廷茂

谭　绎，教授。

魏振文

黄日芳

苗富春，　教谕。

谭贞弼

陈国定

韦应锡，知县。

韦　政

吴　祥

杨　昶

谭　进

何　汉

周　道

王　镃

莫　让
唐　赐
韦　全
李　素
王　奎
何　澄
廖　昱
陆　福
丁　其
秦　泰
蒋　理
陆　智
杨　瑛
卢　敬
周　璩，见《举人》。
米　贞
谢　会
吴　纬
周　白
李　勉
谢　恕
廖　华
吴　锦
苏绍爵
朱　杰
邓　珍
韦　纶
陈　淳
冯　纪
刘　显
王　谏
郭　登
郑　伸

李云昌
钟　庆[1]
戴　经
以上岁荐。
宜山县额廪十六名。

**本朝岁拔**

苗富岁，府学，顺治八年（1651）。
璩之润，府学，康熙十一年（1672）拔，有传。
金　章，府学，年份无考。
廖继由，府学，年份无考。
刘懋晔，教谕，康熙三十年[2]，府学。
胡　荣，拔，康熙三十七年（1698），有传。
杨□谟，康熙五十二年（1713），府学，武缘教谕。
董焕章，康熙五十二年。
杨　名，教谕，雍正元年（1723），府学。
袁弘蕴，雍正元年。
蓝露沛，拔，雍正元年，有传。
吴凤倏，拔，雍正十二年（1734），博白教谕。见《举人》。
吴元英，乾隆元年（1736）。
汤德崇，拔，乾隆六年（1741）。见《举人》。
袁道夐，府学，乾隆十五年（1750）。
彭　翘，乾隆十五年。
璩　亮，府学，乾隆十七年（1752）。
莫弘勋，乾隆十七年。
叶舒耀，乾隆十八年（1753）拔。
以上恩拔。
刘佐明，康熙三年（1664），府学。
陈元翼，康熙三年。
叶长春，康熙五年（1665）。
高　捷，康熙十二年（1673），府学。
璩之彬，康熙十一年，永福教谕。

[1]钟庆：据嘉靖《惠州府志》载，正德七年（1512）任惠州府河源训导。
[2]道光《庆远府志》作康熙三十一年恩拔，未知孰是。

邓一珪，康熙二十二年(1683)，府学。

鲍嗣永，康熙二十五年(1686)。

鲍嗣恢，康熙二十九年(1690)，宾州训导。

鲍道弘，康熙三十一年(1691)，灵川训导。

莫谦贞，康熙三十三年(1693)，怀集训导。

陈元迪，康熙三十三年，府学。

莫谦吉，康熙三十五年(1696)，浔州府训导。

蓝廷芳，康熙三十七年(1698)，府学，恭城训导。

鲍嗣超，康熙三十七年，郁林训导。

李良才，康熙三十八年(1699)，府学。

杨懋勋，康熙三十九年(1700)。

韦俊衡，康熙三十九年，府学。

李时英，康熙四十一年。

汤实衡，康熙四十三年。

莫云觐，康熙四十三年，府学。

杨衷赤，康熙四十四年。

黄吉士，康熙四十五年，府学。

韦世玹，康熙四十五年。

董起先，康熙四十七年。

罗居雅，康熙四十七年，府学。

戚弘勋，康熙四十九年，捐永宁训导。

朱若霞，康熙四十九年。

黄琼(居)〔琚〕，康熙五十年，府学。❶

谢廷标，康熙五十一年。

刘奇芳，康熙五十一年。

陈天祐，康熙五十二年，府学，马平训导。

李　培，康熙五十三年，平乐训导。

莫从简，康熙五十三年，府学。

董重辉，康熙五十四年。

白梦熊，康熙五十五年，府学。

何悠然，康熙五十五年。

---

❶黄琼琚："琚"原文作"居"，道光《庆远府志》作"琚"。金鉷《广西通志》卷五十八《秩官》载："黄琼琚，宜山人，贡生，雍正十年任容县训导。"

李如松，康熙五十六年，府学。

陈宗龙，康熙五十七年。

王　冕，康熙五十七年，府学，临桂训导。

甘绍憩，康熙五十八年，府学，贵平训导。

汤任衡，康熙五十九年，义宁训导。

李继靖，康熙五十九年，府学。

李长秀，康熙六十年，府学。

梁光国，府学，年份无考。

李绍昉，康熙六十一年。

鲍道昭，康熙六十一年，府学，阳朔训导。

李绍密，雍正二年（1724），怀远训导。

鲍道高，雍正四年。

覃思孔，雍正六年，府学。

皮映锦，雍正六年，全州训导。

谢帝谟，雍正七年，府学，思恩府训导。

李嗣勋，雍正八年，府学，左州训导。

杨懋修，雍正八年，罗城训导。

莫弘济，府学，平乐府训导。

黄良佐，府学，年分无考。

陈子义，雍正十年，洛容训导。

鲍　国，雍正十一年。

董希天，乾隆元年，罗城训导。

袁布玑，乾隆元年（1736）。

叶舒彩，乾隆二年，府学。

鲍道宣，乾隆三年，府学。

莫如谦，乾隆三年。

莫违范，乾隆五年，府学。

韦颖杰，乾隆五年，平乐训导。

杨　邃，乾隆六年，府学。

蓝友桂，乾隆七年，府学。

韦　仪，乾隆七年。

周继烈，乾隆八年，府学。

宋守仁，乾隆九年，府学。

杜应魁，乾隆九年。

张文运，乾隆十年，府学。

璩　典，乾隆十一年，府学。

王　维，乾隆十一年。

黄　镗，乾隆十三年，府学。

黄苊臣，乾隆十三年。

覃　璋，乾隆十四年，府学。

邓其昌，乾隆十五年。

黄天民，乾隆十六年，府学。

王绩，乾隆十七年，府学。

陈子智，乾隆十七年。

陈梦周，乾隆十八年，府学。

邵汤，乾隆十九年，府学。

杨梅宾，乾隆十九年。

以上岁荐。

天河县

**明　岁拔**

吴应鲲，通判。

钟师相，县丞。

蒋继孟，知县。

刘弘毅

**以上恩拔。**

谢循礼，教谕。

莫如学，教谕。

周希举，教授。

璩　升，教授。

璩善继，教谕。

邵祖尧，县丞。

黄　梁，教谕。

以上岁荐。

天河县额廪八名。

**本朝岁拔**

莫逾闲，乾隆元年（1736）。

李元煌，乾隆十五年。

罗大业，乾隆十七年。

卢思一，乾隆十八年拔。

以上恩拔。

陈　斑，康熙三年（1664）贡。

吴钟奇，康熙十二年贡。

吴　鼎，康熙二十五年贡。

卢思第，桂林府训导。

韦彦衡，宣化教谕。

覃思孟，雍正十年（1732）。

李元燧

吴尚爵

卢思捷

韦世仁

以上岁荐。

## 河池州

**明　岁拔**

罗三才

以上恩拔。

苗调鼎，教谕。

罗弘卿

黄焕斗

陈大通，举人。

谢昌祚

陈梦麟

林芝嵩

袁廷魁

袁德崇

龙　见

杜日秀

以上岁荐。

河池州额廪七名。

**本朝岁拔**

韦精义，乾隆元年（1736）。

杨君信，乾隆十五年。

容朝显，乾隆十七年。

以上恩拔。

邓廷枢，康熙九年（1670）贡。

黎秉哲，桂林府训导。

黎秉正，北流训导。

黎秉介，象州训导。

韦廷楠，乾隆九年贡。

黎之矩，乾隆十年贡。

黎之范，乾隆十五年贡。

罗奎宿

黎元岩，新宁州学正。

粟云生

卢懋缙

罗朝绅

杨中立

韦世泽，兴安训导。

韦月吉

韦世珍

莫弘琉，岑溪训导。

莫逾矩，藤县训导。

石佛显，新宁训导。

容国佐

罗焕霄

粟如琬，临桂训导。

粟如璧

王廷正

莫与物

以上岁荐。

## 思恩县

**明 岁拔**

恩拔无考。

璩 奇

吴 钧，教谕。

吴 钺

吴继宪，知县。见《举人》。

欧 琏[1]，教授。

吴廷宪，教谕。

陈嘉言，崇正间任莆田教谕。

以上岁荐。

思恩县额廪五名。

**本朝岁拔**

刘尚贤

覃徽典

郑 俊，康熙三十七年（1698）拔。

韦映瑜

崖如粹

以上恩拔。

莫文球，康熙三年（1668）贡。

李挺生，康熙九年贡。

吴三俊，康熙二十一年贡。

崖应雷，康熙二十三年贡，协修府志。

唐良楠，康熙二十五年贡。

崖 巍，洛容训导。

吴 淳，郁林、永安、武缘训导。

崖 尌，柳城、新宁训导。

崖 崇，贵县训导。

欧缵衮，融县训导。

黄 裳，义宁训导。

吴三锡

---

❶参见卷八《人物志·儒林》。

吴三杰
叶永坚
崖　嶷
覃廷珪
韦佩瑜
葛世骏
韦怀孔
韦尚忠
覃学仪
韦式训
尹纯一
谭士鳌
韦茂熙
以上岁荐。

南丹土州

**本朝岁贡**
莫我赞，乾隆五年（1740），府学。

忻城土县

**本朝岁贡**
莫如恒，乾隆四年（1739），府学。

## 荐辟

四岳举舜❶，汤进鸠、房❷，荐士之滥觞❸也。汉贾谊、王□□、马周、阳城，宋、元、

❶四岳举舜：相传四岳推举舜为尧的继承人，尧对舜三年考核后让舜作自己的助手。四岳，《尚书正义》云："即上羲和之四子，分掌四岳之诸侯。"《论衡·正说篇》："尧老求禅，四岳举舜。尧曰：'我其试哉！'"

❷汤进鸠、房：汤，即商汤；鸠房：女鸠、女房，或作汝鸠、汝房，皆人名。《三家注史记》卷三《殷本纪第三》孔安国曰："鸠、房二人，汤之贤臣也。"

❸滥觞：本义指江河发源处的小水，喻事物的起源、发端。

明之程颐、许衡、吴与弼、陈献章诸公，皆超轶绝尘矣。汉制：县令以上，赴尚书调选，其郡县属吏、公府曹掾❶，各辟于其长。王国❷自乡史以下得自除。唐之幕府、宋之参谋，胥称得人焉。本朝人才宏博，经学之举，科贡外，时降谕旨立贤，无方不遐遣也。志荐辟。

**宋荐举人才特科**

唐仪凤　宜山人。见《进士》。

**本朝**

吴凤林　宜山县人，廪生，雍正七年（1929）举优，任贵州清镇、镇远二县知县，现任大定府经历。

❶属吏、曹掾：下属的官吏、各部门的副职。曹，古代分科办事的官署；掾，佐助，后为副官佐或官署属员的通称。

❷王国：指汉代的诸侯之国，或王爵之国。

# 《庆远府志》卷八　人物志

## 乡贤

人材之生，不择地。汉陈元、吴士燮[1]于左氏、《尚书》独得奥旨[2]，非皆粤产与？庆阳[3]自冯京奋迹，文章德行冠绝当时，嗣后风气益开，崛起者踵相接也。尚稽遗范，皆足增邦国之光而树后来之望，爰深仰止[4]。志乡贤。

唐

令狐垣[5]　宜州人，为刑部员外郎。大历十四年（779）葬元陵[6]，上诏："山陵制度，务从优厚。"垣上疏曰："遗诏务从俭薄，而今欲从优厚，岂顾命之意耶?"上优诏答之。

宋

唐仪凤　宜州人。庆元间以特科文学出身，初授宾州司理参军，权知宾州，后以从事

---

❶陈元：字长孙，苍梧广信（今梧州市苍梧县）人。"父钦，习《左氏春秋》，事黎阳贾护，与刘歆同时而别自名家。……元少传父业，为之训诂，锐精覃思，至不与乡里通。以父任为郎。"（《后汉书》卷三十六）吴士燮（xiè）（137—226）：字威彦，〔三国〕苍梧广信人。父赐，桓帝时为日南太守。燮少游学京师，事颍川刘子奇，治《左氏春秋》。察孝廉，历迁交趾太守。献帝赐燮玺书。进绥南中郎将，督七郡，领守如故。时道路断絶，而燮不废贡职。诏拜安远将军，封龙度亭侯。建安十五年（210），孙权遣步骘（zhì）为交州刺史，加燮左将军，复迁卫将军，封龙编侯。燮体器宽厚，谦虚下士，中国士人往依避难者以百数。耽玩《春秋》，为之解注。领交州四十余年，黄武五年，年九十，卒。（据《大清一统志》《册府元龟》等）

❷奥旨：奥义，要旨。〔唐〕王勃《续书序》："爰考众籍，共参奥旨。"

❸庆阳：即庆远府宜山县，今河池市宜州区。

❹爰，于是。仰止，仰慕；向往。语出《诗·小雅·车辖》："高山仰止，景行行止。"

❺令狐垣：或系令狐峘（?—805）之误。峘，宜州华原人（今陕西省铜川市耀州区），令狐德棻之五世孙，《旧唐书》列传第九十九有传，本志当系误收。

❻元陵：唐代宗李豫的寝陵，位于陕西省富平县西北的檀山，因山为陵。此处指李豫。元陵建制较前面几个皇帝为简，建造也比较简陋。睿真皇后沈氏附葬。李豫（727—779），唐肃宗长子，母吴皇后。名为俶，初封广平王。762—779年在位，年号广德、永泰、大历。

郎为化州路推官，所至以廉能称。

冯　京　字当世，宜州人。少隽迈不群，举进士，自乡举、礼部以至廷试，皆第一。时犹未娶，张尧佐方负宫掖势，欲妻以女，力辞之。通判荆南军府事还，直集贤院、判吏部南曹，试知制诰。避妇翁富弼当国嫌，拜龙图阁待制、知扬州，改江宁府，为翰林学士，知开封。数月不诣丞相府，韩琦语弼以京为傲。京曰："公为宰相，从官不妄造请，乃所以为公重，非傲也。"出安抚陕西，请城古渭，以断夏人右臂。神宗立，复为翰林学士，改御史中丞。王安石为政，京论其更张失当，累数千百言，擢枢密副使。河东麟、府、丰三州，城垒兵械不治，官吏皆受谴。京以先帅本道，上章自劾，优诏不听。进参知政事，数与王安石论辩《保甲》《保马》诸新法。又选人郑侠上书言时政，荐京可相，吕惠卿因是谮京，罢知亳州。寻知渭州。茂州夷叛，徙知成都府。蕃部何丹方寇鸡棕关，闻京兵至，请降。议者遂欲荡其巢窟，京请于朝，为禁侵掠，给稼器，饷粮食，使归。夷人争出犬豕，割血受盟，愿世世为汉藩。会吕惠卿发安石私书，帝以安石为欺，复召京枢密院。顷之，以观文殿学士知河阳。哲宗即位，拜保宁军节度使、知大名（府），又改镇彰德。于是范祖禹言："京再执政，初与王安石不合，后为吕惠卿所倾，其中立不倚之操，为先帝称重。若付以枢密，必允公论。"时京已老，乃授宣徽南院使，拜太子少（保）〔师〕，致仕。绍圣元年（1094），薨，年七十有四。帝临奠〔于第〕，赠司徒，谥"文简"。京立朝中外扬历，勋劳足多，决狱如流，特其余事。而居乡淳厚，多长者行，亦见称于史。所著有《奏议》《文集》三十卷。祀《乡贤》。

按：京《宋史》作"鄂州江夏人"，以父尝侨寓，故占籍也。世居宜之龙水，天门拜相山有京祖墓，庆远杨梁之辨甚明。佥事潘恩[1]《过三元祠》，诗序俱可据。

何　旦　宜州人。以边赏补三班，官至武经郎。尝为海南、四州都巡检使。与苏轼游，得其真迹甚富。还家无所有，亲故或嘲其贫，旦出所藏轼书示之，曰："此海外奇珍也。"人高其识。

韦　经　宜州人。大观中举进士，官至承议郎，通判（宜）〔雷〕州[2]，权知州事，有政声。

黎　志　宜州人。治平中，第进士。为化州吴川县令。以政最，加勋武骑，赐绯鱼袋。

明

蒋　稳　宜山人。洪武末岁贡，知怀安。廉介严谨，政尚宽简，吏弊则痛惩之。尝置

[1]潘恩：参见卷二《建置志·坛庙·三元祠》条潘恩注。

[2]雷州：原文作宜州，因韦经本宜州人，若在宜为官，则有违"三异法"，显然有误。查《明统一志》卷八十四有"韦经"条，作雷州，其余与本志同。

三等册，立循环簿，凡有科差，量图里高下，审业产轻重，锱铢不爽。尤留意学校，以崇风化。祀《乡贤》。

韦　昭　字通显，宜山人。永乐辛丑（1421）进士，由翰林检讨历官大理寺副。乞归，隐居南山，躬耕自给，绝迹城市。有司或往候之，昭自田中蓑笠跣足而归。盥洗、易衣冠出，具蔬饭鸡酒，谈笑竟日，绝口不及世事，人益以此重之。祀《乡贤》。

邢　正　字直夫，宜山人。天顺丁丑（1457）进士，由户部郎出守广州。时廉罹兵火，庐舍毁废，田地鞠为茂草。正招还流亡百余计，诸盗闻之，服其恩信，多相率来降。区别人数多寡，给以田宅，众赖以生。尝奏革冗官，豁逃绝田粮，民甚德之。官至云南参政。祀《乡贤》。

冯　俊　字士彦，宜山人。天顺庚辰（1460）进士，初授刑部主事，历员外、郎中，折狱明允。成化乙未（1475）擢福建按察副使。指挥杨烨恣横，民苦之，上官以其东杨[1]之孙，多庇焉。民诉于俊，俊自临讯狱，具论死。以外艰去，服阕[2]，除湖广辰沅兵备副使。凿沅溪以通运道，作浮桥以通往来。迁广东布政，寻升副都御史，巡抚四川，兼提督松潘诸军事。时松潘总兵恃势不戢兵，俊劾罢之。马湖[3]土知府安鳌残虐一方，抚按虑激变，莫敢治。俊授计佥事曲锐捕鳌，置之法。请更立流官，马湖改流自俊始。弘治丙辰（1497），以疾卒于官。俊天性刚毅，遇事敢为。在广东时，夫人吴氏为置妾，俊不内，召其父母，以女遣还。并其奁饰与之，其父母感泣而去。在蜀，有知州某故人子献墨数笏，俊怪其重。试之，乃涂墨黄金也，即掷还，亦不以语人。卒之日，一无所有。赐谕祭，有司营葬。

韦　广　宜山人，宣德二年（1427）进士，为福建监察御史[4]，以廉称。罢官居乡，有故人按部至郡，广方渔于江。故人猝至，前导问广曰："韦御史家安在?"广指曰："前村是也。"驺从既过，乃登岸疾走，然后入，衣冠出肃客。故人曰："公何汗如此也?"广曰："适在近村，闻公至，亟归，走乏因汗耳。"左右窃曰："好似江中打（渔）〔鱼〕人。"

---

❶东杨：即杨荣。明代台阁重臣杨士奇、杨荣、杨溥，均历仕永乐、洪熙、宣德、正统四朝，加大学士衔辅政，人称"三杨"。时人咸称杨士奇有学行，杨荣有才识，杨溥有雅操。又以居所，称士奇为"西杨"、荣为"东杨"、溥为"南杨"。

❷服阕：守丧期满除服。阕，终了。古代官员遇父母丧，须回家守孝三年。丧期自然免职，但保留官爵，期满后回朝堂官复原职或另行任用。

❸马湖府：明洪武四年（1371）改马湖路置，属四川行省（后改四川布政使司）。辖境相当今四川大凉山以东，沐川以南，金沙江金阳至屏山段以北地区。弘治八年（1495），安鳌为巡按御史张鸾参劾，其罪核实后伏诛。马湖土府改为流官知府。

❹韦广：《明实录·英宗实录》卷七十七载：正统六年（1441）二月，"复除监察御史韦广于湖广道"。晏斯盛《贵州通志》载：韦广正统间任贵州巡按御史。又郝玉麟《广东通志》载：韦广宣德九年任广东按察司副使。汪森《粤西丛载》卷六引《月山丛谈》云："宜山韦广登正统间进士，为御史，巡按江西。"后文与本志同。今并存之。

广闻之言，笑自若。

覃　昌　字景隆，宜山人。与弟旺诣京师，选入大内。宪宗在东宫，命为伴读。登极后，擢奉御，历司礼监、右少监，掌本监印。昌为人忠诚慈厚，黙赞政务，多慎密周详。朝廷大事如选妃、上徽号、皇子冠及封赠凡十捧册。历赐御食、厩马、蟒衣、玉带、庄田、禄米，又赐图书，曰“忠诚不怠”、曰“谦亨忠诚”、曰“才华明敏”、曰“补衮宣化”。弘治乙卯（1495），始命归私第。卒，上悼惜，命本监经纪丧事，礼部谕祭，工部给棺营坟，赐额曰“保德”。

高　嵩　字世瞻，宜山人。弘治己酉（1489）举人，教谕保昌、龙泉，下迁训导霍。后伴读兴府，升审理正。世宗即位，录兴邸[1]功，迁太仆寺少卿，迎太后兴邸。既复，遣行视京营诸处操骑及顺、保、河三郡马政。会大礼议成，有上言乞迁显陵者，嵩极论其不可，以为松林一山龙盘虎踞，皇上入承大统，虽由天启，未必不原于此。今欲起万载不摇之圹，跋涉数千里之险，非惟陛下，暨臣等之心不安，虽行道之人亦有不忍者。上意乃止。不数年，升太仆寺正卿，上言马政便宜数事。卒于官，赐祭葬，荫其孙玺。祀《乡贤》。

李文凤　字廷仪，宜山人。见《儒林》。

张　元　宜山人。见《儒林》。

周希尹　宜山人，嘉靖甲子（1564）举人。隆庆六年（1572）知衡阳县，剖决如流，邑无满事，汰冗役，民不烦扰。公廷肃然。五年，升广州同知，后升姚安知府。持大体，简烦苛，所属礼貌，不少假借，土官奉法惟谨。建尊经、魁星诸阁，修中南书院，甃大石淜诸闸，士民德之。

谢朝纪　字念溪，宜山人，性孝友。登万历己卯（1579）乡贡，知善化县，迁判延平，随擢知云南阿迷州，历任清廉有循声。解组归[2]，遗爱在民，举入名宦。居乡二十余年，存心施济。戊巳岁连荒，为粥赈饥，全活甚众。诸称贷者，焚券不责偿。置义田养士，助贫弱婚葬，懿行难以尽述。祀《乡贤》。

张师益　宜山人，嘉靖乙卯（1555）举人。万历初，知徐闻县事。性醇雅，推诚及物。瘗枯骨，辟南湖，建魁亭，文运以振。尝创邑乘，备文献之考焉。

刘幼学　宜山人。万历二十五年（1597），知清远县，刚果有为。太监李凤议于清远开矿，幼学面陈厉害，凤仪为之沮。凤私人汪某督税清远，势张甚，欲构大姓数人，幼学阴为解免，邑人德之。

高　琼　字蓝田，宜山人，嘉靖间岁荐。仕饶州府经历，清慎有才能。时淮府夺民湖

[1]兴邸：明代宫室名，世宗朱厚熜出生于此。正德十六年（1521），明武宗朱厚照死后无嗣，朱厚熜生母张太后与内阁首辅杨廷和等迎武宗的堂弟朱厚熜继承皇位。所谓兴邸功即迎驾之功。

[2]解组归：即解组归田，指辞官返乡务农。解组，去官。

利，屡讼弗决，琼奉委处之帖然。饶故多盗，皆湖滨恶少勾通，琼廉得其实，擒治如法，盗贼屏迹。见狱宇倾圮，囚露宿，具文请修。苦无料，因奉差湖口查船，忽遇一木排漂流至岸，取之，正敷修理，人以为异云❶。

高应旸　字贞所，琼子。嘉靖壬子（1552）举人，博雅多才，史学尤邃。仕浙江龙游教谕，课士有贤声。升奉化知县，剔奸揭伏如神，丰采严峻，人不敢干以私。后以艰归，士民思之，为祠以祭。所著有《青鸟山人集》。祀《乡贤》。

陈学夔　号宜峰，宜山人。生而颖慧，过目成诵，年十九举嘉靖丁酉（1537）乡贡，丁未第进士。授江夏令，政绩卓异，征拜福建监察御史，益著风采，权贵惮之。奉命巡按陕西，御贼有功，升六品俸。事竣，复按云南，以骨鲠廉直得罪沐府，左迁河南归德守，擢湖广按察副使，整饬常岳兵备。致政归，诗酒自娱，一乡无闲言。

高云厚　字农隐。见《孝友》。

董其英　宜山县人，天启丁卯（1627）举人。两任衡山、贵溪二县督抚。注有仁慈，恺乐黎明，式歌且舞之。荐后，升兵部职方司主事。归居乡，仁厚闾里，观型，举乡饮。

本朝

高熊征　字渭南，宜山人，父翀别有传，侨寓岑溪。熊征慷慨有大志，善属文，兼知兵法，中顺治庚子（1660）副榜。康熙十三（1673）年，吴逆构乱❷，孙延龄❸叛，据广西，远近震动。时岑溪失守，伪总兵陈士龙统兵据之。熊征拟平滇三策上总督金光祖，与邑绅士募乡勇斩士龙，复岑溪。奉调从征，擒其伪将，所至有功。十七年春，大将军傅宏烈恢复梧州，委署团练同知。十八年，补授桂林教授，旋调思明，兴学劝士，两地文风丕变。三十九年，升井陉知县。广西巡抚彭鹏廉知熊征守城破贼事，特疏荐之，超擢两浙盐运使。在官多惠政，所著有《郢雪斋前后集》及《孝经注》《文庙木主考辨》。

璩之润　字元章，宜山人，别号醉真子。性敏嗜学，少从父避伪兵于中里揭旗寨，夜无灯，瞑目独坐，诵日所阅书以为常。其父偶出寨，被伪兵获。润奔走泣涕往救，以诚动兵，兵怜之，释其父。后伪兵平，归原居，与弟之郁、之彬苦读，建“醉真堂”于宅左，友人陈元迪为之记。往来评论古今，多特识，诗酒赠答无间。康熙壬子（1672），拔天下生员文行优者贡成均，学宪以之润应，之京肄业，归叹曰：“奔走风尘，失其真矣。何如

❶高琼：金鉷《广西通志》载高琼、高应旸父子传与本志同，但无“见狱宇倾圮”及其后一段文字。

❷吴逆构乱：指康熙十二年（1673），吴三桂联合其他藩王发动的“三藩之乱”。1678年吴三桂在衡州（今湖南衡阳）称帝，建立了与清朝分庭抗礼的政权。

❸孙延龄（？—1677）：汉军正红旗人，“三藩之乱”中的叛将。康熙四年（1665）开始出镇广西，被清廷封为上柱国、光禄大夫，世袭一等阿思尼哈番，在广西多行不法。吴三桂举兵叛清，康熙命孙延龄为抚蛮将军，与广西巡抚马雄镇一起镇守广西并平叛，孙却投向吴三桂。不久，孙延龄又准备叛吴降清。吴三桂派人计杀孙延龄及其子，并杀马雄镇全家，全面操纵广西。

游吾醉乡，以存本来面目?”遂不仕。著有《醉真集》。

胡　荣　宜山人。博通群书，初以拔贡选授来宾县教谕，继任阳朔，后升柳州教授。训迪有方，秩满升北直怀柔县知县。政治有声，士民悦服。

## 忠义

冒危难而身不恤，此仁人志士之所为。盖忠激于心，与其负义偷生，不若取义就死也。卒之生气凛凛，身死而名愈烈。旌恤之典，延诸无穷。庆处边疆，苗蛮时作，岂无见危授命以死勤事者乎？孤魂未泯，急为表扬，庶有合于国家褒忠之至意也。志忠义。

宋

吴　辅，宜山人也。宋嘉（禧）〔熙〕四年（1240），与南平人梁熹同奉命讨贼，率义勤王，奋不顾身，血战以殁。后精灵常有显应迹，融人传：“辅每于三月三日过访，熹辄见空中，有人马逐队奔驰状，至庙则化蝶飞绕，经宿不散，所过下围村隘石径又有马蹄数百，印石深三四寸，今犹宛然。”宋当事者见而异之，列其忠义及神显迹闻之上，并奇焉。封梁熹为“助信灵应忠祐侯”，封吴辅为“助顺灵济显祐侯”，今北门梁吴庙祀其遗像，有扁[1]额，颜宋敕书。

明

璩　礼　字用和，宜山人。天顺三年（1459），贼寇庆远鸡辣寨，礼集乡勇三百人，从同知叶正被贼，众寡不敌，悉为贼害。有畜犬随礼去，归报礼妻，口衔其衣，妻悟，曰：“汝主有难乎，当引我去。”犬遂先行，至被害所，礼首被贼拔去，惟尸在。犬引妻往验，舁归谋葬所，犬复导至青山麓钟形地，葬毕，犬撞死，因瘗其旁，号“义犬坟”。事闻，旌礼为忠勇士，袭百户职，立祠祀之，后毁于兵燹。雍正元年（1723），奉旨建义勇祠祀之。

周　昌　宜山人，平生负义，有古烈士风。天顺间，地方多事，昌为千夫长，鼓舞民兵，人人奋义，所向无前。本府同知叶正壮其才，委御鸡辣诸寨贼。昌率众集西府庙，歃血盟，誓不与贼俱生。及见叶马毙，易以己马，扶掖而升，偶中流矢，死之。

## 孝友

因心之爱敬无间，途人盖知能不假学虑，推之天下而皆集。是以政不严而治，教不肃

[1]扁：通“匾”。

而成，至谓行以立名，则孝子悌弟。所念不到此，然称于族党，大圣且以士之次许之，即或毁肌灭性，道异中庸，亦闾里所嘉尚，则有怀明，发无忝天显，合备登以愧世之忤逆角弓者。志孝友。

明

高云厚　字农隐，宜山人。生而颖悟，能诗文，敦尚孝友。每侍父母疾，刻不离左右。兄弟感其劳苦，欲分任之，则曰："罔极之恩，无分于众，独安得以兄弟故自诿乎？"父母年皆八十余，云厚孺慕，老而弥笃，郡守给扁旌奖。卒，祀《乡贤》。

施尧工　天河邑庠生，家素贫，孝事父母，虽不备甘脆，而先意承志，总得其欢心。父先亡，母吴氏多病，积年沉疴，尧工抑搔扶掖，未尝顷刻离，昼夜饮泣，目不交睫。医云："欲知差剧，但尝粪甜苦。"尧工遂阴取尝之，味渐苦涩，心乃喜。已而病果愈，寿逾七十。至今里人传其事，称"施孝子"而不名。

宋　淳　字显卿，宜山人。庆远卫百户宋忠后也，性谦谨，重然诺。母李早丧，事父鉴及继母陈，敬爱备至。少习儒，已乃弃去，业贾以赡家众。于是，兄清、弟澍得潜心读书应试、入仕，皆淳资之。后遭两丧，淳皆独任营葬，未尝责助于昆季。其葬父也，岁值大祲，寇乱交作，又久雨连月不止，淳斋沐，旦夕号泣祷于天。至期大霁，乡人感其诚，皆戈甲以卫。先后郡守咸敬礼之。

李资仁、李资深　俱宜山人，家贫力学，兄弟互为师友。诵读之暇，相对织履以奉母。嘉靖丁酉（1537），同举于乡，皆由教职擢县令，又同在闽省，相去仅数百里。迎养母氏，岁三四往来，时人荣之。居官咸砥砺名节，以廉洁相高。

鲍云龙　字从之，宜山人，岁贡。其父先亡，事寡母孝。尝任南宁府教授，母有疾，服药不愈，夜焚香祈祷，请以身代。亲为涤溺器，不假人，恐不洁致增疾也。居平恂恂孺慕。后升湘王府伴读，叹曰："母老跋涉艰难，又断无弃母独往理。"致仕归，乡里多其孝行云。

本朝

蓝露沛　字霖侯，宜山人。拔贡。事母孝，母病将危，曰："此疾非药力可起，事急矣。残伤遗体虽为不孝，吾难顾矣。"焚香告天，割左股为羹食之，母病寻愈，人以为孝感云。

汤持衡　字达莘，宜山人。性孝友，与其兄实衡，弟握衡、任衡、晋衡共敦子道。实衡有文名，亲殁后继卒。持衡忧诸弟无成，因改儒业，贸易蓄赀不自私，资诸弟读书，皆游泮[1]。后任衡以贡授义宁训导。友爱之心，老而弥笃，乡党咸推重之。年八十六，无疾而终。

董焕章　字子材，宜山邑庠生。父其英以衡山知县擢兵部职方主政，前妻生四子俱长。致仕归，囊如洗，食指甚繁，分所置产业授四子，留数亩养老。妻卒，继娶李氏，生章。英欲析其已分者五之，章方十龄，谏曰："兄等家口众，儿得养老资足矣，何分为?"父奇之，遂已。及父母卒，大兄贫甚，复以所获养老产业让之，曰："弟道无亏，孝始尽也。"将终，子问家事，不答。孙再问，第曰："勤读书耳。"物论高之。

## 卓行

睦、姻、任、恤与孝、友同称六行，苟能整躬洁己，存心利物，即一介之士，于人必有所济。革薄返淳，均于此乎寓焉。盖其天性豪迈，志趣超卓，不屑屑于庸俗之所为，而庸夫俗子，莫不共相感叹。可勿广为搜罗以风后进乎？志卓行。

宋

冯　商　宜山人，寓镡津[2]，往来江夏。之京师，其妻授白金数笏，曰："君壮岁无子，可以此买妾。"至京师买一妾，问所自来，泣涕不言。固问之，言："吾父居官，因纲运鬻妾赔偿耳。"商恻然，遣还，不复索原值。及归，妻问："买妾安在?"具告以故。妻曰："君立心如此，阴德厚矣，何患无子?"居数月，妻果有娠。将诞，里人皆梦鼓吹喧闹云："送状元至冯家。"次早生京云。

杨升庵曰：余观《氏族言行录》，载冯京之父名式，京生而隽迈不群。式一日取其所诵书，题其后曰："将作监丞[3]，通判荆南军府事冯京。"式既退官十一年，京举进士第一，为将作监丞，通判荆南，如式之言[4]。时人谓式为知子。《氏族录》，宋人所编，当得其实。传奇"冯商还妾事"以为京父，考之此文，京父未尝为商，又不名商也。小说不足信，当依正史之传可也。

---

[1]游泮：明清科举制度，经州县考试录取为生员者就读于学宫，称游泮。泮，泮宫，西周诸侯所设的大学之名。 宋之后州县皆置，仍沿用此称。

[2]镡津：古县名。唐贞观中改永平县置，治今广西壮族自治区藤县东。北宋开宝六年（973）移治今藤县。

[3]将作监：秦代始置，掌宫室、宗庙、陵寝等及土木营建的机构，元代增加手工艺品制作业务。丞，辅佐主要官员做事的官吏。

[4]本条内容见于《杨升庵集》《宋人轶事汇编》《尧山堂外纪》等。

明

韦　昭　宜山人，见《乡贤》。

高　林　宜山人，慷慨有义气。洪武间，屡有战功，以让舅氏指挥彭举令为义[1]。厥后得象岭地，适合《钤记》："一穴南山地，石龙走过江，欲去未去，停停而聚，葬着天然三品官，儿孙代代争驰誉。"至孙嵩，中弘治乡魁，嘉靖初拜太仆正卿，人谓指挥使三品也，卿亦三品，冥报应不爽云。

陈广惠　宜山人，成化间巨商也，乐善好施。(常)〔尝〕往南山，拾遗橐金于道旁，负归，坐南门候之。顷见一人，踉跄而来，问其故，曰："吾本邑里正，奉令□解编银赴省，缘渴饮水，误遗道旁，觅之不得，吾全家其死矣。"惠悉还之。其人感泣去。岁荒，捐金于六门赈粥。守令交上其事，赐五品冠带。一日乡饮，归梦神语曰："公阴德浩大，后必昌。"子策登贤书，司理建昌；孙学夔、学益，皆登第显宦，人以为积善之报云。

高　贵　字龙溪，宜山人。父林，自有传。贵平生以济人利物为心，每值亢旱，即斋沐焚香，跪烈日中诵《道经》祈祷，自卯至巳始休，人多笑之。道遇遗骸，必售匣贮之以葬。成化十一年（1475)，游那地州，至喇峡口，见一人偃卧路侧，以椰瓢汲水灌之。度尚可救，令人舁至寓邸，饲以薄粥。良久渐苏，询其里居，乃抚州陈贤也，偕叔谅经商罹疾，叔即弃之径归。贵恻然注意，疗治获痊，以自金助之归，则田产已为叔夺矣。讼于官，始得还，致书谢云："吾母子再相见，公之赐也。愿公后益昌，以食此报。" 子嵩，仕至太仆寺卿，贵封中宪大夫。

谢乾纪　字念溪，宜山人。见《乡贤》。

本朝

陈庆邦　宜山人，生四岁，父梦月以王事殁，叔祖登怜而育之。登无子，邦长，曲尽孝养，死，为义服三年。平生好善乐施，凡可利人者无不为。康熙末年，郡饥，邦曰："饥者以终岁一收，无他望。"急往桂林载麦种劝植，民多赖之。又倡建洛潢桥，时因力薄，基石桥木不甚坚固。后将终，嘱子子仁曰："尔其继我志。"子仁复倡首，易以石。其行事类如此。

覃士乾　宜山人，居龙降村，贫而义。一日自府城归，拾金一封于道，欲访其人还之，不得。逾月，闻前村有因醉失卖牛银者，邀至家，询其数，出封还之。其人感激，欲以半谢，不受。后临终，开生平所贷人数，有不能即还者，嘱其子勿负。又虑妻难苦节，令别嫁。妻闻言呕血，相继殒，乡里哀之。

[1]此句语焉不详。据道光《庆远府志》载："洪武初，下令讨王保保廓扩铁木儿，职官无功者诛，士卒有功者授职。林有功，当授指挥使，时舅氏彭举以职官无功当诛，林遂以其功让举。"

## 儒林

处有守，出有为，古大儒也。求之三代，下綦难，又何有于今日之边庆？然自辟土开疆以来，山川不乏钟灵，豪俊争为磨砺，加以文教涵濡，应有服儒服行，儒行矫矫特拔，不愧读书人者。志儒林。

唐

令狐德棻[1]　宜州人，著《后周书》，见《玉衡纲鉴》。

宋

区　革　宜山人，登庆元己未（1199）进士。性僻，耽吟咏，落落寡合。与黄鲁直友善，后为琼州司理，鲁直送之，诗有“送子之官琼海上，鲸吞舟楫蜃嘘楼”之句。祀《乡贤》。

何　俊　字巨源，宜州人。宣和七年（1125）贡赴辟雍。上适幸学，问《春秋》疑难。俊博引《三传》，辨晰同异。上称善，即赐进士出身。

明

贾　鲁　宜山人，领永乐辛卯（1411）乡荐，初授崖州学正，旋转泸州教[2]。本苏湖，课士有法，尤能矫正时俗，力辟浮屠。训子纲、绚辈以经明行修为务，世其家学。

吴　渊　字希颜，宜山人。博学能文，尤殚精于义理。领景泰癸酉（1453）省解，司训灵山。已而引年归，以造就后学为事。经其指授者，咸中法程，远近接踵而来，皆称“吴门弟子”云。

璩　纶　宜山人，登成化戊子（1468）乡荐，授平乐教谕。召诸生讲习明伦堂，终日不倦，夜继以烛，每至三鼓乃罢。凡六经诸子，皆经口授手画，由是文风大振，累岁科名相继。士林感其教化，立祠以祀。

李文凤　字廷仪，宜山人。嘉靖乙酉（1525）解元，壬辰（1532）进士，为大理评事，历少、正卿。出佥广东，遭丧去。服阕，起佥云南，以疾归。文凤简亮自任，不籍声当世，一意广览博识，《书》《传》外更勤咨访，自官京师及乘传所至，载笔自随，一有所

[1]令狐德棻（fēn）：按《旧唐书·列传第二十三》云：“令狐德棻，宜州华原人，隋鸿胪少卿熙之子也。先居燉煌，代为河西右族。”五代时宜州华原在今陕西省铜川市耀州区（耀县）。可知本条系广西各志误录。棻，有香味的木头。

[2]原文如此，疑有错漏。

得，欣然录记，归乃辑次成书。祀《乡贤》❶。

张 烜 宜山人，寄籍河池州。弱冠举正德己卯（1519）乡贡，授溧阳教谕（此处约缺10字）不阿。调松江之华亭，荐纯□□□□□□□□□□焉，间出诗文，与孙宗伯承恩、徐太师阶□□□□□□□，名益藉藉。嘉靖己丑（1529）登进士，选余干知县，调归安，政声茂焉。召入吏部主政，顾抑然若有□□者，历员外郎。推广东参政，转浙江左、右布政，擢南京操江都御史，督军防，□再巡抚南赣，咸懋丕绩。最后巡抚河南，扬历中外四十余年，人无不以才华归□□。所著有《吉山集》。

欧 琏 思恩人，万历间岁贡，除韶州教授。才识通敏，殚精经学，教育士子，有人己兼成之益。韶俗文风渐盛，至今犹沐其余泽。祀《乡贤》。

吴廷宪 思恩岁贡。生万历间，官博罗教谕❷。每与士子讲论文艺，必以“六经”、子史探究其原本，学者始蒸蒸向古。后致仕归，复教其家塾，子孙掇科第者相踵。邑人追慕之。祀《乡贤》。（旧志）

高应旸 字贞所，宜山人。见《乡贤》。

高 翀 字翼生，宜山人。崇正间，以贡生知广东信宜县，升信宜知县。旋致政，（侨）乔寓岑溪。理学渊邃，讨论经籍，联宋元诸儒之说为《四书会解》，后学宗之。

本朝

余心孺 宜山人。性敏慧，读书过目能诵。所作诗文不倚古人墙壁，自成一家言❸。以其余惠，旁作花鸟、山水、人物，点染生动，使人如身游其境。（常）〔尝〕以竹编篱，纵横参差，成诗一首，字画宛然。年四十八，中康熙辛酉（1681）亚元。任延津县知县。致仕归。出其政略，皆人意计所难及者。

陈元迪 字沧予，宜山人，岁贡。性恬退，好读书，著述甚富。居近萝江，因以为号，就江侧建“我云楼”“得月轩”，俱山水掩映，日哦其间，户外事不问也。康熙甲申年（1704），铨得富川训导，喟曰：“教职固闲曹，然见上司趋跄惟谨，非野人所宜。”辞不就。友人唐嗣韩联其轩曰：“川虽富矣难为教，山自宜兮懒送行。”一时闻传。马平韦坦作

---

❶李文凤：《四库全书总目提要》载：“《越峤书》二十卷（浙江范懋杜家天一阁藏本），〔明〕李文凤撰。”文凤“官至云南按察司佥事”。“是书皆记安南事迹，朱彝尊《曝书亭集》有《越峤书跋》，称为有伦有要，于彼国山川、郡邑、风俗、制度、物产，以及书诏、制敕、移文、表奏之属，无不备载。而建置兴废之故，亦皆编次详明。然大致以黎崱《安南志略》为蓝本，益以洪武至嘉靖事耳。”

❷吴廷宪：本条与金鉷《广西通志》等同，不知此“思恩”是思恩府（辖含百色市平果、田阳等县）还是思恩县（今河池市环江毛南族自治县）。又广西人民出版社《庆远府志》（道光八年辑）标点本点作“思恩岁贡生，万历间，官博罗教谕”，今并存之。

❸《纂修四库全书档案》载：抚臣熊学鹏查出高熊征、陆显仁、屈大均、张泰交、余心孺所著各书，多有违碍，不应存留，签出进呈请毁在案；庆远府知府何炌查缴宜山县举人余心孺《詅痴梦草》一书，“语多狂瞽”。

诗八首美之，元迪步韵裁答。坦邮寄相识能诗者数十人，俱步韵索和，元迪一一答之。年七十六，疾革。命子宗龙扶起执笔题曰："整整冠裳整整衣，送予归去华山西。蓬莱仙子来相访，拍手骖云到处飞。"落笔气绝，无一言及家事。葬雒干山。

李　善　字性初，宜山人。性廉静，无他嗜好。惟以读书穷理为务。披览之暇，辄临池学书。结茅岩谷，啸傲烟霞。都指挥彭英特敬礼之。（旧志）

鲍　化　字一存，宜山人。少聪颖，博学群书，为文奇特峭拔，并工诗赋。弱冠，列恩选。遭明末变乱，无意仕进。居古波村，常好与僧游，飘然物外，不问世事。乡邻有贫困者，时周恤之。置义渡于龙江大湾，以通往来。人咸思慕之。

## 仙释

人生天地，必将弃而君臣离，而父子去，而夫妇、昆弟、朋友，以求飞升解脱，即遂所志，亦何益哉？然安期□□留名？海上莲池，六祖尘迹，人间安知？深山穷谷中，不有所谓羽化圆寂之属耶？志仙释。

唐

陆禹臣　字复休，河南人。避黄巢之乱入南岳，遇道士轩辕弥明，授以仙术，且谓曰："子得道，当在山穷水绝处。"乃跋涉，隐宜山县之北山。尝过吴生家，生每往谒，辄与语尘外理，赠生诗曰："世俗风波险，人情巧智长。要知安分事，修性本真常。"又赠云："露下猺簪湿，云生石室寒。星坛鸾鹤舞，丹灶虎龙蟠。尘世人情窄，壶中景界宽。凭君高着眼，物外试回观。"因与登览遍大小岩穴凡二十所，遂居岩修炼不复出。尝手植异桃灵药，历久不凋。山上有井，水色绀碧异常。后尸解仙去。宋时常有人遇之，问其童子，曰："此紫府仙伯陆翁也。"又思恩县修炼山，相传亦其修炼处。

吴　生　天河县人，唐时遇陆仙翁于宜山县会仙山，以师事之。翁曰："尔能为神，不能为仙也。"后封于宋，号"吴平（太）〔大〕王"。

崔、莫二仙姑　不知何许人，宜州城北有会仙山，由流丹阁而上，悬崖百尺，石洞一区，其半是二仙炼丹处，中有丹灶，石缝皆作金碧色，光彩灿然，盖丹火熏烁也。灶后即二仙卧所，头臂股胫两形毕现，深入石寸许。崖壁峭深，人罕蹑者。至必香楮默祷之，方能缘焉。不则望叹而已。

罗　仙　宜山人，尝牧牛于会仙山下。一日偶遇老翁，以水一勺饮之，遂觉身轻，举步如飞，后仙去。

宋

鳌山道人　明道中，尝卧州学，士人叱之，曰："莫欺闲客也。"会作诗，士人授纸笔，吟曰："家住鳌头最上山，偶将踪迹到尘寰。不妨名利场中卧，忙者自忙闲者闲。"按：鳌山，在城东南二里。

卢　僧　名德洪，宜州人。幼栖南山广化寺，一旦不知所之。郡守张自明候选京师，有一僧来谒，曰："小僧宜州人，住广化寺，姓卢名德洪，闻君任吾州，故来谒。"遂出一履留为符。自明至宜，游南山，问德洪所在？众僧愕然，云："本僧别去，不知所向久矣。"自明因焚香祝曰："汝有灵，引我以香。"已而香拂山左石室中，随往观之，有窍逗灯光，德洪坐化于内，一履在前，与昔所遗无二，始知其异云。

吴　优　字世远，宜州人。初业儒，后为州吏。遇异人授一杖，欲有所往，携之，顷刻即至。家居去郡治三十余里，每日昏暮归家，昧爽在郡，人皆异焉。一日，郡守因事诃之，世远拂袖谢去，逾夕而终，时宣和年间也。葬之日，榇[1]至桃源山，杠索忽断，举之不动。俄顷，蝼蚁皆衔土盖棺成一巨冢，且露一角，百余年尚完好如新。乡人因立庙祀之，赐额曰"显应侯"。时著灵迹。绍定五年（1232）[2]，上其事，加号"灵正侯"。

按："后为刺史"当是"州吏"二字，旧本涉讹，今特改正，议者辨之。

本朝

僧福古　修行于思恩县川山内甲[3]，有异术，能治邪魅怪物。邑有妖蛇，号"蒙老爷"，居深潭中，时出弄人。人有病者，杀马祭之，即愈。惟古所居乡，蛇不敢犯。将终，嘱其徒曰："我死，此业障必来，尔勿怖，以我锡杖掷之，即去。"果如言。其徒将尸作塔藏之至今。邑有病者，以饭一盂，素供三豆，向塔祈祷，虽犯"蒙老爷"，无害。

笑和尚　失其名，遇人辄笑，人因以"笑和尚"呼之。居北山雪花峒，有方术，常戏为十八罗汉像，酷肖。又善医，人有病者，呼之即至，药味虽香灰亦用，病愈不索谢。后不知其所之。

祖　林　宜山人，俗姓罗，幼披剃于西竺寺，长游四方，于南岳受戒归。偶陟德胜所城后山，得铜观音于乱草中，就其地结庵，号"北山顶"。后闻多灵，山有仙迹。住锡[4]其上，言人生死辄验。又自言能捉鬼，虽未尽然，然老而犹健，亦异僧也。今尚存。

---

❶榇：棺柩。古时指空棺，后泛指棺材。

❷绍定：南宋皇帝宋理宗的第二个年号，1228—1233年，共计6年。

❸今河池市环江毛南族自治县川山镇内甲峒。

❹住锡：谓僧人在某地居留。锡，锡杖。

## 列女

求懿德于须眉，每难数数；属在巾帼，易堪屈指。□然用六之吉，永贞惟坤[1]。妇德实配之，或矢志柏舟[2]，抚遗孤，事白发；或不辱强暴，存馨骨，完幽贞；或闺范母仪，宜室家，辉彤管。曰“节”、曰“烈”、曰“贤”常变，虽分易地皆一[3]，属在遐陬，尤宜急登以励风化也。志列女。

宋

光宗后李氏，庆远节度使李道女也。道帅湖北，闻道士黄甫坦善相，出诸女拜之。见后惊不敢受，曰：“此女当母天下。”坦言于高宗，遂聘为恭王妃。后正位，生嘉王扩，性妒悍。

明

彭　氏　宜山人，王尚忠妻。尚忠母孙氏，老而瞽[4]。氏事之曲谨，孙甚安之。尚忠以赀为都司承差，携彭偕往居廨，仅四月，每思其姑辄垂涕。未几，尚忠奉檄之京，送氏西还，舟经洛潢滩，獞贼劫之，尚忠与斗，不胜，死。贼拽氏登岍，令数人守之，随入舟取其资。氏投水死。越数日，二尸并浮水上，颜色如生。

刘　氏　宜山人，彭谏妻。谏出经商，遇贼死。氏闻，哭谓姆姒[5]曰：“夫亡，谊不能独存。幸善事姑以其余，视汝侄女，吾死足矣。”即闭门自缢，诸妇往救，气未绝，守护甚密，刘即绝粒不食。亡何，丧至，刘往迎，且行且哭，因啮舌死。

汪　氏　庆远卫舍人王凯妻。年二十二，夫罹罪被棰，肉腐，氏朝夕侍，汤药不能疗，乃告公姑曰：“夫死，妾不能独生。幼女幸善抚之。”俄顷，抚床扼吭[6]而卒。

蒋　氏　名妙庆，宜山人。蒋廷琏女，归莫朝宣。宣领景泰癸酉（1453）乡荐，卒。氏二十二，翁姑哀其寡，将嫁之，氏义不许。以女红自给，训子骄业儒，应贡，亦卒。氏率其妇，甘淡薄，躬勤苦，抚育三孙自满、自广、自矜，皆有成。年七十终。

---

[1]用六之吉，永贞惟坤：语出《周易·坤卦》用六爻辞“用六，利永贞”。坤卦是六十四卦中的纯阴卦。利，适宜；永，长久；贞，即保持贞操，也就是合理正当的操守。“利永贞”即为适宜于长久保持应有的贞操。

[2]柏舟：语出《国风·邶风·柏舟》，此处借指贞女不二。

[3]易地皆一：语出《孟子·离娄下》：“禹、稷、颜子，易地则皆然”。意为改换到别人的环境，也会像别人那样看待问题。

[4]瞽（gǔ）：目盲。

[5]姆姒：即妯娌。古以兄妻为“姒”，弟妻为“娣”。

[6]吭（háng）：喉咙，嗓子。

韦 氏 永顺长官邓德扬母也。万历三年（1575），广东罗旁地方扰，调土兵征之。德扬年幼，不能行。氏应调随征，擒获贼魁罗天威、罗大勇等，其斩获首级三十颗。两院奖赏花红银两、绸缎，亦巾帼中丈夫也。

杨 氏 宜山人，王元禧妻。年二十四，禧卒，家贫，辟纑[1]自赡，终身不二。教育二子，皆入庠。寿八十三，阖郡以为贞节之报云。

邓 氏 宜山人，颇能诗，嫁为同邑吴某妻。吴以罪被逮，氏以衣寄之，而侑[2]以一绝云："欲寄寒衣上帝都，连宵裁剪眼模糊。可怜宽窄无人试，泪逐西风洒去途。"又题画菊云："良工妙手恁安排，笔底移来纸上栽。叶绿花黄长自媚，等闲不使蝶蜂来。"苦志守贞以殁。

高 氏 宜山人，岁贡高愈让女，庠生陈于陛妻。性贞顺，闺范整肃，善女工，年三十无子，孀居。或劝之嫁，高曰："吾嫁，而陈氏之鬼不其馁？"而以针黹[3]糊口。或并日一炊，或终日不食。人谓："何自苦乃尔？"高曰："吾未亡人，苟延残喘，何忍穷口腹？"年七十，始终如一。人以为"女中师表"云。

覃 氏 庆远人，年二十，归郡人高翀为侧室。崇正间，从夫宦游，后避地岑溪。嫡吴氏与夫相继卒，囊如洗。家人尽亡散，遗二孤，长甫十二，次仅六岁。氏时年二十八，誓守节，甘茹荼苦，燃薪纺绩，伴子读书，每至夜分。长子熊征中顺治庚子（1660）副，覃氏年六十三卒，乡里称其坚贞。

董 氏 宜山举人董其英女弟，归举人余犹龙。龙卒，遗二孤，俱幼。氏数遭横暴，矢志守贞，食贫训子，数十年人无闲言，卒年六十五。子心孺，中康熙辛酉（1681）亚元，人以为母节之报。

本朝

潘 氏 天河人，居古黎里新村，年二十，适夫某。二十五岁，夫故，生子数月，抚孤守节，三十余年如一日。

杨 氏 天河人，庠生李良正妻，生二子。二十四岁，夫亡。家贫，纺绩育子，不容废儒业。尝痛哭流涕，望子成才，膏火资悉出十指。长子元煌得入泮。

顾 氏 天河人，年十七，归邑庠生韦衍易。二十五岁夫亡，遗腹生一子，守节自励，抚孤成立。

潘 氏 天河人，年十八，适邑庠生韦圣勤。历十年，圣勤殁，清苦自坚，抚孤子继孟入泮。

---

[1] 纑（lú）：苎麻一类的植物。亦指练过的麻线。

[2] 侑（yòu）：相助， 报答。

[3] 针黹（zhǐ）：做针线活。黹：缝纫，刺绣。

韦　氏　天河人，一兄一姊一妹，姊妹俱适人。父母与兄食菌中毒，同日俱死。氏幼许字顾姓，以死自誓，愿终身供祀父母，顾姓亦不强。抚一子继韦氏嗣，始终如一。

韦　氏　思恩人，曾省三妻。年二十三，夫死，家惟一廛❶，停柩于左，偏不令举，曰："我所以不死者，为腹中有一线耳。倘生非男子，期少待我。"阅数月，竟得子，曰："今而后，吾责重矣。"初，省三与弟分爨❷。迨其死，弟怜嫂寡，将独膳其母。氏艴然曰："闻古人有乳姑者，我独非人乎？"仍分任之，竭力供甘旨焉。雍正五年（1727），建坊旌表。

陈　氏　宜山人。康熙六十年（1721），途遇莫扶添，行至牛冈塘，欲污之。氏不从，扶添拔佩刀刺氏殒命。雍正二年（1724），巡抚高题旌入节孝祠。

欧　氏　思恩人，崖峘妻❸。二十二岁夫死，三年服阕，舅姑私议欲令改适。氏潜闻之，奔哭于夫墓，饮食不入者三昼夜。姑赴墓慰解，誓不夺其志，泣携之归。已而，姑病，贫不能治。氏祷于神，解所戴命圈为药饵资。土俗，男女生周岁，皆戴银圈于项，至老不解，解辄有殃，名曰"命圈"。邻右讽止之，氏曰："姑死而我独生，生何为？"姑竟以此得愈，氏亦无恙。自夫死后，足不逾阈，亲族化之，妇女无复有至圩市者。雍正五年（1727）旌表建坊。

莫　氏　思恩人，陈雄妻。年二十一，夫死，矢志靡他❹。舅姑虑其不终，谓之曰："吾家故甚贫，汝欲守志，如衣食何？"氏泣曰："妇死且不顾，遑恤饥寒？饮水茹檗，固所甘也。"每饭必侍夫灵侧，且食且泣，以义方教其子邑庠生天赐，卓有文名。年八十四没。雍正五年旌表建坊，十三年入节孝祠。

谢　氏　宜山人，谢钟灵女，年十九归同邑庠生苏继洵。克敦妇道，事翁姑孝。翁姑相继殁，氏佐继洵葬丧，尽礼。后继洵死，遗孤甫八月，时值年饥，氏请贷于亲戚，始克葬。哺孤应轼成立。矢志终身，寿八十余。乾隆二年（1737）请旌，建坊南关外。

韦　氏　宜山人，居三岔村❺，父扶海，本獞人。氏生颇有色，未嫁。乾隆八年（1743），途遇韦扶臣强污，不从，以刀胁之，氏愈坚拒，扶臣因断其项。事发，扶臣正法。请旌，入节义祠。

王　氏　河池州人，王玉昌女。归刘士元，生二子。士元死时，氏年二十一，立志抚孤，会二孤相继殇，泣曰："吾命不幸至此，吾何存为？然吾为刘家人，则我生之年，皆刘氏血食之日也。"女红自给，岁享尽礼。当事廉得其实，请旌建坊表其门。

李　氏　宜山人，河池州民杨世国妻，生一子，甫周岁，世国死，时氏年二十四。家

❶廛（chán）：古指一户人家所住的房屋。
❷爨（cuàn）：烧火做饭。分爨，指分家。
❸崖峘：《一统志》作"崔垣"。
❹矢志靡他：誓不改嫁的意思。矢志，即"发誓"；靡他，没有其他想法。
❺三岔：今河池市宜州区东部三岔镇。

甚贫，尝抚子德明泣曰："吾所以不死者，以有尔在也。"后德明从征古州，殁于军，李哭失明，荼苦终身。乾隆二年（1737）请旌建坊表之。

莫 氏 南丹州土目何依义妻也。雍正八年（1730）土官莫我谦征古州，攻定旦寨被围，依义拔刀杀入救出。逆苗追之，依义拒敌中枪死。氏年三十余，守节抚孤事舅姑，克尽妇道。义夫之后，有此节妇，亦土蛮中仅见者。

## 土司人物

处夷壤之中，耳目见闻，尽是侏㒧之习，以人物称，□难言之。然其先，亦间有中原产，从征立功，因世兹土，其子若孙，岂无克自振拔，为蛮邦所景仰？及一二獞民，天良不昧，忠诚自矢者，堪附史乘之末乎？爰志土司人物。

### 东兰土分州

韦虎林 东兰州土知州韦虎臣弟也。虎臣死，子起云幼，虎林替袭。调停上下，俱无闲言。素好读书，颇知词翰。猺习一变，官族目兵皆依汉人服色，使蛮烟瘴雨间，忽有文物之观。嘉靖七年（1528），奉总督王守仁檄，扑剿下邑中寨贼首韦召蛮等。后疾告休，仍以起云承袭，视贪位争夺者，不啻霄壤矣。

韦继宗 东兰州土知州。明末调征罗城县叛贼覃鸣珂有功，旋调征思恩府逆蛮，生擒姚应元。未几，调征南宁府横州徐彪等。连年征战，身疲力竭，不敢告劳。后以老乞休，传子光祚。

韦良保 东兰州人，明嘉靖七年（1528）随征王受有功，（受）〔授〕下旺司世袭土巡检职。传子德载，孙文明。今十一世矣❶。

韦朝佐 东兰州土州同。雍正间奉调征黔省古州逆苗，剿宜山南巢❷、白土蛮贼蓝明反，俱获军功。桂林义宁县苗变，领东兰、永定土兵破其寨，又擒获忻城土贼蓝明星等，均录功议叙。亦近时土官中之杰出者。

### 南丹土州

莫 祯 南丹土知州，明宣德十年（1435）来朝，贡马，赐丝币。正统四年（1439），奏言："本府所辖东兰等三州土官所治，历年以来地方宁靖。宜山等六属流官所治，溪峒

❶据金鉷《广西通志》卷六十一载：韦良保因功授世袭土巡检职，良保传子德载，德载传子文明，文明传子明扬，明扬传子显威，显威传子天庆，天庆传子隆基，隆基传子圣恩。圣恩无嗣，养圣还之子际弦为子袭。清廷仍予旧职，际弦传子廷杰，廷杰传子汉统，汉统传子仕秀。

❷原文"剿宜山"前有"册开头"3字，殊不可解，或为错刻，径删。

诸蛮不时出没。原其所自，皆因流官能抚字[1]附近良民，而溪峒诸蛮恃险为恶者，不能钤制其出没。每调军剿捕，各县居民与诸蛮结纳者又先漏泄军情，致贼潜遁。及闻招抚，诈为向顺，仍肆劫掠。是以兵连祸结无宁岁。臣窃不忍良民受害，愿授臣本州土官。知府流官总理府事，而臣专备蛮贼，务擒捕殄绝积年为害者，其余则编伍造册，使听调用。据岩险者拘集平地，使无所恃。择有名望者，立为头目，加意抚恤，督励生理。各村寨置社学，使渐风化。三五十里设一堡，使土兵守备。凡有寇乱，即率众剿杀。如贼不除，地方不靖，乞究臣诳罔之罪。”帝览其奏，即敕总兵官柳溥曰：“以蛮攻蛮，古有成说。今莫祯所奏，意甚可嘉。彼果能效力，省我边费，朝廷岂惜一官尔，其酌之。”寻以军功加庆远府同知，仍知州事。

莫惟武　子伯元，号云峰，南丹土知州。生而沉毅，勇略过人。明嘉靖间，征古田之凤凰巢，浔州之断藤峡，南海之罗活峒，马平之鱼窝、雷岩、北岸，贺县之里松、清水、半路，富川之擎田等处，皆奋勇擒斩巨魁。擎田平，旋州，四日卒。广东右布政使、郡人张烜为作墓志铭，敕建“粤西屏藩”坊于州治丁字街。

莫　伋　字象贤，袭兄儁南丹土知州职。英敏好学，有谋略。明万历时，播州杨应龙反，诏刘綎帅师讨之，伋统土兵为先锋，乘赤马，持大刀，奋勇冲杀，所向披靡。事平，加参将衔，食游击俸。崇正元年（1628），赐建“勋著西南”石坊于州治前。

莫我谦　字益公，号损斋，南丹土知州大经子。八岁丧父，值官族莫大志等争官谋印际，颠沛流离中犹好学不倦，能诗赋，善书法。事祖母孝。饮食必伺侧，疾必亲奉汤药，寝不解衣。康熙六十年（1721），大志置其子莫我善等奉檄安插宜山县，州境敉宁。[2]我谦招集散亡，加意拊循，延师立义学，择土民子弟教之，蛮俗一变。近之入胶庠贡成均者，我谦为之倡也。屡征白土、义宁、古州等处，以功加衔一等，又军功加三级，纪录八次。

### 那地土州

罗谦端者，土知州罗忠辅嫡长男，少年承理，忠勇藩闻。万历年间，平乐府之北陀逆贼李文秀等作乱，谦端随征平之。八寨朦胧三峒蛮复乱，亦应调有功。后奉剿四川播州杨应龙，又协剿宜山南、北、西三巢猺蛮，前后赏给冠带，进加职衔。

### 忻城土县

莫　保　据莫氏谱，先世江南太仓州人，世忻城土官。保生而奇俊，有智略，好善乐

[1]抚字：谓对百姓的安抚体恤。
[2]敉（mǐ）宁：抚定，安定。

施，每倾囊济人危急。元至正[1]间，随征贼寇有功，授八仙屯[2]千户。明洪武初，罢掌兵官，籍其屯兵为民。保率族徙居忻城界，督亲丁□田耕种。与人交，诚以相待，人号其门曰“德门”。宣正后[3]，猺獞屡乱，知县苏宽不事事，而獞老韦公泰等举保元孙敬诚为土官。苏宽为申监司，具奏。授世袭知县协理。弘治九年（1496），总督邓廷瓒奏裁流官，保子孙遂世专理县事，今如故。

莫镇威　号双江，忻城土知县，貌魁梧。袭职后，建庙宇，修桥梁，造思练官厅以劝农务，建署平路，焕然一新。万历四年（1576），广东罗旁寇蜂起，随征擒获贼首龙旺，□□最，加赐服色金帛。七年，调征八寨之樊公宾等□□。越二年，县界同其、功德、窑灰、凉阴等堡蛮负固猖獗，奉调深入贼巢，生擒韦王朋等四凶以献。都督□□闻，即以同其等堡归忻城，并赐金帛奖之。卒，谕□建坊，恩礼渥焉。

莫宗诏　字一轮，忻城土知县莫猛第三子也。始，猛祖志明娶韦氏，生二子，曰恩光、恩辉，继娶慕氏，生子恩达。恩光袭职，无嗣，传恩辉，为莫贵所杀，无子。恩达传子猛。莫付祥者，志明弟志德子也，与恩达争袭不遂，纠族目攻县，杀猛。时宗诏甫三岁，乳母蓝氏匿猪窝草中。伺贼退，潜取出逃永定土司署，土官韦世兴具状闻郡守。守檄戚指挥辅臣同南丹官叔莫士英剿捕平之。顺治十七年（1660），宗诏年十三矣，始克袭。时戚辅臣被诛，子戚扬烈招积贼覃明贵等踞同其、三寨二堡。宗诏提兵围之，扬烈窘甚，行成乃撤兵。康熙十一年（1672），叛目莫贵忠匿明末伪总兵李象新于家，其子莫宗威匿楚妖人雷春轩于毛峒，谋不轨。宗诏奉文计擒春轩以献。复潜迹象新，探知住皂角山，即密领数十人夜至巢外，见象新灯下独酌高歌，侍卫数人皆佩军器。宗诏率众提刀突入，断其两足，犹持枪跃窜高冈。举火搜获斩之，缚其家属解府。事闻，赍金帛。十六年，宗威纠众千余谋攻县城，适宰牛起兵，有大蛇长丈余绕牛旁，又有白虹阻路，由此畏惧而散。

莫振国　字卓臣，忻城土知县，资明敏严毅。少时日读四子书及经史、诸子百家，彬彬儒雅士也。袭世职后，土人习尚唱歌跳鬼、击鼓招宾，猺獞性悍，家藏鸟枪，身佩环刀，寻仇杀。振国奋然曰：“欲洗此陋，非读书不可。”立捐建义学，延名士掌教，聚官族子弟暨堡目土俊秀者肄业其中。并悬教士条规十六则以示观感，仍不时赴学，亲奖□之。每春秋劝农外，复面谕各堡目、土民务以读书为急。自是踊跃来学者，颇晓制义、游黉序。不廿年间而蛮风顿革矣。官族倚势凌虐猺獞者，访知辄尽法，不稍恕。子景隆礼贤好学，工书画、词翰，饶有汉官才具，现以捕贼功，赐妆缎领袖、补缎朝衣奖焉。

---

[1]至正：元惠宗妥懽帖睦尔的年号，1341—1370年，共30年。

[2]八仙屯：在今河池市宜州区石别镇附近。

[3]宣正：指宣德（1426—1435）、正统（1436—1449）。

## 永定土司

韦　槐　东兰土州人，生有奇谋，复多胆力。平居慷慨许人，长挟义气。土人无不敬服。明成化年间，宜山县清潭南乡猺贼李天反、覃召管等倡乱。地方官出榜招兵进剿，槐闻之，踊跃起曰："此余志也。"遂募土兵数百人，揭榜率兵，直入蛮峒，计擒李天反等。扑灭之功闻，授永定长官司长官，至今承袭。

韦廷璧　永定长官也，治土民恩威并济，人人畏怀，无不愿为效力。雍正年间（1740），奉调出师，擒宜山县喇奋村之贼首韦朝克、天河县福禄里之重犯莫东旺，攻杀南、那隘贼十一人。进擒三岔、良音等寨之韦明獠十余犯。寻署永顺土司，擒卢社百等凶，解土正法。巡抚甘汝来赏给貂皮等物。随檄征古州，功破六百、龙爪、车寨、清江等寨。事闻，加军功一等，赏目兵银两有差。乾隆五年（1740），奉调协剿白土猺贼，斩获首级，擒获罗扶养等。奏闻，复加功纪录。又擒忻城土县之积贼莫明权等三人。奇勋屡著，因病告休，子日隆袭。

## 永顺长官土司

邓文茂　广西全州人。明弘治元年（1488），大峒猺獞作乱，随征有功，授怀远镇世袭土巡检。三年，奉檄剿平宜山县昆述乡及七十二峒猺苗。五年，总督闵珪题请立永顺长官，以交茂为世袭长官。子经，弘治九年（1496）调征广东海南贼，斩获首级，两广部院犒赏花红、银两、服色。

## 永顺副土司

彭　举　其先山东益都[1]人。父英，明初随大将军徐达征剿，开国有功，授庆远卫指挥使。举永乐初袭父职。时边徼猺蛮数出掠为民害，举严号令、布恩威，蛮人震慑，百姓安堵。子访以剿平宜山七十二峒等处猺贼功，授永顺副长官，子世袭，今如故。

按《明史·土司传》：三长官皆宜山洛目、洛迎里人也，而各土司所呈宗支世系图俱与史不同，无他证据可覈，姑仍之。

[1]益都：益都府，今为山东省青州市。

# 《庆远府志》卷九　艺文志 上

## 宸翰[1]

宸衷[2]下誊，泽沛山州，御翰[3]遥颁，光昭日月，诚以天章云汉[4]被四表[5]而格上下也。庆属远居天南，雕题凿齿，咸凛[6]王言，豁蛮烟，消瘴雾，允宜[7]矩彟[8]百代，冠冕群言者矣。志宸翰。

唐懿宗分岭南东西道敕

敕岭南分为五管，诚已多年。居常之时，同资御捍。有事之时，要别改张。邕州西接南蛮，深据黄峒，控两江之犷俗，居数道之游民。比以委人太轻，军威不振，境连内地，〔不并海南〕。宜分岭南为东、西道，节度、观察、处置等使，以广州为岭南东道，邕州为岭南西道。别择良吏，付以节钺。其所管八州，俗无耕桑，地极边远，近罹盗扰，尤甚凋残。将盛藩垣，宜添州县。可割桂州管内龚州、象州，容州管内藤州、岩州，并岭南西道牧管。

（本条据四库本雍正间金鉷《广西通志·艺文》校补）

---

❶宸翰：帝王的墨迹。宸，北辰所居，因以指帝王的宫殿，又引申为王位、帝王的代称。翰，毛笔，引申为文词。

❷宸衷：帝王的心意。

❸御翰：帝王的文章。御，对帝王所作所为及所用物的敬称；翰，制笔的鸟毛，后以翰墨喻文章、书法。

❹天章云汉：指帝王的诗文。

❺被四表：传布天下。四表，四方极远之地，泛指天下。

❻凛：畏惧。

❼允宜：合宜。

❽矩彟（jǔyuē）：本指画直角或方形的曲尺，喻规矩法度。

## 宋神宗敕知宜州智诚制[1]

苏　轼

敕智诚。蠢尔裔夷，譬之蜂虿；胜之不武，不胜为患。惟尔守臣，威信两立。胜之以不战，消患于未萌。则民受其赐，予惟汝嘉。可。

## 宋理宗封梁熹吴辅为神敕

嘉熙四年三月二十九日，敕曰：玉融为郡，僻处峤南，昔在天禧，猺獞为梗。尔熹尔辅，奋起遐裔，身率义旅，鏖击以毙。魂强魄毅，为鬼之雄，大芘其民，如生之日。自疏侯爵，三被徽称。国家于尔神褒赉之渥，亦惟远俗，艰窭寇窃，水旱之不常，非神无以托也。祗服休命，益介祉祥，特封梁为助信灵应忠祐侯，吴为助顺灵济显义侯。钦哉！故谕。

## 本朝

## 圣祖康熙三十三年

上谕户部：

朕抚驭寰宇，早夜孜孜，惟以实惠及民、俾登康阜为念。广西、四川、贵州、云南四省，俱属边地，土壤硗瘠，民生艰苦。与腹内舟车辐辏，得以广资生计者不同。朕时切轸怀，历岁以来，屡施恩恤。广西省康熙十六年通省钱粮，十七年、十八年民欠钱粮；贵州省二十二年秋冬、二十三年春夏地丁钱粮；又贵州、四川二省二十五年未完及二十六年应征钱粮（粮米）；云南省二十七年以前屯地积欠钱粮，俱经次第蠲豁。兹念育民之道，无如宽赋。矧边省地方，非再沛优恤之恩，则闾阎无由充裕所有。康熙三十三年，四省应征地丁银米，着通行蠲免。仍行文该督抚，遍加晓谕，令人沾实泽，以称朕加惠远省民生至意。如有不肖有司借端朦混，私自征收者，该督抚指名奏劾，从重治罪。尔部即遵谕行。

（据四库本金鉷《广西通志》卷九十七校补）

## 康熙四十九年十月初三日

上谕户部：

朕恭膺天眷，祗承列祖鸿庥，统御万方，子育兆庶，廑怀至治，宵旰靡宁。幸际海宇同风，边隅向化，遐迩中外，帖然衽席之安者，是皆仰荷天地祖宗福佑之所致也。方朕八

[1]据苏轼著，张志烈、马德富、周裕锴校注《苏轼全集校注》第14册，第3837页，本篇作于元祐元年（1086）。智诚，人名，生平未详。

龄践祚之初，太皇太后问朕何欲，朕对“臣无他，欲惟愿天下治安、生民乐业、共享太平之福而已”。迄今五十年矣，惓惓此心，未尝一日少（息）〔释〕。每思民为邦本，勤恤为先，政在养民，蠲租为急。数十年以来，除水旱灾伤，例应豁免外，其直省钱粮，次第通蠲一年者屡经举行。更有一年蠲及数省，一省连蠲数年者。前后蠲除之数，据户部奏称，通共会计已逾万万。朕一无所顾惜。百姓足，君孰与不足？朝廷恩泽，不施及于百姓将安施乎？朕每岁供御所需，概从俭约。各项奏销浮冒，亦渐次清厘。外无师旅饷馈之烦，内无工役兴作之费。因以历年节捐之储蓄，为频岁涣解之恩膏。朕之蠲免屡行，而无国计不足之虑，亦恃此经画之有素也。比来省方时迈已历七省。南北人民风俗，及日用生计，靡不周知。而民生所以未尽殷阜者，良由承平既久，户口日蕃，地不加增，产不加益，食用不给，理有必然。朕洞瞩此隐，时深轸念。爰不靳敷仁，用苏民力。明年为康熙五十年，思再沛大恩以及吾民。原欲将天下钱粮，一概蠲免。因众大臣集议，恐各处需用兵饷，拨解之际，兵民驿递，益致烦苦。细加筹划，悉以奏闻。故自明年始，于三年以内通免一周。俾远近均沾德泽。直隶、奉天、浙江、福建、广东、广西、四川、云南、贵州各巡抚及府尹所属，除漕项钱粮外，康熙五十年应征地亩银，共七百二十二万六千一百两有奇，应征人丁银共一百一十五万一千两有奇，俱着察明全免。并历年旧欠共一百一十八万五千四百两有奇，亦俱着免征。其五十一年、五十二年应蠲省分，至期候旨行。民间旧欠，既经豁免。嗣后每年额征钱粮，务如数全完。倘完不及额，或别有亏空，托称民欠，则负国甚矣。即责令督抚以下官员偿补，仍从重治罪。夫地方大吏，以及监司守令，皆与吾民谊（切）〔均〕休戚者也。诚克体朕孳孳保赤之怀，实心爱养，力杜侵牟朘削，则闾阎咸得衣食滋殖，无有失所。而为官吏者，亦身名俱泰，岂非升平乐利之盛事欤！尔部移文各督抚，谕旨到日，即刊刻颁布，遍示穷檐，令咸知悉。特谕。

（据四库本金鉷《广西通志》卷九十七“艺文”校补，另《皇朝文献通考》等多种文献亦收录本篇）

## 宪宗雍正元年

上谕礼部：

致治之要，首在风化。移风易俗，莫先于鼓励良善；使人人知彝伦天则之为重，忠孝廉节之宜敦。古帝王劳来匡直，所以纳民于轨物者，舍是无由也。朝廷每遇覃恩[1]，诏款内必有旌表孝义、贞节之条，实系巨典。近来直省大吏，往往视为具文；并未广咨远访，只将有力之家嘱托赂遗者，漫凭郡县、监司之申详，即为题请建坊。而山村僻壤贫寒耕织

[1] 覃恩：广施恩泽。旧时多用以称帝王对臣民的封赏、赦免等。

之人，或菽水养亲[1]，天性笃孝；或柏舟矢志[2]，之死靡他；乡邻嗟叹为可钦，而姓氏不传于城邑。幽光湮郁、潜德消沉者，何可胜数！尔部即着〔行〕传谕督、抚、学政诸臣：嗣后务令各属加意搜罗，虚公核询，确具本人乡评实迹，题奏旌奖；勿以匹夫匹妇而轻为沮抑，勿以富家巨族而滥为表扬，以副朕成俗化民、实心彰善至意。特谕。

（据《重修福建台湾府志》“圣谟篇”校补）

## 雍正二年五月十九日

上谕四川、陕西、湖广、广东、广西、云南、贵州督抚提镇：

朕闻各处土司鲜知法纪，所属土民每年科派，较之有司征收正供〔课〕不啻倍蓰。甚至取其马牛，夺其子女，生杀任性。土民受其鱼肉，敢怒而不敢言。莫非朕之赤子，天下共享乐利，而土民独使向隅？朕心深为不忍。然土司之敢于恣肆者，大率皆汉奸为之指使。或缘事犯法，避罪藏身；或积恶生奸，倚势横行。此辈粗知文义，为之主文办事，教之为非，无所不至，诚可痛恨。嗣后，督抚提镇宜严饬所属土官，爱惜土民，毋得视为鱼肉，毋得滥行科派。如申饬之后，不改前非，一有事犯，土司参革，从重究拟汉奸，立置重典，切勿姑容宽纵，以副朕子惠元元、遐迩一体之意。钦此。

（据《钦定大清会典则例·吏部》校补）

## 雍正二年十一月十二日

谕大学士等：闻得广西猺獞杂处，匪类不时窃发，逾山越岭，难以擒拿。汛兵各守地界，不敢擅自越境。嗣后分防各弁，不论何标何汛，凡系附近地方，毋分彼此，互相接应。庶匪类无可潜藏矣。设兵原以卫民，地方若有匪类，自当彼此策应，协力擒拿。着广东、广西督抚、提镇，公同酌议，严饬各营汛，一体遵行。并传谕直省督抚、提镇等，凡地方有此等〔事〕，当同心协力，互相照应。不可托言限于疆界而分彼此也。

（据《世宗宪皇帝上谕内阁》卷二十六，又金鉷《广西通志》卷九十七《艺文》校补）

## 雍正五年十二月十八日

上谕：向来云、贵、川、广以及楚省各土司，僻在边隅，肆为不法，扰害地方，剽掠行旅。且彼此互相仇杀，争夺不休。而于所辖苗蛮，尤复任意残害，草菅民命，罪恶多端，不可悉数。是以朕命各省督抚等，悉心筹画，可否令其改土归流，共遵王化？此朕念边地穷民，皆吾赤子，欲令永除困苦，咸乐安全。并非以烟瘴荒陋之区，尚有土地民人之

[1]菽水养亲：身虽贫寒而尽心孝养父母。《礼记·檀弓下》：“子路曰：‘伤哉！贫也！生无以为养，死无以为礼也。’孔子曰：‘啜菽饮水，尽其欢，斯之谓孝。’”

[2]柏舟矢志：参见本志卷八《人物志·列女》注释。

可利，因之开拓疆宇，增益版图而为此举也。今幸承平日久，国家声教远敷，而任事大臣又能宣布朕意，剿抚兼施。所在土司，俱已望风归向，并未重烦兵力。而愿为内属者，数省皆然。自此土司所属之夷民，即我内地之编氓；土司所辖之头目，即我内地之黎献。民胞物与，一视同仁。所当加意抚绥安辑，使人人得所共登衽席，而后可副朕怀也。但地方辽阔，文武官弁，需员甚多。其间未必尽属贤良之辈，且恐官弁等之意，以为土民昔在水火，今既内附，已脱从前之暴虐。即略有需索，亦属无伤。此等意见，则万万不可。着该督抚、提镇等，严切晓谕，不妨至再至三，且须时时留心访察，稍觉其人不宜苗疆之任，即时调换。并严禁兵丁胥役之生事滋扰，务俾政事清明，地方宁谧，安居乐业，共享升平。倘有不遵朕防丝毫苛索于土民地方者，着该上司立即参劾，重治其罪。即系平日保举之人，亦不可为之容隐。果能据实纠参，朕必宥其失察之愆，嘉其公忠之谊。该督抚、提镇等可共体朕心，各尽怀保边民之道。

（据《世宗宪皇帝上谕内阁》卷六十四、《广西通志》卷九十七“艺文”校补）

## 雍正七年六月十二日

上谕：朕爱养黎元，遐迩一体。而边远之地，小民家计不及近省，尤朕心之所系念。数年以来，甘肃、四川、云南、贵州、广西五省有用兵，西藏及剿抚苗蛮等事，其一应军需，皆动用公帑备办，秋毫不派及于民间。而粮饷转输，亦有资于民力。今藏地、苗疆，俱已宁谧。朕心嘉慰。特沛恩膏，着将庚戌年甘肃额征地丁银二十七万七千六百八十四两零、四川额征地丁银三十一万六千三百两零、云南额征地丁银一十四万一千六百两零、贵州额征地丁银七万四千二百两零、广西额征地丁银三十五万三千九百两零，悉行蠲免。其西安各属地方，近日亦有预备军需之事。朕心轸念，着将庚戌年额征钱粮蠲免十分之三，共计银四十七万九千九百两零。此六省督抚大吏，宜仰体朕心，转饬所属有司，敬谨奉行。务使闾阎均霑实惠，如有奉行不力，被不肖有司暗饱私囊，或被奸胥土棍强绅劣衿包揽侵蚀者，朕若访闻，必将通省大小官员分别从重治罪。至于国家设官，本以理民。官有恤下之责，民有奉上之义。若设官而不为计及养廉之资，则有司之贤者将窘迫而莫能支，不肖者又将横取而无所检束矣。是以酌定以钱粮耗羡，均给各官，为养廉之资。此揆情度理，上下相安之道。但思加恩百姓，豁免正赋，若将耗羡一并蠲除，是民虽邀额外之恩，而官员转有拮据之苦。上司或因此稍有宽假，则必致巧取苛索于民。流弊种种，转多于耗羡之数。于吏治民生，均无裨益。常见庸劣之地方官，每以蠲免钱粮为不便于已，心怀怅快，即此意也。着于庚戌年为始，凡遇特恩蠲免钱粮者，其耗羡仍旧输纳，谅必民所乐从。若因水旱蠲免者，不得征收耗羡。将此永著为例。

（据《广西通志》卷九十七《艺文》校补。又《世宗宪皇帝上谕内阁》卷八十二，《世宗宪皇帝圣训》《清实录·雍正朝实录》等亦收录）

## 疏议、文檄

嘉谟入告，敷陈宜剀切而详明矣。至发言盈廷，务折衷以期一是。与夫利害措置之宜，征调军行之事，或披沥以资，或尺一而颁，将以宣上德而通下情。可无备采以资方来之考镜乎？志疏议与文檄。

### 经制安化蛮事宜疏

苏　绅

国家比以西、北二边为意，而鲜复留意南方，故有今日之患，诚不可不虑也。臣顷从事宜州，粗知本末。安化地幅员数百里，持兵之众不过三四千人。然而敢肆侵扰，非特其险绝，亦由往者守将失计，而国家姑息之太过也。向闻宜州吏民言："祥符中，蛮人骚动，朝廷兴师讨伐。是时唯安抚都监马玉勒兵深入，多所杀获。知桂州曹克明害其功，累移文止之，故玉志不得逞。"蛮人畏伏其名，至今言者犹惜之。使当时领兵者皆如玉，则蛮当殄灭，无今日之患矣。至使乘隙蹂边，屠杀将吏，其损国威，无甚于此。朝廷傥不以此时加兵，则无以创艾将来，而震叠荒裔。彼六臣者，虽不善为驭，自致丧（收）〔败〕，然衔冤负耻，当有以刷除。臣观蛮情所恃者，地形险阸，据高临下，大军难以并进。然其壤土硗确，资蓄虚乏，刀耕火种，以为糇粮。其势可以缓图，不可以速取；可以计覆，不可以力争。今广东西教阅、忠敢、澄海，湖南北雄武等军，皆惯涉险阻，又所习兵器与蛮人略同，请速发诣宜州策应，而以他兵代之。仍命转运使备数年军食，令秋冬之交，岚气已息进军。据其出路，转粟补卒，有旷日持久之计。伺得便利，即图深入。可以倾荡巢穴，杜绝蹊径，纵使奔迸伏莽，亦且坏其室庐，焚其聚积。使进无抄略之获，退无攻守之备。然后谕以国恩，许以送款，而徙之内郡，收其土地，募民耕种。异时足以拓外夷为屏蔽也。仍诏旁近诸蛮，谕以朝廷讨叛之意，毋得相为声援。如获首级，即优赏以金帛。计若出此，则不越一年，逆寇必就殄灭。况广西溪峒、荆湖川峡蛮落甚多，大抵好为骚动。因此一役，必皆震詟。可数十年无俶扰之虞矣。

（据金鉷《广西通志》卷九十九"艺文"校补）

## 荐黄志璋等疏[1]

康熙四十年 大中丞[2] 彭 鹏[3]

题为粤西遗爱，独系去思，节义尤堪表异。谨题请旨，以广圣恩事。

窃惟天视自民，天听自民，视听体天不爽；民之所好，民之所恶，好恶同民无私。臣未入境时，即知粤西有知州黄志璋、知县王言。志璋初任全州，继调河池州；王言初任马平，继调崇善。所在有清名。比臣入全州境，见道傍碑上镌有“寿佛”两字，询及父老，曰：“此前任黄父母官所书。父母调任河池十载，郁郁不得志，弃官归。里民等为之立碑，乞手笔两字镌诸顶，即此。”臣经年来所见所闻，无人不颂，有口皆碑，不识何以拂衣去也。查志璋于康熙三十七年二月内告病，屡不允；三十八年未尝告而勒休。谁实使之？臣与志璋皆闽人，同方各府，未尝一识面。为国爱贤，不忍淹抑。敢请圣明破格召至京师引见，年齿如未衰，奏对如称旨，其才可用，其品可风，臣非为一监州请也。

崇善令王言，因黄明一案降调，不独现在崇善之民匍匐乞留，即从前马平之民，亦莫不接踵而至，情词悲切。是时，养利州邵凤翼被民猺佥告，疾呼辕门。臣方病痔，〔抱〕疴传至卧榻前，责其告官刁讼。众皆泣称：“官迫实甚。”随诘以“该州历来岂无一好官？”佥称：“往岁署本州篆有王知县，洁己爱民，不加派，不横征，至今颂德。”由此观之，官无负于民，民亦何负于官。臣所谓“遗爱独系去思”是也。敢请圣明破格俯察下情，准复原职，以风示百官。百官感奋兴起，勉作廉吏，臣又非独为一邑宰请也。

太平府属思明土府儒学教授，今升保定府井陉县知县高熊徵，梧州府岑溪人，庚子副榜贡生。当吴逆之变，拟平滇三策，拟讨逆檄。正气激发，舌有风雷。前将军抚臣傅宏烈知之、信之，熊征慷慨自请缨，身家不恤。岑溪绅士民所以有“书生尽忠杀贼，受害惨苦，乞恩转详题报”之呈。臣所谓“节义尤堪表异”是也。前抚臣郝浴批为“风靡草偃,孤松独立”,学臣王如辰批为“忠贞自矢，御侮多方”。然终仅以“给扁[4]旌扬”尽

[1]黄志璋：字眉仲，福建晋江人，兵部左侍郎黄徽孕之子。志璋以荫授麻阳令，康熙二十九年（1690）由全州知州改河池州知州，三十一年在城北修观音阁，三十三年建启圣祠。期间“勤政爱民，富有才藻”。三十八年，因劾营弁冒饷，词连督提，挂冠以去。次年，巡抚彭鹏特疏荐，授正定知府，后调巩昌知府，升洮岷陇右道。年六十余，致政归。寿八十五卒。著有《璞园集》《遁斋录》等书。参本志《坛庙》《秩官》及道光《晋江县志》、民国《河池县志》等。

[2]大中丞：古代掌管荐举、弹劾官员事务的官名，明、清时常用作巡抚的加衔。

[3]彭 鹏（1635—1704）：字奋斯，又字古愚，号九峰，福建莆田人，因为官清廉而有“彭青天”之誉。“三藩之乱”时，“阳狂示疾，椎齿出血”以拒吴三桂之裹挟。清廷平定三藩后，于康熙二十三年（1684），被选授为直隶三河知县。三十八年，擢广西巡抚。任内“省刑布德，减税轻徭”，“广西旧供鱼胶、铁叶，非其土物，赴广东采运，鹏疏请免之”。次年移抚广东，四十三年卒于任。本传见《清史稿·列传六十三》。

[4]扁：通“匾”。

之矣。臣见其著述有裨名教，文行兼优，无忝师席。欲于大计，特荐卓异，历叙忠贞，以伸士气，以重儒林。随据学臣高联璧呈称升任教授高熊征，据知府徐越详称“师范久著，文教日兴，允宜卓异”，但查前任刘学道《科考册》教职贤否，将熊征以年衰报部。今欲开年老，恐与卓异之例不符；欲开年中，又与前任报部之册有异等因，臣是以不果荐。比见熊征领凭赴任，矍铄无衰态，言论铮铮。熊征之不获卓异者，前学臣刘体元误之也。然以一副榜贡生，沉沦苜蓿二十载，幸得百里，岂有他望？独臣同志之感勃然而不能已，敢请圣明破格注其姓名。彼宰井陉，得如臣宰三河时，传旨召见。如臣悉举三年拒伪，托疾坚卧，饮水毁形以对，岂不千载有光哉！

臣身在封疆，灼见真知，直叙其事，上达天听。奖廉与褒忠，事异而心无不同者也。伏乞皇上睿鉴，特恩施行。

（据金鉷《广西通志》卷一百十三《艺文》校补）

## 敬陈征剿南巢事疏

乾隆五年　马尔赛

臣等看得广西各属，多系土、苗、猺、獞，依山聚众，赋性顽劣，命盗之事频仍，自来每称难驯。然各有汉土官弁管辖防御，居常则化导扶绥，有犯则缉拿惩儆，使知怀德畏威，相安耕凿，永无扰害。惟有一种凶蛮积贼，踞险为巢，勾连匪类，出则劫掠居民，伤人毁屋，入则号召村党，列械抗官，捕擒莫及，晓谕不从。此实为地方之害，亟应惩创示儆。如庆远府宜山一县，环列十八村寨，崇山密箐，悉属土蛮。虽系永顺土司管辖，向有盗窃等案，仅以获犯追贼，随便完结，不予深求，乃致积渐。不服管束，抗不输粮，且肆行骚扰，抢掳焚劫，不一而足。白土、邱索二村，土蛮凶为尤甚。上年十一月，内有加好村恶贼罗扶美、覃胡等众，伙同邱索、石仓村谭朝飞、覃李生等，行劫街民黄显予家，炮死居邻黄显明一案。又十二月，内有白土村蓝明反、蓝奉鳌等贼众掳掠民人邓天柏等耕牛五十四只一案。当据县营详报，即饬速缉正凶，追贼究拟。至今年三月间，地方文武将贼犯俱经访确，屡委该处巡检、险把总，带同兵役往拿。其劫黄显予家案犯甫经获，有罗扶美、覃胡二人随被邱索村贼谭宏恩纠集凶蛮数百，拦途抢去，并放枪，伤死兵役二名，打伤四人。至掳掠耕牛一案，再三往谕，用银向贼赎回牛一十二只，而贼凶负固不出。复令附近村蛮，聚党千余人，高垒深沟，密布枪炮，明示对敌。情状俱系邱索村恶贼覃奉恩为之首领，白土村各贼为之声援。有此不法巨凶，而众匪遂明目张胆。于春耕之际，随有抚水村贼人蓝明星等，统众伤人，掠去民间牛马三四十头。白土村又出多贼，蓝二、蓝三、蓝邦贵、蓝朝坊等屡捉民人男妇，靴禁拷掠，强占闺女，勒赎父兄，无恶不为。弁员兵役，不能擒捕，该地方文武，亦曾有请拨兵擒捉之语。臣等仍令设法密拿，晓谕令其献出贼犯，免究余凶。讵该村贼蛮，竟将案犯深藏，耕牛宰食，民人亦未放还，坚持拒抗，毫不戒心。臣等犹谓土蛮随顽，或不至此。今臣亲至南宁，就近咨询，实属确情。且查得案犯罗扶美、蓝明反、蓝明星、蓝奉鳌、覃奉恩等十数人，俱系积惯首凶，为害亦已多年。覃奉恩于康熙年间，即率土众杀虏隘底村，曾经捕获，复越狱脱逃。又于雍正年间，屡与白土村蓝明反、蓝奉鳌等贼攻劫湾路村、八峒村，炮死民人，抢牛焚屋。又纠党围攻土司，抢犯伤兵，民间子女婢仆，屡被掳掠、拘留，存亡莫测。旧案凿凿，悬积如鳞。此皆胆恶滔天，藐官弁如无人，视善良为鱼肉。故群居党众，惟听凶恶之胁从，不知法纪之可畏。此等横逆凶徒，实非数名兵役可以擒拿，亦非纵容劝谕可使改悔者。查宜山一带，路通黔省，民人村舍既多，行旅客商不乏，附近州县俱有钱粮仓库之重，领饷解课，又为差役往来之所必经。种种关系，尤难养痈遗患，必须振布霜威，始足以昭惩戒。臣四月间，身到南宁，遴访既确，因与臣安图、臣谭行义移扎密商，又于宾州阅兵之际，面同臣谭行义细加熟筹，意见俱同。臣等复细度贼巢形势，酌量进剿机宜。若仅拨兵卒千数，深入危巢，则凶顽倚众，犹得肆拒。不惟旷日持久，未免为彼所轻。若再缓以时日，设法捕擒，则贼凶日炽，民益难堪。况臣为因安南不靖，巡阅边海而来。若本界内土蛮肆横，不亟剪除，既非所以安内地之民生，并非所以慑远夷之观听。乘此身在粤西，得以就近指挥，先声以夺其魄，事易而功速成，此时势之不可失，而兵威之亟宜振者也。臣等议于就近之提标、宾州营并庆属相近之各土司内酌拨汉、土兵丁三千数百余名。即选派熟识地势、材技勇壮、曾经古州剿阵之提标、游击，现经臣题升融怀营参将之扬刚率同员弁等，领兵前往庆远，于白土、邱索二村隘分路夹攻。又遴自右江道李锡秦，任粤年久，办事详慎，识胆俱优，并委令监纪其事，商酌料理。一面先于各村寨大张晓谕，令其早献首凶，以分良恶。官兵亦即随后相其顺逆，剿抚兼行。务使蛮众咸知畏服，积贼无所逃遁，以为除暴安民，一劳永逸之计。从来野性犬羊，非畏不制。且粤西界连楚省红苗，其时正有湖南城步地方逆苗缚官勒赎之事。即交夷内衅尚亦未见宁贴，是此宜山蛮恶，尤须速藉兵威立即剿平。使远近闻风知做，始足以安地方，令良民有恃无虞。臣等身任封疆，巡行边徼。若复苟且姑容，长此奸顽，不为地方除害，守职已属有忝，于心更何能安？是以不揣冒昧，定议举行。虽时值夏月，似未便遽行兵旅，臣等亦经熟算，彼贼虽属凶顽，因从未示以兵威，罔知畏法。大兵一至，谅即丧胆就擒，不致稽延时日。且粤西多属步兵，就近派拨，途程不远，并无虞践踏田禾。随饬令领兵道将，速行进剿。谨会同合词具题。

## 南巢捷音疏

马尔赛

臣等因庆远府属之宜山县有白土、邱索等十八村寨土蛮不服土司管束，恃居险穴，恣意行凶。缘有首恶积贼蓝明反、蓝奉鳌、罗扶养、蓝明星、覃奉恩等多人盘踞其中，动辄统众劫掳，拒捕伤兵，居民久受其害，国法在所不容，并据地方文武会请发兵剿灭。自四月间，臣身至广西，确加查察，实未可因循再纵。同臣谭行义会商度量，非大加惩创剿擒，不能除暴安良。遂公同商定于五月间，就近派集汉土官兵三千数百名，专委提标游击杨刚统领，令右江道李锡秦监纪军务，带领前往剿抚。所派官兵陆续于六月十二日到齐，即于十四、二十等日已攻破白土、邱索二村，擒有巨恶蓝明反等，并杀伤捉获甚多等情，先已奏闻在案。仍檄令乘势剿御，竭力搜擒。嗣据先后呈报，自破白土、邱索村后，带兵分路前驱，所攻远近各村寨，俱属深山密箐，官兵所至，杀获巨魁数人，众匪始渐次奔溃，俱逃匿于深岩密洞之中，四路搜拿，并多方购线密捕。除当场拒敌杀死多凶外，数次对敌，我兵中伤者八九名，战殁者土兵四人。自六月二十日后，旬日之间，又擒获有名贼匪罗扶养等二十三名。于闰六月十五日前后，又拿获凶犯蓝明反之子蓝尚同等二十九名。一次又拿获凶犯属蓝二等共三十七名。一次又拿获韦扶除等贼犯八名。凡剿平一寨，即填平沟垒，毁伐丛种竹墙，不使将来仍可潜踪聚迹。并晓谕别村，饬令献凶免罪。其附近贼村有向被迫胁，今来缴械投诚者，已全行招抚，俱于平坦之处分村安插，不许仍住旧巢。诸事已经告竣，惟首恶覃奉恩一犯计穷势迫，弃家逃窜，先将伊妾媳子女家人全行拿获监禁，今于二十三日，又经擒获到营。除先获之贼首蓝明反在监病毙，已经行令戮尸示众外，其蓝奉鳌父子佯来投诚效力，旋露行刺情状；及强悍拒敌之逆恶罗扶养、谭朝飞、蓝二、覃寿才、蓝光那等五犯，并续获之首凶覃奉恩，俱令军前枭示，以儆余蛮。查“白土、邱索等村凶蛮不法、抗官虐民、恶迹贯盈”款案悬积多年，今已扫尽根株。如右江道李锡秦才识干练，已题升参将之游击杨刚勇敢奋励，俱能身先士卒，剿抚得宜，以及地方文武、在事员弁，实属同心协力。一月之间，既能平定，全师而返。其先后获到各贼，历讯俱系新旧命盗大案内有名凶犯，蓝、罗、覃三姓族类居多，令地方官分别审拟结案，并将贼人从前及现在掳掠囚禁之被难男妇分别查明，各令宁家。今宜山各村蛮恶概以剪除，庆远一带绅衿士庶以及商贾居民，莫不欢欣感慰，迎劳我师，咸称强梁灭迹，我地方人民从此可永获安宁矣。所有原派官兵，查粤西现在有会剿逆苗一事需兵协助，经两次于此路兵丁内调回二千余名。今将右江道李锡秦、游击杨刚，并所留土兵数百全行调回，又派往苗疆等处分路进击。至于宜山剿抚之后，凡于地方应行整顿安插，及蓝明反、覃奉恩等田地为数颇多，应作何归隶，宜山县册各项事宜，行令地方各员逐经郡司详报。其那[1]用过各属银粮数目，现在行令核算明确，即将前奏之盐余银两照数补还。所有现在获贼报竣，并撤兵缘由，臣等谨缮折奏闻。

## 南巢善后事宜部议

乾隆六年

臣等看得两广督臣马疏称“庆郡之永顺土司原管辖白土、邱索等村积贼蓝明反、覃奉

[1] 那：通“挪”。

恩等踞险肆横，抗不输粮，勾结匪类，焚杀抢掳，经臣调拨汉土官兵，〔剿〕擒奏报”。臣等细加酌核，查白土、邱索等村，原系永顺土司管辖，自积贼蓝明反、覃奉恩等恃险强梁以来，久为该土司所弃。今虽剿抚荡平，若仍归土司经管，诚恐抚绥无术，稽查不严，将来日久，不无积恶，复踞效尤，殊非一劳永逸之计。应将白土、邱索共二十四村地方，割归接壤宜山县管辖。其应征钱粮，亦令宜山县查明造报，按年征解。又查白土等村，居七十二峒之中，为南、北、西三巢心腹，绵亘四十余里，地方辽阔，土民赋性顽梗，必须设立专员，移驻弁兵，方足以抚绥弹压。且该地方岩峒深邃，径路多歧，巡防缉捕，非土著之人不能熟悉。县属原设有龙门、〔德胜〕巡检二员，但其所管地方均系苗疆紧要，未便〔移驻〕，恐有顾此失彼之虞。应请于白土地方添设巡检一员，照龙门司巡检之例，设立马夫一名，皂隶二名，弁兵四十名。令该巡检不时巡查，亲历各村，宣讲〔上谕，解〕明律条，使其咸知礼法，风俗日驯。 至各村内如有〔斗〕殴拐逃，以及户婚田土细事，许巡检就近准理审断，详县完结。命盗大案，仍报印官勘验通报。其新设巡检，系属苗疆，照例拣选调补，三年俸满即升。又疏请添设千总一员，带兵七十名，驻防白土。设外委一员，带兵三十名，驻防邱索。其千总、外委、兵丁，不必另行添募，即于庆远协标抽拨千总、外委各一员，兵丁五十名，东兰营拨兵丁五十名移驻弹压，归庆远协右营守备兼辖，仍令该协将备不时轮流亲往巡查。再查，于三巢各头人中，择其年纪精壮，素有胆力者，充为堡目，召募乡勇三十名，归新设巡检管束，协同弁兵巡缉防范。将查由蓝明反、覃奉恩等田租三万三千六百斤，计仓斗谷二百四十石零，该巡检招佃耕种，收租存贮。堡目一名，岁给谷十一石；乡勇每名给谷七石二斗，按季支给，遇闰加增，以资养赡。如有空缺余剩，照数存贮，归入下年销算。仍于年底，令该巡检将收支存剩数目造报宜山县转报。但年岁丰歉靡定，倘遇歉收之岁，租谷不能收足，不敷支销，或有历年支剩之谷可以凑支，或另酌动公项补给，应随时办理。如此添设、抽拨、移驻、巡查，庶土蛮不能复行潜聚，可获永宁。如蒙圣恩俞允新设白土巡检，印信并请饬部铸给。”又疏称：“新设白土巡检，应俟部覆到日，选员调补。所需官兵衙署营房，饬宜山县确估动项兴修，仍听抚臣查核报销。此疏中各条，悉应如该督所请。”奉旨：“依议。钦此。”

## 代知宜州皇城使党光嗣遗表

〔宋〕黄庭坚

惟孝惟忠，生则縻于荣禄；立功立事，没犹恋于圣朝。伏念臣本以书生，起从戎旅。《孝经》《论语》，承习于家传；《三略》《六韬》，讲闻于军幕。略知事君之义，渐识用兵之机。无路进身，占名小校；日逐裨佐，稍达听闻。大臣荐论，谓其了得边事；敕书戒谕，许以临敌制宜。强虏在前，矢石如雨；郡蛮坌入，戈盾成林。至于万死一生，不敢瞻前顾后。遂因将领，委以郡符。感极命轻，功微禄过。重念臣禀生河曲，老在岭南。顾齿发之雕零，因土风之弊恶，合家瘴疠，终岁号呼。老母终堂，墨衰犹在；少孙殒命，薪火未寒。臣之衰残，逮兹殒越。将成异物，犹仰清光。伏愿皇帝陛下千年膺抚世之期，百禄受宜民之庆。永锡苍生之福，尚推枯骨之仁。〔臣无任〕

## 处置八寨议

明 嘉靖年间　总督 王守仁

看得八寨之贼实为柳庆诸贼之根柢，盖其东连柳州龙哈、三都、岭三、北四等处贼峒以数十，北连庆远忻城、东欧、莫往、八仙等处贼峒，亦以数十；西连东兰等州及夷江土者等处贼峒以十数，南接思恩及宾州上林诸处贼村亦以十数。各处贼巢虽多，其小者仅百数人，大者不过数百人，及千人而止。各贼巢穴各有山溪之限、险扼之守，不相通和。至期有急，或欲有所攻劫，纠合会聚，然后有一二千之众，多至数千者。惟八寨之贼，每寨有众千余，四山环合，同据一险。无事则分路出劫，有警急则奔入其巢。数千之众皆不纠而聚，不约而同，不谋而合。故名虽为八，实则一寨。此八寨之贼所以势众力大，而自来攻之有不能克者也。各寨之贼，皆倚恃八寨为逋逃主。每有缓急，一投八寨，即无所致其穷诘。八寨为之一呼，则群贼皆应声而聚。故群贼之于八寨，犹车轮之有轴，树木之有本。若八寨不除，则群贼决无衰息之期也。今幸八寨悉已破荡，正宜乘此平靖之时，据其要害，布置卫所，以控驭群贼。臣等看得周安堡正当八寨之中，四方贼巢道路之所会。议于其地创筑一城，度可以居数千之众者，而移设南丹一卫于其间。盖南丹卫旧在南丹州地方，为广西极边穷苦之地，非中土之人所可居者。故自先年屡求内徙，今已三迁而至宾州，遂为中土富乐之乡。宾州既有守御千户一所官军，而又益以南丹一卫，自远来徙，无片田尺土之籍。但惟安居坐食，取给于宾州州城之内，皆职官旗舍之居。州民反避处于四远村寨，每遇粮差徭役，然后入城。故州官号令不行于城中，而政事牵沮，地方益弊。今计一卫之官军，虽不满五百之数，若尽移其家众，则亦不下二千。以二千之众，而屯聚于一城，其气势亦已渐盛，足充守御。遂清理屯田之在八寨者，使之屯种。又分拨各贼占据之田，使各官军得以为业。以稍省俸给月粮之费，彼亦无不乐从。且宾州之城既空，又可以还聚居民，修复有司之治，亦事之两便者也。又看得迁江八所皆土官指挥千百户等职，旧有狼兵数千，以分制八寨猺贼。今八所土兵虽已比旧衰耗，然亦尚有四千余众。若留其微弱者四所于外，以分屯其所遗之田，而调其强盛者四所于内，合南丹一卫之众以守，足为柳庆之间一巨镇矣。

（据《王文成全书·奏疏》、雍正《广西通志·处置八寨以图永安疏》校补，较原文有删节）

## 八寨覆议

广西巡抚 林 富

八寨贼巢实为柳庆、思恩各贼渊薮。今幸征剿之余，党类衰息，正宜乘据要害，控扼吭胁，诚有如王守仁所陈者。但动众设险，要合人情，尤先地利。谨按八寨地方，顽山绝地，商贩不通，一也；瘴疠疫疾，人无固志，二也；生理无聊，易驱从恶，三也；凌险孤居，缓急无援，四也。是皆蛮贼之所居，非汉人所堪也。而况宾州为两江障蔽，若撤去南丹卫，则兵力单弱。万一不逞之徒分兵扼阻，牵制八寨，而大众冲突，以临宾州，则声援阻绝，力将不支，两江其能晏然乎？故迁南丹卫于八寨，非计之得也。然八寨荡平，机不容失。南丹虽重迁，势不可以遂止。何者？南丹卫设在宾州，既不足以遥制八寨，迁诸八寨又不得以近防宾州。必求彼此相宜，缓急可恃，以为地方长久之虑者，惟在迁南丹卫于三里耳。三里之地，即王守仁所议改设凤化县者也，地属宾州之上林县，平旷博衍，多良田茂林，南连八寨，西达思恩。形势险要，可耕可守，守仁已备言之矣。但设县则割宾州之地以益思恩，是顾此而失彼也。迁卫则守宾州之险，以制八寨，以援思恩，是一举而两得也。又况南丹卫虽迁不出宾州界内，土人熟其地理，贫军利其田产，踊跃要行。而思恩、上林、八寨、宾州、迁江等地方，相去皆不过一二日程，声息相闻，则气势自重。犬牙相制，则觊觎自消。故臣以为，迁南丹卫于三里，于事体最为得也。至若周安堡，委在八寨之中，四方贼巢道路所会，宜就筑新城，建立衙门，选委指挥一员驻扎经理。将南丹卫官军分为两班，番休递戍。其八寨原系迁江八所土官所辖地方，合如王守仁所议，量迁四所精鋭官兵以居，使之协力防守。仍召募右江附近土官衙门，舍人土目，但有谋勇出众，随带五百人以上，足以制服群贼者，就令统率与迁江官兵俱分拨贼占田产，使之耕种，则军威自振，可为一方之保障矣。

（本篇残缺甚多，据金鉷《广西通志卷·艺文》校补）

## 赋役议❶

大中丞 〔槜若〕 杨 芳❷

国初之制，百十户为里，丁粮多者为长。每里十甲，首户百，即周人比长闾胥之职也。图分十里，轮年应役，十年而周。公赋公旬，皆里正董之。一年在官，九年在家。故其赋易供，而其民常逸。历年渐久，征输之制，名色繁多。曰“额办”者，以物料为贡，有定额者也。曰“杂办”者，藩司承部不时征派，无定额者也。有定额者，民犹得按额而

❶《赋役议》：或据金鉷《广西通志》，署名杨芳。而汪森《粤西文载》卷十六《广西田粮赋役志》署名苏濬，而文分两段，第二段即本篇。余无考，今并存之。

❷杨 芳（?—1609）：字以德，号济宁，四川重庆卫军人，万历五年（1577）进士。万历二十六年从浙江调任广西巡抚，万历三十四年因政见与礼部给事中翁宪祥相违，“乞免”离桂回乡，三年后卒。

输之；无定额者，吏巧为名色，今日曰奉计部、明日曰奉缮部，今日曰奉司文、明日曰奉部文，今日曰正编、明日曰加编。头绪丝棼[1]，里正茫然莫知其措，则不得不多方以应之。至于差役，其繁滋甚。见役里甲赋钱于官曰“纲银”、曰“办银”，有司复慑之，令直日供具。无名之征，纷然四出，即百缗不以抵数。穷乡小民，白首不识官府。雇人代直，月费数十金，里甲大苦。及编均徭[2]，又复取盈其最重者，莫如库子、夫甲、廪保诸役。上司行部，使客下车、下程夫役之费，急如星火，而郡邑长吏诸饩，务咄嗟立办。大都廪编一两，费可百余金。库子编一两，费可数百余金。至兵役繁兴，衙蠹蝟集，编派弥多，民不胜弊。破赀鬻产逃亡者相踵矣。自一条编之法行之两浙，诸藩多仿而行之。其法合一邑钱粮分为四差，一曰里甲，则课程公费之类也；一曰均徭，则柴薪皂役之类也；一曰邮传，则水陆夫马之类也；一曰兵款，则弓兵民壮之类也。通括四差之数，每岁几何，每米一石酌银几何，一切雇役，官给之费而民不与焉。然后编为成书，刊为由帖。上无以饰宪司之观，下无以掩闾阎之目。贫富适均，出入有度。虽圣喆复生，莫之易也。至若补偏救弊之权，则当责之有司。

（据金鉷《广西通志·艺文》）

## 土司议

康熙三年　庆远推官 谢天枢

五岭之地，奥险阻绝，古称交南。《书》[3]曰“秩南讹”，即其地也，言其民多讹乱而难治也。《周官》曰“荒服不王”，言其人情性荒忽靡常，终王者之世不来王也。义在羁縻，勿绝而已。故其地有羁縻之州，名至今而不改。汉唐以后，颇迁中土之人以实之，俗蒸蒸然变矣。而其种类曰猺、曰獞、曰狼、曰�、曰狪，厥名不一，皆以兽名之，谓其蠢类相搏噬，如鸷兽之难驯也。春秋，楚实有其地，故楚之史，亦名曰《梼杌》[4]，盖以是耶。其地樊田蛊树，其语侏㒧。其俗以药弩强弓为耕作，睚眦相仇，杀人寻数世不止。杀人者，法不死，计其家头畜多少输所死之家，不用汉法抵罪。急则走而之毒箐瘴篁中，刲[5]牛击豕，一日啸聚数千百人，杯酒杀长吏以为常。其妇人亦能驱牸牝[6]、贯劲砮[7]，头

[1]棼（fén）：纷乱。

[2]均徭：明代三大徭役（里甲、杂泛、均徭）之一。按民户丁粮之多寡派充的各种经常性杂役。

[3]《书》：指《尚书》。

[4]梼杌（táowù）：楚史书名。《孟子·离娄下》：“晋之《乘》，楚之《梼杌》，鲁之《春秋》，一也。”

[5]刲（kuī）：刺杀、割取。

[6]牸牝：母马。

[7]砮：射鸟用的石制箭头。

缠花里，开军府，拜跪千余人不敢仰视，如徵侧、徵贰[1]者，不可胜记。伏波铜柱[2]之功，以二女子而立，此史书之可信者也。明，田州藤峡之乱，韩雍、王守仁皆提兵数十万，始克荡平。然未能一鼓而殄灭也。不过更其渠帅，监以流官，如负薪而塞瓠子之河[3]，其溃者壅之耳。今国家定鼎，独此弹丸，再烦王师。数年以来，剽掠聚落，杀长史又屡见告矣。议者皆以为忧，予独以为不然。夫今之猺、獞，与汉人无异，所不同者，饮食、言语、衣服耳。其蛮长已世其州县长官之秩，衣租食税，意自足无他求也。所患者，豪强之吞并，贪吏之（诛）〔殊〕求耳。而部众多散处民间，杂作佣保，愚者为人役属，粝褐不给；黠者不堪其谪辱，梗而窜草间。又有亡命奸人，恃为逋渊[4]，煽之狂徒，往往窃其名以行。究所为真猺真獞，十无一二也。予以为虽严檄所司籍其名口，有愿比流户者编入闾伍，给以牛种，其不愿者隶附近土官编管，如有以杀人及隐匿亡命之罪告发者，责彼勾摄，倘或不获，罪坐所隶之官，又安所逃其死乎？至于土州县长官，亦宜令明习汉律，不得擅决殊死，使其不得专生杀之柄，而下亦自泯其仇杀之端。然后时饬边吏，勿俾诛贿生衅，而彼亦因以安其田土，保其禄位，庶知我朝廷之宽大，咸受冠带，死不〔敢为〕非矣。如是，则周之职方再见于今日，而楼船下濑[5]之师，俱可置而不用也。

## 东兰改流善后事宜部议

雍正七年

东兰土州韦朝辅之祖韦应虬，与国耀之祖韦应螭，俱明代土官韦起云之后裔。先系韦应虬之子韦文灿承袭，传孙韦光祚，病故，伊子韦兆象年幼，不堪承袭，乃取韦应螭之后韦兆罴承袭。韦兆罴传子韦国忠，身故无嗣。康熙二十年，韦国忠之弟韦国岳复援例请袭，适韦光祚之子韦兆象年已长成，随以韦国岳冒宗夺袭，赴府控告。该府以韦兆象请袭，而韦国岳毙于狱中。韦国岳之兄韦国耀以韦兆象夺袭，诬控杀死其弟，遂怀怨愤。韦

---

[1]徵侧、徵贰：亦作征侧、征贰，交趾郡麓泠（mí líng）县（今越南安朗东）人，雒越族部落女首领，有勇武，二人为姐妹。徵侧嫁给朱珪县(一作朱鸢县)人诗索为妻。建武十六年（40），《后汉书·马援传》载："征侧及女弟征贰反，攻没其郡，九真、日南、合浦蛮夷皆应之，寇略岭外六十余城，侧自立为王。……（汉）以（马）援为伏波将军，以扶乐侯刘隆为副，督楼船将军段志等南击交阯。……十八年春，军至浪泊上，与贼战，破之，斩首数千级，降者万余人。援追征侧等至禁溪，数败之，贼遂散走。明年正月，斩征侧、征贰，传首洛阳。"

[2]伏波铜柱：东汉马援曾平定交阯，封伏波将军。他在交阯立二铜柱，作为汉朝南部国界的标志。

[3]瓠子之河：瓠子，黄河著名的决口之地，在今濮阳西南。《资治通鉴》卷十八载：光元三年（前132）"春，河水徙，从顿丘东南流。夏五月丙子，复决濮阳瓠子，注巨野，通淮、泗，泛郡十六。天子使汲黯、郑当时发卒十万塞之，辄复坏。"

[4]逋渊：指逃人聚集之所。逋，逃亡；渊，深水、潭，鱼所聚处。

[5]楼船下濑：此处指出征（土蛮）的水师。楼船、下濑，本义均为古代战船类型名，汉代分别设楼船将军、下濑将军统领水军征战。《汉书·武帝纪》："遣……楼船将军杨仆出豫章，下浈水；……甲为下濑将军，下苍梧。"

兆象亦虑其报复，屡遣土目剿擒，杀其妻弟子侄，故韦国耀据险保土。而州属之东院、兰木等哨土民皆附和韦国耀，不为土官出力。土官攻之不克，情愿分哨讲和。而韦国耀疑惧，终不出投。迨至雍正五年，知府徐嘉宾到任，韦国耀遣其侄媳韦氏赴府诉冤。该府遂招抚韦国耀，许以免罪。韦国耀同子韦扬赴府投首，经该府传提土知州韦朝辅等逐加审讯，韦国耀所控土官遣人杀死伊妻弟、子侄，俱系韦朝辅之祖韦兆象及其父韦国栋任内之事，已据韦朝辅供认不讳。韦国耀从前虽抗捕不法，但年已七十有五，况伊全家俱被土官杀害，仅存一子韦扬，又遵法投首，情有可原，自应从宽，免其治罪安插。杀死韦朝章父子之现犯韦尾审，系报伊父兄先年被杀之仇，且原系土官使令，亦应免其拟议。又疏称：州属之东院、兰木、长江、武篆、隘峒、都彝等六哨土民，向系附和韦国耀，今韦国耀出投，土民恐地方仍归土官管理，借端报复杀害，各将应纳钱粮自行赴府投纳。该土官韦朝辅亦以六哨之人久附韦国耀，各怀疑畏。若归与管理，必滋事端。恳请改设流官专管，以靖地方。查该土官尚有凤山、芝山、厘喇、长里、泗孟、四荀等外六哨，向系土官管理。该土官现在驻扎凤山，相应仰恳圣恩，将东兰土知州改为东兰土州同，照旧驻扎凤山，管理凤山等外六哨，即将流官东兰州州同关防给与应用。另设流官东兰州知州一员，吏目一员，于东院哨土州旧治驻扎，管理东院、兰木、长江、武篆、隘峒、都彝等内六哨，将东兰州印信给与应用。土官贤否以及钱粮命盗，悉听该知州兼辖核转，应悉如所请。查东兰州州同系调补之缺，今既改为知州，亦应令该督抚于现任属员内捡选合例之员调补。其现任东兰州州同郭恒，应照“无任可到”之例，留于广西，遇有品级相当之缺，酌量咨补。其吏目一缺，归于月分铨选。再，东兰土州向系柳庆协左营辖属，未曾设有防汛弁兵。今既改设知州，应拨兵驻防。查该州离柳庆协驻扎之宜山县止四百二十里，离河池营驻扎之河池州止二百一十里，无庸多设兵丁。请于柳庆协左营酌添兵五十名，派千把总一员，与知州一同驻扎防范，则边方可以宁静，而土民亦得休息。等语，亦应如其所请。

## 移驻县佐善后事议

雍正七年　金　鉷

看得庆远府属之清潭、南乡、功德、窑灰四里，原系永定、忻城二土司地方。自土司不能抚驭，将各里钱粮归于知府代为征收，一切案件亦由知府查缉。但钱粮关于考成，地方贵有专责，知府统辖流土一十二属，专管四里，体制未协。附郭之宜山县，地广事繁，亦难兼顾。查宜山县现有县丞一员，请以驻扎适中之涝村，管理四里地方，征收钱粮，缉拿盗逃，一切事件由府核转。其永定土司清、南二里，原额地粮银一百六十四两零，忻城土县功、窑二里，原额地粮银一十两零，即于雍正七年奏销册内，改列该县丞经征，职名送部考核，并请铸给宜山县理苗县丞关防，以专责守。再，现任宜山县县丞穆允锡，先经委令查造四里户口钱粮册籍，办事小心，苗民相安。该员调任宜山已经三年俸满，入于即升班内升用。兹又据报丁继母艰，例应回籍守制。诚恐新任之员不能熟悉地方，难以接管料理，相应题恳准令穆允锡在任守制。庶遣委得人，于苗疆亦属有益。其移驻衙署，并酌拨兵丁驻防，妥议确估，另行报部。奉旨："依议。钦此。"

## 酌议三巢龙门事宜详文

徐嘉宾

窃照庆远一郡，属在万山之中，民居其一二，狄、佯、狑、狪、猺、獞六种苗蛮居其七八，古之所称狪蛮，即其地也。苗族犷悍，寻仇构衅，野性好杀，最称难治。而宜山县属南北西三巢、龙门司，与附近府城之清潭、南乡，河池州属之平林一里，思恩县属之都亮乡，天河县属之福禄里，皆强横不法，较他处为尤甚。今福禄里，自卑府到任，捐费千金，设法购线，调拨土兵，擒获元凶莫东旺父子、同党十数余人。又将清、南四里详〔请改〕归宜山县县丞管理，均蒙具题。辑宁两载有余，即平林、都亮、三巢、龙门一带恶党亦知敛迹，不敢复肆劫夺。但三巢、龙门、平林、都亮绵亘二百余里，三巢与龙门山势险恶，易于藏奸。蒙宪明鉴，万里檄饬，嗣后三巢杀掳案件，责令南丹、东兰、那地三土州土兵合力擒捕。又据德胜镇士民公称，三土州住居窎[1]远，与其协缉于事后，何如预防于事先，请照弘治年间将三巢分隶南丹、那地、东兰三土州，调拨土兵把守要隘，查给兵田，以土治土之例，竟令三土州照依，分定地方，拨兵驻防等情。随查三巢距三土州果属窎远，离德胜镇二十余里，遇有杀掳之事，饬令拨兵擒捕，各该土州敢不遵依？但蛮獞狡猾，事发调拨土兵，未免旷日持久。兵至该村则相率遁逃，兵退之后仍聚为害。合毋仰请。竟令南丹州调拨土兵一百名、东兰州调拨土兵一百名、那地州调拨土兵一百名，委员踏勘形势，在于要隘处所分布驻扎。比照官兵贴防之例，一年更换，遴选谨慎头目带领，听本府同知并德胜镇巡检调遣巡防，专管弹压督缉首恶蛮党。一有警息，立刻应援，不待犁庭扫穴，而附近之平林、都亮亦可摄服其心，凶党自消。至于明季兵田，迄今百十余年，或经报垦，或经荒废，难以稽查，且恐滋事。查土兵、土司原系给有兵田，再于驻扎之所拨给山地自行垦种，帮补饭食，似属两便。德胜巡检实为要缺，原设弓兵八名，不足以资巡查。恳请添设三十二名，以足四十名之数，庶几巡查无误。盖添兵则粮饷费多，添役则工食有限，而捍御皆有裨益者也。又龙门司地方与三巢、永顺土司接界，亦系宜山县管辖。白牙、马栏、古东、古栗、枫木、十字等村，苗獞恃险负固，盘踞作奸，勾结为非，不可胜指。从前设有土舍弹压地方，催收钱粮，今土舍邓印（授）〔绶〕懦弱，不能缉拿贼盗。请将印（授）〔绶〕改为土目，添设巡检一员，带领弓兵四十名征收钱粮；外委一员，带兵二十名，兼同巡检督率土目，分遣土兵巡查地方。如遇贼党构衅不法，即便擒捕，解县究处，而苗蛮不致有勾结为非之虞矣。同知衙署，现在委令宜山县会同经历司

[1]窎（diào）：远。

估计，俟估定之日移往德胜地方建造。其龙门司巡检印信，恳请铸给其衙署。营房应请一并估计，动支公项建造。其兵丁在于协标抽拨分防。〔又〕德胜司添设弓兵三十二名，新添龙门司巡检一员，应设皂隶二名，马夫一名，及弓兵四十名。每名每月赏给工食银五钱，并俸银均请比照南丹、那地二土州州同、州判俸工之例，在于通省缺俸项下支给。是否，伏祈宪台察核。

（据金鉷《广西通志·艺文》及道光《庆远府志·时事志上·抚治》校补）

## 思恩县恳免行派盐引❶详文

康熙六年　翁世庸

为急陈行盐之苦，实切边徼之忧，仰祈急拯时艰，以安蛮邑事。

切照思恩一县，弹丸蛮地也。自康熙三年为始，奉旨每年额销引目四十六道有奇，计盐六百四十五包有奇，此在康熙四年十月内始奉之文也。讵知引盐为蛮方亘古未有之事，百姓苦苦求饶，卑县哀请再四，业经奉旨通行，势难侥幸冀免。又不敢苛派民间，自贻伊戚。卑县设法借佥本县商人韦覃美，赴东折运，仅得一百四十包。自四年十月内入东，至盐引之日，已在五年四月矣。尚系自运之盐，价轻犹易销售。计三、四、五各年之考成，尚逋引一百二十八道，未运盐一千八百包，一并督催如火。卑县转运维艰，万不得已，任贵转买商人（马）〔冯〕河达三年，分引盐二百包零，计索价一千六百两。又前任李知府招商代韦覃美运五年分引盐一百五十四包，计索价一千四百六十三两。又商人陈益运五年分引盐八十四包，计索价六百七十二两。又韦覃美赴梧折运四年、五年分引盐三百包，计用价一千九百两。通共计盐八百三十余包，计银五千二百余两。合三、四、五各年之盐，尚缺一千余包；合三、四、五各年之引尚缺七十余道。卑县揭债通融，又买梧州商人溢引以补不足，希图册报全完，无非剜肉补疮，呕心沥血，遂至索逋满县，愁叹盈门，且计穷而力竭，区区此心，亦不过顾此穷黎之性命，保此边徼之块土耳。盖自康熙四年十月内，始买东引。至康熙五年四月内，始议行盐。当集阖邑绅衿、里老公议，每年按季疏销，每季发盐八十包。今计康熙五年所发止及三百余包，亦无暇与民论及某年应销若干也，而蛮民终不知何者为引目也，其余堆积盐五百余包，虽非六年引目，自应于六年分发。不意今春卑县传谕按季发盐，百姓闻之，登山饮血，哄然不服。乃再三抚谕。据众民乃来哀告云："官盐止行一年，比正赋钱粮业已增多数倍，我等非不欲食盐，实因无银买盐。自祖相传以来，惟淋灰水为味，不知盐味之妙。若六年分又要行盐，我等情愿流移他乡外省。今春之盐即卖每包一两，也要银子纳官，我等穷苦，从何处来，断不敢遵"等情。卑县又加委曲安慰，众民哄然散去。睹此光景，卑县不禁怆然流涕。一以哀百姓之流离，真无长

❶盐引：宋代及以后官府在商人缴纳盐价和税款后，发给商人用以支领和运销食盐的凭证。清代大肆发行盐引以聚敛财富，使盐引泛滥成灾。

策；一以思微官之考课万难报完也。数日之内，遂有传闻某村居民已尽行逃散者；有禀称，因去年盐价难偿，某人已卖男鬻女者；有相约而携釜负担，窜入土司、荔波、天河、罗城者，种种骇状，绘图难形。在卑县，当日之再四申吁，犹为笔下之烦文；在边邑，今日渐变之舆情，已有堪忧之实事矣。为有司者，目击情形而不报，倘地方有事，难免尸位之条。身视民瘼而不闻，即田亩抛荒，更有应罚之例。惟是最难拮据者，如各处盐商之重价，粉身莫补，见在堆积之盐包，百计难行。卑县筹度经年，思维终夜。今六年分额定引盐又应届期，买运，而堆积难销，其势更加危迫。纵令官民俱毙，其于国税何益乎？敢恳上台主持，或特赐题减十分之六七，则轻省易行；或移令他处溢额大地代行十分之七八，亦暂解倒悬。总之，行盐在稍繁之地，即坐销千百包为易，而在奇蛮之邑，即一二十包俱属万难。此在上台明见久及，卑县目睹应言者，专候立赐批行，以慰民望，以救民命者也。事关盐法重务，实切边地隐忧。官虽不惜，命实堪虞。哀切呈详，泪随笔落矣。

（据道光《庆远府志·食货志·盐引》校补）

## 详院借给牛种文

康熙二十三年　白启明

为恳恩暂借正供以资给发牛种事。窃照庆属荒边，民猺杂处，不知技巧，惟事耕耘，户鲜饶余，夙少三岁九年之积；时劳勤动，尤多一家数口之仪〔饥〕。曩因天意告艰蹇，致民生不聚。既罹困于金戈铁骑，复受灾于旱魃飞蝗。月栖露处之群，大半鸿蜚冥冥；热坂寒箐之地，咸为茂草凄凄。去秋各宪捐赈备行，生气于今犹然未复。职初经此地，目击心伤。忖思朝廷之所严者税赋，版籍之所赖者人民。收成失所，国课何资？田亩未开，饔飧❶何赖？用是广行招徕，俾其各返乡园。顷蚩蚩之众闻风业已归来，奈翼翼之区无力不能垦辟。投禀恳给耕牛者累累，具呈求资稻种者纷纷。公帑空虚，既少朱提❷之畜；私囊悬乏，更无白镪❸之藏。若概置罔闻，恐未回者裹足不前，并已回者亦必驰情再去。欲竟为许可，虑在我者点金乏术，将在人者又复无米难炊。再四踌躇，春耕伊迩，当经勉强设法借给若干余金。乃职府已力竭难支，而残黎正请求未已。因行照宜山县将本年分额征钱粮，量借三五百两，俵❹应无告穷民，以佐于田而安中宅。秋成一届，职府即当督收，仍交兑宜山县批解，不敢违误考成。窃拟在宪台会计，无过稍缓数月之期，而赤子矜全，遂可各得三秋之望，是诚百益于下，无一损于上者。宪恩旋转生成，当亦阴雨流膏之不吝耳。

（据道光《庆远府志·时事志上·抚治》校补）

❶饔飧（yōngsūn）：饔，早饭；飧，晚饭。泛指生活。

❷朱提：山名。在今云南省昭通县境。盛产白银，世称朱提银。亦用作银的代称。

❸白镪：亦作“白鏹”，白银的别称。

❹俵（biào）：方言，把东西分给人。

## 议设土属教官详文

康熙二十二年　白启明

为□猺獞要务，仰祈鉴夺，题请以端风教，以正人心事。窃照建学所以明伦，明伦方可易俗。施之于□民固允当，行之于彝属则更宜。粤西郡邑，大多猺獞，父子不论尊卑，男女无分内外，交易惟念木刻，曲□□断，赛人甚至忿止，睚眦弓矢相加，不□□□□分，备恶多端，宁此邦之气习，独有异于他□？□□由教诲，致不识纲常法度为何物耳。庆郡所辖流土州、县、司，除宜、天、池、思四邑，此外荔波暨兰、丹各土属，多不董以师儒。岂王风圣化不可措之，□□□□亦椎鲁卉裳者，其心果异，终难与讲学行礼乎？心最无知者，莫过昆虫。不知螳螂尚能转九蝼，可□□□阵，猺獞五官四体俨然，备具人形。衣裳久别，寒暄饮食，咸知耕凿作息，多分出入聚处，亦乐妻孥。况数十百年隶我版图，供我贡税，未始不识有政令也。其于礼义，何至竟尔懵然？近如荔波，六苗杂处，署县刘芬悉心开导，遂知多奉诗书，蒸蒸向化。若兰、丹各土属，不过即是此类矣。虽遍加率迪，纳于轨物之中，第恐责任无人，不得尽率迪之方耳。合无恳请宪台题请荔波并兰、丹各土属每邑添设教职一员，循循引诱猺獞，俾其读书，粗晓大义，着逢科岁与考，即准中州小县之例，量入数名，式宏鼓励。彼如慕荣就范，革面必至革心。再于朔望之期，聚积乡愚，申讲演刻上谕。由是各知有亲，自少悖逆之事；各知有长，定无狠斗之为。将见猺獞既化，推之黎岐，苗蛮亦可化矣。庆郡土属可行，推之各处筑峒亦无不可行矣。其有俾于人心风教，良不浅鲜引，矧今逆孽殄除，永清大定。反踵穿胸之域[1]，多请吏而来王；奇肱凿齿之伦，胥归诚而奉朔。武功既偃，文事当兴。倘蒙鉴夺，题请令篝笮篱居者[2]，一旦化成俗美，以臻唐虞三代之治，不难矣。若□设官必藉俸糈，置役必需工食。即□□属支应□官、佐二俸食柴马等银。有官则征，无官则止之。例照派该地方，当亦不难办也。

## 敬陈南巢善后事宜详文

乾隆五年　屠用中

窃查南巢之白土、邱索，世产盗贼，匪惟性独殊，亦其地势使然也。自德胜而南不数里，即系层峦叠嶂，鸟道羊肠，危峰曲径之间，缘梯而过，断壑悬崖之下，策杖以行；林木参天，蓬蒿没马，豺狼之所窟穴，足迹之所罕经。其人不睹诗书，其俗不闻礼仪。枪刀

---

❶反踵穿胸之域：指未开化的地方。语出骆宾王《兵部奏姚州破逆贼诺没弄杨虔柳露布》："反踵穿胸之域，袭冠带以来王；奇肱儋耳之猷，奉正朔而请吏。"（见《全唐文》卷一百九十九）反踵，脚跟反向。《尔雅·释兽》狒狒条，〔晋〕郭璞注："其状如人，面长唇黑，身有毛，反踵。"

❷篝笮篱居（gōuzuólíjū）：以竹制建筑为住所。篝，竹笼；笮，用竹篾拧成的索；篱，用竹、苇、树枝等编成的围墙屏障。

炮火是所夙娴，劫掳焚烧尤其本性。出而为匪常令人不及防，退而归巢尤使人不敢捕。况有西巢为之羽翼，扼河池之咽喉；北巢为之声援，踞思恩之心腹。而且界接黔地古州之黑苗，毗连楚省城步之红苗，以故逆贼蓝明反、覃奉恩等恃险猖獗，犯案累累，结党肆横，抗官拒捕。幸蒙宪台遣发大兵克期进剿，旬日之内，连破贼巢，生擒渠恶，此诚庆郡生灵莫大之福，官吏莫大之庆也。今宜乘此惩创之后，务为一劳永逸之计，所有管见谬议胪列于左，伏惟宪台采择。

白土等二十三村宜割归宜山管辖也。查各该村势，处万山之中，及南巢最深最险之地。邱索等村诸贼，乃其门庭鹰犬，英唐、彭攸、东涧各峒一派生猺，又其背后藩屏。以故逆恶蓝明反、覃奉鳌等不服约束，且煽惑附近之猴峒等村，齐声附和，不纳钱粮，不当差役，恃险梗化，自来不服永顺土司管束。恳请乘此剿抚之后，委员勘明田亩，踩定界址，将白土二十三村庄割归宜山管辖。令庆远副将于每岁秋冬农隙游巡之时，带同善解土话之约正，宣讲上谕并斗殴擒掳等各条律，剀切化导其凶横不法之猺恶蛮贼，即便密行查拿。庶几大小猺獞习见官长，强暴者渐知敛戢，而驯谨者益勉为善良矣。

白土、邱索地方宜设员弁带兵驻扎，并选充堡目，招募乡勇协同巡缉也。查白土、邱索各村踞七十二峒之中，背山面水，左右俱深沟密箐、万壑千岩。以故首恶蓝明反、覃奉恩等互相党羽，招集亡命，焚杀抢掳居民，竟无宁日。今虽大兵攻破巢穴，恐数年之后，余孽再复还聚，竹木又复成林，难保不无蓝明反、覃奉恩之继起。应请于白土地方添设巡检一员，照龙门巡司之例，设立皂隶二名、马夫一名、弓兵四十名，早夜巡查。其白土等村户婚、田土细故，照宜山理苗县丞之例，该巡检自行审理完结；其命盗大案，仍报印官勘验通报。设立千总一员，带兵一百名，与巡司一同驻扎巡防。再请于邱索设立把总一员，带兵五十名驻扎。遇有抢掳等事，该千总及巡检等立即带领兵役严拿解究。又查白土、邱索深沟峻岭，非土著不能熟悉，请于三巢各头人中，择其年力精壮、素有胆略者充为堡目，选募乡勇五十名，协同弁兵巡防缉捕。其新设之千总、巡检等官，拣选调用照例报满升转；堡目著有劳绩，遇有把总、外委缺出，令与兵丁一体考拔；乡勇之勤慎者，记名候充堡目。如此则赏罚所系，人各争先，控制严而巡防密，匪类无从滋蔓矣。

、德胜地方宜设立义学，一以广敷文教，一以暗制群蛮也。窃谓教化不兴，恐巢贼革面未必革心。今应于德胜地方起设义学，府县各官捐备脩金馆谷[1]，延请塾师，令各巢村寨头人选择子弟之秀者，送至学中，使其渐染诗书，讲明礼义。庶几归家之时，里邻宗族互相劝勉，共知盗贼之可羞，善良之足慕。纵或父兄偷盗劫掳、坐地分赃，一行败露，差提不出，今使其子弟赴镇读书，纵系虎狼之姿，亦有性天之爱，彼既情深骨肉，举动恒多

[1]脩金馆谷：给教师提供的薪酬和食宿条件。脩金，送给教师的束脩、薪金。馆谷，供给教师的食宿。

窒牵。然后将一村居人户责令稽查约束，果能一年之内该村并无出外为匪之人，地方官给予花红，以示奖赏，则是设学敷教之余，兼有潜移默制之术。

(据道光《庆远府志·时事志(上)·抚治》校补，标题作《条陈南巢善后事宜详》，个别字句有出入)

## 调发土兵檄

王守仁

照得各州土兵，征调频数，本非良法，非但耗费竭财，抑且顿兵挫锐。必需各州轮年调发，一以省供馈之费，一以节各兵之劳。庶几土人稍有休息之期，而官府亦获精锐之用。已经行仰该司遵照备行。南丹州官族莫振亨，即就练选勇敢精锐目兵三千名，躬亲统领，照依克定〔日期〕，前赴广西省城听调杀贼。果能输忠报效，立有奇功，即与具奏准袭该州官职。自今八月初一日为始，至下年八月初一日止，却调东兰州土兵〔依期〕更替。自今各州目兵，军门[1]断不轻易调发，致令奔疲劳苦。亦决不姑息隐忍，纵令骄惰玩驰。但有稽抗迟误，违犯节制，轻则量行罚治，重则拿究，革去冠带，又重则贬级削地，又重则举兵诛讨，断不虚言。通行各土官兵目知悉，俱仰改心易虑，毋蹈前非，自贻后悔。去后，今据所呈，为照本院军令既行，再难轻改，失信下人。但本官呈称雕剿缺兵，固亦一时权宜，况称原系本州先年自愿报效，不在秋调之数，亦合姑从所请，暂准取调。为此牌仰本官即便会同镇守太监传伦，行仰该〔州〕土官韦虎林，照数精选目兵，前赴省城，听各官调遣剿贼。〔待〕三两月间事毕，随即撤放回州。遵照军门批行事理，依期更班听调，不许久留失信。其所呈雕剿事宜，悉听会同三司掌印守巡兵备等官依拟施行。事完之日，通将获过功次，用过钱粮数目，开报查考，俱毋违错。仍行总镇、总兵、镇巡等衙门知会。

(据《王明阳集》卷十八《别录十》、金鉷《广西通志》卷一百十二及道光《庆远府志·时事志上·抚治》校补)

## 分调土官韦虎林等进剿贼巢檄

王守仁

除行守备参将沈希仪相机行事，及差南宁镇抚朱钰赍捧令旗、令牌前去督调外，牌仰东兰州知州韦虎林挑选骁勇惯战精兵三四千名，亲自统领，就于该州附近三旺、德合等处取道，密切进兵，扑剿下岜、中寨，寻令东乡、马探、南岭、新村、莫村、落村等寨贼首韦召蛮、召旷、召假、召獠、召号、召旺、天腊公、线仲、言转周、韦马、覃广、覃文祥等，务要尽数擒斩，以靖地方。所获功次，通行解赴军门，以凭给验给赏。如遇参将沈希

[1]军门：明代有称总督、巡抚为军门者。

仪已到地方，仍听节制行事。若是尚未到，仰即火速进剿，不必等候，以致张扬泄漏，失误事机，罪有所归。

（据《王明阳集》卷三十《续编五》校补，原题作《分调土官韦虎林进剿事宜牌》）

## 禁土舍、土目僭妄檄

雍正三年 李 绂[1]

为严禁土舍、土目私刻钤记、擅用硃朱笔事。照得各府、州、县地方，向有委令土舍、土目、堡目、隘目诸名色，原以资其巡缉，保固村庄。近因滥委无良之徒，往往委牌未下，先置旗伞，公然私刻关防印记，行票标殊，俨同官府，横行出入，罔知顾忌。当此光天化日之下，岂容此辈魑魉吓诈愚民，滋事地方，殊堪发指。为此牌仰该府官吏，文到，即将各土舍、土目、堡目、隘目查明，有无私印钤记硃笔、僭行官制、妄用旗伞等项，严行禁革，毋许衙役隐容。其有官吏原经受贿，私委交通，衙门辄复纵容妄行，一有此弊，查出定行参处，凛遵毋违。至各土舍、土目、堡目、隘目各名色，各府州县某处，原委某人，是何名姓，现在所管何事，果否守法；某州共有几人，某系某年旧委，某系新委，现在曾否有案，年岁多寡，住处何地，该府官吏逐一查明确实，另造一清册送查，务宜详晰。毋得听书役视为上司牌行故套，辄用“现在遵照”及“无凭查造”等语验文，混行率覆了事，致干咎戾未便，须至檄者。

（据道光《庆远府志·职官志下·土司》校补）

## 咨提督会剿天河三疃獞蛮移文

雍正三年 李 绂

为据实详明恳恩发兵剿除积盗事。雍正三年七月初九日，据天河县〔成宗发〕[2]详称：“卑职到任之日，仗宪台威灵，即亲诣贼巢福禄里一次。虽数月以来，邑中幸无失盗，然从前未结之案，哭血县庭，号冤叫苦者，曾无虚日。卑职披阅呈词，查捡旧案，见其寡人之妻，孤人之子，绝人之宗祀，焚人之庐屋，荒人之田亩。如福禄里等盗，真所谓无法无天、罪不容于诛者也。历任前令，用兵亏空，遂相与粉饰蒙蔽，以致生死含冤，人民逃

[1]李 绂（1673—1750）：江西临川人，字巨来，号穆堂。康熙进士，历任侍讲学士、内阁学士等职。雍正二年（1724）任广西巡抚。下车伊始即遍访藏书，组织纂修《广西通志》，书成而遭雍正申饬。四年，授直隶总督，以参劾河南巡抚田文镜贪虐事得罪革职。乾隆初授户部侍郎，后致仕。治陆王理学，又曾撰文对王安石事迹有所辨正，蔡上翔《王荆公年谱考略》多引其说。有《穆堂类稿、续稿、别稿》《陆子学谱》《朱子晚年全论》《阳明学录》《八旗志书》等。（《辞海》，1999年缩印本，第1246页等）

[2]成宗发：字佑我。四川忠州（今重庆市忠县）人。康熙癸巳（五十二年，即1713）科举人，雍正三年（1725）由平南知县调任天河县（在今罗城县天河镇一带）知县。后官至直隶赵州（今河北省石家庄市赵县，清初赵州属真定府，雍正三年升为直隶州）知州。

散，村落成墟，钱粮无着，不知将来作何究竟。卑职愚直之性，实不能隐忍而为此。况皇上拣选之意、宪台委署之心，岂必愿其隐忍而为此耶？谨将福禄里历年不结之案汇册呈览。倘蒙宪台及时发兵，河邑幸甚、四邻幸甚。则卑职虽署篆数月，亦可以慰士民哀号哭诉之心矣。等情到部院，据此除详批，仰侯另檄行知，并候督部院批示缴册存等。”因印发外为查，天河之福禄里顽獞，恣行劫杀，目无法纪，积案如山，十余年于兹矣。今据该县详开，又复积有多案。抗官藐法，不加剿擒，则良善受害无已。但獞蛮所居山峒险阻，应否深入，抑或环攻，应就近听贵提督拣选才能将官前往总统，临时酌行。如应深入直捣其巢，则大兵由庆远府沿河至墙背村[1]，直至岩峒地方，擒拿獞贼覃贵翁。再进分兵，一路东北行至大莫三村，擒拿窝藏獞贼覃明将、莫东旺等；一路东南行至好里三村，擒拿獞贼韦文案等；至正西接近宜山之长峒、古波二村，及西北接近宜山之思结隘、通峒、弱峒、古丹等村，并须分兵堵御，务令凶獞就缚，兵不顿而功速成，乃为尽善。如以为獞贼所居隘内险阻，须环而攻之，则当亟乘八月内禾稼未收之际整兵堵隘，令其坐困自投。盖獞贼所居隘内，并属高山深谷，田地鲜少。此辈亦无盖藏蓄积，当青黄不接之时易于困绌。其田地禾稼俱在隘口之外，今堵御各口，贼既不得收敛，而我师又可因粮于敌。若过八月，贼稼已收，仓箱已实，福禄里地方周八十余里，林箐窜伏，既难搜擒；彼粮有余，旷日持久，亦难见效。如前任王令于五十九年腊月动兵，有损无获。前事当鉴，不可后时者也。为此，咨会贵提督酌定兵数，选任总统，指受方略，务于八月进剿为妥。至一切供应事宜，本部院就近即委庆远府为监纪官，料理其事。在行兵勇俱照修仁之役，每名日给口粮米一升，进剿者每名赏银三钱，堵御者每名赏银二钱，其有奋勇出力者另加奖赏。至于柳庆协及宜山、思恩、罗城各防汛兵丁，恐止堪各隘堵御之用。其进剿正兵应否调动贵提标援剿精兵数百名，带领熟悉枪炮藤牌以壮中权之任，仍听贵提督酌行。除一面行委庆远府监纪外，相应咨会。为此合咨贵提督，请烦查照酌覆施行。

## 查拿汉奸檄文

大中丞　金　鉷[2]

为严饬查拿汉奸，以靖地方事。照得土司百姓，每以报仇劫掠为事，动辄扰害村庄，皆谓赋性暴悍，是以狃于积习。今本院细查土属民人，大约愚朴者多，安于耕凿，畏见官长者更多，又何以屡蹈法网，甘受典刑？推原其故，皆系汉奸使之也。粤西土属为湖广、

---

[1]墙背村，今为祥贝乡，位于河池市宜州区北部。

[2]金　鉷（1677—1740），字震方，一字德山，汉军镶白旗人，监生。世居登州（今山东蓬莱）。历官江西广昌知县、太原知府、刑部右侍郎，后因广西巡抚杨超曾论劾而被夺官。清雍正五年（1727），任广西按察使，分守苍梧道；次年，以云贵总督兼辖广西，后任广西巡抚。乾隆元年（1736）离桂入京。雍正十一年奉诏主修《广西通志》，以李绂所修《广西通志》为蓝本，设45目，仅一年时间，成书128卷。

江西汉奸聚集之薮，利欲熏心，行同狡狯，惟恐地方无事，不能施其伎俩。于是，百计营谋，多方唆拨，或令拒捕，或令抗粮。凡有不法之举，尽出汉奸之教诱。无知土民不但听其愚弄，而且苛敛财物，以作谢资。及土民拘拿到官，按法问罪，而汉奸反置身局外，刑不及加，甚非惩恶之意也。今欲靖地方、安民生，当以查拿汉奸为首务，合行通饬严拿。为此牌仰该司官吏，即便速饬南、太、庆、思、泗各府，严饬各属汉土地方各官遵照，凡在土司现有湖广、江西等人居住境内者，即查其来由，作何事业。如属行踪诡秘、游手好闲，及借些小生业为名而实唆指土愚为种种不法之事者，此等汉奸速拿解该管地方官，讯取确供具报。一经审实，即照光棍例❶，拟斩立决。至民人出入苗地，地方各官例有处分。倘敢阳奉阴违，查拿不力者，本院即以溺职题参，断不少为宽宥。

## 教士条规

忻城土知县　莫振国

为新开头蒙以敦士习，以焕文教事。照得造物广大之德，生生不穷。蠢者为物，灵者为人。人而灵也，惟知礼义习文章，始与物异尔。本县荷蒙皇朝重恩，承袭兹土。虽僻处万山之中，而隶于大郡。声明文物，亦可以耳濡而目染矣。奈此土俗久沿，击鼓招宾、唱歌跳鬼，未能尽革。岂汝土民之终于冥顽罔觉，抑亦司牧者之训导未深耶？试观滇省未开，汉唐以来，龙佑那❷渐出山林，徙居平地，慕中国之风也；凤伽异❸入朝得乐一部以归，沿中国之乐也；异牟寻❹请册封、改官号，法中国之礼也；段正淳遣使求经籍❺，得六十九家，仰中国之文章也。孰谓诸蛮肯自外于声教哉？况今圣天子崇儒重道、偃武修文，自汉晋唐宋以来，理学名儒莫有盛于此时者也。近观阖属土民，与童子试者有人，游泮水者有人，是土俗骎骎乎有向化之基矣。本县竭棉力，构造书房数间，延大邦名士，教正官音，讲明书义。凡属官派子弟，暨各堡目民，有志上进者，均许入学肄业。仍作教规一十

❶照光棍例：这是清代律法中的一个口袋罪，“光棍罪名极重，而例无专条比照定拟”。据《大清律例》，严重时不分首从皆死罪。

❷龙佑那：亦作龙凤佑那、凤佑那、张龙佑那、张佑那等，白族先民。相传为白子国（在今云南）国王仁果第十五世孙。〔清〕冯苏《滇考》“……使张骞以玉印册仁果。时为滇王子孙世守家法，不尚染采，不杀生，因号白国。传至十五世孙龙佑那，蜀汉诸葛亮封之故地，赐姓张氏。”

❸凤伽异（729—776）：亦名凤阿异，南诏细奴逻6世孙，阁逻凤之子，南诏国副王。〔明〕杨慎《南诏野史》载：“天宝丙戌五载，（云南王皮逻阁）王遣孙凤伽异入唐，唐授伽异为鸿胪少卿，妻以宗室女，赐龟兹乐一部。”

❹异牟寻（754—808）：阁罗凤之孙，凤伽异之子，南诏第六代国王，779—808年在位，谥号“孝恒王”。《新唐书·南蛮上》：“大历十四年，阁罗凤卒，以凤迦异前死，立其孙异牟寻以嗣。异牟寻有智数，善抚众，略知书。”

❺段正淳：白族先民，大理保定帝段正明之弟。天授元年（1096）即位，但有名无实。文安四年（1108），段正淳禅位于太子段正严，出家为僧。去世后谥号“文安帝”，庙号“中宗”。〔明〕章潢《图书编·卷四十二·云南沿革》载：“段正淳遣使求经籍，得六十九家，是购中国之书籍也。”

六则，悬于讲堂，示诸生童，朝夕触目警心，庶有裨于文教之万一云。

崇道统。道统渊源为纲纪，万化之本由尧舜汤文，以及孔子始集群圣之大成。孟子私淑诸人，时值杨墨榛芜，辞而辟之，廓如也。宋周、程、张、邵[1]诸子，皆为理学正派。自杨龟山[2]有道南之叹[3]，三传而及朱子，为诸儒之宗。观其与诸贤议论往复，辟金溪之清虚，摈同甫之功利，其言详且慎矣。明成祖命诸儒编辑《性理大全》等书，斯道之全，于今为昭。凡读书怀古者，谁非羽翼之侣？务期寻源溯流，无使正学为异端所窃也，幸甚。

讲性学。《易》曰："各正性命。"《书》曰："厥有恒性。"性学之不可不讲也，审矣。孔子之言"性相近"，孟轲之言"性善"，说似异而归则同。从兹体会，道由此明，学由此进。若荀、杨、陆、王诸人，纷纷各是，终归于偏。自周子《太极》《通书》，默契真原，复经朱、程阐扬而性学大明。程子曰"性即理也"，朱子曰"理在气中"，因气而变于相近，性善之旨分明，解破真善，发孔孟之覆矣。故论学莫先于论性，论性莫若深明理气之不杂不离，须以孔孟之书接于目者留于心。

博经史。凡读书稽古，要明理而达事。经专于道理，史专于时事。读经者学问之原本可得，读史者治乱之是非可明。若拘一隅，未能博洽，何异井窥之见而不知天地之大，守锱铢之箧而目眩帑藏之多？惟学四子《五经》，通以《尔雅》，其用自宏。读《纲目》断议，佐以三通，其义益确。所谓博闻强识者，其在斯乎？若叶廷珪嗜书四十余年未尝释卷，闻人有异书，无不借读手抄数十册，名曰"海录"。尚有望于汝后生小子。

文礼乐。礼乐之作，由性情而起，进退、疾舒、动静、语默，斯须不可弃。生际明备之时念，作述之意便见。习礼知敬，习乐知和。敬以致敬，和以导和。风移俗易在旦晚间耳。汉有徐生，习其数而不知其义，君子非之。若陈祥道之《礼书》、陈旸之《乐书》、聂崇义之《三礼图》、韩邦奇之《志乐》，尚属流传，亦于礼乐有参证耳，其可束之高阁乎？

敦实行。人生天地间，躬行为先。圣教首严弟子，迈年尚作抑戒。自古忠臣孝子，未有不从饬励中来。故论孝必及闵、曾[4]，论忠必推皋、夔[5]。若剽窃虚名，希图倖进，礼义

[1]周、程、张、邵：分别指宋代著名理学家周敦颐、程颢、程颐、张载、邵雍等人，此5人与朱熹并称六子，《宋史》有传。

[2]杨龟山：即杨时（1053—1135），字中立，号龟山，祖籍弘农华阴（今陕西华阴东），北宋南剑西镛州龙池团（今福建省三明市明溪县）人。熙宁九年（1076）进士，历官浏阳、余杭、萧山知县，荆州教授、工部侍郎、以龙图阁直学士专事著述讲学。先后学于程颢、程颐，与游酢、吕大临、谢良佐并称程门四大弟子。又与罗从彦、李侗并称为"南剑三先生"。晚年隐居龟山，学者称龟山先生。于哲学、文学均有著述。

[3]道南之叹：此处指儒学得以传承流布。《宋史》及《宋元学案》载："（杨）时调官不赴，以师礼见（程）颢于颍昌，相得甚欢。其归也，颢目送之曰：'吾道南矣。'"

[4]闵、曾：闵损（闵子骞）、曾参的简称，二人均以孝见称。

[5]皋、夔：皋陶和夔的并称，借指贤臣。据《尚书·虞书·舜典》：皋陶和夔分别是虞舜时的刑官和乐官。

之维，名节之闲，终于坠废。细读柳公之箴[1]、马援之训[2]，自有着力处。“甘露瑞云[3]，实行召致”，声犹在耳，诸生其风闻之否？

谨士趋。士子闭户潜修，惟端趋向。若不矜不谨，少有梯媒，便有攀援竞进；获一私窦，辄奔趋若鹜。行谊既亏，入则有玷宫墙，出则有坏乡党，奔竞之风必由此而倡。澹台灭明，矫矫自爱，落落难合，芳声在昔，介气犹存，为士者步亦步，趋亦趋，绝迹嚣尘，不入公室，所谓彼美一方，典型尚在，不与陈长生之杜门清修，同望重于乡里乎？

尊严师。学至圣人尚不敢私心自用，况尔后生小子乎？《礼》曰：“侍坐于先生，先生问焉则对，请业则起，请益则起。”又曰：“从于先生，不越路而与人言。遇先生于道，趋而进，正立拱手。先生与之言则对，不与之言则趋而退。”敬师之道备矣。游定夫、杨中立见伊川瞑目而坐，侍立不敢去。及觉，顾谓：“尔辈尚在乎？今既晚，且休矣。”及出，门外雪深三尺，其严惮之意何如耶？若此从事于师，可无愧矣。

重益友。《易》垂“盍簪”[4]，《诗》歌“杕杜”[5]，切磋琢磨，惟友是辅。戴洪正每得密友一人，则书于编简，号金兰簿。好友其如是乎？怀道进思，尚友一堂，时对千古谈深，风雨晦明，神心若接。孟郊诗曰“惟当金石交，可与贤达论”，得此意也。毋逐声名，毋尚势利，毋忌艺能，乐多贤友，孔子之教深矣。若伤比，匪讥凶终，又在诸士之出门知谨。

会讲章。《诗》《书》奥义，有可以言传者，有不可以言传者，仔细寻绎，始能得其意味、致其精微耳。目之涉猎虽多，终属无据。董仲舒，汉醇儒也。其得力处，正在三年不窥园圃，潜心大业耳。诸生当稽古质疑之际，细之绎之。穷理必探其窟，格物必究其原。遥遥千古，俨如面谈，其于学之道得矣。

勤著作。名山之作，大都为传人起见。经史子书，当日之焦思竭虑何如，为后学者无只字之传，虽腹有鬼簿，谁氏点出？[6]李贺之背锦囊，白乐天之置诗筒，好厥作也。诸生有志著述贯天人者，学广川明治忽者，学贾傅理可质先哲者，学昌黎之正大论可济当时者，学眉山之著明，如此发天地之苞符，阐圣贤之精蕴，真无遗憾矣。若汉儒气度、晋士风流，更有厚望焉。惜分阴之意，良可仿矣。

---

❶柳公之箴：指柳公绰《太医箴》，借指劝人不要耽于玩乐。柳公绰任吏部郎中时，见唐宪宗多次外出游猎，乃献《太医箴》以谏。详参《新唐书·列传第八十八》。

❷马援之训：指伏波将军马援《诫侄书》。

❸甘露瑞云：指代自然风光。出〔宋〕刘骘《汉武》诗：“船概碧霄甘露白，鼎迁幽壤瑞云黄。”

❹盍簪：出自《易经·豫》：“勿疑，朋盍簪。”孔颖达疏：“群朋合聚而疾来也。”

❺杕杜：《诗经·唐风》的篇名。《诗序》：“杕杜，刺时也。”杕，孤特的样子。杜，赤棠。

❻腹有鬼簿，谁氏点出：此处指心中有所见识，还需要通过著述表达出来交流传播。鬼簿，本义是鬼（古人）的名册。〔唐〕张鷟《朝野佥载》中说杨炯写文章时爱连用古人姓名，时人讥为“点鬼薄”。本句后自“李贺”至“眉山”一段即为典型的“点鬼薄”。

戒怠惰。人生斯世，前责我后，待我一息尚存，此志不容少懈懒。如何做得朽木粪墙[1]，所以见斥。昌黎《进学解》曰“学精于勤，荒于嬉”，是深于策后生也。汉史言“妇工月三十日当四十五日”，以夜作之工居其半，岂非勤之效乎？诸士责备在身，可老妪之不若耶？陶公运甓，惜分阴之意，良可仿矣。

慎言语。太上立德，其次立言。琬琰竹册[2]，千古辉煌。恐漫不经心，一言失出，驷马难追。古以口舌构干戈，议论结谣诼，何代蔑有？金人之戒[3]，良有以夫[4]。三复白圭[5]，其旨深哉。诸士读书，至惟口起羞，勿轻放过。学《易》至吉人辞寡，多读几声《诗》曰，出话有章，其庶几乎！谓躁谓瞽，早知免矣。若语呐呐，形状难以对人。试观王太保不在能言之流，其人居何等耶？

防静驰。学问之道无他，求其放心而已。放而不求，谓之坐驰。坐而驰焉，灵台知虑。游于无何有之乡，鸿鹄求猿马去，纷纷旁逐，虚灵终不在舍，故静持工夫为学者第一着紧处。周、程诸子得力就在此。时诸士欲求治心，先求主静；欲求主静，端在主敬。戒慎不睹，恐惧不闻，庶寂然不动之时，湛若太虚，此即颜子坐忘境地。至于由静而明，虚室生白，此影又静存之后效也。

遏嗜念。程伯子《春日偶成》云：“云淡风轻近午天，傍花随柳过前川。”此嗜念净尽景界也。凡为士者，左有礼园，右有书圃，冠山之堂也。肴《三坟》，核《五典》[6]，适口之珍也。前羲皇、后周孔，美人之列也。网古今、罗宇宙，羽猎之奇也。何庸纷华，战我道德；彼见金不顾，坐怀不乱[7]，澹定何如，诸士其洗心焉。

乐为善。东平王格言：“为善最乐。”[8]诚见纲常名教许多快活处。若好事不做，专于行险侥幸，这无形陷阱，一坠落其中，狂呼疾救，悔之无及。览《阴骘图》，作事须循天

---

❶朽木粪墙：形容人品败坏，不可救药。语出《论语·公冶长第五》：“朽木不可雕也，粪土之墙不可圬（污）也！”

❷琬琰竹册（wányǎnzhúcè)：琬琰，琬圭、琰圭，泛指美玉，喻品德或文词之美。竹册，册封大臣时所用的竹简。

❸金人之戒：指谓慎言之戒。《孔子家语·观周》：“……有金人焉。三缄其口，而铭其背曰：‘古之慎言人也。’”

❹良有以夫：(这些事情的）产生是很有些原因的。良：很，甚；以：所以，原因。

❺三复白圭：指慎于言行。语出《论语·先进》：“南容三复白圭，孔子以其兄之子妻之。”

❻肴《三坟》，核《五典》：以上古典籍为美味佳肴。〔西汉〕孔安国《尚书传序》：“伏羲、神农、黄帝之坟，谓之以三坟；少昊、颛顼、高辛、唐、虞之书，谓之五典。”

❼见金不顾，坐怀不乱：三国时管宁锄地见金，挥锄不顾。春秋鲁国柳下惠将受冻的女子裹于怀中而没有淫乱行为。形容人品正派，不受钱财、美色诱惑。

❽为善最乐：做善事是最快乐的事。东平王，指东汉东平宪王刘苍。出《后汉书·东平宪王苍传》：“上尝问东平王苍曰：‘在家何业最乐？’苍对曰：‘为善最乐。’上嗟叹之。”

理，一言可以蔽全篇。诸士悉心讲究，衾影有知，羹墙有见[1]，日乐此不疲，自是天地间一完人。

速改过。年居五十方知四十九年之非[2]，圣贤且不敢自谓无过。偶尔错，辄失之东隅，收之桑榆，未为晚也。人如一面镜，忽然蒙垢，快快拂去，仍复光明。倘不认错，自以为是，王安石之执拗，遗议儒流[3]。诸士梦寐自问，未敢怙终。殆勇以修，风雷之益者。若日月逾迈，读书以娱之，悔吝滋多。学《易》以免之，此更上一层楼，亦在汝诸生之发愤进去。

以上十六则，余亦约略言之，未敢谓详审无遗。从此旁通，愈求纯备。俾家为弦，户为诵，父戒子，兄戒弟，人心丕变，风俗醇美，是在汝诸生童之永矢弗谖[4]也。

（据道光《庆远府志》卷十一《学校志·试院》等校补）

❶衾影有知，羹墙有见：喻独处时亦需为善。〔清〕周安士《安士全书》："见先哲于羹墙，慎独知于衾影。"

❷年居五十方知四十九年之非：到五十岁时才知道以前四十九年中的错误。出自《淮南子·原道训》："蘧伯玉年五十而知四十九年非。"蘧伯玉，春秋时卫国人。

❸王安石之执拗，遗议儒流：王安石性格倔强，被后来的读书人议论（非议）。

❹永矢弗谖：决心永远牢记着。矢，发誓；谖，忘记。

# 《庆远府志》卷九　艺文志下

## 记序（附杂文）

即其事而识之，与即其事之理而剖白之、记序之，体通于考辨矣。使无与是邦，虽汗牛充栋，固无足论。即有与是邦，且极泳游之趣，不关经术之谋，又安取乎？故摭拾事理，志记序考辨，附杂文。

### 宜州修学记

〔宋〕淳熙五年　张　栻

淳熙四年，栻备位广右帅事，以经略司主管机宜文字韩璧闻于朝，曰："璧清介恺悌，愿假守符，俾牧远民。"诏使为宜州便道之官。宜为州，被边所控制非一。前此所为州者，日夜究切，备御缮治，财赋之不暇，莫遑他议。韩侯至官，既举其职，则慨然念学校委废，议所以修复者，盖积累而后成。庙宫既严，讲肄有堂，师生有舍，门、庑、庖、湢悉具。合境人士叹息颂咏，来请记。方韩侯之为是举也，或者窃笑，以为在边乃不急之务，且曰："宜固寡士，亦何必汲汲为？"栻独以为不然。盖俎豆之修，则军旅之事斯循序而不忒。教化兴行，则祸难之气坐销于冥冥之中。《诗》曰"既作泮宫，淮夷攸服"，是有实理，非虚言也。建学于此，使为士者知名教之重、礼仪之尊。修兴孝弟忠信，则其细民亦将风动，胥劝尊君亲上，协力一心，守固攻克，又孰御焉？近而吾民既已和辑，则夫境外聚落闻吾风者，亦岂不感动？而有以服其心志，束其肌肤，其孰有不顺？况乎秉彝之心，人皆有之，奇才之出，何问远近？边方固曰寡士，然如唐之张公九龄，出于曲江；姜公公辅出于日南，皆袞然著见于后世。宜之士由是而作兴，安知异日不有继二公而出者乎？又安知其所成就不有过之者乎？然则可以寡而忽诸？故于其学之成，乐为书之。

（据道光《庆远府志·学校志·学宫》校补）

## 宜州重修学记

景泰元年　宜州司理　陈　泾

宜为岭右偏垒，僻在西陲，然而声教之所暨，文轸之所薄，每举应书之士不下五六百人。前冯后黎，相望而出，未尝无材也。作成之地，在加之意余。郡有学，旧址在城堧[1]之南。淳熙戊戌，郡守韩侯璧，以其地湫隘而迁焉，规模壮观甲于旁郡。厥初，建云汉阁于明伦堂之上。阁之两翼，立濂溪、二程、冯三元、豫章先生之祠，翚飞鸟革，上摩穹苍，直与日月争光矣。然阁侈而峻，木巨而窳，岁未二纪，朽蠹欹倾，殆将压焉。今使君耿侯刚介廉勤，两摄是邦，因任为真，三年于此，吏畏民怀，百废俱举，城堞仓庾，邮传驿馆，以次缮修。尤眷学校，风化所关，亟议檄而新之。葺完旧堂，不改其列，特创杰阁于堂之后。命兵职武廷植专董其役，鸠工鬻材，不扰而办。指授相视，屡勤戾止。经始于庆元庚申之冬十一月，阅五晦朔而告成。朱丹黝垩，砖甓甃砌，轮奂有加，气象增倍。旁及祠堂像设，门庑斋舍，支欹补罅，毫□□遗，焕然一新，观者叹美。校正唐天麟徇诸生之意，援鲁郑学校故事，请记岁月。使君曰："学之修废，太守职也。幸兹塞责，不足以记。"力辞之。泾兼摄文学掾，一日以事叩府，辞毕，使君顾泾而语曰："学舍加葺矣，而士不居学，将何以作成人材，称国家养士之意乎？君其图之，毋患乎庖廪之不给。"泾闻命，踧踖赧容而对曰："泾不才，滥兹代庖行矣，解印，积弊未可以顿革，善教或难于速成。将必有胜是责者，泾何敢当。"退即学宫，揖诸生而进之，道使君之语，且告之曰："《语》不云乎：'百工居肆以成其事，君子学以致其道。'信斯言也，君子之于学，其犹百工之于肆乎？工不居肆，宁不作辍其心乎，工何可成？然则君子之于学也，可知（已）〔矣〕。今使君加意学校若此，泾行有日矣，当必有贤师儒闻风而起者。诸君盍亦更相策励，毋狃旧习，庶不孤使君作成之意，不亦善乎？"诸君翕然曰："愿记其语，将必有能成使君之美意者。"因遂笔之，以为记。侯名明，字德昭，开封人，今官武节大夫云。

（部分内容据道光《庆远府志·学校志·学宫》，标题作《府学建阁记》）

## 庆远府学记

〔明〕陈　文

学校者，王政之先务，所以明人伦、厚风俗也。故自唐虞三代之盛，下至汉唐宋元，其间愿治之君，莫不以是为急。盖国之贤才，由是而作。养造就，以底于成，用之以致君泽民，弘其化理于天下，而成。雍熙太和之治者，良以此也。我朝学校之设，内而两京国子监，外而府州县，莫不有之。其教养之法甚详且备，超越于前，而化理之效亦过于汉唐

[1]堧（ruán）：城下宫庙外及水边等处的空地或田地。

宋元远矣。然所在有学，以育生徒，必有庙以祀先师孔子，朔望春秋，释菜释奠❶之礼所由行。生徒之育于斯者，皆知明君亲之大伦，以修其身，以究其理，以致其用，以达其道者，未有不由于学校也。然所在奉行德意，或有勤怠，而学校之兴废攸系。广西庆远府，古粤地，秦汉以后，沦于荒服。唐及五代为宜州，宋咸淳始为庆远府。元改府为路，为安抚司至于今。洪武初定为府，领四州五县，其江上险峻，人风犷戾。宋始建郡学，张栻记之。自宋迄今，人物科甲之载于郡志者亦比比也，得非所谓由教而入者欤？天顺壬午季春，天台周君一清来守是邦，下车之初，即释菜先师孔子，遍视学，慨其敝陋，曰："何以兴教？"时邻郡寇攘弗靖，君绥辑其民，皆安生乐业。乃重建大成殿，又旁为两庑，前为棂星、戟门。复修明伦堂，并后堂、会馔堂。志道、据德、依仁、游艺四斋，以至庖库墙垣，亦莫不完葺，而庙学焕然维新。其南复侵地，仍为泮池，表以二坊。又以宋冯京皇祐初随父寓武昌，登解、省、廷试皆居第一，立祠肖像以祀之。解宇、铺舍、驿传、城楼，无不修葺。又立预备仓，储粟石以济民。盖守是郡，皆遍治其事，而获乎上，而安乎民，使聚有养而习有学，周君之绩亦盛矣哉！于是，郡学训导闽中陈篪、兴国钟渊暨诸士子目睹其盛，敬述其概。因刑部主事冯俊属予为记，予知周君久矣，由甲戌进士为监察御史，以事谪令临桂，政声大著，遂升郡守。今以军功升，支正三品俸。而修兹庙学，特君之一事耳。因并记其鼎创与夫为郡之概，俾勒诸石，以为方来者劝云。

## 庆远府儒学科贡题名记

成化十一年　大学士　彭　时

庆远为广西控扼蛮夷要害郡。其地山川险峻，其民多尚武而鲜文，其俗自宋至元犹未变也。惟我皇明，慎简守令，建学立师，以教化其人者，百余年矣。仁渐义摩，远过前代。故其民风士习日盛一日，渐与中州等。士之由科贡以登显仕者，亦不绝于当世，而未有记其名以彰之。今太守周侯谓为缺典。今大新郡学，乃立题名碑记于讲堂之前。考自国初洪武以至成化，登进士、领乡举、充岁贡者得若干人，次第刻其氏名于上，仍虚左以待续书，意谓科贡所出虽殊途，而其成于学校则一，故合而书之，以见人才之盛，自今始而彰往劝来之意寓焉。训导兴国钟渊、八桂唐和具书介、刑部员外郎冯俊属予记，固辞不获，乃为之言曰：

国家致治在贤才，而贤才之成本于学校。其取而用之也，惟科举、岁贡二途而已。盖间岁学举一人曰岁贡，岁贡试于廷，升于国学，其法简且易，故得者多而入官难。三岁一大比曰科举，科举乡试于藩府，会试于礼部，而后对扬于大廷，其法详且严，故士有得不得焉。得者入官，视岁贡为易也。庆远士发身科贡服官政于中外者，具载于是。然其中兼

❶释菜释奠：均为旧时学校奠祭孔子等先圣先师的典礼。释菜，亦作"释采"，开学时举行。释奠，学校设酒食以奠先圣先师之礼。

忠君爱国之诚，励济世康民之志，随所任而能建令业、显名誉、增重乡邦者固多有矣；而徇私背公、尸位苟禄、泯焉无闻，为乡邦羞者，亦岂无也。之二者，贤不肖相远矣。夫生同地也，学同学也，发身而仕，同一科贡也，而居官效职所立不同，且相远如此，何哉？吾意学校教养以经术为先，科贡去留以文辞为尚，士苟通经能文，其于科贡也何有？但其所以资终身之用者，或不在是。至于存心养性，体仁义道德之实为应务之本，可以用之终身者，则又有非法制课试之所急也。夫非课试所急，要在夫学者自勉而已。勉不勉存乎人，不惟学术。于此焉分？而名之显晦、事业之有无，与贤不肖相去之远，实由于此。噫！是岂不足为后人之鉴哉！继今列名者，其必本经术以为文，而不忘乎实体道德于己，见之于用，尤必勉企前闻，而以无闻者为戒，益自振励增益。庆远为文献邦，然后为能不负周侯彰往劝来之意。周侯名一清，字廉夫，登甲戌进士，拜监察御史，为临桂令，再转今职。其为政达大体，观此可知矣。

（据道光《庆远府志·学校志·学宫》校补，标题作《府学建阁记》）

## 庆远府儒学重修启圣宫碑记

崇正四年　府训　祝守骥[1]

维郰大夫[2]，裔殷生周，祷凡毓圣，先师万世为郰大夫，实锡之瑰矣。虽曰汁光[3]之精，大帝挺生[4]，揆厥水木，以报罔极，以祠启圣，其胡后焉。故于制郡邑俱有祠祀之。今皇帝屠维大荒落之岁[5]良月，余司训宜州，谒先师以观殿庑，殿庑日影也；以观堂斋，堂斋鞠草茂也；以观宫与舍，宫与舍尽乌有也。则进诸博士弟子员而问之，曰：“戊巳圮，弗克复也。”曰：“宫奚居？”曰：“僦于民。”曰：“郰大夫神安依？”曰：“与宣圣同龛。”嗟嗟！僦于民可，与宣圣同龛奚可哉？遂猛开兹役，而硗土瘠民，其何敢请上官以烦王家谷？乃预出俸钱，诹日鸠工[6]。基定于尊经阁东南数武，凡三楹，概括支柠，捊攎[7]阁笛，虽未能悉中节度，而爽垲睄窕[8]。庶几以不乖神明，越一年将复设处，次第葺殿庑堂斋，

[1]祝守骥（1577—1655）：字贞行，天启元年（1621）恩贡，曾任庆远府学训导。

[2]郰（zōu）：古地名，在今山东省曲阜县东南，即孔子的家乡。郰大夫，指孔子的父亲叔梁纥。叔梁纥曾经作过郰大夫。

[3]汁光：即汁光纪。古代传说的五方之帝中的北方黑帝。汁，亦写作“叶”“协”。

[4]大帝：天帝。亦指上古圣德帝王。挺生：挺拔生长，亦谓杰出。

[5]大荒落之岁：《尔雅·释天》：“〔太岁〕在巳曰大荒落。”后人故以之为十二地支中”巳”的别称。此处指崇祯二年己巳，即1629年。

[6]诹日鸠工：商订好日子，聚集工匠。诹（zōu），在一起商量事情。鸠工，招聚工匠。唐人黄滔《泉州开元寺佛殿碑记》：“乃割俸三千缗，鸠工度木。”

[7]捊攎（bùlú）：收乱草也。

[8]爽垲睄窕：爽垲，高爽干燥。出《左传·昭公三年》：“子之宅近市，湫隘嚣尘，不可以居，请更诸爽垲者。”睄窕，昏暗、幽深。出《楚辞·王逸〈九思·疾世〉》：“日阴曀兮未光，阒睄窕兮靡睹。”原注：“睄窕，幽冥也。” 睄，古同“瞧”。

而考功法促余去矣。因不揣固陋而系以碑。碑曰：

以稽厥生昌平乡，以溯厥祖爰始商。帝乙苗裔合永昌，况乃历世铭循墙。

身长十尺巍且强，神明无忝严以庄。维年庚戌庚子良，乃诞我师于鲁襄。

绵绵万祀吾道光，明河何自昆仑长。依稀往季锡号王，锡公昭代崇彝章。

一杯椒酒永蒸尝，四海明祀争趋跄。维兹荒徼遭灾殃，同龛列主失伦常。

邛来伏谒如负霜，成工度日营柏樟。自今以后燔燎芗，漆漆济济来洋洋。

（据道光《庆远府志·学校志·学宫》补正）

## 重修府学碑记

康熙二十四年　郡守　白启明

庆远为西粤边徼，万山丛错，一水抱流，俗犷风蛮，夙称卉服鸡巫之地。赵宋庆历三年春，诏天下郡县皆立学。于时，郡为宜州，报成独居最先，由是彬雅蒸然，人文蔚启。前冯后黎，连翩接踵，以功名显著。若元若明，兴废迭更，计发省解掇巍科者，亦指不胜屈，而其后乃凌替衰微矣。我国家永清大定，岁在康熙戊申，始为前守赵开雍修葺。迨滇黔蠢动，庆远两遭逆变，遂尔倾颓无遗。呜呼，学校乃兴贤育才，坐致太平之具。在昔虞有上庠下庠，夏有东序西序，殷有左学右学，成周备家塾党序，而为教益详。其际人心朴茂，俗化淳良，用昭千古盛治。远至汉唐诸令辟，亦无不建学维先。方今海宇升平，声教四讫，念慈犷戾荒陬，黉宫苟废坠不举，俾人士无所敦修游息。将来风教失端，彝伦攸释，为害何可胜道？明不敏，于皇上御极之念有一载，奉命来守兹土，甫下车释奠先师，但见荒烟蔓草，四壁空存，雍容俎豆之堂，悉变荆榛瓦砾。辄不禁喟然叹曰："是岂妥圣灵而广教化之本乎！"然肩此系，岂异人任？因即鸠工庀材，刮囊修举，然后大成有殿，棂星有门，从祀有庑，名宦乡贤有祠，而并周以墙垣，加以丹雘。规模既备，气象维新，虽未尽隆隆翼翼，窃大异曩之荆榛瓦砾矣。

当宁方右文崇道，邦人士既敦修游息有所，其各争自濯磨，以应昌期为异日股肱辅弼，颉颃冯黎诸君子，讵不甚快？虽然"宰相须用读书人"，王曾"志不在温饱"，吾尤愿邦人士究思庠序之设，涵濡仁义道德之中。正五常，厉名节，使蛮风犷俗，永永于变时雍。庶几《易》曰"观乎人文，以化成天下"，不负先王建学之原与明今日汲汲修举之意也哉。是役也，经始于壬戌之季冬，落成于乙丑之仲春，历时二十六月，费镪六百有奇。资俱捐而非取于帑，力以倩而不病乎民。所有效力襄事者，请得志其名，以昭示来兹。是为记。

## 明伦堂碑记

乾隆十一年　知府　陈于中

窃惟学校者，人才所自出，教化所由兴。粤稽三代建学，明伦敦本，崇实人心，朴厚风俗，淳良胶庠，化起菁莪，党塾不荒茂草。逮汉、唐，历有宋，以迄元明，皆以兴贤育才为首务。方今天子教一寰区，辟雍钟鼓，追循往制，造士作人，不弃遐方。讲学明伦之不得其所，教化何兴，人才何自出哉？庆郡僻处边末，府县学宫俱在郡城东关外，府学居左，县学居右，屹然并峙。其明伦堂向在府学东北隅，府县共之，今之忠孝祠即其址也。迨乾隆五年，前知府陈希芳以体制非宜，捐资重建，徙于西侧，遂介于两庠之间。然墙宇低颓，春秋展祀，促膝难安；朔望瞻拜，退□无地。甲子春，予衔命来守是邦，谒圣庙，见明伦湫隘，即欲廓而大之。其时庶政未理，弗遑筹及。越丙寅，知县吴毓芝自雒容调任兹土，慨然以修废坠为己任，谓大成殿为先圣式凭，既议更新。明伦堂亦师儒讲学，当图改建。请商于余，余曰“善”。因捐俸襄之，以为各属倡。查县学西隅向有隙地，久为兵侵占，结庐以处。吴君欲其地构而为堂，复捐资助之，令其别徙。就地建堂三楹，以为讲学明道之所。前为重门，又前为大门，周围以墙。慎董理严破冒，一椽一瓦亲自擘画，不逾时而革故鼎新，规模弘敞，轮奂俱美。夫庆郡古宜州地，向也贤才崛出，科甲联翩。宋有冯三元、黎榜眼，明有陈氏两台、周家五桂，以及张副宪、冯中丞，俱功名显赫，彪炳乘传。厥后科名间续，文教陵夷，或者作育董戒之无术乎？今学校望新，固宜人文蔚起，愿多士之肄业者，明体达用，以圣贤之学自命，泽宫泮水之间藏修游息，育德兴行，必有继前徽而起者。为国家摅鸿猷，为往圣绍统绪，又何患教化不日兴、人才不日盛哉？

## 重修庆远府儒学碑记

乾隆十一年　大理寺卿　罗源汉（长沙人）

庆为郡，居粤西极边，龙江、乌泥襟带南北，万峰攒列岞崿，类多猺、獞、狄、狼巢窟；水箭激滩，高山阻深，舟车不通，玉帛星轺[1]之使罕至。宦斯土者多惮其险远，率传舍[2]视之，廉能守不数岁辄迁去，鲜能久于其职。然大抵以簿书期会，征发不愆期，即报最书上考。要未有加意学校，以兴贤育材、振厉风化为急务者，非心不欲力不足，亦诎于时且势不暇也。余前奉命典粤西甲子乡试，旋视学政，于广厉有专责，而巡试例不临庆，生童皆赴柳郡，道险远且千余里，试者寥寥数百人，诸生额致有缺不补者。夫守长既不能久为董劝，而学臣又不得亲为广厉，其亦庆人士之不幸已。岁癸酉，余将报

[1]星轺：使者所乘的车，借指使者。

[2]传舍：古时供行人休息住宿的处所，旅馆。全句指为官者皆不愿久留于此。

满赴都，而荆南李侯至。侯素有经济才，贰守大同时，屡奏伟绩，数入觐记名，奉特旨守庆，余知其能修废举坠，以无负圣天子宠命也，私为庆人士幸。侯甫下车，释奠先师，顾学宫岁久欹侧，墙垣多倾圮，椽折瓦裂，进同官谋曰："学校之废兴，虽考课所不及，然风化之首也，不可以缓。"越明年，政稍就绪，以状上藩司报可，即鸠工庀材，首事大成殿，撤故易新；次及崇圣祠、明伦堂、东西两庑、尊经阁，以至戟门、棂星、泮池俱焕然改观，悉中法程。于是，师生歌思乐之章，父老悉环桥而观，商贾行旅往来之人，咸叹息咨嗟，称李侯为治之知所先也。余惟为政莫先于移风俗，移风俗在造士，造士在兴学，学不兴而教化颓，教化颓而礼义廉耻之不敦，士习坏矣。正鹄[1]既失，邪枉竞先，其何以移风俗，而俾沕爽暗昧者，咸俯仰揖让，于声明文物之盛也哉！夫性之命天也，无古今而化之，渐人也无遐迩，文翁之于蜀、常衮之于闽，皆边徼也，皆化其椎鲁，而文教至今蔚然。庆自宋元来，冯黎已魁多士，故明历卿、寺、晋、台、省者，踵相接也。雍正初，令土属俊秀子弟例得附郡学，近且有饩二十人。中贡成均者，性不以古今殊而化，诚无间于遐迩也。今复得侯鼓厉化导之，岂惟词章科第之彬彬郁郁，与上国抗衡云尔乎？将由此渐窥古人设学造士之意，于以正心、修身、明体、达用，而处为醇儒，出为名臣。吾知唱歌、跳鬼、击鼓、招宾之俦，其有所矜式，而风俗之移易也不难矣。侯为政勤敏尚宽仁，事至即判决不滞，自奉简约。廉俸所入，悉以佐公，家需不自私。属内诸矿厂，前守巡查率委员，侯始至辄亲往。已廉得盐谷价昂，民病淡食且病饥，即塾解额饷，多运阜盐济之。府仓谷万余石，虽名常平□不出粜，侯为请于上，减价三之二以粜，市价立平。其他新城隍关庙、修府志、禁妇女轻生、严讼师、息盗安民，事多可纪不胜书，书其大者。修学外，更议创书院，延师以课子弟。余为庆人士幸者，不一而足也，并书之以勒诸石。侯讳文琰，字玉重，号华亭，湖北荆州石首人，时乾隆十九年甲戌孟秋之吉。

（部分据道光《庆远府志·学校志·学宫》补正）

## 宜山儒学科贡题名记

正德八年　宜山教谕　胡呈章（新会人）

朝廷兴天下郡县学，置博士弟子员，非图文具侈一时之观美而已，盖所以成贤才，与之共天职、亮天工而绵亿万载太平之业也。故三年一大比，谓之进士科；间岁一充贡，谓之明经举。科贡得人，固必本诸学校，而所以激励造就之，顾上之人何如尔。宜古百粤地也，虽僻在中州万里外，然山川秀异，实为灵气所钟。自宋冯京以三元倡而英才继作，迨皇明而日盛矣。有由科第而位词垣，有由贡途而任民社，彬彬郁郁皆是邦贤才，成于是庠者也。故事科贡题名有碑，独宜一向稽缺。邑大夫金侯虑其久而无征也，思所以衰而表章

[1]正鹄：正确的目标。

之。爰命工砻碑，植于讲堂，合洪武以下科、贡士氏名分二途，次第列之，仍虚左方，用俟来者。于是，举人李霁、监生陈淳辈谓予方董学政也，相率而请言以记之，固辞弗获，乃作而曰：

学校之设，其在得人已乎。盖得人则为学校重；不得人，则学校亦徒然尔。惟四代教学得人，稽诸经可见矣。秦汉后，教养法坏，求道不本诸心性，论贤专事乎文辞。化本不立，时措莫知，是以选举虽严，竟不能得真才，以比隆四代，诚以不得其本也。今代遭圣神，稽古右文，本经书以造士，精科贡以求贤，养之有素，用之以实，百五十年间，天下豪杰莫不由是而出，以辅成雍熙、泰和之治。则宜之士，顾可以边方诿而不相与勉其成耶？夫大衫峨冠，谈道德，服仁义，平日动以古人自期矣。其或世与我遇，则扬眉吐气，务举天下于四代之上；不幸而不遇焉，亦明道以淑诸人。俾远迩闻者，有所钦且有所法，则斯名之题当与日月争光而垂诸不朽矣。脱或自养不克，自守不固，进不能有所施，退不能有所成，惟甘心焉碌碌与庸人伍，则是碑之所题者，名而已。国家养贤之初意，贤侯劝贤之盛心，殆不为是也。侯名麒永，字曼甫，世为金陵人，故秋官侍郎绅之子也。以荫拜令宜山，多惠政，兹又出余力修废典，是有功于名教矣。概述之，庶知循良之益信云。

（据道光《庆远府志·学校志·学宫》补正）

## 重修宜山县学碑记

吴毓芝

窃惟郡县有学，所以尊师重道，阐教寰宇，俾先圣参赞位育之能，道统心源之系。炳乎如日月之浩然，若江河之纬地，直与造化同其运行。□学祀□□□骏奔，有恪牲牢酒醴之属，骈罗而错陈；钟鼓管弦之音，按节而迭奏。礼乐明备，神人协和，典至重也。□稽宜山县学，创自有宋，历元、明，代有兴废。明季兵燹之后，而学宫遂鞠为茂草，春秋两祀，附于府庠。迨康熙四十七年，前郡守李公世仁、邑宰陈公学海以体制非宜，捐资重建，仍其故址，易以为新。阅今数十余年，官斯土者，未尝不时加修葺，奈时序之迭迁，堂宇渐几乎沦落。岁丙寅，余调任兹土，拟鼎建而重新之，爰咨多士，捐俸为倡，舆情踊跃，量力解橐，慎选董理，庀材鸠工，若殿若门，尽撤其旧，两庑未甚毁坏，宜仍仍之。否则易之，规模宏大，而基址巩固，屹然经久之业焉。经始于丙寅之阳月，落成于戊辰之寝月，计时岁有半，匠贰千四百余工，费四百四十余金，一甓一椽不劳闾里。虽曰重建，实为创始。等夫酌流而不忘源，登枝而不捐本。此亦何足为异。况修废举坠，有司责也。余敢自多乎哉！然春秋之例，一事之兴，必溯其自始，与其所由成，余因乐得综是役之始终而备志之。维时佥谋合志，左右赞助者：学博邓公琮、易公国弼，执事惟谨，程工不忒者，县尉金君煌。而邑中诸绅士如陈子嘉猷、陈子子义、彭子翘等十余人，皆□不怠，重有劳焉，不可没也。故并书之，以范后世之有事学校者。是为记。

## 重建天河县文庙记

康熙二十四年 邑令 黄 滂

春秋之例，常事不书。故僖公修泮宫，鲁颂次第其事，扬厉休美，而圣人略而不书，曰常事也。然则有事于学校，而屑屑焉记之。毋乃邻于喜功好名之所为，而有悖于典与？不知一废而复修者，事之常也。昔无而今有者，非事之常也。非常事而记之，将考信于其后，非以矜能而炫美也。

按天河隶庆远次邑，其地僻，其江山险峻，其民与狑、狼、獞属杂处，其俗椎鲁者半，犷悍者半，而威不能制，恩亦不能结，兼之兵燹频仍，饥祲洊告。为长吏者，军旅、钱谷日仰屋之不给，遑问学校有无哉？今天子二十一年秋，滂衔命牧兹土，下车奠谒，徘徊太息曰："遗黍犹歌，讼棠勿剪。况先师僖降之宫，萧然于棘茨尘蔓间，曷以妥灵而宣布兴朝之德化也？"于是履阶未暖，日有枝柱于怀者，而蕞尔偏隅，工作绝迹，乃仅辑茅编竹，创建大成、启圣、明伦、两庑诸所，虽足以蔽风雨，不足以耸观瞻，经久之模未备，非守土之责而谁责欤？

岁甲子，天子大兴文教，诏天下郡县学宫皆崇建宏丽，而遐陬僻壤从未设有学者，檄令先建正殿三楹。滂奉承维谨，亟谋之学博，集诸绅士，度地鸠工，计砖甃木石之需与匠役工食之费，捐俸倡率，卜吉兴事，资不费帑，役不扰民。经始于是年之八月，讫成于次年之二月。栋宇檐阿，翚飞鸟革，规制弘敞，不僿不侈，屹然大观。盖昔无而今有矣。是役也，或有咻之者曰："侯之堂，蔓难图矣；侯之室，膝难容矣。"胡独谋此不急之务？且邑之中，赋子衿者不过廿人，而外籍者几半，焉用此汲汲为？余曰："否、否，人情莫不乐就其所安，吾之身安矣。而目睹学宫之委于草莽，沦于沮洳。吾之心安乎？不安乎？况夫士气之不振，由育才无其地耳。经营其地，而光大之，安知寥寥于今日者，不复济济于他年也？"爰进博士弟子而谕之曰："尔多士亦知学何为而设耶？夫学以阐圣教耳。圣人之教，不外君臣、父子、夫妇、昆弟、朋友之伦。学者明之于心，体之于身，推而措诸家国天下。其为理之所固有，而事之所当然者，不啻夏葛而冬裘，饥食而渴饮也。古昔盛时，彝纪修明，风俗醇厚。其君子登于俊造，其小人免于刑戮，由斯道也。迨至后世，视义路礼门为弋取功名之径。甚且厕足儒门，背弃师说，求利达于异教，而恬不知愧。噫，惑之甚矣！尔多士幸际文明之代，弦歌俎豆，业有定所。居息其中，奋然致力于圣贤根本之地，讲明孝弟忠信礼义廉耻，以善其俗，而倡化于一方。俾土蛮豪獞有以潜消其顽悖而渐纳于轨物，将见卉裳椎髻之风转而为衣冠弦诵之习，它日致君泽民，道孰（睮）〔逾〕于此哉？"余故于文庙之成，而乐为之记也。维时佥谋合志、左右赞襄者，则有司训王严，执事勤劳、程督不忒者，则有属尉王锡祚，而邑诸生类皆鼓舞趋事，克臻厥成，法得并书，以范后之有事学校者。[1]

## 鼎建河池州文庙碑记

康熙六年　州牧　王玉麟

丕昌海隅，万物无不各聚其生，曰天道。参赞化育，万物无不被其泽，曰圣人。然王者有迹熄之时，而圣学无远迩之间。夫子贤于尧舜，事愈远而功愈著。终古岂不益信。河池僻处荒服，天南万里。仆奉天子命承乏斯邦者，四十有二越月，见诸士醇而厚，诸民质而朴，盖天地庞鸿之气，不若中土之多雕绘也。诸士因而沐浴圣文者专，诸民因而耳目诸士者近。犹龙氏云："不见可欲，使心不乱。"[2]风俗之美者，以此。少陵云"小儿学问止《论语》"[3]，非为诸民之童子志喜乎？益信夫子之德业无远弗届[4]，盖如此。大成殿昔止茅楹三，近且邻于兵燹之墟。予自下车来，心切恧，会揖诸士而诘其故。一日诸士进曰："学宫旧居湫隘，何如鼎兴罔陵。且德水流清，智山浮白，屏风左拥，台堠右旋。笔峰南峙，马鞍北回。俯瞰则人烟灯火，栉比相依；遐瞩而梅峒兰江，赢华带绕。一事而数美备焉。"仆曰："若是乎，其不可以已耶。"于焉鸠工兴筑，建大成殿于山椒，开泮池于麓下。两庑少移，近上，东西启圣、明伦，以次就理。若拮据羞涩，不假计也。系北旧有玄帝宫，仆意欲为尊经阁而跻帝于阁上，益有志而未逮，留俟后贤，庶几蘧伯玉耻独为君子之意云。落成而记以诗曰：

于维宣圣，久而弥肃。东周海邦，罔分种穋。远人系池，礼乐是笃。
咸曰迁只，卜南山麓。经营相度，二三子功。畚筑栽干，江边之氓。
瓴甋栋欀，里匠楚工。不日成之，甲第渐鸿。创始仲春，迄于秋孟。
漆垩丹青，愧不克竟。素质坚朴，弥久而晟。壁溧盈盈，聿维初濬。
孔祀南海，昌黎哀动。人去其陋，柳州书文。挹彼注兹，险易攸分。
遥遥河池，皇唐并勋。

## 思恩县学记

邑令　鲍复相

湘楚以南，环粤而区者，七十余城矣。余自癸亥衔命度庚岭、涉端溪，抵柳庆，其

[1] 道光八年本《庆远府志·学校志·学宫》亦录黄澧《新建文庙记》，前半与本志所录略同，但自"翚飞鸟革"句后则全异。

[2] "犹龙氏云"一句，出自《道德经》第三章。犹龙氏，即老子李耳。

[3] "少陵云"一句，出自杜甫《最能行》诗："峡中丈夫绝轻死，少在公门多在水。富豪有钱驾大舸，贫穷取给行艓子。小儿学问止《论语》，大儿结束随商旅……"

[4] 无远弗届：不管多远之处，没有不到的。出自《尚书·大禹谟》："惟德动天，无远弗届。"

间郁郁彬彬，科甲文风之盛，殆不乏人。既而莅带溪，下车释菜，见夫衿佩萧若晨星也，宫墙栖于崦日也，倾匾额于草莽，望之而莫识为谁氏之居。厝门棂于樵薪没焉，而不知出何人之手。朔望非不瞻也，鸟悲鼠唔，草夹丛深，难罗拜也。春秋非不祀也，豆缺笾残，钟尘鼓网，莫展搏也。退而考邑志，邑始无学。自万历三十六年，杨君天启创建之，人稍知学，登贤书者间出，继为兵燹所毁。国朝康熙二年，钱塘翁君世庸来宰是邑，复建大成殿五间。乙卯之变，蹂躏践踏，遂至于此。呜呼！风俗与教化移易，教化之不先，虽有一二良民秀士，生于其间，而咻之者多，染之者渐，未有不挺而走险者，岂尽彼都人士之咎欤？抑亦当事者与有责也。况圣代右文[1]，山穷日出之乡，罔不知礼义，环江一洼水，独不可洗以翰墨耶？用是引为己任，竭蹶从事，鸠工庀材，凡一栋一椽、一瓦一砾，皆捐己资而不费于公，倩其力而不取于民。越三载，大成有殿，棂星有门，启圣有祠，明伦有堂，两庑、乡贤、名宦，无不备举。始觉向之鸟悲鼠唔、草夹丛深者，今且轮奂一新矣。且为之置杯斝盘盂之属，详明各宪而登之籍，始觉向之豆缺笾残，钟尘鼓网者，今且典物粗陈矣。于是偕学博唐时雍从容问暇、讲礼其际，且集都人士而告之曰："尔辈亦知古先王建学之意乎？建学莫重明伦，明伦莫先君父。为子孝，为臣忠，推而行之，五伦悉协，庶绩咸熙，此建学之微意也。"如谓功名从此中弋取，作嵩山捷径观，则是埋头经史，博一巾一衫，以其妻儿子女之荣耀，了不知君父为何事，岂不大相狂悖哉？夫风气始自学宫，人材关乎世运，当兹宾兴[2]在迩，能克自振拔，起衰臻盛，获与湘楚以南埒，固予之所厚望焉。至若革其习气，被以淳风，其上者为名公卿、为贤士大夫，以佐太平之治；其下为良民、为秀士，亦不失为圣人之徒者，此真余之所深期也。爰勒之以为记。

## 宜州铁城记

〔宋〕宝祐乙卯　判静江军　黄应德

岭右自淳祐以来，传云南有〔鞑〕患，朝廷重我南郡，移师戍之。今太师宝文胡公时以郎官转对上前独谓："遣戍非经久之策，当如〔唐〕李德裕筹边故事，按山川道里，择险筑城，以扼其阻。"上虽可其议，未果行也。宝祐甲寅秋，前闻复棘。上思公言，乃命经略一道。公至，阅履封，以宜当西南彝间道，必能干城者，可畀虎符。得武经大夫云侯拱守之。侯谒帅府，受约束。公曰："惟事事有备无患耳。昔佛貍未寇元嘉时，盱眙守沈璞以郡居要冲，缮城浚隍，上下皆谓过计。及魏兵南向，所至赤地，而大将臧质特籍璞城

[1]右文：崇尚文治。

[2]宾兴：科举时代，地方官设宴招待应举之士，亦指乡试。

以挫〔虏〕。往事明验可见矣，今震乎其邻，独不当为彻桑计[1]乎？”侯奉命惟谨，至宜，顾城陋不足恃，则经营。距郡二里，而近有山环绕，皆峭壁悬崖，内可容万灶。飞泉石井，取汲不竭。侯熟视，叹曰：“地险无逾此矣！”亟闻于公。公以闻庙堂，得旨，以币百万下之郡。鸠工计材，伐石畚土，因山之势，联络而城之。周遭一千八百余丈，为墙栉如，为门翼如，悉与山相缪。山之前下瞰龙江，后倚天河，四面形胜，屹然天成。钩冲肉薄，无所施也。凡州县治寨舍，糗粮器械峙积之所咸备，而侯未以民迁，始徙附邑宜山治隶焉。然宜民知保生聚者，亦莫不〔爰〕有居用永（地）于兹（新）城，又以见侯之是役非独地利人和，从可知矣。役始于乙卯季春之望，讫于仲冬之朔。〔侯〕指授规画，必躬必亲。其董而〔协力〕相之者，郡从事钟嶅、文学掾林均，（清）〔靖〕远节度推官颜得遇也。城成，以其砌垒皆石，乃名铁城。图上帅府，宝文公命应德记之。夫王公设险以守其国，地不能自为险也，而设险则人力存焉。重门击柝，以待暴客。为暴者不必有也，而恃吾有以待之，易前民用，岂我厚诬。今宜得侯为保障，重门设险，于以御侮备患也。何有？是为记。[2]

## 庆远城北山图记

至正十八年　安抚司经历　罗　咸（庐陵人）

郡有城，城有图，所以述古而垂后也。百粤之间，连城数十，惟兹郡萃兵民之任，控西南之边，隶五县，羁縻十七州，扼束七十二寨。其俗悍鸷鲠治，前乎作牧，登埤击柝，日事捍御，不遑他务。今年春，余来幕府，适丁寇乱，室庐新毁，思所以葺宁之者。公退之暇，周览形势，稽度力用，导官陂，疏龙塘，众流汇于城南；引溉前注，潴为西濠，溢于东关，光涵玻璃，洽浸城址；凿磐石于香山寺，囊括岐路；瓮涵窦于五通庙，畜泄淫潦。又自西原庙之西，葺箐相土，随地凹凸，植以排栅，缭以崇垣，缅联栉比，丛篁蔽亏，包络龙溪，百堵皆作，人奋户趋，揭敌楼十余所参错其间，儆巡委于倅司，贾勇料其丁壮。上溯浪浦，下逮彭步，延袤十里，江流激湍，相为首尾。凭高墉以游目，则渺为重湖，巨浪拍天，群峰倒影，回波成纹，廛市鳞次，宛在空明；微茫浩荡，若隔蓬岛，虽武千群不能超而越也。先是民间规利屡贿于官，欲垦为田者，辄沮其事，发言盈庭，是用不溃于成。余既集众力以就绪，乃进父老而问故。龙江蜿蜒，石碛犀利，北山蝤崒，翠接九龙，青鸟天门，左右翔翥，此山川之清淑也。冯三元以文章擢魁天下，至登端揆[3]，〔黎特

---

[1]彻桑计：在还没下雨前，就剥下桑树皮来捆扎门和窗。比喻事先做好准备。出自宋人程公许《沧州尘缶编·东川节度歌》：“彻桑未雨宁过计，路旁筑屋难为功。”

[2]本文与宜州现存石刻内容略异，所缺“鞑”“虏”二字，当因清朝文字狱大兴，而刻意隐去。自“重门设险”之后的文字亦与石刻不同，应该也是刻意为之。

[3]端揆：指相位。宰相居百官之首，总揽国政，故称。《南史·谢举传》：“虽屡居端揆，未尝肯预时政，保身固宠，不能有所发明。”

科以及第擅当时〕，三吴继踵，〔二廖联芳〕[1]，或轶驾仙踪，或抗节忠毅，或寄迹吏隐，皆生而名世，没而庙食，此人物之杰出也。又如清献赵公，以政事著绩；充国吕公，以弭寇策勋；苏府君之节概，余威镇乎殊俗；黄太史之流芳，清风凛然高阁。余皆以饰以构，式崇明祀，景行先哲。又虑其久而或泯也，勒之贞珉。凡图有未备则载于文，文有未悉则见诸图，俾同志来者，知所考证云。

## 修筑庆远府城记

嘉靖二十八年　郡人　杨　梁

庆远，古宜州。其城自唐天宝元年刺史吴怀忠奏筑。周围四里五十五步，凡为门五，而屋于雉堞者四百八十。历五季、宋、元，皆因之，是谓旧城。今有罗咸《城池图记》，刻石府庠，其形胜犹可考。我明洪武二十九年，开设庆远卫，始拓东门外地，筑城以广之，凡五里五十八步，是谓新城。由兹遂合二为一，通计九里一百一十三步。串楼为间，千二百有二，乃塞旧城之小南门，而总为门者六：其东曰永安，西曰定远，旧南曰镇安，新南曰武定，旧北曰拱辰，新北曰泰和。东、西、南门各环以瓮城。更旧城之东门为中谯楼，上置铜鼓、刻漏，后皆毁于火。其城自是有修葺者，见侍郎章公纶在府之记。正德十四年己卯，大祲，军民多殍亡，而城倾圮殆尽。卫指挥王濬中议，以河池哨岁榷、金城江商税银解府帑者，许多给修城之〔费〕，串楼每间给银九钱五分，当道塘至一两。遂以旧北门之西至旧南门，属府籍民之（饮宝）〔殷实〕者领修，共四百九十五间。旧北门之东至旧南门属卫，属卫而濬之子桢议以千、百户及荫舍之俸、屯军之粮，各多寡为差领修，共七百四十二间。工始有准而可责成，奈何岁月迭迁，则人多凋耗，事复变更，则倾圮益甚矣。嘉靖二十八年春，钦差督理粮储、巡察边务及兼守右江道大藩〔参〕新建魏公，钦差整饬右江兵备兼分巡道大宪副苏徐公按临，偕阅视之。见其极敝，亟檄府卫修筑焉。顾罹岁旱，而职官军民属时多故，厥工未成。是年冬十月望，魏公复至，遂命府同知吴旦董之，守备门崇文分督之。公日一二出察，夫惰勤者以惩劝之，其威赫然而雷动，其令肃然而风行，于是众力偕作，而门观、堞楼、墉垣之缺者完，仆者起，陋者雅，脆者坚。盖二十余年废坠，其功聿成于旬日间。非公斡旋乾坤、掀揭日月□手，谅不能及是也。然公之心，惟欲卫一郡诸司之治署，保百万生民之命脉，于易设险，守国悦民，忘劳己两得之。况学以为己，仕以为人，皆公之所以为心者也。若夫清五所之屯粮，以复逋租；招三洛之叛兵，以充武士；筑永宁之外垣，以防夜警；征降寇之田赋，以足军饷；亦斯心也。推之于天下之事，举斯心无弗可为者，公诚不负所学，而优于仕矣。惟公夙德重望，□受当守之知，寻人秉久以心兹藩之心，而已心乎天下，又天下之心，之所同仰者也。若后之监司，凡莅庆远者，皆能心公之心，则兹郡永有攸绩。而公

[1]此处原无“黎特科以及第擅当时”“二廖联芳”两句，据道光《庆远府志·艺文志·图志》所录足之。

之余泽，沛如龙江、濛水之未涘也。梁衰耗无似，素乏春秋之笔，第以府备属纪贞珉，谨昭我公之心于天下四世云耳。

## 思恩县重建城门碑记

康熙六年　邑令　翁世庸

柳子厚曰："君子必有游息之物、高明之具，使之情宁平夷，恒若有余，然后理达而事成。"斯言为政者必假游观饮。余性耽山水，适遇佳丽，泳览忘倦。自令环江，于今六载，未尝无山水、辜山水之趣，以冥兹游观也。而不假为此，乃翻然自言曰：

苍然而茂草者，胶庠。飒然而困瘁者，赤子。昂然而鹰眼者，上宄。于时宜整者则次第修举，宜苏者则宽舒惠养，宜芟者则去之惟恐不速，遂谓可以乐成已乎？而颓然、而崩摧者，雉堞也，不可不有以固之。为捐升斗，命斧伐木，命斤採石，命工师垒门树楼，虽□□罕雕琢，尚俟来者崇饰焉。而邑之人，又乌可忘予乘规创暇，探山水、恣游观之志也？也夫。

## 庆远府城西北二楼碑记

康熙二十五年　郡人　余心孺

古帝王方行海寓，基置郡县，建官分职，非徒予以爵秩荣名也。殆实寄托封疆之责，以佐保障，以卫蒸黎，而严其锁钥焉。庆远实属天末，处万山丛错中，不足方中州之通都大邑。然广狭虽殊，而同名曰郡，按之版籍，依然土宇之井疆也。观之生民，依然王家之苍赤也。矧其地远务荒，猺獞杂处，较中州之通都大邑为难驭。其故甚重，此惟城哉？惟是明季兵戈、近时伪乱，睹兹垒堑，颓缺弥多。莅斯土者，非勤以先之，慎以守之，固有莫为治者矣。今上御极之廿一载，太守白公来抚是邦。甫下车，环视周城，荆棘丛秽，倾垣败堞，触目颓然。西门圮尽，但余瓮城，北门仅存，而戍楼久废，与西门等。将唐刺史吴怀忠创立规模，寖成遗迹，不禁喟然兴叹曰："是岂所以佐保障而卫蒸黎乎？"吾闻之苏子云："生民之患，在于知安而不知危，能逸而不能劳。"❶司是役者，匪异人任，爰捐□俸，料砖度工，鞭石舁土，筑之登登，砌之棱棱，丛者以芟，秽者以涤，倾者以起，败者以立，曾未二年而巍焕改观矣。迨岁乙丑，诏中外郡县，凡城郭倾圮无备者，务为设法修葺。公曰："兴废举坠，司牧者责也。向当未奉纶音，尚先睿虑以图。矧今天语煌煌，其孰敢告劳而后？"乃事于时协镇都督府江公，亦跃然曰："固我文武所当同力作者。"偕诸寮属躬亲相度，搜橐庀材，鼎建西北二城楼。其周回垣堞垛，公先经修筑者，兹则更董葺不遗，以故倾者益起，败者益立，巍乎焕若，固等金汤。西北二楼峻屹汉表，殆与吴刺史旧制后先济美焉。夫西主金也，于时为秋，于理为义。北则水也，于时为冬，于天枢为辰。众星拱之则为忠。其或金飕飒飒，万宝告成，农稷于亩，叟康于衢。登西楼也，则有

❶见苏轼《教战守策》。

以义制事，省助不给，切流火、授衣之感者矣。若夫冬日烘融，霿发摇落，行人商贾，杂沓江干。登北楼焉，望会山青鸟，林林万岫。为问当年之紫云玄鹤，独有存焉者乎？移时波澄寒月，瞻斗极以兴怀，则有北面书思阴尽阳生之快者矣。乃今知公之惠我庆人者，固无所不用其极也。新黉宫、复讲院，以振文风；刊上谕，慎乡约，以醒彝俗；给牛种，捐积谷，以备饥荒。俾苗蛮且心同面革。究其施设，宁但真卿增障，德裕筹边（策）〔已哉〕？即此之强弩可横，铁瓮永固，更筹有地，戍卒有栖。抑孰非其勤以先之，慎以守之之明验哉？他日晋紫垣、登黄阁，调元赞化，巩圣代之金瓯于万年者，当亦如此城云。

## 重建思恩城楼记

鲍复相

皇上御极二十有五年，岭海荡平，诏粤西郡县修葺城池。思恩介在蛮荒，曩无坚城。余亟援例请于各上宪，欲甃甃而睥睨焉，顾以工用浩繁报寝。因自念曰："余为天子命吏，出宰是邑，苟有益于地方，即奈何不竭蹶图之也？"且城郭为四境之观瞻，远近之趋向，而使崇墉不饬，不几同于乡落乎？《易》曰："王公设险，以守其国。"则所以消戒心而遏乱萌，又在此矣。先是钱塘翁世庸于康熙丙午来宰是邑，始筑土为城，建东、西、南、北四门。后因吴逆变乱，土宄窃发，蹂躏崩塌。余乃捐俸补筑，培之益厚而增之益高，且因翁令所筑四门旧址咸建楼其上，以壮观瞻。自是而严城屹立。长斯邑者，始得以优游官舍，出政恒于斯，退食恒于斯，而虎狼盗贼，无敢逼处也。岂曰能贤？亦聊以固吾圉耳。且次第广学舍，延邑之秀良，弦诵其中，使肄业有所，而藏修游息，不见异而迁。将欲化椎髻之俗而为齐鲁之风，虽不可骤几乎，亦从容□之而已。夫有官守者，视其力之所可为而为之，尽心尽职之道，当如是也。

## 庆远府军厅壁记

〔宋〕绍定五年　权知宜州军州　张　琮

题名有记，自苏侯府君至于赵侯，凡更代者四十有七。自绍兴庚申至于绍定壬辰，凡立石者相仍而三。历年之久，阅人之多，时世之不同，事体之或异，未暇详考悉数，姑撮其大概言之。宜为庆远军节度，系极边郡，守文武通选焉。处群蛮心腹而控扼其间，调一殊俗，保障省地，责任不轻，赋入无几，盐运艰关，财计兵力皆不逮。昔苗猺错居，情伪滋甚，为郡守者亦戛戛乎其难。广右自督府外二十四郡，人语入宜则摇手退避若将浼焉。虽然恩威宽严之迭施，区画权变之有道，亦曰得人焉耳。琮绵薄，承乏于此，左支右绌，侥幸及代，拟附群贤后，而碑石所书已满，不得不更而新之。琮不肖不足道，后之来者姓名班班，人见之曰："此宜之贤太守某人也，与是碑俱不朽，岂不足以警省而勉之"云。

（文字据道光《庆远府志·艺文志·图志》校补，个别字句有出入）

## 捐置义冢记

思恩令　鲍复相

盖闻掩骼埋胔，从来之善政，而泽及枯骨，亦古后之深仁。若乃生而含灵，死无抔土，此仁人为之恻然，而不忍其终于暴露者也。思恩在粤西为最僻，万山之中猺獞环处，丧葬之礼素所未闻。至若鳏寡孤独死无所归者，则漫不相恤，听其委弃于山冈水涯而已。予自下车以来，痌瘝[1]恒切，思置义冢，聚而藏之，未有其地。于是谋之邑人，适有庠生崖万仞告余曰："厉坛左偏有空地一区，系葛氏旧业，业主以逼近厉坛为不祥，欲鬻之而取其值，购之诚便。"余遂捐俸买之，而义冢之事以成。自是残月晓星安朝寒之白骨，凄风苦雨无夜啸之青磷[2]。不但此也，且传之后人，俾恻隐之心同，则收恤之事亦同，是则予之志也夫。

## 德胜镇清复屯堡田租记

王　琠

德胜为庆远巨镇，当楚粤通衢，控界龙门三巢，接壤土司。猺獞窟穴其中，挺弩刃而出没剽掠者，月无虚牍。制抚重忧其地，策群议，经画既定，具疏请以庆远同知移驻，增设龙门巡检司，添设弓兵，并拨南丹、东兰、那地三土州土兵各一百名，分汛要隘，而联络指臂之势成。顾土兵奉调远汛，日久草止露宿，固不足以壮居守慰劳戍，且里粮囊粟之无从，则何以为食资哉？先是，那地土官罗会禧为其族罗中兴等谋袭刁控案，定以中兴安插象州，令会禧出资一千两给之。既中兴反覆逞故智，正其罪，追银贮库充公。至是即请动支买田，为各土兵赡养口粮。然德胜近里田少山多，积岁稔，土民世守之田值重，且鲜出售者。爰复念旧时屯堡各田及今隐占者多，若竞清查追没，未免亏百姓耕垦之力。惟量给其田本牛种，免其罪而不起其田，认租输谷以给土兵月粮，则于兵民两有赖矣。乃履亩查勘，并晓谕各里民獞，买田赡兵，无非为尔等筹画，务使地方宁谧，一劳永逸至意，率皆感激鼓舞。其屯则上青、归化、顺安三里莫愧勇等，旧垦二百二十七亩，给值四百五十四两，秧本四千三百一十八斤，岁可分租谷七万三千七百斤。又上村，白沙上、中、下三村王纯等旧屯五十亩零，给与牛只银六十两。尽力垦辟其荒土未熟者，获有赢余，以备丰歉不齐。其堡田，南巢则头灰一堡蓝兆康等，旧垦一段，秧种三百六十斤，自愿报租谷三千六百斤；西巢则白日、石灰、永纳、塘罗四堡覃奉留等，旧垦四段，秧种二千一百三十斤，自愿报租谷二万九百斤；北巢则水落、桥扑、大弯、界牌、标洞五堡覃明响等，旧垦

[1] 痌瘝（tōngguān）：病痛；疾苦。

[2] 青磷：即磷火。人和动物尸体腐烂后分解出磷化氢，夜间在旷野中自燃时，可见青绿色光焰，故称。

五段，秧种三千七百八十斤，自愿报租谷一万四千一百七十斤。酌其土田肥瘠与其远近纳租，二百斤者给与工本银一两，共给银一百九十三两三钱五分，收租谷三万八千六百七十斤。于是通计屯田、堡田，岁可得租一千一百二十三石有奇，约可得米五百六十一石有奇。分土兵为两班，轮番更戍。每兵一名每月给谷四斗八升，岁支亦足无缺。其余银数即交分驻同知，以作建造仓廒、搭盖土兵营房之用。其所裨益戍守形势为何如也？珙以承乏署守事经理，幸无即于戾，仰赖上宪恩德惠心，有孚用能，使民苗感化输诚，一举而事集如此。因举所次第奉行者，直书记载，以示于后。勷助之勤，宜山县令陈谟，例得并书。

## 三元祠记

〔宋〕乾道元年　宜州通判　郭见义

儒道之隆污，常应天下之治乱。自秦汉以来，其迹可考。本朝承五季之后，稽古礼文之事，率为疏阔。烈圣相承，纯用德教，思得儒士而任之，于以斟酌前代取士之法，杜塞他蹊，(崇)〔专〕尚进士。昔人指此为(将)〔拜〕相科，非虚言也。天下之人，从风而靡。三尺之童，悉皆肄习。间三岁〔下〕诏，被褐扮袂，求举于府若州者，以数十万计。府若州考试之，定其可举而荐之礼部者，尚数千计。礼部考试之，加详密焉，第其可进，以名上于天子者，不过数百人而已。天子为之躬御便殿，手执文柄，乙夜观览，其皆无害，然后胪传于九陛之上，释其布褐而命之以官。凡得与于数百人之列已为难矣，而况自府若州，以至礼部，以至天子之廷，皆魁其选，其难易为何如。自非怀奇瑰绝异之才，淹贯乎学问而克备乎文辞者，其孰能与于此哉？是以二百年间，能如是者，其殆三数人，而始平冯公则其一也。公(是)〔世〕为宜之龙江人，从其父商遨游四方。公生而英爽俊迈，气盖一时，翰蹊墨径，绝人远甚。幼寓试武昌，而发解庆历之间。始与群士计偕礼部，赋《无逸为元龟》，廷试赋《盖轸象天地》。是时，朝廷笃尚声律之学，而公之二赋清婉浏亮，典丽遒密，曲尽声律之妙，遂为多士之魁。四方之人传颂其文，摹拟窃取，乞灵假宠，以长雄于词林者，不可胜数。其后，被遇三朝，遍历华要，出入中外，且数十年。晚乃擢任政机，引经断国，虽当全盛之时，身名俱荣，能如公者，盖亦鲜焉。生公之后者，想望风采，孰不兴景行之意。而此为父母之国，坟墓存焉，顾无一宇之楹以为邦人酹奠之地，其为缺典实甚。今郡守李守柔，为政二年，群务毕举，初议兴葺祠宇，肖公之貌而事之。一日顾谓其獠郭见义曰："吾欲为是，可乎？"见义曰："稽之古义，则高密建郑公之祠；取之近规，则曲江立九龄之祠。在人耳目，皆为美谈，何为而不可？"于是卜地于城之东偏，焚蒿菑翳，荦土瓦砾，筑为墙垣，直如引绳，为堂三楹，以宅其中。不崇不卑，雅有制度，朴斫涂塈，必坚必良，气象周密，可谓百年之计。公像在兹，凛有生气。呜呼懿哉！他所未有也。问费焉出，则首捐所受之俸，故应者悦；问材焉得，则市于积贮之家，故办之疾；问工焉取，则募夫末作之徒，故从之易。四境之内，或未及知，而祠已成矣。既成而落之，众莫不稽首叹息，以为百年未举之事，而成于谈笑之顷，若有鬼神阴相之者，何其盛哉！盖自今伊始，殆有崇而无替，来者必谒，过者必式，岁时必荐，兴事必祷，庶几无罪悔。如是则李侯之加惠此土，可谓备至矣。始平公名京，字当世。仕至参知政事、宣徽南院使，赠太子少师，其行事具国史。凡不预于立祠之义者不书。

## 鼎建龙溪书堂碑记

〔宋〕嘉定八年　知宜州　张自明

崇宁甲申[1]夏五月之初，太史豫章先生黄公谪来宜，初僦居于黎氏。居之三时，甚安乐之。然后有南楼之厄。顷，余得僦居墨帖读之，意宜之人必以雪堂视其处。及来访之，莽然荒墟矣。黎氏不复能有，已转之谢、之秦，谢得其一，秦分其二。乃属[2]宜士唐总龟、韦安雅、韦文虎从求之。三家皆士人，闻言欣然愿献其地。嘉定乙亥[3]三月壬申，乃鸠乃工，作祠其中。后建崇堂，上敞高阁，旁翼十室；前立重门，又从垣之。宜山少府张可久实督其役。堂成，又裒公在宜之翰墨，尽刻之石，以填于堂，使宜之秀士游于斯，修于斯，景行于斯焉。祠前支离两古树，公所封植，名之曰“万红”。门前颇黎一方池中，有立石形如半圭，其色正黑，名之曰“墨池”，宜人尚多能道之。始公既羁于南楼，黎氏不忍以其居属他姓，遂易之为亭，请名于公。公以环亭多美石，旧名宝华，乃题之曰“宝华亭”。黎氏又设公之像于亭，而严事之。故旧像藏之黎氏，旧匾藏之秦氏，一百一十年矣。余物色得之，复规作亭，以存其旧。又以旧匾、旧像函之阁，刻之石，以传无穷。于是总名之曰“龙溪书堂”。将属记于名世之家，故先述其所以作祠之意。又作《迎享送神词》六章，章四句，使宜之人歌以享焉，而并刻之。初度地，有细民宅其旁未去，公使黄衣梦之曰：“此非汝得居，不去且有害。”黎明遂去之。及鸠工，又梦一民曰：“汝辈勿污此，汝坎屋阴数尺，地有器焉，以锡汝。”民如言坎之，得一缶，古矣。既即工，奉安祠事，衣冠蔼如，登降成礼。宜人来观来瞻，起敬起畏，如公之临其上也。乃歌此辞以享之，其辞曰：

宜之水兮龙藏，宜之山兮龙骧。德人兮天游，炯秋月兮寒江。来游兮自东，骑赤鲩兮乘刚风。左筇杖兮右白羽，挟乌兔兮双童。万红纷兮盈庭，露半圭兮澄泓。宝华旧兮匾亭，焕高阁兮摘辰星。蒸蕉兮荔尝，桂酒奠兮兰汤。来游兮来下，锵佩玉兮琳琅。刁斗兮沉沉，土膏动兮耕耨深。家瑟诵兮鸣琴，咏舞雩兮古心。去归兮蓬莱，觐钧天兮泰阶。宜人兮永怀，相斯文兮千岁偕。

（部分据道光《庆远府志·学校·义学义馆》校订）

---

[1]即崇宁三年（1104）。

[2]属：同“嘱”。

[3]即嘉定八年（1215）。

## 龙溪书堂图记

〔宋〕嘉定九年　张自明

宜州辞曹张自明，既以俸赢十万作龙溪之祠，偶摄州，又以州用赢钱二十万作书堂阁，其后为宜人游修之地。又欲作斋馆，作庾庖，作门墉，而莫之办。乃请于漕台方公，助鹾抵钱廿四万。于是作东庑，为堂长位一，为斋二，室四；作西庑，为讲堂位一，为斋室如东。东又为庖，西为庾，中为门，四围墉之。又重门于外。又以俸赢五万，作礼殿于堂之西，像周公、孔子、孟子于其内，绘文翁蜀学图像于壁，使士知所尊焉。方公又得鹾钱三十万，俾买田以养士。既买民之田，不足，又请于仓堂刘公，得平买闲田以足之。于是岁收米三百斛，日养士三十人，弦诵声洋洋如在邹鲁间矣。宜山少府张可久董其役，图刻之石以传四方，曰"罔俾石鼓"，白鹿辈得以专美于江湖间也。乃为之书其本末如此。方公，莆人，名信儒；刘公，吴人，名湛之，当世仁人君子也。

嘉定丙子〔岁人〕日敬题

（据道光《庆远府志·学校·义学义馆》录张自明《龙溪书堂图记》校订，略有出入）

## 宜州祠堂记

〔宋〕　杨万里

予闻山谷之始至宜州也，有甿某氏馆之，太守抵之罪；有浮屠某氏馆之，又抵之罪；有逆旅某氏馆之，又抵之罪。馆于戍楼，盖圄之也。卒于所贬，饥寒之也。先生之贬，得罪于时宰也，亦得罪于太守乎？鹿之肉，人之食；君子之残，小人之资也。孰使先生之所投，足以授小人之资也哉？夫先生得罪于太守，则太守不得罪于时宰矣。岂惟不得罪也？又将取荣焉。由今观之，其取荣于当时者几何？而先生饥饿穷死之地，今乃为骚人文士顾瞻钻仰之场。来者思而去者怀，则君子之与小人，患不得罪尔，得罪奚患焉？

## 重兴龙溪书堂记

〔明〕嘉靖七年　郡人　知州　杨　梁

庆远，古宜州也。城西旧有书院曰"龙溪"，盖宋嘉定间摄宜州事、都曹张自明所建者。内祠太史黄山谷先生。按先生为豫章人，学问词翰冠绝一时。治平中登第，仕至著作郎，迁秘书丞，与修实录、国史。中遭谗谪，后复朝奉郎，屡知郡，丐祠而罢。其事母暨兄极诚且谨，仕当任子，舍之以官兄子。比当迁官，乞以授母，封安康郡君。母疾逾年，朝夕侍不离侧，至亲涤厕腧、浣中裙。及母丧，庐其墓以终制，时以曾闵目之。尝作《荆州承天院塔记》，忌者摘数语，以为幸灾谤国，遂除名，编隶宜州。以崇宁甲申至宜，僦居黎氏。垂四年，有南楼之厄。黎以其亭设像，日敬事之。后百余年，都曹始摄州，慕先生高风而欲事之，则前地不复黎有矣。爰取之秦、谢二家，得而建祠。明年又售旁地及园几四十亩，拓之以建书院。请于台臣，助鹾抵等钱，售田千六百亩以养士，弦诵洋洋如在邹鲁，有足与白鹿四大书院并称者。都曹既自记而镌之碑，又以其地与田亩及田入米数籍而为碑一，若院之规制形胜亦图而为碑一，以属都监姚灼志之。今读是碑，其迹犹可想见，惜书院颓废。胜国以来，其地及田园尽为民有，惟岿然一祠与三碑仅存。而公家祀亦久辍。西关士民，但裒钱于忌日一奠耳。嘉靖二年，前守王公显高，撤故祠而葺之，未几擢去。四年冬，我龙潭叶公来守是邦，谒祠读碑，慨然以兴复为己任，值讨田贼未果也。迄六年春，始建巨坊于通衢，匾曰“山谷黄先生祠”，辟道于祠西，以复宋旧。峻其周垣，建外门，而匾曰“龙溪书院”。二扁公子贯所书也。又复左右侵地各三丈有奇，展为址，以俟营建，复园一、池一，时蔬鱼果，以备祀燕。按碑图计之，则书院地为民所有者尚三十丈，田凡千三百亩，而贼据荒顿弗与焉。公谓此皆易世而各诿以故券相承，似难遽复。岁略征其所入，用举祠事。地则丈输白金一钱，田皆亩输铜钱十文，凡为白金二十有三两。春秋各以三两供祭需，余悉帑积之，以建书院，以售祭田。约五年后足用，罢不复征。公又以张都曹右贤作事有功吾道，岁用配享于先生。盖礼以义起，而祀为肇秩者也。其工与祀，悉备委宜山令周（召）〔君〕南、丞骆贵敬，如指授。公先具牍上诸当道，皆可之。而总制大中丞姚公、大巡侍御石公，佥谓兹举实系风化，急宜告成，以示永久。于是，公出其罚赎楮粟之直，既岁积祭余之钱若干缗，郡人、致仕府同知李华亦乐助白金四十余，咸畀周令，谨如牍议，即祠旁新址建堂以会讲，建斋以藏修，建庾以储粟，视宋旧观，殆仿佛焉。既成，公乃揭白鹿洞学规于堂，萃四学俊秀而裁成之。又售田百亩，以所入者供祭，余悉充士养。合郡士民咸忻忭鼓舞，以为是院始无也，都曹创之，终废也。我公复之，古今仅两见耳。然义声所激，他日不有因其废而复之者乎？又不复有俎豆我公如都曹者乎？盖后之视今，亦犹今之视昔也。周令君欲梁勉记其成，曷敢以不敏谢？

惟古之书院，类以白鹿、石鼓、嵩阳、岳麓为大，而龙溪书院亦当并之。然彼迨今，凡几兴废，而此则四百余年始一复于公焉，何也？盖彼固道学诸儒过化之地，故治人者率为先务而急之。此独僻在遐服，或谓非治所先，而视为弥文。不然，则谓山谷先生惟长辞翰，而与道或未一也。梁观先生之诚于事母事兄，谓非迪知允蹈于道者能之乎？苏文忠荐其孝弟之行，追配古人，良有以也。传曰：“尧舜之道，孝弟而已矣。”即先生所得者虽优入圣域，亦不能外。则以风乎后进，有不奋然兴起者哉？矧进学诸儒，出乎濂、洛、关、闽，以继夫孔、孟、尧、舜之统者，亦与先生项背相望。于其微言奥旨，孰不习而知之？第所谓士者教于学校，取于场屋，虽与先生同，而其身心所得，或与先生异。盖夺于举业而莫之省，卒之去道始远耳。君子于学校之外，犹重书院。异或静修深悟，容有自得焉者，顾其功将孰循乎？曰：“白鹿洞学规至矣，但学者立心之始，几莫大于诚伪，辨莫先于义利。”既循其规，必审诸此，以验之所存所履者。必去伪而主诚，舍利而从义，时出绪余[1]，以应场屋之求，而得失亦无与焉？则伊川所谓“足可为学，亦不夺志”，今甘泉所谓“二业合一”者，盖尽在是，而有不几于道欤？斯龙溪之复也，日所入者足以养室，所建者足以居，祠祀所秩者足以兴起。苟来学之士循前规以修德，循今制以修辞，能以诚伪义利自审而不昧于所适，则由先生以企乎濂、洛、关、闽等而上之，又以企乎孔、孟、尧、舜其于道也，何远之有？若然，斯不负公所以复是院之意也。公徽之，祁门人，名藟，别号龙潭，以《春秋》魁南畿，历仕虞部郎，擢今职。观其持身清谨，制事端方；为政达大体，秉至公；崇礼以易俗，重本以厚生；赒贫以礼士，御寇以安民；表忠义之祠，秩名贤之祀。大新朝学之规，凿凿乎美政有不可殚述者。因识祠事，姑撮一二，以见其循良云尔。

## 重修三元祠记

郡人 同知 张 煊

祠典之兴废，与文运相为盛衰。曲阜宫墙，邹邑庙貌，由来尚矣。嗣如董子祠于河间，濂溪祠于道州，晦翁祠于紫阳，范文正公祠于姑苏，彰厥梓里，以风厥后进，是景仰英风之余，不必亲炙謦欬[2]，自足以追仰奋发而契合矩度者，有以也。宜州为古百粤地，合方舆而观，实为远域。然星布分野，则自为一区。是故，天门拜相，长发其祥；始平冯公，钟灵生焉；英爽豪俊，超绝一时。幼尝往学于潭州，比长，从父商宦寓，试于武昌，再上春官及廷试，三选皆居首唱。历仕三朝，出入中外，守正不阿。官至参知政事、宣徽南院使，赠太子少师。乾道间，郡守李守柔建祠于宜城之东，以祀公。郡佐郭见义为之记，于时去公未久，记述特详。又建四贤祠，合祀公与黄庭坚、赵抃、吕璹，可谓仰公之至，具载《一统志》中，可考也。故于公乡国则曰宜山人，于武昌为流寓，斯实录已然。而四贤之祠毁没已久，而三元祠址迄今尚存。旧有塑像，圮置不一，而像不可见矣。乃今所遗者，扁额牌位。弘治间，修楚志者改公流寓为世居，固已失公出处之迹。嘉靖初，修广志者又误以公为（鐔）〔镡〕津人，寻亦刊误改正矣。盖公文章德业望高，百代四方之人争相趋附，无怪其然也。祠宇久倾，基地鞠为茂草，卿士大夫罔不悼惜。而节推华南黄君兆亨追访遗事，喟然叹曰：“兹固予责也。兴废举坠，有司是务，有其举之，莫或废之。”遂捐俸购材，日勤董治；厥基惟崇，厥栋惟隆。表树坊额，厥制轩豁；周垣缭密，视昔大备。祠宇肇建于宋，历元，迄今不识凡几。兴作皆因旧就简，未尝有培筑如兹峻者。顾瞻规模耸拔，与两庠相为映峙，诚足以垂久远而风后世，斯文气运不亦丕振矣乎！夫运不偶复惟其会，事不偶济惟其时。乘兹时，（济）〔际〕兹会，以兴起斯文为己任，亦惟其人耳。黄君莆〔田〕世家，操履端慎，修政举职，多所兴废，兹固一事之举也。落成

---

[1]绪余：本义为抽丝后留在蚕茧上的残丝。

[2]謦欬（qǐngkài）：咳嗽。

之日，贰守崔峰汤公介且至，深嘉而乐与之。盖以见兹举之有裨于风教，而先哲遗德之能感通于人也。于是乎书。

（据道光《庆远府志·建置中·坛庙》校补）

## 储元文馆碑记

〔明〕万历二十七年　郡人　知府　王　珽

郡西关外旧有龙溪书院，年久圮坏。里中士修文无别馆可以类聚者，离索多而观摩少，非以隆儒效、振文风也。万历丁酉，闽中陈公丞郡摄符逾年，弊除废举，黉署肃新。又逾年而文馆告成，公颜之曰“储元文馆”。盖以兹馆与冯三元祠并峙左右学宫者也。于是，宜山令偕诸博士弟子员咸诣珽而属之记。珽惟文者，由中以达其所有而不容秘者也。辟则万镒之玉，弥琢磨而弥光彩；九鼎之金，弥锻炼而弥精纯，是有用之文而非雕缋藻饰之为也。今士必工文为羔雁矣。平居博综百氏，囊括五车，蕴藉乎黼黻之章以待举，一旦信眉吐气，则称杰蜚；藉第令效刃，一弗称而碌碌人后，何以答隆遇而对夙望。士恶得挟科第以为重，必有所以重科第者而后章显也。吾乡冯文简公起家徒步，即称殊绝而声闻，至今不衰，无亦以其家修廷厝卓尔完美如金瓯无缺，故闻者兴起，百世犹然尔。噫！若文简者，岂徒华尔清兴之为足艳，盖学孔孟之道而不诡焉者也。孔门四科必以德行为称首，子舆氏所谓“乡国古今之善士，自谓诵读外，又必尚论其行事”。❶然则士之业举为文，其于体用本末之间当辨之审矣！公群士而校之，俾娴于文，而更勉以实，从而举其乡之先哲以起仰止之思，若射命之的也，若行示之指南也。文馆之成，其有造于士矣。馆之地，先为射圃，榛莽有年。公始命芟刬之，鸠工构材，乃创堂室庑门，垲爽周延。经始竣役，公悉捐俸为费，不足又益以嘉胏之羡缗。故不请公费，不烦民力，而告厥成。成之日，公招诸大夫、博士弟子员而申之曰：“国家养士，与士之所养，必也明圣道，习世务，文章行谊如三元冯公，乃称不负科名者。余不敏，佐守是邦。幸得政暇，与二三子切磋于此。实祈征宠灵于山川，为国家造就人才，庶乎不负千万之一尔。二三子操觚离藻，似无难致身青云。顾所虞者，徒工鞶帨❷，剽科第以厘荣腴，而行业多泯泯也。则于尔乡先哲，不愧之义，谓何？是在二三子之交相箴也。”语毕，弟子员懼然悟，憬然奋，退而为之歌曰：

孰聊我以游息兮？公癖其宇。孰示我以章程兮？公直其指。孰惠我以笔札食膳兮？公之赉予。向伥其孤陋兮，公使我其兴起。

珽从里闾父老之后，乐闻声歌，以为师帅造士作人者劝。谓是殆不可无记，因编次其

---

❶子舆氏：指曾子（曾参，字子舆）。此处作者以为后面的话为曾子言论，误。实出《孟子·万章下》。孟子谓万章曰：“一乡之善士，斯友一乡之善士；一国之善士，斯友一国之善士；天下之善士，斯友天下之善士。以友天下之善士为未足，又尚论古之人。颂其诗，读其书，不知其人，可乎？是以论其世也。是尚友也。”

❷徒工鞶帨：只追求外表的华丽，比喻雕饰华丽的辞采。鞶帨：腰带和佩巾。

略，勒之贞珉，俾兹馆之兴，引之勿替，盖庶几比于召伯之甘棠云。公讳尧钦，字仲敬，闽县人。

## 环江义馆记

鲍复相

天下之教化，起自学宫而成于义馆，盖义馆与学宫之设相表里也。学宫不设，则乡塾党庠之教无闻，而椎埋屠狗之习相尚，甚至同类操戈，微嫌举刃，欲教化之而无从也，故曰“起自学宫”也。义馆不立，则功帖括者上乏诗书之考订，下少朋友之切磋，气以弱而易衰，心以弛而苟惰，势不见异而迁，即为循习而阻也，故曰“成于义馆”也。思恩从无义馆之设，士子多散于乡，环山而居者相距数十里许，人私其身，家私其学，而况半菽不饱，厨无儋积，又安望其有扶衰振靡，以大起斯文者耶？余莅兹土，即欲取都人士而弦歌之，适朝廷乐育人才，诏天下郡县皆立义学，藐兹带溪，零落已久，敢不奉命惟勤。因商之博学唐子，建数椽于城西北隅。虽茅茨土阶，未遑丹雘，而青山排闼，绿水绕溪，亦甚堪供笔墨之娱矣。于是，延邑之明经吴三俊、廪生刘祖沛为塾师，集子弟之有志者，分斋讲学，给以膏火，资以楮墨。时与唐子亲率其间，迄今三载有余，朝星暮月，出史入经，唔唔然听读书声不辍也。因颜其室曰“环江义馆”。夫环江者何？其水潆洄，其气澄澈，其势奔腾而澎湃，而绕于义馆之前，如文章之渊源有自，始则澜清脉细，继焉曲折舒徐，而放乎不穷，一泻千里，使都人士顾名而思义，触目而感怀云耳。从此策励于朋友，鼓舞乎《诗》《书》，毋见异而迁，毋循习而阻。庶几乡塾党庠之教盛，椎埋屠狗之习移，而登云附骥之士踵相接焉，故曰义馆与学宫之设相表里也。若夫起规模而阔大之，则俟后之君子思义馆与学宫相表里之义，易其朴斫，加以雕甍，是余之厚望也夫。

## 重建龙溪宋黄文节公祠堂碑记

贰守　查　礼

庆远乃粤西边境，秦汉时为南荒百粤地。其民椎髻卉裳，风气与中土殊绝。自唐、五代始设官置州治，渐摩向化，蒸蒸以变，然犹为瘴乡迁谪之所。迨宋、元、明迄今，则浸浸乎礼陶乐淑，声华文物与内地无间矣。郡之西郭外，有宋太史黄山谷先生祠堂，刺史丹霞张公所建也。先生为宋名臣，文章孝友推重当世，以崇宁甲申被谗谪来此州。初僦居民屋，后迁郡城之南楼。湫隘转甚，人不能堪，先生坦然自适，日与州人士讲学讽咏其间。年余，将徙永州，未闻命卒。州人思不能忘而尸祝焉。南门乃先生行游地，州人扃之，不复启。嘉定中，建昌丹霞张公以教授摄州事，访其曩居遗址，民争献其地。张公乃输州赢钱数十万，建祠于龙溪之上。又裒先生在州之遗墨泐之石，封其手植之树，起万红门，濬墨池，筑宝华亭，规模甚丽。其后世代迁移，叠遭兵火，屡兴屡废，则无复旧观矣。余于乾隆己巳夏，以农曹奉命发补粤西同知，庚午春始授庆远郡丞，未之任，即摄平乐守篆。辛未，随兼榷浔关。去秋壬申，仅一至郡，然在署不匝月，又复权守平乐。蛮烟瘴雨，奔走未遑。今年春以权知府事，得复来此。听事暇，因屏舆从，出郭求先生祠。惟矮屋数椽，荒榛败堵。展拜之余，不觉悽然，为之傍徨踯躅不忍去。遂捐俸若干，即日鸠工庀材，就其地启堂宇三楹，妃以两庑。前设崇门，而周缭以垣，翼之以亭，疏之以池，庶几聊复旧日规模。使经历雷掞董其役，典史梁恒谦佐之。经始于二月下旬，断手于五月中旬。设栗主其中奉之，而以后刺史丹霞张公配焉。更为理复其祭田若干亩，立以禁约，俾春秋祼享，永永无斁[1]。夫先生文章翰墨，垂之天壤，炳如日星，凡世之授简操觚者，宜其咸深仰止，奉为圭臬。乃至于州之人士，与夫樵夫牧竖之流，无不戴如文翁之在蜀、羊公之居岘首，又何其若此之甚耶？盖先生顾在州之日无政教可施，其风义泽爰感人深，则遗思远矣。是以至今六月十（三）〔二〕[2]日为先生初度辰，郡之若乡若镇，扶老携幼，罗拜于堂下者，岁以为常。可知维系人心，虽隔千余年如一日。于戏！先生之革俗易化，为功于州，岂不伟欤！则报祀之典，守土者讵容稍后哉？且余童时即喜先生楷法，心摹手追，虽片纸只字，必什袭藏之。闲尝默思先生道貌，仿佛如见羹墙。今又承乏于此，得重新先生祠，岂非天作之合乎？余膺两抚军之剡荐[3]，不日将俶装入觐，未敢逗留。其祀典之有未竟处，不得不望于后我来者。爰为之记。

乾隆十八年癸酉夏五月二十二日

## 经使阁学吕公住免回易钱[4]碑记

〔宋〕咸淳癸酉　知庆远军府　王安国

良法易创也，法弊矣，而革之。非见善明，用心刚不能也。《易》曰：“革而当，其悔乃亡。”大司（住）〔徒〕免回易，（殆）〔其〕革而当者欤？事初而善辞曰：“整军经武也。”奉行者果能不尽利、不营私，焉得弊？其弊也，义实弊之。然利者义之反，罔利辈视义为何等物？百计袭取，一孔不遗，利尽害生，滋纷纷矣。抑配溪峒货物而蛮猺怒，勒价〔刻直〕而士卒苦。闭行旅之往来，遏（贫）〔贸〕民之贩鬻。道之悖，往往为大司开怨府，为藩邸蹙元气，〔为边徼偾事〕端。其自为谋，则挟公翼私，而专恣妄作也。弊至此极，不革将悔久矣哉。圣贤戒言利也，曰多怨，曰罕言，曰不夺不餍，固何利焉？南轩张宣公辨义利析秋毫，帅广时，痛念邕、宜、融被极边，号凋郡，申闻〔于朝廷，乞〕假缗钱，付各郡自为回易，收息赡军。公之加意三郡厚矣，未若泯此名之为善也。

---

[1] 斁（yì）：终止。

[2] 原文为“三”，考黄庭坚生于庆历五年六月十二日，故当以“二”为是。

[3] 剡荐：上书举荐。

[4] 回易钱：即大抵相当于今天的商税。回易，即交易、贸易。

安国承乏摄守是郡，稔知此弊，蹙额相告，冀回生意于憔悴。适经使阁学吕公奉天子命来（专）〔惠〕南国，所行皆快活条贯，一申免请，如响斯答。（当）〔尝〕瓣香❶东乡，为宜民写真诚，懿哉！报某书曰："回易之害，某未入境，已知之。"公牍之来，适契下怀，一笔勾去，亦牧民者之职分。见义勇为如是，是可知其道称，择术精矣。生财有大道，大人之学也。公以大学为学，絜矩为道，所谓外本内末，聚财散财，〔悖入悖出，固〕洞然于胸中。大而用天下，必能因人心之所同，推以度物，使彼我之间，各得分愿，上下四旁，均齐方正，而天下平矣！何弊之不革哉？公于此时，心与理契，机动矢决，知回易之害，于未入境之先；肆一笔〔之勾〕，于公牍既来之后。见善何其明，用心何其刚也！公之志主于根本，专于牧养，有不便，辄弛以利民。与□□台臣奉乞弛利以宽，广郡同一，盛心归向，求之亦□，先正之心也。大吕许公❷（奉）〔奏〕免河北等田镈，天下咸高其识大体，许之秉钧轴。其子申国正献公，为保固人心计，极论三司商财利之不可行。二公善识大体，时皆位至台鼎，宏规懿范，式克至于今日，休用此道也。愚于此益信道山之道得其传。

公名师夔，字虞卿，号道山，元勋节相武忠公英嗣也。先世自河南来居寿春，前有许、申二国公父子矣❸。将相一门，后先济美，（教忠）〔忠孝〕固有自云。

（原文多处涂黑，道光《庆远府志》亦缺。四库本汪森《粤西文载》卷三十六《经史阁学吕公免回易钱记》文字出入较多，各处校订均以之为据）

## 郡守林公去思碑记

〔明〕嘉靖年　郡人副使　李文凤

郡侯玉泉林公九载秩满，部使者知其贤而挽留之，侯固辞。郡之父老闻之，咸走庭下请曰："侯覆我育我，善政无量，兹惟侯是依。奈何舍我去？愿上状乞留以终侯惠。"侯复固止之，父老不获命，则退而率群子弟，召工相地于学宫之旁为祠而祀焉。百工闻之，咸欣欣献材为良。不期月而告成。介两山杨君梁、印山高君珊、玉峰玉君昆、东湖李君霁、四峰戚君振、双桂黄君钟美过予曰："侯之贤，君所知也。贤而弗纪，后将奚传？君其识之，以无忘侯德。"予曰："于此，可以见侯之得民矣。"夫树怨者，惟恐其去之不速，孰怀之？怀之，则贤可知矣。是故为政者以得民心为本，得民心者，守己爱民而已矣。尽是二者，而民弗爱、弗怀者，未之有也。侯天姿端重，雅饬不群。内承文安公之教，以与康懿公周旋，平日所得于父兄者，既与众异，是故发而为政，治要自有足称者。闻侯始下

❶瓣香：佛教语，犹言一瓣香。俗以"一瓣香"指师承或仰慕某人。

❷大吕许公：吕蒙正及其侄吕夷简均曾封"许国公"，依常理，"大吕许公"当指吕蒙正，但史载"奏免河北等田镈"的是吕夷简。联系后文可知，此处所指为吕夷简。

❸许、申二国公父子：这里的许国公指吕夷简，申国指其子吕公著，即前文的"申国正献公"。

车，镇之以静、待之以廉而已。日期不足，月计有余，民不告扰，而郡日以治。先是，吏于兹土者，于土彝之馈多不忍却，而与之为事。其酋豪滑日滋，心生玩愒[1]，蔑视大府，维正之供，什无二三，以故库无余积，用恒告乏。侯至，一切拒之。久之，人无闲言，群酋感化，岁赋之入，惟恐后期。月给以裕，帑藏之积，迄今尚几万金。侯之守己，数十年来未有伦比也。侯莅任既久，民情土俗，无不周知。郡之南山，最为胜境，宦游者岁时往焉。侯惧扰村落，因祈祀一至，后绝迹不再往。每视事，自晨及暮，退食不数晷辄出，罚皆亲览，案无留牍。赈饥恤贫，礼贤乐善，缮城教蚕，抚顺讨逆，禁银差以宽民款，调土民使守关厢。数年间，下无横征，犬不夜吠，侯之力也。至于工役匠作之需，宾旅往来之费，侯亲自经画，未尝取之里甲。其惓惓父母斯民之心，随事而为之所有，非更仆所能尽纪者。是故驰誉动众，名公巨卿，交章论荐，上下恳留，而不忍其去。侯之爱民，数十年未有伦比也。夫守己爱民，予行天下，见为政者有一于此，自足以系邦人之思，嗣甘棠之美。矧兼而有之如侯者，可不谓贤乎！宜乎尸而祝之，以永厥思，报大德自出于人心之不能已者，侯何容心哉！予获从侯游，知侯之贤为最悉。常嘉谈而乐道之，于诸父老之请不复回辞。辄与诸子订议，为之论次。俾后先趾美于循良之列。且无溢美者，期合乎众论之公，非阿私所好而为之辞也。虽然，侯之为政如此，我民之报侯如此，亦可以见上下之易于感也。后之君子，宜思所以进于是矣。侯名庭杓，字利高，别号玉泉，福泉之闽县人，文安公中子也。其家世显贵，夫人知之，兹不复赘云。

## 郡守王公去思碑记

嘉靖二十七年　剑州知州　杨　梁（邑人）

政有经权，以事有常变也。常变时也，经权道也，诚之者心也。君子处时之变，用道之权而因心之诚；则惠爱及之弗忘，亦出于诚而已。我庆远太守泉比王公擢副河南臬使，行而郡有《去思碑》立，诚之感应者也。公京山钜儒，刚直仁恕，起名进士，才御史，卓有声望，比陟司徒正郎则屡历变故，可与权矣。先是，庆境□饥，溪峒贼起。其据里随者势日愈炽，患日愈深，是亦数十载非常之变。时郡人、今浙江方伯张先生适掌文选，思安吾庆者非公不可，爰荐握守符。以嘉靖甲辰（1544）春至，即诚心绥辑，急如拯水火。编保甲，合一众心，俾贼至，相犄角之。寻计缚数凶渠，戮以示警。乃趋督抚请疏讨贼机宜，分布部伍，简任偏裨，公亦与有谋焉。天讨之命既下，征调旁午，工役咸事、百用所需，自昔为民之供。今资发于帑，饷转于庾，力出于佣。惟公夙画而民一无劳费。事有不便民者，悉白止之。乙巳季秋，师进，公虔谒神宇，祈武功，预以兵遏贼斩俘奏捷。迄丙午仲夏，贼平。已旋定流徙，拊摩疮痍，起仆者而立之。且议都博、大曹并宜，若干蔓埠开镇宿兵，永备守以防峡江之贼。又振励邓、韦、彭氏三土酋与六

[1]玩愒（kài）：荒废。出《左传》“玩岁而愒日”，杜注：“玩、愒，皆贪也。”

堡控郡四隅，各扼贼冲。此皆公之处变因时，用权合道，心乎诚以惠吾郡者。矧贤父子甲科济美，位益尊显而胥惠天下，此决为兆矣。若居常守经之治，实公优为，民独于此焉思之何也？契尝见人藉车以行陆，附舟以济水。当坦途安流，轮櫓顺适，曾莫知其为功。迨夫经峻坂涉洪涛，颠欹簸荡，惧必倾覆，有善执辔操船者，运心之神，竟出至险，则其人幸彼全己而德之必诚矣，是但数人获全耳。公于吾郡亿兆之众全之，荒乱之时比皆底宁无患，以遂有生之乐，其恋慕怀思应诚之感，何啻出舟车之险者哉？初讨田猛，吾族困于供需；继讨思濬，吾兄亡于运饷，即一家可知一郡矣。值今之举，伤昔之虐，梁实谈虎变色者。故谓公始来也，其所以惠夫民；公兹去也，其所以思于民，皆诚也，非有所为而为之也。碑方琢磨，宜请名公勒之，以续何武故事，风乎后人。众顾谬属于梁哉，以其真知公惠而倍于民思耶，顿亡老颓勉记其实如此。其图碑事者，各厢父老、四学师生、阖郡士大夫、卫诸武弁荫舍凡若干人，其乐成犒工则郡幕二王子、沐子，县贰周子暨戴司庾、吕徼巡、郑司卫也。

## 德政驱虎碑记

[明]天启七年　郡人　孟养心

在昔万历末年，灾祲大行，道殣流离，加以群虎为害，野无行人。甚至昏夜入城，于床箦衔人以出，居人惊骇，不得安寝。里中父老恻然叹曰："兹变从来未有。"惟上古洪水，人兽鬼神混处，大禹治之。铸九鼎，象百物，使人知神奸，为备不逢不若。生民以来，一乱一治，必有忧民者任之。今何时也？虎餍人肉，灵蠢反常，盖逆气堙塞，妖孽乘之，未如之何？迨天启五年乙丑，朝命特简姑苏毛公[1]来守，以冬十月至庆。至之，日思所以恤患弭害之道，则榜谕悬赏以贾勇士，期月连献尸虎，再月远近绝迹，郡人异之，颂声乃起："阳春有脚兮随车有雨，生殖登穰兮百谷盈庑，虎魅殄灭兮解脱我苦。"噫！公之去恶兽去恶人亦如此矣。又一年丁卯三月，父老欣喜相刻石颂美，耆民王廷言于众曰："亨屯剥复，信非偶然，诚于此通于彼，故出言善，千里之外应之。至若会众善以为德，措众善以为政有如公者，应之又当何如？初公始至也，肫肫一念去虎安民是亟，是心即大禹铸鼎远害之心。扩是心以发政施仁，则声施四达，魑魅魍魉自尔望风潜没，于暴孽何有？此亦事理之常，尔等神而异之。然公之所以异于人者，自有在公清静端亮，休息以和，轸恤以宽，抚绥以无倦，阴骘运用与时宜之。故能变祲诊为和气，易暴疠为福厘，转荒区为乐土。噫！公来暮也。惟是曩者，灾害吏人莫能救，止祈禳于神。《诗》曰：'靡神不举，靡爱斯牲'。罔应也。必待公来，民乃辑宁。夫景星庆云所至，蒙福麟游凤仪，百怪自消。是神亦藉此德政，以举其职、洒其耻。则纪碑以传，岂惟人之心，亦神之心也。合隐显幽明之大同，以昭示休喜也，宜矣。"皆再拜稽首曰："然。"廷又言

[1] 即毛以煃，参见卷六《秩官志》"毛以煃"条。

曰：“尔等所见，未睹大方。公家世济美，重荣叠庆，宦绩令名，著在家谱、国史，奚以碑为？且公谦恭无伐，意不欲如何？”曰：“公则何事于斯，虽然于我心有不释焉。夫渥恩懿德可谖也？人而草木乎？父母生我，公活我，自我子渐远，而孙又孙，何由知公之德、思慕而歌咏之？故藉此文石传示久远，以慰我寸草心。公不欲，我不敢已也，况古今实录若灭火、渡虎、蝗绝、鳄徙之类有史官采自民风，是不在我。”并无以诘，遂书诸石，系以诗曰：

显显毛公，仁和慈祥，德化宏敷，首被庆阳。
庆之氓黎，灾害流离，不急手援，将无孑遗。
乙丑公至，民有怙恃，公不鄙夷，乳哺抚字。
有待兴利，必先除害，人入山泽，不篮而泰。
芃芃蒿莱，变为禾黍，有五襦袴，出自机杼。
三年之艾，七年之疾，民疾有疗，公心允怿。
公宴其獠，伐鼓渊渊，郡人来观，祝公万年。
公之治行，龚黄与京，天子诏公，为公为卿。
公归朝廷，丰碑在庭。

## 庆远郡署述职记

雍正九年　徐嘉宾

庆郡，粤之边徼也。万山环绕，民夷错杂，焚杀劫掠、仇怨相寻者，由来旧矣。雍正五年，予由梧州调守斯郡，目睹猺獞横行，案牍山积，不禁喟然叹曰：“太守，古诸侯之任，如不能惩凶暴、易恶俗，朝廷之设官分职，其奚以为？”于是，早夜图维，讲求利弊；各土司进见，莫不待之以诚、接之以礼；赏从厚而罚从重，务期其积习痛除，恪恭奉法。至如天河莫东旺、东兰韦咬、那地罗鸟、永顺邓朝宸等，或劫狱远扬，或争袭仇杀，或父子操戈，皆再三悬赏严捕穷搜，然后数十年未获之巨恶、久悬之案件归结殆尽。又念属境寥廓，鞭长莫及，清南四里分县丞以专理（接连三岔雷山，沿河时有抢掠）；龙门一带添设巡检以驻防（向系土舍管辖，最为难治）；三巢地方，蛮贼出没之所也，则拨兵三百，置田收租，移分府以弹压之；东兰外哨，土族韦咬旧居也，则改土为流，设知州并吏目以抚循之。审时度势，酌古准今，盖有必如是而民夷始可以相安者也。予莅庆五年，其间委署泗城印务，监纪古州军糈，水陆跋涉，在署仅十越月。郡之缺而未举者，予方抱愧不遑。而卓异赴京时，士民遮道而送曰：“自公之来，民安乐，无虎患，非公之德政而何？”予笑应之曰：“民安乐，斯凶暴敛迹矣；无虎患，亦事之偶然者耳，予何敢贪以为功？”述而志之，冀后之君子加意边荒云尔。

## 游南山龙隐洞记

〔明〕嘉靖年 庆远通判 王 钜

时维正月，日值履元，天气融和，物象明丽，庆郡备御李子芳，〔指〕挥使戚子振，陈子钦、陈子（动）〔勋〕、王子珪、吴子大纲、王子倬，谨邀郡守三山林子庭杓、节推诸暨俞子耿，偕予游于南山之阳。且谂予曰："吾闻一张一弛，文武之道也。矧今边尘底定，南国乂安，孰非良刺史之泽之所贻，而谓是游可后乎哉？"予𥳐然喜曰："信矣，夫是游不可后也。"乃同林子、俞子肩竹舆，遵律麓，历松径，扣禅扉，登龙隐洞而休焉。旗帜精明，箫鼓罗列，李子已先候矣。于是啜芳茗，倾流霞，坐云石以寄傲，仰雪窦以徜徉。厥昭若轩，厥敞若堂，厥邃若奥，厥缭若墙，裔者若柱，横者若梁，圆者若丸，方者若床，夷者若簴，屈者若耒，欹者若幕，垂者若珮，剖者若划，覆者若洙，泉者若喙，哨者若镦，皓者若素勺，翠者若葼，朱者若瑙，黝者若黛，殊状异态，犁然前陈，诚粤西之奇观已。而世传所谓之龙隐者，尚冥然其未睹也。林子顾予曰："是可已乎？"命篝灯以导，予缘崇岩以深入，索蚕蠋之幽宫，探元黄之雅穴，骨爪峻厉，鳞甲差池，骊珠照耀，精液淋漓，恢恢乎一卧龙也。予喟然叹曰："龙隐其在是乎！"往复阅之，骧首因于崥崹，修灵混于培塿，堰蜓与居，蜉蝣与邻，有欲奋鳃角、腾霄汉、兴云雾、汩陵谷而不可得者。又叹曰："其弗类予尔乎？"予自登第时，尹莆阳，转比部，固将摅胸中之所藏以霖雨天下，而守戆触戾，与时寡谐，远投遐土，偃蹇郁纡，适符于龙，素愿顾可得而偿耶？虽然"潜龙勿用"，在《易》有是说矣，而"见龙在田"者继之。夫亦曰：潜固见之，会而在田之象，未必不自蛰中来也。予虽弗时之遇，而幸遇好龙如林子者，与之上下其议论，以发吾覆，以达吾郁，安知蛰而田也不自今日阶耶？葛陂之杖、南阳之庐、龟兹之贺、船中之负，率此类耳，独予然哉？是故蛰龙抱真以需定，贞士藏器以待时。

## 石牛山记

忻城土知县 莫振威

山在县治东里许，山上两大石对峙，远望仿佛牛形。土人相传居山麓者，夜间常闻斗声，天曙往视，石如故，左右草棘颠错似牛践迹，因名石牛山。大凡有形者，具是物之形，必有是物之精气以凭之，其他金铸、石凿、木雕、泥塑无论矣。考古画工绝技，如杨子华之马踶啮长鸣，僧繇之龙破壁飞去，夫以缣素之薄点染之，迹且有然者。矧天开地辟，生成形似，有不孕精含气至于动变者乎？汤若士有云："理之所必无，安知非事之所或有？"❶土人之说，余姑存而不论，聊作亭其上，以备眺览焉。

❶汤若士：即汤显祖，号若士。语出《牡丹亭》："人世之事，非人世所可尽。自非通人，恒以理相格耳！第云理之所必无，安知情之所必有邪！"

## 游黄竹岩记

忻城土知县 莫元相

芝州强半皆山，山强半多幽岩邃谷。其最胜者距县治北里许，有黄竹岩焉。山形特立，岩口西向，望之仅斗大。初疑中有蛇虺，恶毒秽湿，不可近。是以人迹罕到。余于丙子夏，治理之余，始命芟榛芜，垒石级，蹑履而登。抵岩口，门甚宽，掉臂可入。不数武，虚敞如堂，可容千百人。仰若冠盖，怪石硍砑，俯仰不一，四隅周列，若鸟兽、虫蛇、花木状；又或形如钟鼎，势如剑戟，色如晶莹，文如篆籀。种种态象，宛然逼真，旁见侧出，莫可胜纪。中分十二房，房房相通，各有歧路，入必篝火。遇石隙透处，伛偻而入；依然坦行，如履平地；地面或土或石，光洁无比，虽蚁蚕莫或见；房中石柱屹然，石田经界划然。又有石鼓、石磬、石版诸器具，叩之即鸣，硿硿然，訇訇然，砯砯然，声响各别。余迂回旋绕，靡处不到，与堂中差有异同。时似深秋清凉，神怡心旷，世虑消遣，亦几忘其吏之俗也。低徊留之不忍去。噫！以斯岩天造地设之胜，致之吴越诸邦，名公巨卿、文人墨客，星聚游赏者不知几千万万。今遁于穷边僻壤，自甘沦灭，虽樵夫牧竖曾不过而问焉，其与世之高人逸士湮没而不彰者何以异？吾方为斯岩惜，且怪余从前觌面失之也。岩名黄竹，无可考，姑阙其疑。盖犹郭公夏五[1]之意云尔。是为记。

## [游]西山记

忻城土知县 莫振国

余至黄竹岩后，转寻西山之胜。山不甚高，平地突起，上有二岩面，东西并连，中通，广方丈。石形万状，森然布置，中露石脉一道，仿佛龙脊，遂名龙隐洞。石壁间隐隐文篆，拂拭苔藓，诵其诗，读其文，始知先朝人于此亦兴复不浅也。石镌迎晖楼、圣佛像、僧寺、僧田，遭兵燹，荒凉灭没，无复存者，惟遗岩中塑佛一尊，为石液滴毁，像弗完。据岩坐，甚清凉，六月可忘暑。立而远眺，绿野如枰，冈阜棋列，烟水相连，不可涯际。因思江山未改，寺楼丘墟。地之兴废，物之盛衰，与人事之得失，倏往倏来者，曷有定欤？岩下数武已成村落，土人为予言，即僧寺旧址。山在县治之西北，距城五里。

## 游铁城紫霞洞记

郡文学 陈元迪

自龙江北渡，循青鸟山而下，不数里，土峙而峰绕如匝雉墉者，铁城也。盖宋宝祐间刺史云拱所建，今俗呼古城峒者是。入城道少北而东望，石壁勒字如拳，度数十行许，飞挟烟霞，隐约于崖花树影间者，宋人所刻《铁城颂》也。径复西向，蹑山麓得洞二焉。悬

[1]郭公夏五：《春秋》一书中，“郭公”下未记事，“夏五”后缺“月”字。比喻文字脱漏。

壁摩石倬彼云汉者，《铁城记》也。仰诵之下，因直观其中岩，门隘如小巷，崖额大书“紫霞洞府”四字。内庄七曲帝君像，厥貌苍古，厥色黔黑。自宋建，今尚完好如初。旁镌帝君传，石乳蚀半，不能备读。洞歧二道，稍右深下无底，投以小石，噌眩作声，良久乃已。盖假道于旁之小岩也，不可往。命童子执炬，由帝君像后入，怪石倒垂作莲花状，举石相哄，其音清越。余异之最，童子笑曰：“畴昔予樵于此，尝与众游，凡石之铿然有声者，在在皆是也，而独此所乎？”更端入，洞径益纡回盘旋，螺窟中火光之所不及，摩挲以睇，垂者磬倒，悬者笋茁，缺者藕折，环者袂连，咸错出于左右。忽有蝙蝠数十，翻飞如落叶，随人而上下者久之。壁行数武，扬火四照，有隙高尺余，匍匐而入，如钻牛角。别辟一洞天，上下皆白，文如龙鳞，毫光闪烁，与火相射。林林石笋，峭拔而立，若渭川琅玕者有之；错落而陈，若武库戈矛者有之。顾谓童子曰：“壮哉，吾好游久矣，未见如此洞天也。”过此竟直上，若登楼阁。又一堂奥，石卵累累，遍地若星。怀其佳者数粒以出，曰：“此华阳洞龙珠也。”众皆大笑。移石坐憩，烟霞触人。群山回环，云树葱菁。樵者歌于磴，耕者炊于原。慨然想见云公之遗绩云。时甲寅仲春记。

## 九龙山记

郡守 李文琰

九龙山离城西南六里。九峰联络，蜿蜒如龙，因名。山长约三里许，颇多洞岩，最奇者曰“丹霞取水”。丹霞岩，宋刺史张自明墓在焉。天然四壁，内有石屏风，由东南而出西北，洞达半里；众山拱伏，诸水盘旋，与北山相对，不亚神仙洞府，故岩前刻“仙厂”二大字。取水岩内，二石如男女像，左右并峙，俗称“社公社母”。前有龙田、淹田、水路田、望天田，土人竞于四月初八日趋视。传言是日田内有水丰，无水旱，遂以是为取水日。后缘忌辰禁屠，改于初七日。再过一潭，深数丈，循梯环援而上，有平洞，顶上石莲花倒垂，下盘石龙，鳞甲宛然。岩外右侧一深潭，四时水满，石壁镌“九龙洞”三大字。山麓旧有庙，宋嘉定九年，权宜州事张自明祈雨获应，上其事，赐额“灵潜”。明初封为“九龙之神”。崇正六年四月，庆远知府贺纳贤、推官苏希辙、宜山知县王廷同立庙，今废。旧有石碑勒“九龙之神”尚存。

## 游西山序

〔宋〕署忻城县、来宾令　林　穀〔毂〕

予尝病隐之肆、仕之拘，欲两得其美，使不肆不拘而不为偏曲，士盖求之而未得，私窃慕焉。予少时木石为邻，山水作伴，淡乎其寡营也。然空谷幽兰，深山白璧，每韬晦以俟时，恶乎肆。自莅治来宾，尝得四岩，曰龙洞、曰白云、曰林公、曰古祟，皆相望数十里间。每公务隙，即援獠携秀相与游焉。适此之彼，致足乐矣。至代庖芝州，下车之

〔始〕，问故老有名胜可临眺否？咸曰西山、石牛、黄竹等岩俱有可观。偶一日稍暇，独步西山，数武即至。始入僧舍，清洒可爱，徐登层楼，复嘉其高明。石室有龙露脊宛然，环而求之，千形万状，不可名言。况石牛、黄竹，其足以极目骋怀，又不知若何也。则居官不拘是予之素志也，虽僻左复奚憾焉。因成小诗，并书其所以冠于篇云。

## 思恩县志序

康熙七年 邑令 翁世庸

康熙丙午春正月，奉巡抚广西都御史金公文，查修粤西志书。欲考掌故，征文询宪，以垂一代之典，诚盛举也。庸吏环江已五载，时留意于山川风土间，曾不得考诸掌故，征诸文献，观其风淳庞，犹未开也，夫何从而志之？虽然，邑固小，又处粤之僻壤。其辐轮则数百里，皆童山不毛，瘠土轻赋，兼猺、獞、狑、狼类相聚，即其形势，验彼风谣，又安得不为之志哉？于是为之绘舆图，以志土地广狭；为之辨疆域，以志天文分野与历代沿革；为之列形胜，以志山多柱立，水若建瓴；为之稽官制，定公署，整城池，复兵堡，立监仓库守，以志文武各职共守官廨，仍复其旧，锁钥时严，以防要塞，贵谨其宜，出纳禁狱，必得其吏；为之建学校，葺祠庙，肃坛埠，备关梁，稽古迹，崇名宦，核人物，以志胶庠之俊彦，鬼神之灵祚，社稷之福祐，津梁之利涉，先达之遗绩，令尹之足传，乡贤之可风；为之计荒熟之户口，问职方之赋役，定咸鹾之创始，较古今之气候，验风俗之崇尚，纪本土之恒产，以志其人聚散，其贡中下，其课增益，其时行生，其风蛮彝，其方育植。若夫忠孝节义文行，即不必备，惟待其人。审是，虽欲不为之志，而尺地莫非土，尺土莫非臣，又安得独遗也哉？因博搜前书，若范成大之《桂海虞衡志》、陈公琏之《桂林志》、莫休（又）〔符〕之《桂林风土记》、刘珣之《岭表异录》、沈怀远之《南越志》、范旻之《邕管杂记》、周去非之《岭（表）〔外〕代答》，至于今蛮荒下邑，知有其目而不见有其书，其书之存于世，为士大夫所共称道者，惟有林省吾之《广西通志》，仅以佐今日之修举已耳。尚可缺焉不讲，使掌故文献终将没于尘埃败簏之中。宜抚军之急欲，稽考以彰明较著者矣。庸承是役，不能不慨然于今昔之制度情事，旷然于天地之物候山川也。记阅二载始成，聊以备一邑之志云。至于修明文物，广宣声教，犹以俟后之贤者。

## 募修苏村二坝引

陈元迪

泽不陂，川不梁，是谓蔽制。制蔽者绌。泽既陂，川既梁，是谓良法。法良者裕。夫人之绌与裕，咸系于川泽之陂、梁者何？盖无陂、梁，因无沟洫；无沟洫，因无阡陌。无阡陌者，绌之基也。陂梁足，则沟洫盈；沟洫盈，则阡陌稔。阡陌稔者，裕之本也。吾宜厥土惟瘠，厥则惟倍，厥田惟下下。尽一岁之所入，不足以尝公家之费者有之；则二月新丝、五月新谷者有之。嗟嗟！民力几何，又能堪此川泽之不利于田亩也？况十日无水则无麦，五日无水则无禾，此通邑之疾苦，不独苏村为然也，而苏村则无不然焉。苏村旧有二坝，砌石为之，古昔成于十冬，碑刻俱在，将以为利于田亩也。但考之典籍，不曰陂则曰梁，宜谚独谓之坝。坝者，坝（壩）〔霸〕也，所以坝据一江，驱水入沟洫，由沟洫以溉阡陌，而获仓箱之庆者也。是二坝也，往岁虽渐崩缺，佃户补以田□，尚无大患。今岁孟秋，淫雨大涨，冯彝怒号，天奔昊瀚，漂磐石如浮萍，摧陂梁如断梗，二坝尽圮，旧石飘没。其所灌田数百余亩，高者为奥草，低者为沙湾。使不刻为修葺，将来安获有秋，枵赔公赋，为子孙累，顾不重哉？敢现广长舌，与诸君子约："凡有田系此二坝水灌者，各照亩计资，鸠工叠砌，以垂永久，以裕子孙，甚首务也。"彼夫募修桥梁道路者，则曰为途人之往来；募修贝阙珠宫者，则曰种来生之因果。兹募修坝以养田，是非为人，而为己也；是非求报于来生，而溥美利于目前也。夫人心不甚相远，语以为人之事来生之报而不动者，或有之矣；语以切己之痛痒、目前之美利，未有不大声疾呼，急为早除之，而急为鞠谋之者也。行见鞭石如云，运工如雨，架龟路于波心，走蛟居于水面，不啻骑驴坝上，可以踏雪寻梅，且出也负耒，人也横经，为子孙垂乐利之休矣。永裕而不绝，讵非良法美制哉？谅诸君子自有同心，必无精卫哂我。

## 山谷居宜州帖跋

汤德崇

事有历百世而难忘者，非其事之足传，实因其人之可传。惟其人之可传，故其事因之益传。若山谷黄先生，洪州分宁人也，以名进士起家，为国史编修。直笔不阿，章惇、蔡卞衔之，因论《实录》多诬，遂坐贬徽□，□位起用。旋与赵挺之有微隙，转运陈举承风旨上其所作《荆南承天院记》，指为讪谤，复羁管宜州。先生处宜时，官司阿时宰，意谓不当居城中，遂有南楼之厄。而先生□然自乐，毫无怨悔。旧有借钱帖、简士夫帖，刻石置楼上，字画宛如龙跃天门，虎卧凤阙。后为署郡守赵玉麐舟载去，宜人至今憾之。嗟乎！先生之可传者不仅一帖也，而一帖之微，尚使人珍之重之思慕之如此。独计当年诸权奸必排之无余力，攻之不少懈，岂先生之德足以服后世，不足以信当时？抑苏文忠公言："所可能者天也，所不可能者人也？"虽然，小人之为，无往不福君子。彼赵挺之、陈举辈不转瞬而泯灭，先生泽流龙江，宜之人春秋俎豆，诞晨称祝，几与潮之韩、蜀之文翁相辉映焉。故区区一贴，当年睹其物固如见其人，后世闻其名愈不能忘其事。是其祸先生者非即所以福先生欤？不幸斯贴为赵郡守取去，使先生真迹不公之天下而私之一已，原其设心殊非乐彰人美之意，令斯人而得志其不为挺之、陈举之所为者几希。至先生所书《范滂传》，赵忠定得之，宝置箧中。嘉定壬申，忠定之子崇宪守九江，刻石郡治，今其尚存乎。倘有力者，摹而镌诸石，置先生祠堂，以传先生之所不尽传，则简帖虽亡而不亡也。

## 宜州铁城颂并序

黄应德

恭惟我宋，圣作明述，上同尧舜。代天子民，无问远迩。肆我皇上，家视天下，比以朝绅之议论，制阃之神明，皆谓夷警云南，而广西首当其冲。既命宝文胡公为帅，复以宜当西南彝，间道特命总管。云公出守斯土，为保障计，公至帅府，宝文胡公授以筹边方略：设险守国，以为经久之规。公奉命维谨。始入郡，观郡城之东，龙江之北，四面石壁环绕，且襟山带河，有关中百二形胜。遂闻于宝文公，转闻于朝。得旨，以币百万建为铁城。其城也，不资屋宇之覆盖，不劳后人之葺理；其坚如铁之不可击而破，其高如天之不可阶而升。新旧之异，殆霄壤焉。外彝闻风，且将褫其魄而夺之气矣，尚何干腹之虑哉！其保卫宜民，实与天地相为久长。故四民同为之颂，刊诸铁城石壁，以记其无穷之绩云。颂曰：

惟天惠民，惟辟奉天。惟臣承辟，于藩于垣。明明天子，不我遐弃。亲命帅臣，经略西事。永为宜阳，外控西夷。居广之冲，实为藩篱。蠢尔狂夷，谋干吾腹。天子曰吁，保障谁属。乃眷乃顾，畴咨虎臣。帅臣乃言，云公其人。天子曰俞，俾镇斯土，安边立功，外御其侮。公拜稽首，曰往钦哉。徒御啴啴，惠然肯来。自公来宜，奉命悉力。熟视地形，设险守（国）〔固〕。乃经乃营，因山为城。石壁回环，屹然天成。双流淼淼，如带斯绕。维石岩岩，角立崖表。诸关宏修，高无与俦。内容万灶，外扼咽喉。四面如铁，形胜卓绝。车不得驰，骑不得列。牢不可破，坚不可夷。虽有贲育，勇无所施。乃立府库，储财积粟。细柳分屯，兵食俱足。复用石工，凿井于中。山下出泉，源源不穷。重城外维，下瞰渊水。东西对峙，摩空玉垒。郡邑既迁，廨宇森严。民居云集，接栋连檐。道便坦履，其直如矢。贸迁有无，日中为市。猗欤我公，尽心竭忠。指授画规，必亲必躬。贤哉长幕，暨郡文学。闻我倅车，赞筹帷幄。以卫宜民，民咸赖之。安堵乐业，春台熙熙。夷人闻风，心寒股慄。屏迹而遁，边境宁谧。宜山峨峨，龙水汤汤。铁城之功，山高水长。四民交观，磨崖刊颂。亿万斯年，永戴我宋。

## 置南宁、柳州二卫守御并改庆远安抚司为府考

黄光昇

洪武三年，置南宁、柳州二卫。广西行省言便宜三事："一曰广西地接交趾、云南，所治皆溪峒苗蛮，性狠戾而叛服不常。府卫之兵，远在静江数百里外，卒有警急，难相为援。乞于南宁、柳州立卫，置兵以镇之。庶苗獠有所惮而不敢窃发，民有所恃以安其生。二曰庆远故府也，今为军民安抚司。虽统地十有七州，其地皆深山广野，其民多安抚同知莫天护之族。天护素庸弱，不能御众，而宗族强者动肆跋扈，至杀河池县丞，盖让与诸蛮

相扇为乱，此岂可姑息以贻祸将来？乞罢安抚司，而复设庆远府，置军卫以守其地。庶几，其民知有府治而不敢自恣，诸蛮知有重兵而不敢乱也。此久安之道也。三曰广海之俗，素犷戾，动相仇杀，因而为乱。则一方皆警，盖缘郡县无兵以制驭之故也。近群盗转攻郁林，州同知王彬集民兵拒之，经历徐承祖亦以民兵千余败贼。由此言之，土兵未必不可用也。乞令广西边境郡县长官辑民丁之壮者，置衣甲器械，籍之于有司。有警用以捕贼，无事则使之务农。如此非惟郡县无养兵之费，而民实赖之以安也。”奏至，诏俱从之。遂设南宁、柳州二卫，益兵守御，改庆远安抚司为庆远府，命莫天护赴京，赏同知王彬、经历徐承祖以下有破贼功者。

## 龙江考

郡守　李文琰

龙江自贵州都匀府而来，其源有二。一源出清平县东香炉山，曰山江河；一源出黄平州，曰舟溪江。二水合流为两岔。江东南流，经麻哈州南曰麻哈河；平越府之马场江、洋场河，自西来入焉。经邦水长官司东南曰邦水河，本名板河，元名板水，长官司以此绕都匀府。西为马尾河，俗谓之都匀河。经独山州，南曰独山江，又东南入荔波县，至劳村、董界等处。有水自黎平府古州苗地西流，汇合统名劳村河。暗入山谷，抵南丹土州界，为带钩河。有红盆水出州西南秀灵山，合清云溪，东流入焉。南经拉汉村，入河池州界，曰金城江。宋置金城州，因此而名。江南岸石壁名喇衔，东里许有石如盘，溪流其上，日夜鸣啸。州西有白崖飞泉，自崖半下注，如疋练。北流南转，过州西南为秀水，会猫溪水，东流入焉。又东南入宜山归化里之波来村，合东江。江自荔波县流入思恩县为带溪，东南流至县西，谓之环江。唐置环州治此。南迤金城乡，经东江渡，与金城江合流至夹山洞。两山壁立，乱石参差，水穿穴而出。湾环如龙，始名龙江。东北经永泰里，有村曰江汰，浮于江心，水分为二，夹村东流，复合为一。至平凶村，有马鬃河，汇合中团、宥劳诸砵水，西北流入焉。经怀远镇至拔滩，有中洲小河，自黔省□州经思恩县东三里中洲流入，可通独木小船。又东四十里至郡城北关外，唐龙水县以此名。江北岸会仙、青鸟诸山，高插元霄，唯宜山独小。宋因改县曰宜山，至今仍之。又东八里曰小江口，洛蒙小江自永定长官司东北流入焉。又东二里，为天河江口，思吾小溪之水入焉。溪水有声，昼夜不绝，春涨尤甚。循此而北，可通竹筏至天河县。又十里至湖扬塘，有河曰洛潢，出宜山县清潭里马蹄隘，西流经永定长官司界，北流东折至洛寿桥。今筑坝架枧引水以溉小漕农田，余水下洛潢桥，入龙江。又十里至思农塘，永顺副长官司诸小水合流入焉。又东南经横冲村大曹塘、黄泥塘入柳城县界。又六十里合融江于柳城县西下□柳州府，环城西、南、东三面，曰柳江，东合洛清江于江口驿（水出临桂县苏桥，经永福、洛容二县至江口驿会柳江），下象州，合红水江（源出贵州定番州乱山中，曰象潭。经程番长官司入广西南丹州泗城府界，由西隆、那地、东兰、安定、忻城、迁江、来宾至象州，亦曰乌泥江）下武宣，合断藤水，总名曰右江。至浔州府，会左江（又东会大隍江，下平南县合白沙江、蒙江，下藤县合□江）下梧州府，合漓江。是谓之三江。三江既合，东注系龙洲，出广西界，入广东开建县（合开建水），下封川县（合罗傍水）、德庆州（合滩莲江）至肇庆府，出端峡分派（一由墨砚洲至九江，下新会，出江门；一由清溪口下思贤窑，合浈江，下三水县趋佛山至广州府)入于海。自怀远镇而上，石笋嶙峋，山高水浅，舟楫不通。以下稍通商旅，然乱石横江，计自镇至柳江，为滩六十有五。最险者曰大小竣滩，下一里曰牛滩，又下七里曰清滩，又二里照壁，又十里镰刀，又九里杯滩，又三里磐石，又十里三门，抵郡城下矣。又三十里思农，又七里母滩，又一里横冲，又四里都管，又七里雒尊，至黄泥塘而下，交柳城县界。又有霸劳、牛练、三扭、老君洞、大罗王、鲤龙、三剑、糯米诸滩，皆乘高泻浪，触石流响，雷转电激，客舟上下，往往失利。虽瞿塘、滟滪，险不过此。按《水经》云："存水出犍为郁鄢，东南至郁林定周县为周水。又东北至潭中县注千[于]潭。"考《广西通志》潭中县即今柳城、马平二县，融江即怀远容江，一作潭江。更以水势证之，悉与《水经》"东南至周，东北至潭中"之语吻合。则龙江之即古存水、周水明矣。定周县大率即在庆属，但各志沿革无考，未敢臆度耳。水势蜿如游龙，故名龙江。《柳城县志》云"梁时龙见江中"者不足信。水自独山州荔波县流入南丹、河池、宜山，去天河甚远。《明史・地理志》云"自独山州入天河县，为龙江"，又云"龙江自天河县流入柳城，合融江"者，误矣。庆远府旧志云："环江即龙江上源"。考龙江上源为金城、带钩、劳村诸河，环江即东江，特其别入之派，非上源也。或曰"出河池之六洞山"。是说也，余尤疑之。

## 历考论（旧志）

白启明

顾此寰宇所周，在昔为侯国之封疆，在今为畿省之郡邑。稽自姬末分崩，赤帝子接承嬴闰，嗣是若三分、若晋、若南北、若隋、若唐、若五代、若宋、若元，其间或分或合，而为国、为镇、为州、为郡、为道、为路，以迄朱明。定畿区省，不知历几变置兴衰，而总不出《禹贡》九州之疆域。我皇朝定鼎，燕京虽属胜国之遗制，而殊方绝徼无不纳土归诚展也。凡有血气，莫不尊亲而远过。《禹贡》之外，不得以九州限之也。□欤休哉，何治之隆哉！儒者冠圆履方，幸遇其盛，使观今地，不辨昔是何名，徒识斯称，罔知今为何所，宁"不以四维五岳，我将不能章步"之为羞？庆远固曰穷荒，自嬴秦王（剪）〔翦〕灭楚，乘胜定扬越、置象郡，而庆远属之，则是地列于版图，其所由来者久矣。第流、土相参，更变不一，上下几二千年，错综损益。是地倏州、倏军、倏路与府，因易业且多番在支辅属邑，而犹不可概论。若是不遽加考证，历追以悉其传，将浸失厥原，难以云经略矣。迄今计之，庆则犹是彼，有仍旧名而壤地滋削者，宜山也；有既经割没而复归附者，天河也；有叠常改易而不失此境界者，河池与思恩也；有变土为流者，荔波，与弃流为土者，忻城也；有原本羁縻而今仍羁縻之者，东兰、南丹、那地也；有昔本无设立，后经析流为土而司者，永定、永顺正副也。是且时移代更，触绪纷然，故备溯其渊源，兼画陈其体段，且即临民政教之所，亦略具其规模，昭如指掌，較若列眉，俾阅者了然。庆郡之由来如此，庆郡之幅员袤广如此，庆郡旧日之衙宇弘壮如此。庶过兹以往，再历数十百载，其或不致等于燕然铜柱❶，世永迹湮，白水甘泉，道远难跻也哉。

## 星文论（旧志）

白启明

天体穹窿，笠覆星垣，辰次环布，周罗去[天]地，莫可纪极。人顾树圭执管，指某宿位某星，计某星有几度，分某星之某度属某境，殊觉其大不经。而况庆远介居荒徼，为古鸡巫骨卜穷乡，夫固何所证合，竟定为上应某星之某度哉？然自黄帝分州画野，禹随刊告成之后，商仍中土为九州，《职方》遂相因勿易。由斯保章氏以星土辨九州之地，邦国封域皆有分星，以观妖祥，故甘石之说兴焉。自此杜佑作《通典》、一行作《三河两戒图说》、欧阳文忠志《唐书》、东坡《图指掌》，纷然各逞，其议论总皆辨别。列宿在天，随方所向之分野。粤西系扬越裔土，或以为斗牛分野，属星纪；或以为翼轸分野，属鹑尾。而唐一行志地理皆分断，自韶广康封梧、藤、雷、罗等境，西北属鹑尾之次。以今考《周礼》载：九州寰寓，东南曰“扬”，正南曰“荆”，广右于战国值楚越《禹贡》荆州之域，实翼轸分野，属鹑尾之次无疑。庆远距桂林五百七十二里，查桂林曩称“始安”，属零陵郡，而统辖于长沙，计长沙距始安才一千余二十里，晋《天文志》以零陵为（八）〔入〕轸十一度。按：轸星共十七度，《礼记正义》所引《纬书考》云“一度二千九百三十二里有奇”，则庆远距长沙尚不及二千里之程。即此而推，郡治是当轸之十一度，属荆州鹑尾之次。度支辅流土各州县，东西联络七百四十里，南北轮辐三百里，包在二千九百三十二里之内，应不外轸十一度可知矣。然彼苍者天，雕刻众形而不为巧，水精子行生是□，犹付之无言焉。予又何敢臆说乎哉！请仍以俟后世之博综者。

## 气候论（旧志）

白启明

天气分乎阴阳，地道歧于南北。阴极则寒，阳极则热，理固然也。近南则热，近北则

---

❶燕然铜柱：指勒石燕然、伏波铜柱故事。前者为东汉将军窦宪破北匈奴之后，在燕然山勒石纪功。后者指东汉伏波将军马援在交趾平定判乱后，在其地立铜柱两根作为汉朝极南边界。二者均因年久失其所在。

寒，势当然也。五岭以南为炎方，地卑土薄，阳气常以暄煦而泄，阴气又以低湿而盛。缘是，秋冬之际，雪霜少见，林叶常青，卉木每每生叶成实。人于一岁中，暑湿过半，腠理不密。所以肤易汗生，苟调摄之功不虔，阴阳交失，其正率多抑郁、脚气等疾。庆远介龙城而西，四季皆等暮春中。夏时亦有寒凉如秋冬者，大约是阴雨蛮风霾闭日照之故。若其羲驭当空，即已令人烦燥。及至昼方裸赤，入夜仍需挟纩绵绸而犹。自朝至暮，寒襖数番，令人不可捉摸。语云："急脱急着，胜似服药。"盖以一或少纵，荣卫[1]不坚，即难免于沉疴淹闷，是不可不倍加谨慎，以节制之耳。宜山附郭天河，距郡匪遥，暖既无殊，冷亦不异，气候尚为差胜。河池、思恩地居万山，风多晕人，饶雨雾，少冰雪，而时常阴晦焉。且二三月有"青草瘴"，四五月有"黄梅瘴"，六七月有"新禾瘴"，九十月有"黄茅瘴"。揆度四时风景，似觉少异。荔波隶属粤疆，错壤黔省，又寒燠非时，雨暘无候，溪蒸毒焰，山吐岚气，兼之桃桂枯岭等瘴，值者头悬目眩、腹胀肢绵。惟预饮松萝茶及咀嚼槟榔，伴以蒌叶，少可防之。忻城附比郡治东南分理者，抵赴多旋踵告毙。水土遂大诧异[2]。永定、永顺原属宜山境土，大概不甚相左。至东兰、南丹、那地俱系蛮溪獠峒，深箐密布，草木蓊翳。其岩依穴处，类皆鳞蟒蛇蝮。雨过万壑交冲，沫淫毒螯，再加上雾下潦，烈暑烧空，商旅氓隶戴日遄征，若贪凉饮吸而已，窃为其所中矣。其他病者，半热半寒，率由阳虚阴逼，医者必温中固下，以定二气之分。如误用祛发，必然百不一生。乃知祛暑最忌饮凉，投圭切莫轻表。人能节饮食、慎起居，即为善于此地养生第一义。而变瘴疠为祯祥，则犹在绥和者加之意云。

## 建置论（旧志）

白启明

先王之治天下，凡以为此民而已矣。界民有治，则城池宜创也；临民有治，则衙署宜崇也；牖民有所，则学校宜先也；聚民便民有地，则村疃墟镇宜成；卫民保民有险，则关隘屯堡宜设；济民利民有道，则桥渡沟洫宜通也。以至塘铺坛庙之立，皆以勤民福民；寺观坊墓之昭，所以祐民表民也。故吾观于诗咏作丰，以及斯干于乐诸什，乃知高深既匹，而黉宫部署，即皆在所经营。凡以明会归隆教化，若夫聚落留迁，乃芸芸之托，足谋生者，使不缮要害，备侦逻，以精□□助之用，则必致涣而不萃矣。而况往来之所必经，旱潦之所为备，祀典之所与修，犹关乎政之大者哉！至于置邮舍以速命令，隆庙貌以安神灵，树表章以昭激劝，无一不与缮修之举、兴作之图。故统而颜之曰《建置》。庆远固属边方，殆俨然障徼也。揆度幅员不下千里，彼奉玺书而来莅兹土者，茅茨是处，衙署不敢望，其攸跻芋宁。而城池乃容畜之卫，学校为风化之由，关隘屯堡则阨塞与烽营交资，桥渡沟洫则津梁与隰轸是系。塘铺坛庙则号召与崇报攸关，不为布置周详，其何以立范围而

---

[1] 荣卫：泛指气血、身体。

[2] 如文如此，疑有脱漏。

严保障？且此椎髻跣足之流，问其党族而居者几何乡，熙攘而通者几何所，瞻仰而祈者几何处，表章而见者几何人，是皆缔造之所不遗者也。今者雉堞巍峨矣，泮壁焕新矣。堂皆肃而体统虔，井闾安而市肆织矣。且也乘舆不事陂泽，殷流而并驿路，烟清祀事厘正矣。虽顾此偏隅，可云百废具举。但昔则有，而今犹仍旧者，志之固所以昭其实。如昔则兴，而今已湮没者，志之亦所以存其名，宁不望乎后之振起修明、留心民瘼之君子哉？

## 职制论（旧志）

白启明

天生民而立之，君使司牧之。乃不能独为牧，必分其任于代为牧之。人由是建其牧与长与正，立其监与两与贰，设其参与伍与考。陈其殷，置其辅，于以布化宣猷，乃□古既远，人心日漓。刑政之设，频烦攘争之端。益□□为卒旅伍两，俾之战讨征诛，而军行载起，先王协□猛兢綵观兵耀德，殊方异域，咸奉冠带而祠春秋，□以九畿之籍，施邦国之政，是可知一王之声教攸同，丕冒四讫矣。庆远介粤徼西鄙，天时不得其正，地道不得其平。凡齿育生聚于斯者，率皆虎狼蛇蝎，固甚赖有人焉。涵濡以为之化，震悚以示之威，使不终行其恣睢桀骜，庶乎道德一而风俗同。其在嬴秦，废封建而郡县，置尉以分守贰，而文武之途判。夷考❶汉、晋、隋、唐、宋、元于郡县，文职则有太守、刺史、州牧、县令、丞、尉之称；武备则有都尉、督邮、卫侯、郎将、巡检、都监、节度、万户、指挥、督备之别。而汉晋之刺史、唐之节度皆得兼综兵民，于权为重。宋沿唐制，复多团练、捉捕等官。第世远人湮，渺不可考，即宋之表见者，亦尚多阙略焉。明初，自省会三司外，其余文职于府有守有丞，有判有理，有首领；于州若县，有牧有令，有倅有尉，有杂职而又正旁。其秉铎之员，于以秉政刑、施教化。武备则设卫开屯，有指挥、千百户、守御、参将、统率、旗军、堡目，以资壮乎声援边防。其羁縻各州邑则设曹尉、流官以佐助之，非不大小相杂，军民各得。然寒斋冷署，何至一学数教员。宜山一邑中且监押邮官累累，以言省官省事，尚不免于十羊九牧之第。本朝定制，相其烦简阨塞，而轻重布之。于府州县之守牧令而外，裁去其丞佐之冗，即锁钥干城，且建牙卒，旅之不滥，诚足为圣天子广布化宣猷之任，大居中驭外之权。以故控制攸宜，声灵远暨。世守兹土者，仰荣名而必欲得，凛正朔而不敢违，拱手听命，非复有如曩日之田泗不掉者。当宁亦遂予以恩威，昭兹宠命不替、父故子承、兄终弟及之义，俾其长子孙。此固教养之所由施，策力之所由效，而详要俱职，兼法可稽，则官不烦、事不扰，以敷施于各得，则皆古初自求诸有德以听其治之类也。即有鲜德者，未必能尽官之责，而推原建设之意，实无不本乎求治以为心。故即斯地从前莅任文武之爵里姓氏，并土司之袭替渊源，挨次以

❶夷考：考察。出自《孟子·尽心下》："夷考其行，而不掩焉者也。"

表列之，而统于职制，当亦朗然先王求治之心与并包之用矣。任事者其务寅恭协赞，毋或乖方，以致其陆梁[1]哉。

## 选举论（旧志）

白启明

粤自尧举舜于畎亩，汤举伊尹于莘，武丁举傅说于岩，而选举之制起。迨成周以三物教万民而宾兴之，其为法益详。嗣后若汉、若唐宋，或四科、或三科、或十科，文网张罗各异，无非欲得翩翩凤侣，矫矫虎臣，于以佐世而宣猷也。庆远声明文物，虽不埒于中州，其得山川之灵秀，以际会风云者，即遥溯汉唐，未卜何所甄吁。然夷考宋陈泾《宜州学记》有云："声教之所暨，文轸之所薄。每举应试之士不下五六百人，前冯后黎，相望而去。"则其科目之盛，殆有可想见焉。朱明踵之宋制，专以八股抡才。其补博士弟子员者，挨岁有荐，遇恩有拔，于学而定以额。糊名易书之试，三年一届。棘闱行之秋而为乡，行之春而为会，盖犹成周选俊造秀之遗意也。一时名公巨卿无不胥于是出。而宜山之掇省解、捷南宫者，内而翰苑卿台，外而旬宣岳牧，咸济济乎并有其人。猗欤！盛哉！其所谓"声教之所暨，文轸之所薄"，亦约略可睹矣。我国家立贤，无方三途并用，一洗资格之陋，诚超轶朱明而上之，乃邦人士涵濡于教养者，垂四十年而科目不多概见，岂干戈频仍而弦诵衰欤？宁灵秀已发泄无余而故寥落不振欤？抑彼其之子不争自磨濯欤？何豪杰之无闻，而吾党凌夷衰微至斯也！今天子方雅意化成，大启文明之治。邦人士其亦观感兴起，无自菲薄，无志温饱，求如始平之相业，以声施奕祀哉！独是追溯从来，不计人之臧否与无可臧否，凡获与于选举之数者，即皆得而汇识之，但亦仅取诸录用，等于题名之义焉耳。若夫其人而或勋猷烂然，典型在望乎，则请征之《人物》。

## 境地论（旧志）

白启明

考之《周礼》，凡建邦国，以土圭测其地而制其域，于公、侯、伯、子、男，有百里以至五百里之分，是即所谓疆域也。《王制》曰："广谷大川异制，民生其间异俗，刚柔、轻重、迟速异齐。"夫所谓川谷，即山川也。曰广、曰大，即形胜之说也。其云民生刚柔、轻重、迟速，此即风俗之所由也。庆远介居广右西鄙，幅员轮广，几两倍于公之封壤。汉土相参，民猺杂处，屏蔽右江。据上游胜概，直北背古泥，西北接罗施鬼国，襟夜郎，控牂牁，扼昆明十五部地。东介龙柳马平，肘臂患在腹心之八寨。于水有洛蒙、乌泥、金城、带溪环绕经流，会合龙江东注。山则危峰叠嶂，万仞千章，矗起嵯峨，棱棱露骨。汉土诸属邑，俱错杂于石棱竹箐之间，最为徼南要害。观之《岭外代答》有云"广西控扼蛮

[1]陆梁：嚣张，猖獗。

彝，曰邕曰宜，邕屯全将、宜屯半将”之议，则可见矣。然江流湍急，泄泻不停；岩岫崔巉，形枯貌险。以故生聚于斯者，面不丰腴，心惟愚诈，情文少备，蓄种无余，而且凶顽任性、懒惰相安，人多剽劫之行，世好仇杀之举。此《寰宇记》所由指为“常持甲兵以事战争，左衽椎髻，礼异俗殊，而谓人风为犷戾也”。至于男女讴歌野合，怀孕于归，在人士之家，或能绳以检制，而贩夫竖子多相率不以为尤，则有宋《地志》所谓“大率婚嫁、丧葬、衣服多不合礼者”，殆以是与欤。我国家圣化弘敷，彝习骎骎亦曰多变。但地瘠民贫，田赋不足。人心果于为恶，虎狼环在近郊，蕞尔孤城，一隅斗绝，势盖难支。惟告守土者：苟能常念“接彝獠，置戍守”之说，则庶乎其桑土绸缪矣。

## 赋则论（旧志）

白启明

天地赢余止有此数，不上在官，则下在民。是官民交相用者，固皆以财赋是赖矣。然财不能自生，必有所为生者。赋惟虞其无艺，殆有所为艺者。《周礼·小司徒》均天下之川泽原隰，[1] 而计之家酌口以授，盖欲即天下之土养天下之人。民普美利于不言，藏富闾阎也。而邦国之用，亦即于是取资焉。由是，九赋以敛之，八成以别之，其为安上全下计，周且备矣。庆远僻处广右西徼，硗确其区，猺獞其众，总土地人民之出纳，不足当中腹一毫厘，又何有役费之殷繁、货贿之积聚，与夫山林川泽之权衡，以供邦国之用哉？乃吾观于庆之为郡，固有与大都耦国等者。以言阡陌鳞册，固井然也；以言生聚版籍，尤灿陈也；以言夏秋之所定，则尤按亩而输也；以言轮值之与偕，则尤趋办恐后也；以言受藏受用之府需、酬秩酬工之禄宾，则尤本折有额，官役交克也；以言关征之入、鹾引之销、函方之制，则尤按额维虔，奉行恐后，殆未尝以“猺獞其众，硗确其区”而不一为应也。独是迩者，锋镝方经，疮痍乍起，于垣于泽，尚廑哀鸿。分符佩绶于兹者，虽殚力招徕，而田卒污莱之中，犹不免于杂草其宅，则楚茨多稼之歌，正有难为咏者矣。其幸而复业安宅者，竭终年勤动，除办纳输将而外，仅足供一家数口。俯仰之所需者，实未之多闻。是且无担石之储，而何有三九之蓄！嗟乎，人第见正供无亏，军公有佐，遂曰：“彼之奉法，不遑如此也。”而孰知其二月新丝、五月新谷，早已切剜肉医疮之痛哉？故吾观于庆郡，汉土遗黎，譬彼痔瘻之夫，外视如常，中藏则痞，非得卢扁经营，恐未即霍然开豁也。后之君子，苟能撙节爱养劳来而安定之，则十年生聚，十年教训，使之既庶且繁，而后官无溢征，民依成额，则闾阎之富藏，而邦国之用可佐。庶乎安上之道出其中，全下之道亦出其中，是固吾之所为祷祠以求者尔。

---

[1] 原隰（xí）：广大平坦和低洼潮湿的地方。

## 人物论（旧志）

白启明

“圣哲多茂邹鲁间，自古英俊产西北”，吾尝三复斯语而叹其未可尽信也。盖古今惟阴阳二气，日流行磅礴于两间，故其清者、灵者、奇者、正者，在天为日星，在地为河岳，在人为功名、政事、节义、文章。观之十室，必有忠信，固不以偏方限也，其为人也得之。彼有产自他邦而于此地，或分符而至，或浪迹而来。一则爱遗不朽，蒸尝❶留尸祝之思；一则过化存神，轨躅❷表风流之概，则名宦与迁寓传焉。至于生长此地，其或芳规硕德、苦节贞操，足永山高水长之慕，是其乡贤、节烈。固为特出人群，以逮吐纳烟霞、斩新日月，而获尘世高超、标名方外者之仙释。是皆夺风土之殊，尤禀川岳之瑰异者也。而苟非得天地之清气、灵气、正气、奇气挟之以俱生，其孰克与于此？故其为乡贤也，为节烈也，为名宦与迁寓，以及为仙释也，故皆得以人物概之。庆远自汉武置日南九郡而即列于版图，其为沐浴咏歌，亦已久被乎王化矣。迄于今，则先达之流芬如昨也。升高以望香山之关，为问当年琴声鹤韵尚有清人耳目者乎？间尝入忠义祠，睹庙貌巍然，辄令我流连其中，而不忍即去。独奈何其万红宝华，不一见黄太史之遗也。所幸境治名贤声光犹在，不特始平相业崛起尘寰，而缵武来兹者，摛词吐凤之英，夺锦攀龙之彦，尚斑斑表著。与彼赍志蓁贞之弱质，同标其姓氏焉。况乎露下猺簪，香生石室，犹自有高踪殊轨，足供人之凭吊者耶。犷矣蛮陬，则尚可谓有人哉。抑吾于此又有感焉，默默郊烟徒索，荒草萋萋，华表虽说归来。后之观今，亦犹今之视昔，望古兴怀，将不免遥集之慕矣。

## 食息论（旧志）

白启明

王者贵五谷而贱金玉，以百姓之所天，惟食而不容于或缺者也。于凡祭祀、宾客，共泽物之奠丧，纪共其蒲苇之事。若夫田猎，则莱泽野及弊田植，虞旗以属禽，是可知国策之政令矣。及观《洪范》八政，食货则独居先。斯又众庶所由资，国赋所从出也。庆远穷荒瘠土，地属不毛。其所产宜不过日用布帛菽粟之鬻耳，宁有珍宝奇异足以娱心志、悦耳目而可志巨观哉？虽然，粒我蒸民，诞降嘉种，艰食无虞，则谷菽重。涧溪沼沚之毛，苹蘩薀藻之菜，可荐鬼神，可羞王公，则果蔬重。卉植华落，定天时之早暮；天乔并树，觇国运之昌期，则花木重。孳尾刍（拳）〔豢〕❸，实茹饮之克佐；博硕肥腯，谓民力之普存。而且齿角、皮革、羽毛，所以备器用，戒不虞者也，则羽毛重。鲲鲕有禁，蚳蝝有

---

❶蒸尝：本指秋冬二祭。后泛指祭祀。

❷轨躅：前人的遗范。

❸孳尾刍豢：孳尾，动物交配繁殖。刍豢，牛羊犬豕之类的家畜，泛指肉类。

舍，蕃庶物也，古之制也，则鳞虫重。上医医国，中医医人，金石草木之繁，燮理所资也，则药物重。平粜齐物，关市不乏，治国之道，而实裕赋足民之所有事也，则货产重。以今观我庆远，凡飞潜动植之交备，是即穷瘠遗黎所各为饮和而食德者，可以为平细而忽乎哉？昔计然有言曰："知阙则修备，时同则修物。"吾固愿守土者撙节而爱养之，使务本逐末之众用此道以各富其家，庶几年丰岁稔，民不荐饥，则将朱草生，器车出，而可免穰毁饥旱之虞矣。

## 艺文论（旧志）

白启明

学者载籍极博，犹考信于六艺。凡以搜览遗文，用证古今之得失也。而况历溯从前，昭兹来许，成是邦之记乘，犹不宜缺且略哉。虽然，艺文亦多类矣。言不衷理，君子不以示人；义不敷词，吾儒不以立训，乃自班孟坚慕《史记》而有艺文之志。嗣后记乘者，冀图敷饰美观，毋论当乎是地之经猷政治与否；而亦捃摭补缀之不遗，毋惑乎风云月露之章连篇累牍，而叹为杂沓冗烦也。庆远之载籍无征，业已久同杞宋矣。凡规画指陈之所在，则亦不能无表著焉。彼君门万里而上敷奏之言，庶事周章而极咨谋之计，是欲达情而善后也，则有疏有议。而呼吁神听，殆亦祈天祐下民之祠，则附之。筑城迁治，政事攸关；学校祠堂，风行所系。故创之修之，则有记有序。而遗爱之去思与登临之志慨，要皆是地是人之所著，亦附之。见民之害切剥肤，为哀矜以请命；猝变之有需策应，当调度之咸宜。则有文有檄。固自等监绘之图善事机之用也。至长言短句，或羁人畸士抒登高望远之怀，或三事大夫写爱国优民之致，皆得连汇而裒集之，良以此为是邦之言词，即关是邦之政教，自应入是邦之记乘云耳。不然，艺文亦多类矣，而何独此数则之与载也哉?乃若敕为王命之敷宣，颂属褒嘉之极则，跋为序之后，铭乃志之终，照乃事之据，亦既有之，敢或置之？故得并列《艺文》，以俟乎他年之质证。

## 经武志（旧志）

白启明

声其罪而宥之为抚，致其讨而夷之为剿。一则示以仁威不杀，一则必欲歼彼群丑，二者宽猛刚柔之政也。粤地号称反侧，庆远屏蔽右江，所属强半羁縻，封疆袤于内地，士马雄于近郊，不免夜郎自大。其在郭以外，民之家一，猺獞之穴九。非我族类，面与心殊，且性习剽悍，果于倡乱。驭之不得其宜，匪独溪峒酋长慢命令而违征召，而苗蛮亦遂肆其出没，焚毁室庐，劫掠人畜，妄自恣睢。加以黔、楚、豫各省奸徒，藏踪窜迹，类多煽诱生端，一遇不逞，即萌他志，以窥伺睥睨于其间，斗绝孤城，四围皆敌。庆远之患，实则内在蛮，而外在寇也。本朝定鼎垂四十年，震叠威灵，靡不慑服，以故奉命输赋，莫敢或遑。即两遭变叛，不旋踵而速归诚，亦有□经略包荒之耳。稽宋若元，其时抚水、安化、蒙峒、镇宁诸彝，动辄乌合云从，攻掠城池，劫仓库，杀长贰。虽不无启衅，如经制溪峒王祖道之邀上边功，而蠢尔蚩蚩，素行率多不悛。由是殄扑之举与怀柔之典并行。迨至有明，不特南丹、东兰、那地诸土属猺獞不靖，频烦天讨恩威，即汉邑宜、池等之横岭、述昆、惟建各处彝贼，以及十寨臂指忻城东欧、八仙、莫往各峒，其害更不胜言。观顾镇远之征讨，王新建❶之袭杀，刘制阃、殷中丞、柳元戎等之平定，亦了然可见矣。嗟乎！自述昆数乡三百余村之地弃而宜山削，莫扬侵茆滩而思恩削，莫之厚毁董界而荔波削，东兰侵三旺、那地占下里而河池削。后即归我侵地，不敢乱我版章，然而庆远之患，要之实则内在蛮，而外在寇也。今虽凛皇王之声教乎，窃守牧者务必善为统驭，以慎我职任，土宇方得〔宁〕耳。若夫土司兵故精劲，旧额量地大小，或定数以为常，或多人以策变，是亦师干之所藉也。故并列入《经武》，以见往制之有在云。

## 杂记论（旧志）

白启明

古迹者，人为物态所流传，触目而可资兴感；灾祥者，天象星文以示兆，仰观而可饬躬修；而怪异则标奇于耳目，犹可以快观览、广闻见也。故皆为记乘之所不遗。至于一事而涉民风，一言而关政治，或察之而可昭鉴戒，识之而可发心思者，乃以世远时湮，流传寡据，议者业多叹考证之无由，而以为采风少助矣。幸旁搜而得之，可不备指而敷陈耶？故轶事琐言而犹在所不容忽。独是庆郡属隶遥边，殆硃壤聋乡也。椎鲁之余。无所为流风余韵也，而何有乎古迹？犷戾成风，不见太和敷于境土，无所为景星庆云也，而何论乎灾祥？蠢尔苗彝，恣睢戾暴，所行者皆殊常之事，所矢者尽离畔之词，则固已习焉而安矣，夫何有于怪异？事不可以一端穷，言不可以一辞尽。遐引荒眇，其为吾所不及见者、知者多矣，夫何论乎轶，又何有于琐？虽然，英哲履建乎仙灵，示幻乎索隐钩深，安知无幽落之遗也？祈年报赛❷，旱潦不形耶？人与物其皆得所耶？为凶为丰，是必有其验矣。记号《搜神》，编名《广志》，神降石言之说，六鹢五石之奇，《春秋》左史且不废也，宁以其为诞而置之！然则今第恐言若事之失于记载耳。如使堪为记载，即当极博览于无余，以资采风之助，又安得听其秩之而不琐之？故终为之志《杂记》。噫，志备矣。

## 庆远府图说

〔明〕中丞　杨　芳

庆远诸蛮剥肤为甚，忻城已沦异类，永顺、永定侵及近郊，而南丹肆行剽掠，于往年

❶王新建：即王守仁，封新建伯。

❷报赛：古时农事完毕后举行谢神的祭祀。

竟释不问。追勤封事，听其谩词谢罪，取伪蛮以献。荔波荐遭荼毒，其民义不背汉，令长岁入其地，辄环泣挽留曰：“独何以遐弃我?”则增城置戍，实慰引领云霓。乃牵置邻疆。悠悠岁月，义胆灰落，封豕转滋，彼其不为怀远、为洛容，且将为程县之续矣。夫粤西之蛮獠，固亦能投戈负耒，输我贡赋，土司恃符章为重，其尊宠废辱，亦惟我之视。是尚可以化诲怀服也。结以忠信，镇以威略，使无困于繁纲，无苦于多求。豪猾怵诱之媒不得生，窥伺攘窃之奸不得逞。是皆可以卵翼（字）〔之〕而鞭棰使者。昔人谓边方之官，非才不足任事，非守不足服人。有封疆之责者，其加之意云。

## 城隍祈雨疏

康熙二十二年六月时焚香毕即雨　白启明

惟天仁爱含弘，发育万物，止是阴阳和，风雨时，登进我嘉师也。繄神丕赞功深，亦惟是仰。彼苍之覆，冒生成而调燮及之，以奠安民命。庆远介在边方，曩者兵灾踵至，老者瘠矣，稚者夭矣。丁男壮女，仅有孑遗，然已滨于危殆者数矣。窃神凭依肹响，谅亦久切如伤矣。方今薄海澄清，百灵效顺，圣天子宵衣旰食，靡不加意元元。明不敏，昨于陈岁孟冬月，奉命来莅兹土，兢兢然，次第兴除利弊。仍惟是，先望自今伊始，岁其有为妇子，祝百室盈止也。春来畟畟良耜，徂隰徂畛，芃芃黍苗，以阴以雨。庶几其时和年丰，凡我下民佥曰“非神庥不至是”，即某亦曰“非神庥不至是”。讵维此六月，徒然蕴隆虫虫，日之方中，但尔山川涤涤，致令秀者则将枯，苗者则将槁。岂某失职所致欤？抑兆人平昔殄暴狼戾，有干谴责欤？抑岂神不欲氓之蚩蚩，汔可小康欤？某不敏，诚然陨越，以贻厥位羞，然哀我人斯，暵其干矣。神不拯之，其谁与恤？顷已统率属吏宜山县某某等，恭吁鸿慈，信信宿宿，而神靳泽屯膏，则犹不免杲杲日出也，则犹不免有嘒其星也。敬祷祀于神而神不应，则犹不免神其吐之也。再肃今旦，仰渎尊神，速为请命，上帝迅赐云行雨，施救此一方民。迟则秀者必尽枯，苗者必尽槁，是将使老稚丁壮而终归死徙流离也。是某治明而疮痍在宥，神理幽而不胞与为怀也。揆之神体天祐下民之谊，当不如斯某。且得操短长而议其后矣。谨疏。

## 迎晖楼文

忻城土知县　莫振国

浩浩乎大造，行生之无已，忽消而忽息。茫茫乎人事，变迁之无定，倏存而倏灭。古以及今，今复成古，时运如故，景物已非，不特一人一事已也。所以学士名人往往考遗徽，探旧迹，台榭丘墟而简断碑横之下，莫不欷嘘而太息焉。余治之西山有迎晖楼者，建自宋代，于今近千年矣。登其山，履其故址，因忆当时之峻宇雕墙、刻桷丹楹、石砌砖垒，既壮而永固，桂栏黎柱亦丽而可观。其广可容数十榻，高（直）〔矗〕干霄。故朝而带雾衣云，寅宾出日；暮而冠霞顶露，挥送夕阳。虽不能志其全，而碑碣残文一片糊模中，尚可寻忆其大略。在昔兴筑者，彩焕规模，原欲光永南极，而接踵游企者，岂忍茂草西陵，特是兵火残毁，风雨倾颓，榛棘含烟，虬栋之飞舞灰烬；鼪鼯栖壁，虹梁之偃蹇澌灭。呜呼！江山尚在，台阁已墟。白龙之深隐，空蟠无际；绿竹之荒蔓，长青谁倚？欲问昔日之峻丽，不可得矣。由是而叹齐云之悲歌莫响，凌烟之图绘何存？翔鸾栖凤，射雁放鹤，无有踵而修之，同归尘土，岂特一迎晖然哉？故游人达士，触物致怀，即此而推天下事，当时赫赫，瞬息汶汶。有其善者，骨虽朽而灵魂犹栖岩颠；无可名者，身未泯而姓氏已阙史册。是则人事之修废，又何不可借此楼之存亡为千秋之金鉴耶！余因作文以吊之，庶后之览斯文与斯地者，知其猛省自修乎？重兴斯楼之志盖有待焉。

### 祈雨文

忻城土县　莫景隆

万民性命，生于五谷。五谷丰登，成于大造。当兹盛夏之时，正需甘霖之沛。今者本邑阖属不雨者弥月矣，早稻与晚禾几于就枯。山农野叟，夜急占星；街民市女，日望同云。似此亢阳，东作空烦，西成安望？景隆自承袭以来，教养斯民，有忝厥职。以一人之不能教人，使弦诵者缺膏火之资；以一人之不能养人，使耕耘者乏饔飧之给。哀我良民，仓箱其空矣。孔嘆四野，赤土难观；营缠不退，枯槁奈何？景隆愧不能效颜御史感召天和，维我城隍，镇抚斯土，日鉴斯民，亦将何以为情乎？谨择吉日致坛，早晚步行亲祷，未敢以区区之诚辄邀神听，惟不忍漠视下民而祈为冒。请上帝僾乎闻，忾乎见，情意悉通；苍昊油然云，沛然雨，波泽遂降。丹霄将见，雷震彩江，秀者立实；龙蟠婆洞，枯者就兴。则属在万民固沾天泽之浩荡，而宰令一人亦感神功于无既矣。

## 诗歌赋

诗以道意，赋以达情，不过章句之流连已耳，于从政乎何有，而亦志之？然兴观群怨[1]，即为陈纳之资。作赋兴怀，原属浚明之谊，宁以章句而不关敷治哉？故载扬篇什，志诗赋。

### 过冯当世祠诗（并序）

潘　恩

宋三元冯当世先生，产于宜之龙水。天门拜相山，祖墓在焉。幼流寓于藤，有读书故址。后贯籍武昌发解。庆历间，与群士计偕礼部，赋《无逸为元龟》、廷试赋《盖轸象天

[1] 兴观群怨：兴，联想；观，观察；群，合群；怨，怨恨。古人认为读《诗经》可以培养人的四种能力。

地》，皆第一。历知枢密院，载我明《一统志》中。好事者高其名行，转相传，致私以为邦邑重，遂紊其世焉，或曰藤人，或曰江夏人，或曰鄂人。《广西通志》因《藤志》误书曰藤人矣。庆远杨子梁之辨特详，余行部，感而赋诗，俾刻诸祠壁以识。〔时嘉靖甲午闰二月望日也。〕

三元瑚琏士，颖异况无伦。探奇抱荆璞，声律薄苍旻。
钟灵自龙水，混迹入镡津。弱冠游武昌，奏赋历承明。
抡文迈时彦，屣步振枫宸。数龄秉枢要，树立亦燐燐。
长才奄物化，荣名代所珍。谁谓千年下，闾里乱其真。
世儒一夕死，诘旦委蒿尘。缅怀旷今昔，寤寐揖风神。
公亦何常居，东西南北人。

## 庆远南山

〔明〕郡守 孔 儒

古粤宜山郡，孤城豁洞中。封疆至荒远，物理还雷同。
水出千蟠涧，山罗万叠峰。南山尤秀丽，佳气常郁葱。
峻壁岧峣起，幽岩曲径通。蛰龙卧石窟，野鹤巢云松。
岩底轩宏处，炯然神仙宫。吟诗萃墨客，携酒来山翁。
榕烟落砚沼，凉吹入荷筒。林麓民居众，田畴稼穑丰。
梵宫起微翠，金相凌虚空。一望景无尽，千回兴不穷。
我来守斯土，御寇时兴戎。民忧常切切，人事更匆匆。
二载始一瓯，寸心方从容。剜苔看古刻，游览皆明公。
遗兴尚洒然，笔力多豪雄。览毕坐石床，分明古崆峒。
酒尽应忘醉，诗成愧未工。山僧爱佳客，脱粟烹早菘。
归来日云暮，玉兔生山东。

## 蹇连道中

翁潜英

浮云自天来，游子怀袖招。人知异乡远，不见异乡高。
蹴踏万峰岭，瘴岭复岩峣。隔听川原静，耸身警回飚。
哀此衣裳单，鸣毛肆空飘。安得百尺竿，借以拨层霄。

## 九日登文漪亭遇雨

翁潜英

云起众峰没，披衣绻清眺。有怀高秋爽，托寄松林杪。
樽罍故人遥，怅叹生枯槁，溪蛮鲜令闻，禾秀苦不早。
无似举黄花，笑折江洲草。惜哉五柳宅，空插茱萸好。

## 鬼岩岭

王玉麟

山路险相苦，溽暑几时休？两岐偪仄甚，草密树复稠。
即有微清风，到此力亦柔。亭午日杲杲，人过蒸云头。
逡巡倚危石，颠仆势莫留。西坂方已陟，东天黑如鬖。
雨来弹指间，道涂成洪流。肩舆穷人力，策马亦水泅。
四壁削寒玉，一岭蛾眉修。绿巘舞白云，吞吐何其遒。
少焉雨西去，林光鲜两眸。垂红起涧底，紫翠不可侔。
渐升至山腰，遂将峰峦收。真有千万状，平烟染绀緅。
行役虽苦雨，不苦奇不休。从来山游人，有此奇观否？
金城惕茅茨，幽绝呼猿猴。江南淘瀑布，江北枭崇丘。
风声杂林籁，似为诗构求。援笔纪溟涬[1]，无用告督邮。

## 河阳八景

〔明〕郡人 董其英

国家幸当全运，时和年丰。山川名胜，因人而传。旧有陈君希贤《八景诗》镌寿山寺，字迹剥蚀，予因续貂以刻诸石。

### 福山宝刹

古寺当中阜，金城匝四陲。龙象泛香云，猺树香风吹。
钟梵亮静夜，一灯千家熙。峥嵘尘劫表，诸魔不敢窥。

### 东岭琳宫

东郊栖琳宇，松桂故阴森。后先殿金仙，道德有同心。
四旷虚无意，相饷入云林。于今过瞻游，芊芊绿草深。

---

[1] 溟涬：天地未形成前，自然之气混混沌沌的样子。

## 绿野春耕

平皋深春绿，田父趣躬耕。逐时本事勤，怪人浮其名。
节时足壮稚，百谷油油成。劫火饶洞烧，雨注流云轻。

## 文笔秋云

秋际盼长空，天边卓文峰。片云引绝巘，悠悠自来去。
西山夕丽霞，锦绣错落出。愿借扫镝锋，常见尧天日。

## 玉涧鸣琴

铿尔晶荧水，空崖分滴来。仿佛竹林人，龙□鸣高台。
浑涵朴幽意，不向梧桐开。岂非性情师，遥从海上来。

## 金鱼澄碧

一泓碧盈盈，澹荡空人情。闻昔游金鱼，光采照分明。
长引灌原田，葱蒨嘉种生。不向沧桑改，清流万古声。

## 香炉晓日

浔阳古名胜，杰出香炉峰。齐名见此山，标致惟清丰。
晓起看东旭，光芒扶桑椿。缅想东林人，何处飞雀踪。

## 黄岩晚照

大小东何如，夕岩澄余清。苍然盈四野，光霁犹歆情。
猿狖啸短晷，茑萝濯长缨。牧樵迹将稀，黄云归相迎。

## 河阳八景

廖膺眷

河阳八景不知始于何年。闻明成化间，五羊陈君希贤曾赋五言古，各六句，镌于寿山石壁。代久，字多（薄）〔剥〕蚀。六安张君澡恐后湮，复刊木于守成署。戊午祲荒，乡先生董君其英移之福山寺。丁亥寺毁，旧迹无存。本朝戊辰，郡侯白公祖有修志之役，即事余先生心孺另赋八首，而陈作竟无存焉。甲戌春，予馆寿山，稽古之暇，念古迹湮没，因遍搜石壁间。久之，得其碑于瓦砾中，文皆漫灭，不可卒读。频加洗涤，始知赋者先生，镌之则武略将军程君志也。顾其为碑者，只存《香炉》《东岭》《文笔》

《黄岩》《绿野》《福山》《玉涧》七首，其中字迹模糊，愚以意拟补，独金鱼一首则全没焉。呜呼！殆景之不幸欤！抑亦修残补缺不能无待于后人欤！顾予何人，敢职其事，第以古迹封尘，谬添佛头之粪，如张子刊木，董君移寺，存五羊之遗，留八景之胜，以承诸先生嗜古之意而已。爰为重镌于石，以俟后之有志者，久而能征庶前人之迹，虽没而不没也。廖膺眷序。

## 香炉晓日

陈希贤

河阳古形胜，山水多奇踪。天然见造化，幻出香炉峰。神光贯日旭，瑞气常从龙。

## 文笔秋云

名山产文笔，去天不盈尺。孤高摩白云，超然荡紫极。独立扫蛮烟，生民归寿域。

## 东岭琳宫

陈希贤

城东佳丽地，中有白云楼。缥缈隔尘想，仿佛昆仑丘。何当拾猺草，日供群仙游。

## 福山宝刹

陈希贤

旷然一桂地，梵宇踞名山。老僧曾出定，飞锡时往还。欲问无生话，云流鹤自闲。

## 绿野春耕

陈希贤

民安物恒阜，乐业在春耕。澍雨敷时化，深有慰农情。幸无官税扰，击壤歌升平。

## 黄岩晚眺

陈希贤

乘闲信高步，对此宜登临。抚景发长啸，黄霞映碧深。俯仰情未艾，夕阳在西岑。

## 玉涧鸣琴

陈希贤

沔流亘今古，清响如鸣琴。子期听已藐，宛若高山音。对此同相合，悠然释躁襟。

## 金鱼澄碧

廖膺眷

一勺涵天盖，光猺原自在。潜见不违时，有无形迹外。造化亦何心，岂有常鳞态？

## 南楼读山谷书《范滂传》

陈元迪

宋刻党人碑，汉悬钩党令。建宁及崇宁，如鲁卫之政。
紫气闭丰城，善类陷机阱。春秋悲获麟，廊庙立枭獍。
奸宄蠹君侧，刑余操国柄。谓松柏木妖，谓跖蹻廉正。
乾坤何等时，人誉偏斥摈。但名曰君子，便已为不幸。
卓哉范孟博，厉节远膻行。出应太尉辟，望风息奔竞。
揽辔志澄清，天下为己任。汝南太守谣，胡乃互标咏。
党议从此兴，慨然谢幽荣。皋陶虽直臣，不为理冤诤。
蠲洁来无妄，哂雍仁不佞。赖有霍尚书，一言解苛禁。
鲋辙脱南归，谓宜潜游泳。奈何轨不扫，车数千辆迎。
浊流忌清流，朋侪更推敬。惜乎不见几，自贻伊戚怲。
灵又甚于桓，剿拉顾厨命。督邮下征羌，抱书泪交迸。
名士殒虚名，李杜工齐并。恶既不可为，善亦何余庆。
愿附首阳侧，夷齐声相应。往者既莫追，来者何可诤。
逮宋浪子帝，昏庸不聪听。世道复荆榛，衣冠坐涂泞。
咄哉黄太史，天姿挺端劲。诗以祖江西，才华标鼎盛。
超轶绝尘踪，坡仙品题定。肮脏不合宜，高蹋匪由径。
名隶党籍中，去国投荒遁。迁谪置宜州，承天记乘衅。
黄钟遭毁弃，瓦釜同雷震。栖迟寄南楼，月霁天心净。
尚友范公滂，后先相辉映。驱颖书滂传，纵横势飘硬。
如虎卧云根，如螭蟠藻镜。如霞蒸赤城，如鹤掠风阵。
慷慨寿之石，披拂流风韵。星斗争其光，日月争其晟。
聊以写襟期，聊以破孤愤。聊以景先哲，聊以炼真性。
青鸟共高骞，丹霞契渊静。放迹南北山，遁世以无闷。
自宋迄兴朝，儒林钦草圣。抹云一披读，齿颊生馨润。
况彼亲炙之，宁不笼鹅赠。当时谗险徒，草木腐同尽。
独有范黄名，千古芳厥姓。至今邦人士，仰止瞻余蕴。

来者协讴思，去者怀名胜。山高而水长，风清宝华磴。

## 赵清献放鹤故址

彭　翘

兴比谢公豪，大号一凭眺。绿阴响丝桐，助我闲吟笑。
访古觅遗踪，清献风堪吊。政简退公早，携琴步芳草。
放鹤山之巅，翩翩出岭表。高冲接海云，低伏连山峤。
回翔散落花，长鸣彻猺岛。带月夜中归，素影光池藻。
忆昔公之来，讲学香山台。忆昔公之去，清风两袖回。
至今烟瘴地，犹仰斗山才。口碑传不绝，岂独一亭哉。
更忆亭边树，相传公手栽。扶苏笼爱日，千载并崔巍。

## 河池险路

蓝　智

连峰入河池，险路猺人村。乔木尽参天，白日为之昏。
上有高石崖，下有清水源。萧萧篁竹丛，落日闻哀猿。
职当观民风，载驱隰与原。瘦马嘶不动，瘠童行似奔。
山川秋气高，鹰隼宜飞骞。俯念远人思，仰惭父母恩。
东郊有茅屋，时稼绕衡门。揽辔倦行役，徘徊思故园。

## 跋余子寿所藏山谷书《范博传》

楼　钥

山谷晚在宜州，或求作字，许书《范孟博传》；或谓南方无书，山谷曰“平日好读此传”，遂默诵而书之。旧闻此说。余子寿来入幕，博记善属文，偶谈及此，出摹本及尊公跋语，始知其先世旧物，为赋长句。

宜人初谓宜于人，里肚老人竟不振。承天院记顾何罪，一斥致死海南滨。
贤哉别驾眷迁客，不恤罪罟深相亲。攘攘不容处城阙，夜遣二子从夫君。
一日携纸丐奇画，引笔行墨生烟云。南方无书可寻阅，默写此传终全文。
补亡三箧比安世，偶熟此卷非张巡。严严汝南范孟博，清裁千载无比伦。
坡翁侍女曾启问，百谪九死气自伸。别驾去官公亦已，身虽既衰笔有神。
我闻此书久欲见，摹本尚尔沉其真。辍公清俸登坚珉，可立懦夫羞佞臣。

## 题龙隐洞石刻

王　珽

卧龙先生磨石幅，梁父吟成勒山曲。敲金击玉鬼神惊，钩银画铁丹铅沃。
先生口吻吐烟霞，光焰煌然照林麓。先生篆出云鸟迹，半空雕刻青莲昱。
笔势峭拔张丹霞，风神旷朗黄山谷。已见僧家纱护笼，便有词人暗摸读。
名山绝壁增颜色，山灵莫遣莓苔触。留与游观千载歌，满袖天风鸣四陆。

## 独正山

忻城土知县　莫宗诏

芝邑危岩独正立，擎天一柱当中出。飘飘霖雨落银河，皎皎明星环系臂。
黄鹄高翔止半腰，大鹏欲过难舒翅。彩江如练被光辉，叠石峥嵘旁道侍。
绝顶池开千叶莲，风回松壑片云织。采芝绮里作歌来，跨鹿仙翁徐按辔。
草木森林长翠微，冈陵叠嶂宝珠萃。取之不尽用有余，谁识中含太极义。
借问如何有此山？六鳌驾海扬波至。方壶员峤并崔巍，积翠流光无二致。

## 过斗二隘

莫元相

峭壁层峦奇且怪，相传此处斗二隘。回环百里势凌空，重叠千山多窒碍。
霭霭浮云逼面生，青青林木张华盖。四时天气暗晴阴，万壑烟光迷远黛。
鸟道羊肠去路艰，攀藤附葛行人惫。我来勒马驻高峰，剑气光芒侵上界。
虎啸风生两腋间，鸟啼花落春常在。何须别地觅天台，耸翠如斯聊可爱。
仰探碧落抹残霞，俯视群山皆不拜。牧童不识问何来？笑而不答过山寨。

## 南丹道中

王玉麐

高陵瘴雾漫漫白，深壑奔澜曼曼清。老树黝林大蛇走，狂焦横路怪虫停。
傍午肩舆休极险，日薄千峰光四觌。人生莫叹行路难，夜来坦腹斫州簟。

## 青鸟山

杨正立

水碧云深好筑居，盘旋石径问樵（鱼）〔渔〕。地宜君子培泉石，天与幽人养太虚。
四时花鸟风光好，不闻理乱舒怀抱。踢翻蓬子破圈儿，人间金谷何足道。

松友修筠石友兰，好山千嶂浸波澜。一派空濛摩诘画，乱云堆里出巑岏❶。
酒觥诗瓢桂方楸，挥毫时掬寒江水。漓淋衣袖飞作花，地厚天高维未始。

## 谒龙溪宋文节公废祠

查　礼

南山北山峙翠屏，日峰月峰相萦青。宜州城西土闲旷，龙溪水色青泠泠。
溪上有祠祀山谷，墙倾榱折无完屋。我来驻马荐溪毛，满地苍凉惨心目。
酬公一爵公应知，哀哀杜宇号春枝。紫苔碧藓瘗断础，枯榛乱篆欹残碑。
刺史张公溯遗爱，输钱建祠志乘载。创始规模无复存，千年剩有荒基在。
祭田零落豪家侵，墨池芜没犹堪寻。里人咨嗟话颠末，未竟已觉泣盈襟。
忆昔公为元祐史，直书辩诤谁其似。佞史之称乃妄加，左丞默顺荆公旨。
群小纠纷绍圣朝，追仇元祐恣狺嚣。诏拘畿县枉劾罪，党籍芳名柄斗杓。
迁谪天南到蛮府，黄茅瘴重炎蒸苦。公独安居意泰然，南楼讲学观如堵。
及今文教传遐方，骎骎士子景慕长。抠衣瞻拜丛祠下，欲去未去还彷徨。
天风薄暮吹飘忽，饥鼯窜空归鸟没。寂寞巫弦久不闻，沉沉暝色昏林越。

## 龙江舟中志感

王尚贤

滩尽江流缓，舟行片日随。村舂茅屋急，野店竹房攲。
腰折缘何事，橐垂不自知。琴中山水意，差可对钟期。

## 游涵乐洞

黄　潪

剪棘寻幽胜，空中别有天。虬枝蟠怪石，蛛网罩蛮烟。
幽谷无昏晓，浮云任往还。留连绝壁久，题句羡青莲。
（有前李理庵使君题笔）

## 游砥柱石

黄　潪

狂澜需砥柱，岳渎并垂名。风雨连江暗，鱼龙触石惊。
怒涛声凛冽，峭壁势峥嵘。无限掀翻局，临流百感平。

---

❶巑岏（cuánwán）：高峻的山峰。

## □郡北楼新城次廖守府韵

黄　滢

□□□□秀，风清百雉边。北楼新气象，南洞旧云烟。
□□□□□，遥林花欲然。披襟瞻霄汉，心旷万峰前。
金汤需保障，史册重筹边。算胜消阴雨，时平息燧烟。
子来城屹若，星拱阁巍然。谁掌北门钥，青狐怯不前。

## 思恩县

何梦徭

十载湘南客，移官隔荔枝。地当龙水北，俗是马人遗。
异草丛蚊母，疏林半雨师。天教余绿橘，多病正相宜。

## 宿蒙山堡

何梦徭

长驱此一息，横榻草堂深。夜静风鸣壑，山高日堕林。
蔬盘共小饮，茗碗发清吟。不寐思幽事，禽鱼总舰心。

## 夏日登黄竹崖二首

莫元相

凭眺俯层巅，风光满目前。山高多障日，岩窄半窥天。
暑气林间尽，诗情醉里添。披襟一笑傲，万壑应相连。

二

爽气蒸幽谷，薰风透绮筵。酒浇东井日，箭射火云天。
细数岩花落，回瞻石笋悬。芝城山信好，松竹两争妍。

## 送韩宜州❶

〔宋〕张　栻

顷年未识宜州面，已信诸贤品藻公。幕下从容逢益友，胸中肮脏本家风。
一麾且与宽雕瘵，华发应无慕勇功。从古安边须自治，人情初不间华戎。

❶韩宜州：即韩璧，宋淳熙中知宜州。本志《名宦》有传。又，本诗原缺甚多，据《全宋诗》补足之。

## 河池述景

周天球

西分翼轸入天涯，纪胜河阳策杖暇。智本枫林仙子径，古波烟雨野人家。
神鳌时浴金城浪，天马秋奔六甲沙。更有英罗盘古洞，高僧于此饭胡麻。

## □江立雪

陆宗洲

南郊往往似炎天，几树藤花到眼鲜。快句欲描频倚槛，好山随伴学添铅。
百蛮照耀供膏土，五岭飘摇属泛船。纵使老夫能见惯，歌分野竹岂徒然。

## □绘岩

余心孺

终古寒岩秘翠微，天荒自我发幽奇。森沉物象栖神迹，塞默仙缘合数奇。
童冠忘机飞跃适，埙篪协奏□灵依。游楼事事诚关福，兕虎横郊自不疑。

## 龙隐洞

方信孺❶

南山山北北山南，一洞中分路口三。飞鹤叫云声自远，懒龙悭雨睡方酣。
襄公淡墨留苍壁，太史高风拂翠岚。百尺岩前清绝处，道人先我着茅庵。

## 迎晖楼

〔宋〕署忻城县、来宾令　林（縠）〔縠〕

西山登眺任低昂，飞阁凌云接大荒。栖栋霞光生邃谷，映栏曙色出扶桑。
千年翠竹遮崎径，百树岩梅压短墙。满目峰峦看不尽，依依回首白云乡。

## 筹边楼

〔元〕刘怀远

峥嵘楼阁压云端，江北江南指顾间。万里风烟尧宇宙，一时人物汉衣冠。
悠扬鼓角惊蛮瘴，摇飐旌旗拥将坛。帘卷画栏春昼永，不烦烽火报平安。

---

❶此处署名方信孺，《全宋诗》收张自明《龙隐庵》、方信孺《庆远龙隐洞》诗，内容完全相同；《两宋名贤小集》卷二百六录方信孺《观我轩集》亦收此诗。考宜州区南郊南山寺宋代石刻，本诗下有小注“嘉定七年冬十有一月初一日，盱江张自明来游”等字，可知为张自明作。

## 游南山广化寺

〔明〕葛宗荫

上界晨钟送梵音，万山深处是禅林。黄金步步长生路，明月澄澄普照心。
古殿传灯千劫火，诸天花雨半岩阴。老僧清白如珠玉，住在层霄第一岑。

## 游南山

林庭杓

薄宦天涯探胜游，南山高卧见青虬。烟沉古洞诸丹冷，月敞上方一镜浮。
鬼斧凿成珠玉界，仙人指点珊瑚洲。从来此地风尘隔，我爱趺跏日未休。

## 游观峒二首

〔明〕郡人　周　文

空山寂寂草离离，彷佛蓬瀛古峒奇。为觅云房烹白石，更逢苍壁挂青芝。
穹隆一窍开天府，幽回双门奠福基。欲学修羊成独卧，醒来天外日迟迟。

其二

洞门云锁几千年，忽讶登高有洞天。倚汉碧崖浮紫气，嵌空青壁溜红泉。
琼枝露浥花常放，猺岛霞栖玉欲然。兴发顿忘归路远，西风马首月初悬。

## 屏风山

〔明〕郡人　余犹龙

几度轻霞食翠峰，苍苔绣石老寒松。灵岩花迹森今古，象阙天开凛夏冬。
足底轻云迷去马，掌中白露饮翔龙。飞砧万户声初发，薄夕还同数暮钟。

## 筹边楼告成

刘　菜

巍峨绝顶晚霞织，鹤去□□□□□。泉急□□□□落，瀑飞欲作雨花妍。
当楼鼓角还悲壮，片地干戈已戒严。自此荡平称盛世，治安岂独一蛮边。

## 过庆远和陈大巡宜山既事一首

〔明〕浔州司理　杨奎

江湖谁作庙廊忧，海内名公第一流。宪节霜飞清瘴岭，简书雷动震遐陬。
桑麻远带千山雨，狐兔深藏万壑秋。到处皇华香满地，征夫岂事等闲游。

## 游高寨洞

黄　浮

吏隐偏宜山水游，拂云寻入洞门幽。泉飞石窦千峰雨，座退炎氛六月秋。
把酒却忘身在客，吟风不觉韵消愁。何须丹诀希仙令，勾漏烟霞此地留。

## 登望峰山

黄　浮

振衣凭眺万峰前，望里山岚断复连。雨过寒坡云半湿，目空带水思如泉。
参差树影横秋岭，远近波光和晚烟。境寂却宜舒阮啸，一声遥向众林传。

## 宣讲镇宁乡

黄　浮

车书一统达边疆，共戴尧天舜日长。地接水岩风寂寂，山连蛮洞路茫茫。
桑麻渐起疮痍色，弦诵时闻瘴疠乡。最羡文翁能化俗，何妨铃铎代桁杨[1]。

## 宣讲金城乡

黄　浮

兴朝德泽海天宽，万里蛮封雨露覃。莫谓偏隅王化远，须知无讼我心安。
百千众拥桥门听，十六条当饮食看。愿尔益敦同并谊，俗登淳古亦何难。

## 游西山寺

莫振国

西山胜迹自天开，着屐登临载酒来。雨润丹崖光似洗，风回松壑净无埃。
追寻故址余仙奕，欲读残碑半土灰。对坐深林听鸟语，几回不禁意低徊。

## 斗二山行

陈元迪

太白曾嗟蜀道难，我行险阻万峰攒。从朝及暮攀崖绿，沐雨梳风嗽石丹。
野鸟无名声色异，山花有异品题寒。高危俯视惊心目，彷彿云霄振羽翰。

---

[1] 铃铎：即铃铛，大者为铃，小者为铎。此处指警示。桁杨：加在脚上或颈上的刑具。泛指刑具。

## 游铁城

梁 益

踏破苍苔一径幽，人间信是有丹邱。云间铁障千寻碧，泉落岩扉六月秋。
仙鹤护巢尘不染，青牛出峡迹空留。遥闻绝顶飞霞珮，疑是群真拜玉旒。

## 游龙隐洞

郡守 李文琰 华廷[1]

古洞阴森境绝幽，偷闲来此共胜游。岚光昼合晴疑雨，翠壁寒生夏亦秋。
民社关心聊避暑，溪山娱目岂忘忧。薰风曲奏猺琴永，归去云封月满楼。

## 宜阳八景

郡守 李文琰 华廷

会仙高处眺边城，觌面岩瞻广化呈。烟雨墨池浮翠潋，晴岚文笔绘琼英。
龙江夜月三更晓，鹤岭秋风八月清。更有丹霞寒积雪，飞来青鸟彩云横。

## 西竺怀古

彭 翘

风翻松壑影层层，阴覆禅堂第一乘。阁上钟声敲夜月，龛前佛火照天灯。
传闻帝子南州客，尽道君王西竺僧。长夜莫生长乐恨，天心原自有灵承。

## 会仙山（在城北）

彭 翘

倚空卓立不倾斜，翠色苍容面面佳。石窟日供香稻米，山僧夜点密云茶。
白龙吟彻天边月，青鸟啼残洞口花。一自陆仙跨鹤去，却余丹灶与红霞。

## 游龙隐洞次韵李公韵

韦日华

大块特开古洞幽，留寻真迹个中遊。
鹤归宋代三贤（宋太守赵清献琴鹤相随，有清政。后人并祀于三贤祠中）座，
雨过白云六月秋（左有白云岩，系卢僧化处）。
火烈炎荒多可畏，风清边境自无忧。

[1]原文作华廷，按《道光志·卷十四·宦绩》，李文琰字玉重，号华亭。

来歌犹切闾阎苦（公有民社关心之政），
不是空登庾亮楼。

## 会仙远眺

韦日华

骑云绝顶放青眸（山有石屏，上刻“骑云”二字），四面环山一望收。
元鹤高低飞阁外，紫霞浓淡落峰头。
天门事业齐霄汉，龙水帆樯近斗牛。
目断碧空残照里，炼丹仙去不知秋。

## 广化岩瞻

赵一清

巍巍广化绝嚣尘，特敞灵岩境地真。石乳浮光疑斗宿，峒门飞紫见龙鳞。
烟云湿上襄公迹，日月光昭刺史神。一线香飘凝石壁，山僧犹自说前因。

## 龙江夜月

韦日华

高阁江头起暮钟，碧流敲出月溶溶。金鳞水底依丹桂，玉兔波间战白龙。
寒落悬崖横画艇，光浮隔岸醉芙蓉。菱花摩净秋河里，谁挂天南照远峰。

## 鹤岭秋风

韦日华

吹笙仙子有真家，何故乘轩入紫霞。天籁未鸣丹顶暗，秋声乍动玉衣斜。
空闻习习花天近，疑似明明月地遐。自别缑山人独立，凭虚欲御五云□。

## 墨池烟雨

韦日华

龙□淋漓落水天，半圭乍暗雾相连。潇潇声绕万红树，漠漠云生一砚田。
碧玉浮烟沉紫石，清风逐雨动香泉。池西谁写宜州帖，昔挂南楼墨色鲜。

## 文笔晴岚

赵一清

高标青嶂耸边城，一派岚光远水明。峰颖每从天外见，烟云时向日边清。
披霞疑似鸾笺展，缀露浑如墨翰横。想是巨灵持彩笔，欲将太极写生生。

## 丹霞积雪

彭 翘

壶公久授长房术，刺史皈依许共车。玉屑食余成积雪，金丹熟后化为霞。千年洞里云生壁，十月岩前地发花。凭吊高风人寂寂，珊瑚琼树影横斜。

## 青鸟笼云

彭 翘

倚空积翠吐精华，占断龙江一水涯。日映千林青鸟舞，春回万树绿烟斜。岩前异草朝含露，洞里清风暮卷霞。自有紫云封顶上，玲珑峭壁尽生花。

## 奉文赈饥

天河令 黄 滢

蕞尔弹丸邑，孤悬万岭边。蠶丛开最险，雉堞望都捐。
荒草连云壑，空城拥石田。官租谁缓二，岁赋不盈千。
锋镝惊方息，疮痍起未全。蛮氛消化日，菜色见无年。
惨淡三时雨，萧条万井烟。厨中宵月暗，甑底晓风旋。
野蕨搜将尽，山根剜欲穿。竹花香少味，木酪气多膻。
太息曾何益，哀嗷实可怜。沟渠皮骨委，鸠鹄里门填。
郑监图难绘，淮阳节已传。春台降雨露，秋廪给糜饘。
末属承流切，同官捧檄宣。戴星劳擘画，废箸恤迍邅。
调剂需拯溺，恩施乐补偏。儿童联袂至，父老杖藜前。
挈得盈筐食，歌成饱德篇。口碑听载道，坡坂看摩肩。
滴水慈航润，余波涸辙鲜。吾溪流不竭，岁泽共涓涓。

## 天河学宫告成赋勖诸士

黄 滢

尼父门墙迥，风高百世师。坛遗从古置，俎豆到今宜。
悦服倾遐迩，尊荣历盛衰。沧桑虽屡变，雨露本无私。
斗邑千峰闭，边隅万事靡。荆榛空绕座，钟鼓似悬丝。
城阙风人刺，弦歌雅韵遗。绾铜来绝峤，刈草拭荒碑。
堙郁栖神处，低徊怵虑时。编茅依峭壁，入室掩朝曦。
窃慕文翁化，虚叨单父司。爱人惭吏治，造士阻心期。

幸际崇儒代，欢歌在泮诗。作新光令典，由旧辟宏基。
石取他山便，才遴古木奇。垣墉勤创始，榱桷俨成规。
募役供趋事，捐廉倡乐施。不劳征调力，宁费积仓资。
数仞经营就，千秋堂构垂。增华应有待，式廓已如斯。
至教通殊俗，蛮方仰圣祠。山川开面目，牖户豁胸脾。
狮岭花迎秀，龙山藻散绮。鲲鹏胥鼓翼，桃李正含滋。
莫怅云程邈，须酬月旦知。文章关国运，礼乐迪民彝。
匪直标三物，还期振四维。共循名教乐，瞻拜肃威仪。

## 寄都指挥使韩公柳庆征猺❶

陈　琏

韩侯声誉重雄藩，猺獞闻知胆已寒。诗礼旧曾歌郤縠，龙泉尚拟斩楼兰。
营连邕管烟生灶，夜度昆仑月满关。道路行人传令肃，边邮黎庶沐恩宽。
屯兵晓日明金甲，跃马薰风拂绣鞍。克敌一生存远略，思亲千里报平安。
闲将景物归吟幌，常见风云护将坛。报国丹心坚似石，平蛮勋业重如山。
高情久与梅花共，行橐应无薏苡还。早晚凯旋笳鼓竞，捷书先已到金銮。

## 庆远郡廨集钱七孝廉计偕北上

岳和声

文庙前莲塘中，故有数峰，称文笔。郡诸生以获戾太守，诡言不利，铲去。坐是，荐南宫者绝响。予为移龙江之石补之。而天门山双峰为冯当世发梦胜迹，则岿然无恙也，用当劝驾并勖秋试。

天门旧有双双在，莲岳新添个个成。灵杰一时回气色，风云百代见蜚鸣。
波澜已许增前辈，跋扈须知动后生。春满琼林推领袖，秋高桂岭共峥嵘。
鹏抟欲怒三千里，璧价终偿十五城。到日联翩花陌遍，归时蹀躞柳江迎。
甘泉自应明庭诏，刀布何劳蜀守情。讲德与君原不浅，莫将温饱负深盟。

❶《粤西丛载》卷二十六《明朝驭蛮》采《学海通志》云：“（明洪武）二十八年，龙州土官赵宗寿等叛，命左都督杨文等率军讨之。……广西都指挥使韩观为左副将军。奉议州土官黄世铁、南丹州土官莫金及都康、向武等州土官皆作乱。都督杨文等以九月率大军至龙州，既降宗寿，遂移师诸州。十月师至奉议，斩黄世铁，枭首以殉。分军剿向武、都康等州，擒斩蛮众。至镇安府，抚定土官岑志纲。即征其土兵，抵龙英州，防遏贼冲。寻获土官黄嗣隆，斩之。复攻进南丹州，土官莫金奔遁，杀其子莫万和，擒莫应台等，械之军中。诸军追至永州，斩获莫金，并大藤峡等关寨，擒杀几二万。……二十九年班师。”（见四库本《粤西丛载》，又《粤西丛载点校》下册，第1094—1095页）

## □□山石壁

〔宋〕余 靖

草铺横野六七里，笛弄晚风三四声。归来饱饭黄昏后，不脱蓑衣卧月明❶。

## 丹霞岩

〔宋〕张自明

玉玲珑外玉崔巍，曾与三贤识面来。自有此山才有此，游人于此合裴回❷。

## 白龙洞

张自明

白龙洞口白龙台，一俯南天眼豁开。苍壁漫题三数字，后人还笑我曾来。

## 九龙山

张自明

轻阴漠漠晓春天，草路铺茵柳似毡。闲访龙君话行色，云平深洞水平川。

## 龙隐洞

林（穀）〔毂〕

峥嵘头角隐何年，直露灵光在此间。天下苍生方□岭，好施膏雨润人寰。

## 游白崖

尚一行

叠山茅屋寓溪旁，煮酒烹鲜乐未央。夏对珠簾驱暑去，秋飞冰云快新凉。

## 山亭小憩

陈元迪

乾坤到此小如瓶，万绿丛中一草亭。猿鹤逢迎聊下马，息劳无计愧山清。

❶按：此诗题〔宋〕余靖作，实误。此诗流传甚广，一般记为吕岩（吕洞宾）作，原题《令牧童答钟弱翁》，参见《全唐诗》卷八五八、钦定四库全书《御定全唐诗录》卷一百、《千家诗》等，《水浒传》第一回即引用本诗。

❷按：《全宋诗》收张自明诗十三首，含《丹霞岩》《白龙洞》二首。

## 香山八景

陈元迪

香山寺距城西里许。奇石林立，岞崿万状。明末兵燹圮废。然其迹刻石壁上有可考者。由曲池望大石，巍峭嵌空，玲珑下敞，梵天门也。入门数武，有观音阁，阁西挺一石，势若峰峦，上镌“云峰”二字，如斗大，相传为彭举将军笔。峰南“朝天石”，形伛偻作朝天态，故名。亦彭将军题名，兼有诗刻。寺前双石对峙，高广数仞，为燃灯门。门右石屏嶙峋，洞窍穿透，曰“普陀崖”。崖前由菩提路纡折而上，登滴云亭，下瞰平畴，野涧环绕，万山云气欲滴，信奇观也。康熙甲戌春，余与豫章李子去华游焉，吹云剥藓，即旧题名，撮为八景，各作诗纪之。李子曰：“江南虎丘，一片石耳，犹称奇、甲天下。此地胜迹殆倍虎丘，若遇米颠，不知几取袍笏下拜矣。惜乎僻处天末，埋奇荒草，亦兹石之不幸云。”虽然，岂独石哉？

### 梵天门

空王奇迹镇边城，洞辟云根透月明。欲问梵音何所似，满天花雨落风轻。

### 观音阁

扳得层云紫竹宫，大悲闻觉寸心通。漫劳载读坡仙记，曾见禅光千手中。

### 普陀崖

调御何年此化身，移来南海洞中春。崖前多少闲花草，写出枝枝自在因。

### 菩提路

身是菩提莫纵横，禅关坦履月三更。纡回古径盘空上，指引前途悟众生。

## 宜阳八景

### 会仙远眺

李文琰

万丈丹梯药鼎开，洞门深锁护莓苔。漫云绝境无人到，长啸一天风雨。

## 广化岩瞻

李文琰

凭高娇首暮云横，灵物嵌空一柱撑。听得春雷惊蛰起，欲将霖雨润苍生。

## 龙江夜月

李文琰

桃花细雨唱蛮歌，（老行）〔两岸〕云生涨绿波。一幅蒲帆江上疾，团团寒玉帖银河。

## 鹤岭秋风

李文琰

山头子晋驻何年，万里随鸾下紫烟。片石秋来翻晓月，凌霄有翅向遥天。

## 墨池烟雨

李文琰

山色四围皆峭壁，溪光一带忽平畴。涪翁洗墨池边水，湿尽鹅群茧纸收。

## 文笔晴岚

李文琰

中山岚气散朝光，露染霜毫接混茫。横扫万军势未已，铦锋直欲破天荒。

## 丹霞积雪

李文琰

黄芽炼就上金台，屑作云英散满岩。顷刻阳回玉宇暖，白兴尽黑入公来。

## 青鸟笼云

李文琰

绛河远隔五千年，青鸟飞来自古传。猺干万条云影里，何人识得玉京仙？

## 会仙远眺

赵一清

纵目仙峰四望开，万山飞翠点莓苔。天边忽见祥云起，疑是群真鹫岭来。

## 会仙远眺

苏　高

高登遥瞩地天开，丹灶依然拥绿苔。玉井莲花浮并蒂，当年曾会陆仙来。

## 广化岩

赵一清

字结冰霜古气横（峒口刻“岩瞻”二大字），别开天地巨灵撑。

神龙欲出施甘雨，无怪风云峒口生。

## 龙江夜月

苗德沛

数声渔棹鼓讴歌，两岸峰回映碧波。明镜一轮银浪里，恍疑槎泛到天河。

## 鹤岭秋风

赵一清

形（花）〔化〕南郊不计年，殷红顶上抹轻烟。昨宵少女乘鸾至，直欲凌风上九天。

## 墨池烟雨

苗德沛

浮翠荫秾寒映壁，朝烟带雨尽平畴。池边洗墨人何在，泽润龙溪势未收。

## 墨池烟雨

韦日华

万红门外烟深处，一亩文澜近绿畴。雨霁半圭人洗砚，锦鳞浮水碧云收。

## 文笔晴岚

彭　翘

秀峰如笔弄晴光，不假神工亦混茫。一自乾坤开辟后，生化彤管在遐荒。

## 丹霞积雪

彭　翘

丹成九转上天台，霞采缤纷铺赤崖。大出奇花雪里坠，洪炉点雪老仙来。

## 丹霞积雪

苏 高

谁把琼瑶洒遍郊，缤纷点缀老梅梢。兴来欲访花骢迹，白掩山门何处敲。

## 青鸟笼云

苗德沛

飞来青鸟几何年，耸翠峰峦万古传。有路山腰云截断，不知何处问神仙。

## 翠屏山赋

忻城土知县 莫元相

维上天之蒙胧，荟千峰之紫翠，相大地之茫窈，罗一方之峻屏。山为艮象，万象告止以成形；泽以畜物，百物藏辉以献灵。故猺房阆风，尝留仙人之迹；蓬莱方丈，曾动王者之车。望群玉之嶙峋，实为灵居；入罗秀之巃嵸，堪构幽庐。翠微色耀，灿窈窕之曳裾；屏峦势峭，贯珠玉为卷舒。扶舆磅礴竞凭倚，秀丽江山入图书。南天一柱，孤峰不厌看；东岩七星，佳趣自幽暗。青鸟飞来，秀草之奇英可啖；白龙卧深，紫云之华盖不淡。此固分镇大邦，奇峻独撼。谁知隐列边隅，耸翠莫减。维此芝州，环围皆险坎；蹑屐名山，翠屏为胜览。金毛呈光，爪牙后拥清署；玉麟献瑞，文章铺满云衢。探丹穴之深奥，彩凤常濯碧池；盼青松之苍蔚，虬龙群展金鬣。

凭花岩以为椅，笑琉璃之空娱；环黎州以作帐，何水晶之是愉。石叠而壁峭，失天台之路殊；树宁而岚结，迷桃源之津区。惟是淡冶春山，彤云之掩映常在；苍翠夏景，融风之披拂不休。值秋色之凋零，烟霞凝乎丹丘；望冬日之惨淡，霜雪焕乎锦州。更有池清绝巅，碧澄河汉之岸；珠明夜半，光射斗牛之墟。天籁无声，而寂静不觉。从石穴以吹嘘，布泽宣气而呈象，何知镌蒙，贵乎清渠。比翠帘以长垂，消烟雾之蒙霾；列玉屏以永树，知天地之无际。彼夫凤凰飞腾，千秋同远睇；龙虎踞蟠，万古共带砺[1]。此有万丈苍崖，白云任流逝；千寻危峰，朱霞常摇曳。余亦将结草庐，无奈绿林之深闭；更欲往造幽岩，莫披青山之薜荔。此为粤西之藩篱，实是天南之障蔽。尝闻石牛之夜斗，不敌永峙之文犀。试觑潜龙之时隐，讵如长踞之玉骐。万绿阴阴，鸟飞而猿驰；一壁岩岩，雪丽而冰澌。蛮烟耶？瘴雨耶？莫染此雄帏；千屏耶？万帐耶？谁知彼险巇。愚公移来，未必安百里之巩基；神功妙化，殊难画一座之峨眉。攀藤而附葛，入霄路之多岐；云蒸而霞蔚，穿林枝之陆离。峙一方之雄镇，壮百代之边陲。固坤德之厚载，亦乾维之独奇。

---

[1]带砺：成语“带砺山河”的略语，意思是黄河细得像条衣带，泰山小得像块磨刀石。喻时间久远。

## 青鸟山赋

忻城土知县　莫景隆

盼太虚之辽廓，浩乎无涯；运造化之莫穷，崭然争奇。秦松汉柏，结得仙间；露台月馆，遥见云驰。危峰来落雁，耸翠河碧；峻壁晓鸣鸡，早窥日曦。龙腾兽啸，起朔野而永峙；霓裳鹤盖，镇常山于不移。他若玉阙琼楼，上应星微；鹅飞蝶舞，下倾水湄。不尽蹑屐以登眺，何矩竞秀之陆离。双凤来巢，连龙壁而蜒蜿；一鹤长驾，增象岭之苍眉。金牛化于仙渡，永奠灵址；石燕飞乎幽谷，常见雨时。登临桂岭，既历名山于绝巅；游憩宜阳，复见垂翼乎南天。九子绵延，长锁深江；一峰萃葎，独障西川。丽日东红，妍增青黛之色；皓月西归，光灿□苔之鲜。离鳌头而独挺，□逐鹯鹰；向鹤岭以回头，泪起杜鹃。倒壁影于北岸，□□鹭之潜渊；飞翠色于铁城，等落翮之翻翩。是大鹏凌雾，倦游而翾羽。是灵鹫冲霄，翩跹而来仙。是黄鹤乘来，偶栖峰顶。是青鸾飞往，留积空烟。得轻浮之淑气，为重镇乎江边。玉垒奇峰，既行云而吐雾；金山异产，亦腾芳而挺树。蔚香种乎悬崖，发壁茎于顶露。随天地之消长，菁华独蕴；同日月之盈亏，凋荣谁数？虽无白鹿含来，自有锦绣常舒。未见彩鸾长栖，偏逢诱实时吐。碧峰齐云，积素而凝华；翠岭含烟，藤繁而葛附。溪浒流芳，恐刘阮之失迷；山曲遣茗，致秦精之惊怖。漫读山经，愿听鸟语。何必海岛，岩花可茹。夫是片阵云影，向峰头而鸣声。一双□羽，停幽谷而戒惊。浴翠泽，孕华生，起鹊噪，留鸟鸣。□衣绕树，玉书夺睛。夫是文章五色，铺罗绣之菁苍；天地六象，起云岭之峥嵘。来缑山之白鹤，雅听笙歌；宿叶令之飞凫，不闻车轰。月夜捣药，彷杵戛之丁丁；风晴唤侣，满枝头之嘤嘤。傍宜州为羽翼，因得此以成名；览庆郡之佳胜，知龙水之图雄。缘石磴以吸露，穿壁穴以迎风。峭绝砥柱，并天地之巢嵘；薜荔蔓延，逾香炉之薰融。砯惊碧浪，不摇永峙之巉岩；风飘砂窟，终安矗起之巃嵸。回顾会仙之顶，常对广化之崇。雪深岭外，未濡羽而变玄黄；云横山半，若奋翮而入太空。如立鹄，似归鸿；雕敛翼，鷂飞翀。鸠雀缤纷，不杂黄鹂以来息；鸡鹊群集，莫辨绿树之林丛。一形壮河岸，万象在个中。乱曰：

天有目兮地有肺。蕴碧玉以为膏兮，结魄磊而为灉；吸玉露以为骨兮，挺秀色而为容。既若翔而若舞兮，亦为凤而为龙。猺草堪作佩兮，灵芝亦郁穠。繄此山之翡翠兮，峙百粤之锦峰。鹦□去中州兮，何委羽乎西邕？碧鸡濯滇池兮，乃坠翅于边墉。欲倚石而攀萝兮，奈仙履之久封。将探幽而掇翠兮，追鸟迹之无踪。黄鹂其莫听兮，谁医俗耳之庸？白鸟不来献兮，难荡高飞之胸。孤猿啼月兮，乱木客之心悰；□虎啸风兮，触石穴之玲珑。惟视青山不老兮，长倚白云；龙从乾坤其变态兮，物象亦消泯。尚有□峰可娱赏兮，何必郁抑其遭逢。

## 庆阳书院记

乾隆二十一年 郡守 李文琰

昔昌黎在潮，文风渐盛。子厚不鄙夷柳民，教以礼让。惟为天子守土，即宜为此土作人，何问边疆岩邑耶？矧庆为古宜州，素号文物地，崛起宋明者，代不乏人。山川未改，钟降匪遥，要在培养乐育之而已。余拜命承乏于乾隆癸酉秋，甫下车，辄以此意为拳拳。虽鞅掌簿书，驰驱民瘼，未尝一日去诸怀。亟与属审相借筹，而得其旧院之废址。佥告予曰："此前太守刘公偕郡士公捐，以请学使按临者，三十年来未及成功，而多士调考赴柳，彳亍难辞，噫嘻惫矣。"余□□曰："无□□，试为之爰通选士于造士。"就乃基，度乃势，捐俸钱而梁栋之。经始乾隆乙亥之冬，告成丙子之秋，颜其额曰"庆阳书院"。余顾而乐之，而犹虑膏火无资，难俾此基于勿替，而士庶踊跃，举以众擎。爰嘱宜山李令贮库置田，永为延师养士费。□□一念也。余不独为造士，□□□□□□□□□□□□□□之志亦可，即□此缤□之。越日而绅士即以试院请。余思今日之书院昔日之试院也，试院废而书院成，书院成而试院亦可成。余亟请于当轴，多方筹画。多士其励乃志，懋乃修，则明体达用，出而辅世长民，将必有超前轶后之才，上应圣朝文运之昌者，余之厚期宁有既耶？维时共襄厥事者，宜山令李瑛、署天河令雷掞、思恩令李景贤、宜山尉彭永泰也。讲堂、学舍、膏火、田数列于左，后之君子可以考焉。

## 宜苑记

郡守　商　盘[1]

余典庆之次年春夏间，时出郭课耕，纵览岩壑之胜，得东郊数亩之区，负山枕溪，茂林奇石，左右森列，俯仰临眺，所以娱目聘怀者莫不具备。思筑馆启轩，以为宾獠觞咏之所。老友栾布衣云叟闻其事，忻然补图，前有堂，后有阁，旁有亭，有榭有桥，位置若此可云宜矣。爰于涤场之后，鸠工按图为之，阅八月而告成。至是山水云树之奇，尽轩豁呈露于几席矣。嗟夫，庆阳一荒郡耳，非有两京之雄杰，三吴之佳丽也。其守土之吏，亦无岘首习池群屐宴游之盛也。当此民杂狑猺，地多瘴疠，前贤旧迹，半属荆榛，所谓来薰之台，放鹤之亭，稽诸故老无有知者。乃于褰帷省裕之余获此名坏，向也邱墟，今也轮奂，岂非地以人著欤？昔昌黎、子厚之在潮柳，赞皇、东坡之在儋崖，类皆迁播自伤，放情寄傲。至黄文节之谪宜，其苍凉更甚。今余少侍禁廷，回翔蓬阆，陈情乞外，历资擢守，窃禄二十余年，与唐宋人粤诸公踪迹迥异，其受国恩也重矣。幸值熙朝文德诞敷，遐方向化，官斯土者无羽书旁午之劳，有燕寝从容之乐。则吾与二三子得披襟拄笏于朝爽夕佳间

[1]商　盘（1701—1767），字苍雨，号宝意，清代会稽（今浙江绍兴）人。

者，谓非圣主绥靖边疆之赐耶？其时牧令掾曹诸君踊跃襄事，既赋诗以落之，并请为文著后，遂不获以不文辞。苏端明有云：江山风月本无常主，闲者便是主人。余窃愿长为一闲主人尔。

# 《庆远府志》卷十　杂类志

## 诸蛮

《通志》云："南丹、抚水、环州，种落伙矣。其言语侏㒧，衣裳斑斓，其俗尚贪利轻生，其性外騃[1]而内黠。"唐宋之世，羁縻[2]而已。有明[3]用兵无虚日，威克有之，能以德化乎？国家仁育义正，凡有血气，莫不尊亲化外。诸蛮咸力穑，输赋与齐民埒近，且有入胶庠[4]与秀民伍者，安得以□□□□□□□□。

□□□□□〔高辛〕时犬戎[5]吴将军为乱，帝下令能得〔吴将军首者，以女妻之〕。而畜犬盘瓠衔首诣阙，帝难之。女〔以〕信不可失，请行。帝不得已，从之。盘瓠负女入五溪山中，三年生六男六女，自相夫妻。后裔繁盛，散处百粤，语虽不经。今观庆郡诸蛮，性情亢戾，好尚偏僻，诚有足怪者。夫风俗与化移易，庆自秦汉以来，隶中国者久矣。名贤辈治经营筹画，非不详尽，而卒不能尽变其俗，岂山川之生人故异欤？抑盘瓠之事果真，而其种不为变欤？然王者大无外，凡含生之属，茹毛饮血，靡不胞与。况蠢兹蛮夷，性虽桀骜，而耳目心思居然人类，且当圣化覃敷[6]之日，即以进于中州，当无难者。故分别种类，核其事迹。凡庆属所有者，详载于编，无者概置不录。

一曰猺，种类不一。有生猺、熟猺、顶板猺、赤髆猺、过山猺等名。身着短衣，裙不覆膝，绣以五色，不穿裤，曰"生猺"；戴梳于顶，状如半月，妆饰似獞，曰"熟猺"；顶以木板，板列矾珠，累若缀旒，曰"顶板猺"；耳垂联环，鬓挂矾殊，髻里蕉叶，不裙不袴，惟以布幅围蔽前胸，曰"赤髆猺"；以木皮绊额，系筐伛偻而趋，曰 "过山猺"；皆

---

❶騃（ái）：痴呆、愚笨的样子。

❷羁縻：《史记·司马相如列传·索隐》："羁，马络头也；縻，牛靷也。"引申为笼络控制。汉唐时对西南少数民族采用羁縻政策，承认当地土著头人的管理，给予官封，纳入朝廷管理。宋以后称土司制度。

❸有明：即明朝。有，词头。

❹胶庠（xiáng）：周代学校名。周时胶为大学，庠为小学。后世通称学校为"胶庠"。

❺犬戎：即畎戎，又称畎夷、犬夷、昆夷、绲夷等，戎人的一支。

❻覃敷：广布。

八蛮之种无疑。窃居大山中，种禾、黍、粟、豆、山芋、杂粮，暇则猎山兽，□□□□□流、土各属，皆有猺人盘踞。性狠戾，衣斑□□□□□上下若飞。儿能行，烧铁石烙其蹠[1]使顽木，故能履棘茨根株而不伤。儿始生，称铁如其重，□□□□□□□制刀及弩箭[2]。试刀必斩牛，仰刃牛项下，以肩负刀，一肩即殊者，良刀也。弩名“偏架”，以一足蹶张，加之毒矢，中其矢者，见血必死。背手传矢，往往命中。岁首祭先，杂糅鱼肉酒饭于木槽，扣槽群号为礼。十月朔，祭都贝大王。男女各成列，连袂相携而舞，谓之“踏猺乐”。有铙鼓、胡卢笙[3]、竹笛之属，众音竞哄，击竹角为节。山田无几，遇天少雨，稑[4]种不收，无所得食，则踉跄篁竹间，潜出剽掠。事已，即遁入巢山。山多溪箐，搜捕不易，官府虽觉，亦难于过问。至南丹猺人，多淳朴，不亢悍。东兰有种汉猺，语音与东粤同，读书识字，不同他猺。

一曰獞，与猺杂处。猺，徭也，粤右土著。先时就抚，籍其户口以充徭役曰“猺”。獞，撞也，粤之顽民，性喜攻击撞突，曰“獞”。故猺人易驯，獞人难治。獞俗与猺略同，而性特剽悍。分二种：有户口而供徭役者曰“獞民”，无户口而附纳编粮者曰“獞蛮”。庆郡各属，此种极多。居天河西乡者，呼父曰“呵”，母曰“媄”，兄曰“龙”，弟曰“侬”，穿衣曰“登布”，吃饭曰“哽餲”，饮酒曰“哽漏”，食肉曰“哽诺”。出入带环刀，持镖枪，恃蛮梗化。宜山近郭稍驯，然亦多疑诈少信。其俗魋结[5]、贯耳，富者男女皆项带大银圈。男衣短窄，裂布束胫，出入佩刀。女跣足，衣不掩膝，裙长曳地，细褶或□□□或花不等。更有穿夹裙者，厚三四层，重五六斤，缀五色绒于襟袂裙幅间。涉水手摄裙幅，视水浅深以次收展。男女齿等，以衣带相赠遗，谓之“结同年”。既嫁，有子始绝，不复相闻。兄死则妻其嫂，谓之“养嫂”，又名曰“上蓝”，弟死亦然。葺茅作屋不涂，衡板为楼，上以栖止，下顿牛畜，谓之“麻栏”。席地而炊，抟饭掬水。盛夏露处，冬则围炉达旦，无床衾。宴客以木具或竹箕盛肉，均人数而分置之，罢则各携所余去。分肉或不均，衔之，终身莫解。有所要，必以酒肉，或杀一狗，得肉少许，酒半酣，虽行劫、斗狠无不愿往也。劫物不论多寡，敝衣釜甑之属，罄卷而逃。官司觉治，莫知其亡处，出重资购之，名曰“买线”，戚属利得金，辄以所匿告，往而成擒。掠人入巢，窍大木纳一足械之，索资听赎。伏草射人，攻剽村落。今禁制严密，俱各知儆而能自好者，亦稍变其俗。

一曰狼，男女俱挽髻，前锐后广，覆以白布，绩麻为衣，无刺绣，经年垢积不盥涤。善伏弩，猎山而食。儿能骑犬，引弓射雉兔，掘鼠。少长习甲骑，应募为狼兵。善鸡卜，

[1]蹠（zhí）：脚掌。

[2]本段金鉷《广西通志》作“儿始生，称之以铁，如其重，渍之毒水。儿长则煅其钢制刀。”

[3]胡卢笙：通作“葫芦笙”。

[4]稑：穋（lù）的异体字。后种先熟的谷类。

[5]魋（tuí）结：《峤南琐记》云：“粤蛮胎发不薙，男女无梳篦，不覆巾，蓬垢髽鬟，自古已然，曰魋结。”

其法取生鸡雄者，折一翼，东向去翼、肤、肉，视骨纹，明吉暗凶，以定向往。性饕餮血食，腥秽狼籍，居室中卧惟藉草，是名狼也。此类东兰、南丹、那地三土州甚多。宜山及天河南乡为熟狼，又名“狼家人”，间有居瓦屋者。种稻田，常出市山货，与民无异。语言多类獞而声音略劲，构怨惟请乡老理论，性稍醇朴。

一曰狑，语言、服饰、习俗类獞，编入版籍，略供赋役，亦如熟獞。思恩、南丹多此种，谓之“苦蕒狑”。山田硗确，时时苦饥，每采药负薪易粟以食。或曰狑者，另也，诸蛮之外另为一种。又狑外曰“狙”，其风罔闻。

一曰獠，居天河县东乡，又名狪狫。言语与汉迥别，如呼父曰“爸”，母曰“奶”，兄曰“怀”，弟曰“侬”，穿衣曰“登谷”，吃饭曰“饘于”[1]，饮酒曰“饘考”，食肉曰“饘难”之类，亦通汉语。性鄙吝，蝇头必算，杀鸡飨客不自举箸。男女衣著类百姓人，女以青布蒙首，未嫁者披其前鬓，腰系红带。善耕作，尤好种绵〔棉〕。相人荒山而租之，孟春，男女负刀芟其杂秽，锄而播种，时一往视，收成后即去。岁迁一山，无定在。视猺獞较驯，颇谲诈，间习诗书，亦有一二秀士。

一曰狭，自称曰“侬”，不好田作，贩薪谷，家无宿（春）〔舂〕。[2]男子年三十以往乃婚，或野合，终身不配，为人佣保。语言微与獞同，声音稍柔而韵。南丹土州多此种，又名狭獞。男女衣著如獞，但性多愚拙，不谙是非利害。宜山龙门及忻城土县亦有之，实来自南丹。

一曰狆，即水苗，猺之别种。南丹介荔波境上有之。男女皆挽髻向前，项带银圈。男衣对服，破开，名“四块瓦”。女衣袖窄而长，花裙。性凶暴，欺孤凌寡，睚眦之仇必报。出入带环刀、镖枪，有事不讼官。俗甚亢悍。

一曰狼，其先自广东阳山县亡命而来，又曰“阳山人”，语言百世不变。宜山、永定、永顺多有之。自为一类，不与别种人通婚姻。性好种畬[3]，即自有田业，亦使人佃耕而收其息。居无定所，土瘠即去。婚姻论肉，或二三百斤不等，务足其数。妆奁虽农器亦备。有不能娶者，男入女室，谓之“上门”。三年分出，奁亦如之。每岁孟春，男女上山斫柴作歌为乐。耕则夫先妻后，各驱一牛。康熙初年，庆郡仇杀相寻，多属此类。受抚则为狼民，否则逃去为群盗，谓之狼贼。状类猺，而犷悍甚于獞。

一曰矮子，其先来自东粤，但与阳山人言语又别。宜山、天河间有之。亦好种畬，且多种烟叶、油麻、豆麦之类。性桀骜，好使酒争讼，片语不洽即挥拳相向，讦告不休。男女衣著如汉，而俗特强悍。

---

❶饘于（zhānyú）：饘，本义为稠，此处仅记音而已，下同。

❷宿舂：本指隔夜舂米备粮。后以“宿舂”指少量的粮食。原文作“春”，似误。

❸畬（shē），火耕地，指粗放耕种的田地。

## 诸蛮分隶

庆远府处粤西西偏，自昔用武之地。附郭宜山，而外北为天河地，尽猺。西则思恩、河池，亦号蛮薮。而西北之南丹、极西之东兰，尤诸夷奥区。其地溪峒、长官、附庸州县者相望也。旧志称其“石壁巉岩，关隘险阻于岭南为最”。虽营汛星列，而虎狼环在四郊，未雨而深绸缪之虑，有以哉。

宜山县獞人，男衣短狭，色尚青；老者衣细褐；妇女则小袂长裙，绣刺花纹，其长曳地。岁首祭先祖，击铜鼓跳跃为乐。仲春，男女成列入山谷中对歌。相悦者负之而去，遂婚媾焉。狑则另为一种，性习居处，服食及婚葬略与獞同，编入版籍，供赋役亦如熟獞，但语言差异耳。

天河县多夷种，而散处四境者又各不同。东为狑獠，名曰“姆姥”；西为獞人，南则狼种，性稍淳朴。北则略与华同，呼为“百姓”。妇人服饰无老少，色尚红，裙作细褶，厚累五六层，重数斤。婚礼，媒妁议允，男家先担酒肉置路旁，女族少长经过，截留饮食之，以所余者携归。卜日，女族亦荷酒肉置前路所答复，名曰“会亲”。娶则以牛为聘。獠性啬，诸多简陋，力耕作苦。独喜浮屠，蔬食三年，谓之“血盆斋”，言“为母报恩”云。先时蓬首跣足，成化间，知县袁璿禁之，始巾帻草履。

河池州猺獞十居八九。婚姻以牛为礼，视贫富自一头至三四头不等。嫁时不置衣被，其女过宿即回母家。七月十四日谓之目连节，备物祀先。老幼皆闭门不出，路无行人，名曰“躲鬼”。尝以山中老树高荫处所为天神庙，土人非洁斋不敢入。交易刻木为齿作券，谓之“打木格”。买田不立户名，但买某户田亩，即充某户田丁输赋。其力作及走墟市，大半皆由妇人，谓之“坐男使女”。

思恩县在城三甲，民獞杂居，思恩、金城、镇宁三乡系獞人，都亮乡系蛮人。中洲三里与五十二峒及驯驻里皆猺人[1]，俗与宜山同。狑人则谓之“苦蕒狑”，称官司曰“昆”、曰“蒙”，称官司长子曰“巨孽”，称书吏曰“老仙”，里差曰“社王”，称父曰“家老”，母曰“室老”，兄曰“隆”，兄妇曰“伯”，同庚曰“挟傍”。

东兰州原辖四埲十三哨，多苗猺。后分半改流，俱知敬官畏法，习俗渐驯。

南丹土州土狼设狼目总之，性颇轻悍。猺人居于猺山，男女皆蓄发。男青短衣、白袴、草履。女花衣花裙，短齐膝，负戴以额。言语各殊，不与他类联姻。亦有能通汉土语者，淳谨勤俭，甲于通州。和睦宗族乡党，若一家有婚丧，众共助之，计其应纳地粮，并为代输。从无争斗、构讼，耻不为鼠窃狗偷。倚山而庐，耕种度日。暇则射猎，以药敷弩箭，所中之兽立毙。不读书，不贸易，浑浑噩噩，几同太古。

[1] 原文如此。查本志卷一《舆地志・村墟》，思恩县并无驯驻里，此处或误载，无可考。

那地土州山多地少，民贫俗陋，尽是狼人。征调则为狼兵，明沈希仪赖以破贼。其北旦哨那周村、加延哨塘引村土民，猺蛮殊难顿化。

忻城土县猺三獞七，猺是盘瓠之后，獞即土人也。猺多居山，性率强悍。獞野处，性醇朴。言语异音，衣服亦各不同。男力耕，女勤纺绩，能织被褥成龙凤花文〔纹〕，华美而坚，谓之“獞锦”。颇知梳栉，多带簪珥。

永定长官土司止有土獞，男女衣服与汉人相仿。亦有村峒獞人，男以花巾、青布缠头，赤足。遇喜庆事及出门做客，亦有戴红帽、穿鞋袜者。罕着衣袍。妇女头戴花簪，耳戴大银环，穿青蓝花布大袖短衣，袖口用红布镶四五寸，省亲会客始穿。多穿青蓝布短裙，间有穿青布及月蓝布细褶长裙者。虽极寒冷，俱赤足。

永顺长官土司多猺人，出入各佩环刀、炮火，今皆禁止。弟呼兄名，长幼无节。一种挖山种地而食者，黄发魋结，两耳各带大银环。走悬崖如履平地，担不肩挑，以头负戴。短衣右衽，色尚深青，妇人裙长至膝。其类多寻仇杀，自相报复不已，亦不鸣官。穴居山谷，无定所，最为难治。多以猿、猴、蓝为姓。又有狑狼，服色与獞人相去不远，惟语言稍别。

永顺副长官土司狼獞杂处，民贫俗陋。

《粤西诸蛮图记》[1]曰：“《记》云雕题[2]、凿齿，有不火食者，则南方曰蛮也。滇、黔、楚、粤之间，区落绵亘，直达西戎。而粤西山谷，奥险阻绝，厥类尤繁。”唐虞[3]谓之要服[4]是，但与要约而已。至于庆远，又在粤西西偏，北背古泥，西接罗施鬼国，襟夜郎，控牂牁[5]，扼昆明十五部地。东介龙柳、马平，反覆不常之八寨、南通、思恩、永定诸土司，重峰叠嶂，嵯峨嶙峋。生其间者，故宜性情殊异，好尚偏僻，居处服饰、饮食男女之际，与华不同。然淡泊纯朴之风，亦于此见焉，可约举而记之也。诸蛮皆耕田而食，尝以粘米作粥，时时歠[6]之，取杂菜及牛羊皮骨，久沤成酱以佐餐。虽家畜鸡、豚，不轻食肉。水田低则称田，旱田高则称地。田皆种稻，地种杂粮。间有种旱禾者，雨水足即丰收，谓之“靠天田”。禾有早晚，随月而名，如六月禾、八月禾也。然岁止一熟，非似粤东两收。秋收后烧山以除百毒。二月启蛰，焚草渍灰以肥土，然后种植。耕用牛，溉用车，亦用

---

❶《粤西诸蛮图记》：据金鉷《广西通志》，该书〔清〕钱元昌所撰。该书记述了当时诸蛮习性、分布以及治理状况，是研究清代广西民族史的重要史料。钱元昌（1676—?），浙江海盐人，字朝采，号埜堂，又号一翁。康熙四十一年举人，曾任柳州、桂林知府，官至贵州粮道。

❷《记》：指《太平寰宇记》。

❸唐尧、虞舜二帝。亦指尧与舜的时代，古人以为太平盛世。

❹要服：古五服之一。古代王畿以外按距离分为五服。相传一千五百里至二千里为要服。泛指边远地区。

❺牂牁（zāngkē）：古地名，在今中国贵州省。

❻歠（chuò）：饮；喝。

戽[1]。男耕女耔，无懒惰。谷或剪或刈，皆出女手。制酒以米和草子酿之，味极甘。畏荈茗之苦，渴惟饮水而已。男女皆衣布，色尚深蓝，间用青皂，无裘葛。其卧具尤草率。遇暑热则频浴于溪，冬寒则围炉彻夜。男女多剃发，亦有髡其四围者。发或辫或髻，或插簪；须或去或留。耳或垂环，项或锁圈，各随其乡所尚。头以布裹，或绣或素，戴笠者居半。衣及腰而止，稍长亦露膝。裤自裆以下分裁，布条斜裹至足，亦有着裤而另束胫者。腰系巾，好悬铜盒贮烟。佩小刀，极利，谓之“左插”。足跣，亦偶着草鞋。蛮女发密而黑，好绾大髻，多向前，亦有横如卷轴者，有叠作三盘者。有双髻者，未嫁女也。嫁则一髻上扎大梳，或银或木或牙。花簪围插，多寡不同，随贫富也。髻上或覆布，或花巾，或笠。笠制极工，常以皂布幕〔幂〕边，半露其面。耳皆带大环，环下间垂小珥。项带银圈，胸或挂银牌，身着青布，衣多缘绣[2]，亦止及腰。内络花兜，敞襟露胸以示丽。亦有聚鹅氄[3]为球，缀衣以为饰者。裤短而裙长，不裤者半焉。裙色皆深青，亦以缘绣，襞积颇繁，行则扱左右于腰。腰多束花巾、悬荷包。性亦喜吸烟，每以烟筒插髻。足跣与男子无异，有喜庆间亦着履。非担负而出，则携长柄伞、花巾、油扇。步趋轻捷，涉涧越岭，高深不怯。诸蛮皆负山而居，或围竹为村，或依树为社。结茅筑垣，架板成楼，上栖人，下畜兽，谓之“麻栏房”。男女老幼，聚处一栏。子娶则别栏以居。惟狼人列屋排门，人畜分左右，不喜登楼。耕种之暇，男或采樵，或攫兽，或市马，或售锦易布，或弹絮助纺，各有功技。春秋社祭神于庙，提筐挈筥，陈设酒醴，延巫师红袍执笏，若降神然。社前卑幼偏拜[4]尊长，谓之“探社”。仓箱既庆，则争先纳赋。毕，一家欢喜，倾瓮交劝，酣饮竟日。有相讼者，集于社，推老人上坐，两造各剪草为筹，每讲一事举一筹，多者胜。盖理诎则筹弃，理直则筹存也，是谓“赛老”，亦曰“论理”。论毕，刻木记之，终身不敢负。男女婚嫁，亦凭媒妁，各取庚帖，置瓮酿酒，酒美则吉，结为夫妇焉。至若倚歌择配之俗，虽迩来遵禁，而溪峒之隩，尚间有之。当春日载阳，男女互歌，谓之“浪花”，又谓之“跳月”。男吹芦笙，女抛绣笼。绣笼者，彩毬也。回旋蹈舞，歌意相浃[5]，即投之、报之，返而约聘。嫁之日，前导担榼，新妇执彩旒伞[6]步行，亲戚接踵鼓吹以送之。此皆蛮俗之异于华者。然四体勤而百用俭，朴实之风，亦有足取。且愚拙中复生智巧，固不得以荒陋之俗鄙之，而不以中国之治治之也。若夫好利轻生，微嫌必报，有犯即匿，固旧习之污。今沐浴圣朝雅化，歌咏太平，亦有日迁善而不知为之者。况其秀者俱知自好，诵读之声闻于空谷，则皆耻其俗之陋而化其性之顽。设更阅数年，恐并其居处、服饰，男女之

[1]戽（hù）：灌田汲水用的旧式农具，亦称“戽斗”。

[2]缘绣：沿边绣一圈。

[3]氄（rǒng）：鸟兽细软而茂密的毛。

[4]偏拜：拜谢。泛指行礼。

[5]浃（jiā）：深入，融洽。

[6]旒（liú）：边缘上悬垂的装饰品。

间皆与华俗无异，欲识其种而不可得矣。用是记其种类，核其事迹，以证传闻。至于山高地瘠，无既富方谷之资，又在守土者撙节[1]而爱养之。

## 机祥

孔子论《六经》，记异而说不书，盖难言之也。汉儒《纬书》[2]《洪范》《五行传》，比合事应类，多附会曲说，儒者每力排之。然兴亡之兆见乎蓍龟，动乎四体，蒸乎山川，灵物亦未有不先形见而应即随之者。故旁搜博采，志机详。

**庆远府**

唐贞观二年（628）三月，宜州言白狼见。

元和十四年（819）八月丁丑，岁星、太白、辰星聚于轸，占曰："兵丧在楚，分与南方夷貊之国。"

宋无考。

元至元二年（1265），庆远府大饥，人相食。

至治元年（1321），庆远路饥。

泰定三年（1326）十一月，庆远安抚司及静江、象州诸路饥。

至顺三年（1332），宜山县民饥、疫死者众。

明天顺三年（1459）正月三十夜，雷电、风雨大作，雪深尺许。

正德六年（1511）夏五月，府治西北方有星，长五六丈，蜿蜒如龙蛇，闪烁如电，须臾灭。

正德十二年乙亥，虎入郡城，人民被噬死者甚众。

嘉靖三年（1524）甲申冬十月，天鼓鸣；十二月十六日巳时，西南方天鼓又鸣，声如雷震。

嘉靖五年冬十二月十一、十二日，大霜，池水皆冰，人以为瑞。

万历四十六年（1618），府属大旱，人相食，疫疠死者十七八，庆民寥落始此。

天启五年（1625），永顺正土司彩凤栖于环山，良久西飞。

崇正三年（1630）冬，大雪。次年大丰，米石值止一钱六七分。

崇正十七年，饥馑相继，民不聊生，盗贼蜂起。

本朝顺治十八年（1661）辛丑，郡城村镇、河池等处同日地震。

康熙三年（1664），永顺土司地震，山动。

---

[1] 撙（zǔn）：裁减，节省。

[2] 纬书：依托经义专论符箓瑞应的书。有《易纬》《书纬》《诗纬》《礼纬》《乐纬》《春秋纬》《孝经纬》七种，称为"七纬"，起于西汉末年。

康熙十年三月，雷震，河池、旧州地裂，暴死蚯蚓数石。

康熙十二年，滇藩吴逆之乱，宜山伪知县蒋维新复署旧县故址，仪门石鼓于十二月十五及廿五日两次鸣如雷声，通城震动。蒋题石曰："石则无声，鼓则有声。无声有声，是幻是冥。怆尔离次，戛然长鸣。令复原土，无得惊人。"仍鸣吼不止。后应新暴虐贪横，再肆荼毒之惨也。

康熙十四年，土司有一小马，头生两肉角，刷之身上火焰遍出，后为提督取去。

康熙十五年，河池州韦村民家牛生犊，两头八足，□身二尾。又喇雷村覃明国家牛生犊，亦有两头。

康熙二十一年三月，郡邑大雨雹，村落房屋被击倒塌。八月，天火毁河池田禾，芋荷叶尽生烟。

康熙二十二年春夏，数月不雨。知府白启明清滞狱，释无辜，躬自祈祷，甘澍[1]立注。是岁大稔。[2]

康熙二十四年十月，近郡城村民见郡西南角傍晚有白物一阵，如牛马、骆驼各形状，且有类冠服者凭空至状元山，自经一夜而没。土老云，数十年前曾照此而去，不知何说何物。

康熙四十二年三月，宜山县龙门山中大雨雹，或如拳如臂如首，或长或短，或方或圆，积深二三尺，坏民居无数，虎豹雉兔毙者甚多。

康熙六十年，郡属自正月不雨，至于七月。苗尽槁，民采蕨根、树皮为食。次年，毙道者甚多，宜令张嘉硕煮粥食之，民赖稍苏。

雍正六年（1728），岁大熟[3]；八年，岁又大熟。

雍正十一年六月，有白云一朵见西北方，红紫万丈，盘旋如龙，父老拥而观之，咸称奇。自辰至未始散。

雍正十三年秋七月，南丹土州梅、李花。九月，郡属地震。

乾隆六年（1741）正月十三夜，大雪深尺余。

乾隆七年，龙隐山崩，广化寺被压几尽，唯神坐数椽独存。

乾隆九年二月，南丹土州黄江村土民班忠富家黄牛夜产麒麟，一室光亮。土舍邻族皆惊起，以为失火。及见所产有光，疑为怪，共格杀之。后廉得其皮，果周身鳞甲，头角犹隐隆也。

乾隆九年冬，彗星昏见西方，扫奎壁[4]，二旬余而灭。

---

❶甘澍（shù）：甘雨。

❷大稔（rěn）：丰收之年。

❸大熟：大丰收。

❹奎壁：二十八宿中奎宿与壁宿的并称。旧谓二宿主文运，故常用以比喻文苑。

乾隆十三年，思恩县雨雹，伤豆麦、房屋无算，知县祁秉衡捐俸赈恤。

乾隆十四年，宜山县小漕塘有赤鬼高丈余，一小鬼持火炬导行，至岭脚村前形遂隐。

乾隆十五年，河池州水涨，淹倒城垣；南丹土州被水冲塌田房。

乾隆十七年二月，忻城土县西有青蛇蟠丹灵山石穴外，土人樵采遇之，倏忽不见。忽一日，夜中有声殷殷若雷。居山麓者群起视，叆叇[1]如电光上腾，俄而山崩一角。

乾隆十九年正月初二日，有赤鱼见城西龙江滑石浦，长丈许。

## 轶事

事不信今，奚以传后？然有纪载所不及，而反时时见于他说，则稗官野史，皆博综者取裁之资也。使不□极搜罗，补而缀之，曷免挂一漏万之差？故采录旧闻，参以日见。志轶事。

唐太宗贞观间分天下为十道，广东、西为岭南道。

懿宗咸通三年（862）分岭南为东、西二道，以康承训为岭南西道节度使，时庆远为宜州，属西。

高宗仪凤元年（679），敕桂、广、文、黔等处都督府比来注拟[2]简择未精，自今每四年遣五品以上官充使，仍会御史同往注拟，时人谓之南选，于秋八月遣行。

按《纲目》[3]质实注云："文州，唐初所置，本汉交阯、日南二郡界地。"即今东兰州是。

长庆中，李渤除桂管观察使，表名儒吴武陵为副使。故事，副车上任，具櫜鞬[4]通谢。又数日，于球场致宴。酒酣，吴乃闻妇女于看棚聚观，意甚耻之。吴既负气，欲复其辱，乃上台盘坐，褰衣裸露以溺。渤既被酒，见之，大怒，命卫士送衙司枭首。时有衙校水兰，知其不可，遂以礼救止，多遣人卫之。渤醉极，扶归寝。至夜艾而觉，闻家人聚哭甚悲，惊而问焉。乃曰："昨闻设亭喧噪，又闻命衙司斩副使，不知其事，忧及于祸，是以悲耳。"渤大惊，亟命遽[5]使问之，水兰具启："昨虽奉严旨，未敢承命，今副使犹寝在衙院，无苦。"渤迟明早至衙院，卑词引过，宾主上下俱自剋责，益相敬。时未有监军，于是乃奏水兰牧于宜州以酬之。武陵虽有文华，而强悍激讦，为人所畏。又尝为容州部内史，赃罪狼藉，刺史令广州幕吏鞫之。吏少年亦自负科第，殊不假贷，持之甚急。武陵不

[1]叆叇（àidài）：云多而昏暗的样子。

[2]注拟：唐时选举官员，凡应试获选者先由尚书省登录，经考询后再按其才能拟定官职，称为"注拟"。宋代选举因袭此制。

[3]《纲目》：即《御批资治通鉴纲目》。

[4]櫜鞬（gāojiān）：装武器的袋子。

[5]遽（jù）：匆忙、急。

胜其愤，因题诗路左佛堂曰："雀儿来逐飓风高，下视鹰鹯意气豪。自谓能生千里翼，黄昏依旧入蓬蒿。"

宋景德中，歙人俞献卿为昭州军事推官。会宜州陈进乱，围象州，州守不任事，转运使檄献卿往佐之。及至守，议弃城，献卿曰："临难苟免，可乎？贼至，当力战。不胜，有死而已。"初，昭州积缗钱钜万，献卿尽用平籴[1]，积谷至数万，及是大兵至，赖以馈军。

陈坦然，梧州人。景德中，宜州兵杀守帅，胁判官卢成均以叛，伪称南平王，拥众数千，攻象州。坦然以成均同郡，单骑行贼围，射书帐下，为陈祸福。初，象城疏弱，无守备，将陷者数矣。成均得书，欲降。虽计未决而王师至，然城赖以全。贼又别遣一屯分掠南路，趋容境，所至摧陷。坦然入语容守陈延赏曰："贼势慓悍，难以力竞。愿抵贼营，谕以逆顺，当解甲归矣。"遂去贼垒数十步谕之。贼中陈贾二率首领以甲卒数百诣郡降。贼平，大将以状闻，有旨令本部敦遣赴阙，与官。仍赐锦袍银带，悉让不受，愿回前恩，以就殿试，许之。中途艰归后，佐桂州幕，仕至太子赞善大夫殿中丞。[2]

太平兴国四年（979），交州乱。秋八月，命兰州团练副使孙全兴会邕州守侯仁宝等由廉州进讨。后因顿兵不进，征全兴弃市。[3]

冯当世，举进士第二，第一人沈文通。时以文通贵胄，不宜先寒士，乃进当世第一，而文通次之。当时之抑贵胄而奖寒素若此。（《西事珥》）

庆历间，广西戮区希范及其党凡二日，剖五十有六腹，宜州推官吴简皆详视之，为图以传于世。（赵与时《宾退录》[4]）

仁宗时，程珦以黄陂尉徙知龚州。[5]时宜獠区希范既诛，乡人忽传其神降言："当为我南海立祠。"于是，迎其神以往。至龚，珦使诘之，〔其乡人〕对曰："比过浔，浔守以为妖，投江中，逆流而上，守惧，乃更致礼。"珦使复投之，顺流去，其妄乃息。珦，河南开封人，即二程子父也。

邕州萧注、宜州张师正谋启边衅，注欲以所管蛮峒酋豪往讨交阯。诏下提点刑狱李师中议。师中不可，遂罢。

---

[1]籴（dí）：买进粮食。

[2]本条多处字迹模糊不可辨识，据〔宋〕余靖撰《武溪集》（四库全书本）卷二十《宋故殿中丞知梅州陈公墓碣》校补。

[3]弃市：古代于闹市执行死刑，并将尸体弃置街头示众，称为"弃市"。

[4]赵与时《宾退录》：《宾退录》十卷，为南宋赵与时（1174—1231）所撰历史轶事类笔记，此书汇集平日见闻及与宾客所谈论的内容，宾退后笔录成编，故名《宾退录》。书中考证经史，辨析典故，大半精核，所记两宋人物掌故亦多翔实可信。据书中作者后序，书成于嘉定十七年(1224)。赵与时，字行之，据考证为宋太祖七世孙，宁宗时补官右选，三十年间一直为杂员。理宗即位后，"积阶至忠翊"，为丽水丞，不久即病逝于丽水。

[5]龚州：今广西平南县。

元祐中，黄庭坚与赵挺之俱在馆阁，意轻赵为鲁人，每堂吏问食次，赵必曰："来日吃蒸饼。"一日聚饮行令，黄云："欲五字，从首至尾各一字，复念成一字。"赵曰："禾女委鬼魏。"黄曰："来力敕正整。"协赵之音，合坐大笑。赵又尝曰："吾乡最重润笔，每一文成，则太平车中载以赠之。"黄曰："想俱是梦卜与瓜齑[1]耳。"赵衔之切骨。其后，排挤不遗余力，卒致宜州之贬。

崇宁三年（1104），黄太史鲁直窜宜州，携家南行，泊零陵，独赴贬所。是时，外祖曾空青坐钩党，先徙是郡。太史留连逾月，极其欢洽，相与酬唱，如《江樾书事》之类是也。既游浯溪，观中兴碑，太史赋诗，书姓名于诗左，外祖急止之云："公诗文一出，即日传播，某方为流人，岂可出郊？公又远徙，蔡元长当轴，岂可不过为之防邪？"太史从之。诗中云"亦有文士相追随"，盖为外祖而设。

邠老[2]《送山谷贬宜州》诗："可是中州著不得，江南已远更宜州。"[3]山谷极称赏之。

山谷老人寓笔研于保安僧舍："东西窗外，封植兰蕙、西蕙，而东兰颜之曰'清深轩'。涉冬既寒，封塞窗户，久而自隙间视之，郁郁青青矣。乃知清洁邃深，自得于无人之境，有幽人之操也。既获谪，走宜州，则以兰二本、蕙八本付寺僧文质守之，幸为卒调护之。有士大夫欲迁而去者，可以此卷示之。崇宁二年十二月丙子山谷老人手约。"

山谷在宜州，其年乙酉，即崇宁四年也。重九日，登郡城楼，听边人相语："今岁当鏖战，取封侯。"因作小词云："诸将说封侯，短笛长吹独倚楼。万事总成风雨去，休休。戏马南台金络头，催酒莫迟留。酒似今秋胜去秋，花向老人头上笑，羞羞。人不羞花花自羞。"[4]倚楼高歌，若不能堪者。是月三十日，果不起。范寥自言亲见之。

范寥言："鲁直至宜州，州无亭驿，又无民居可僦，止一僧舍可寓，而适为崇宁万寿寺，法所不许。〔乃〕居一城楼上，亦极湫隘。秋暑方炽，几不可过。一日忽小雨，鲁直饮薄醉，坐胡床，自栏楯间伸足出外以受雨，顾谓寥曰：'信中，吾平生无此快也！'未几而卒。"

少游谪雷，凄怆，有诗曰："南土四时都热，愁人日夜俱长。安得此身如石，一时忘了家乡。"鲁直谪宜，殊坦夷，作诗云："老色日上面，欢情日去心。今既不如昔，后当不如今。""轻纱一幅巾，短簟六尺床。无客白日静，有风终夕凉。"少游钟情，故其诗酸楚，鲁直学道休歇，故其诗闲暇。至于东坡《南中》诗曰："平生万事足，所欠惟一死。"则英

---

[1] 齑（jī）：捣碎的姜、蒜、韭菜等。

[2] 邠老：即潘大临（1090年前后在世），字邠老，一字君孚，潘鲠之子。宋代江西派诗人，湖北黄州（今属黄冈市）人。

[3] 《全宋诗》录潘大临《江夏别鲁直送之宜州》："翰墨精神全魏汉，文章波澜似春秋。可是中州著不得，江南已远更宜州。"

[4] 此词收入《宋黄文节公全集·正集 》卷第十四，题作《重阳日宜州城楼宴即席作》，唯末句略异，作"白发簪花不解愁"，亦有题作《南乡子·诸将说封侯》。本条内容当出自〔宋〕无名氏《道山清话》。

特迈往之气，不受梦幻折困，可畏而仰哉！（《冷斋夜话》[1]）

山谷在宜时，尝大书《后汉书·范滂传》，字径数寸，笔势飘动，超出翰墨径庭。其意盖以悼党锢之为汉祸也。后百年真迹逸人间，赵忠定得之，宝置巾箧，缙绅题跋焉。既乃躬蹈其祸，可谓奇谶。嘉定壬申，忠定之子崇宪守九江，刻石郡治四说堂。

王荣老尝官观州，渡观江，风涛大作。父老谓："此江神极灵，公舟中必有奇物，当献之，乃得济。"因取素所珍玉麈[2]、端研诸物投之，皆弗止。惟有鲁直书韦苏州诗，视之曰："我尚不识，鬼宁识之邪？"即投之，风息水平，一饷而济。鬼犹爱其遗墨，宜州索书人识字，岂不胜江中怪物也。

黄山谷云："余往在江南，绝不为人作草。今来宜州，求者无不可。"或问其故，告之曰："往在黔安园，野人有以病来告者，皆与万金良药。有刘荐者谏曰：'良药可惜，以啖庸人。'笑应曰：'有不庸者引来。'"闻者绝倒。

黄山谷跋李资深书卷云："余谪处宜州半载，官司谓不当居关城中，乃抱被入宿于城南。予所僦舍斋，上无雨盖，旁无风障，市声喧聩，人为不堪其忧。余以为，予家本农，使不从进士举，则田中庐舍如是，又何不堪其忧耶？既设卧榻，焚香而坐。"

苏子瞻谪儋州，以儋与瞻字相近也；子由谪雷州，以雷字下有田字也；黄鲁直谪宜州，以宜字类直字也，此章子厚呆谑之意。当时有术士曰："儋字从立人，子瞻其尚能北归乎？雷字雨在田上，承天之泽也，子由其未艾乎？宜字乃直字有盖，盖棺之义也，鲁直其不返乎？"后子瞻北归，至毗陵而卒；子由退老于颖，十余年乃终；鲁直竟卒于宜。

明嘉靖六年（1527）春，庆远郡守祁门叶公藟诣龙溪书院谒山谷先生〔祠〕，读其旧碑，知院基与学田所自。稽诸民间，以复旧额，而义起祀典，甚盛举也。后复得一小石，乃刻先生寓宜时贷钱于人手帖，字如龙跃天门、虎卧凤阙，绅士守护，目为至宝。顺治十五年（1658），署郡守赵玉廖舟载而去，绅士请留不得，至今犹以为恨。

赵清献在宜州时欲戒绝色欲，则挂父母遗像于卧床中以自监，并置黄黑豆于几案以验善恶[3]。

徽宗崇宁四年（1105），王祖道言："黄江山川形势据诸峒要冲，宜开建城邑，置溪峒司主之。"诏允。于黄口砦寨置庆远军，寻分其地置允、格二州，又析黎峒地为庭、孚二州，以祖道为提举溪峒使。

---

[1]《冷斋夜话》：北宋僧人惠洪（1071—1128）所著的诗论著作，其中多称引元祐诸人，以苏轼、黄庭坚为最。书中多通过引述诗句提出并阐述一些诗歌理论。本条所载见《冷斋夜话》卷三。

[2]玉麈（zhǔ）：以玉为柄的麈尾。麈尾，以麈的尾毛做成的拂尘，古人闲谈时执以驱虫、掸尘的一种工具。后古人清谈时必执麈尾，相沿成习，为名流雅器，不谈时亦常执在手。

[3]本条事见于〔清〕赵吉士《寄园寄所寄·卷六·焚麈寄》："赵清献欲绝欲，挂父母画像于卧床中以自监。赵康靖中岁，尝置黄黑豆于几案，以验善恶。"可知此处将赵抃（谥清献）、赵概（赵康靖）两人的事混成赵清献一人了。

宣和三年（1121）秋七月，废允、孚等十二州。先是，边臣开纳土之议，建立军州，时言者病之，乃废。

三元冯京，父商。微时，与其父烧炭于郡西北岸山。其父死，归谋棺营葬，蚁集土封尸成墓。后商生京，携至楚江夏为客。京中三元，官至参知政事，号其山曰“天门拜相山”，又曰“状元山”。其地形乃照天烛也，其光在顶。适毙于绝巘❶之巅，最为奇穴。廖金黄题曰：“一山正一山斜，状元出自别人家。”后京发解于江夏，果奇验。乾道元年，刺史李守柔建三元祠于郡学之左，前树文明坊云。

德祐元年（1275），知府事仇子贞将兵二千入卫。诏张世杰、张彦等分道出击元军。事下，公卿杂议，久不决。陈文龙上书言：“三后协心同底于道，北兵今日取某城，明日取某堡。而我以文相逊，以迹相疑。譬如拯焚救溺，而为安步徐行之仪也。请诏大臣，无滋异〔虚〕议。”不报。

元至元间，南丹酋莫国麟献图纳土，就命为庆远、南丹等处军民安抚使，改军为安抚司。初，宋南灭〔渡〕后，于兹地置帅益兵，慎择守令，拊循斯民而教之，文风之盛骎骎乎与中州齿。迨国麟入司治理，驱斯文，胥沦于夷，宋时声明文物为之荡然云。

明洪武元年（1368），改庆远路为府，时征南将军杨文既平广西，二年，湖广行省臣言：“庆远府地接八番溪峒，所辖南丹、宜山等处，宋、元皆用其土酋为安抚使统之。天兵下广西，安抚使莫天护首来款附，宜如宋、元制录用，以统其民，则蛮情易服，守兵可减。”帝从之。诏改庆远府为庆远南丹军民安抚司，置安抚使、同知、副使、经历、知事各一员，以天护为同知，王毅为副使。三年，行省臣言：“庆远故府也，今为安抚司，其地皆深山旷野，其民皆安抚莫天护之族。天护素庸弱，宗族强者动肆跋扈，至杀河池县丞。盖让与诸蛮相煽为乱，此岂可姑息以胎祸将来。乞罢安抚司，仍设府置卫，以守其地。”乃命莫天护赴京。

七年，赐广西土官莫金文绮六匹，置南丹州，隶庆远府。以莫金为知州。

〔周慎〕，字仲谨。洪武中，以会副业成均。❷太祖一见，奇其貌，明日拜御史。〔三年〕升佥都都督。杨文讨南丹，慎与督师，平之，□奏立南丹卫。

永乐十五年（1417），有以南丹州孟英山开矿为言者。遣内臣督其事。岁不过九十六金，旋变锡，遂罢之。

正统间，金华章聪，字俊民，官广西按察使。奏徙南丹卫于宾州，士卒免烟瘴苦。议置巡司于浔、梧、柳、庆要害地，民免团军之扰。先是，提督学政、佥事黄润玉以南丹处万山中，瘴甚，戍卒多死，为奏徙夷旷地。母忧归。聪至是仍奏，从之。

正统间，岭贼蜂起，柳庆路绝。按察司副〔使刘仁宅率先抚顺〕，群党乃平。

---

❶巘（yǎn）：山峰、山顶。

❷成均：古代大学，泛称官设的最高学府。

弘治九年（1496），总督邓廷瓒言："广西猺数多，民数少，兼各卫军士十亡八九，凡有征调，全倚土兵。乞令东兰土知州韦祖鋐子一人，领土兵数千，于古田、兰麻等处拨田耕守。侯平、古田改设长官司以授之。"廷议以古田密迩[1]省治，其间土地多良民业，若以祖鋐子为土官，恐数年之后，良民田税皆非我有。欲设长官司，只宜于土官中选补。

廷瓒又言："庆远府天河县旧十八里，后渐为獞贼所据，止余残民八里。请分设一长官司治之。"部议增设永安长官司，授土人韦万妙等为正、副长官，并流官[2]、吏目一员。是年裁忻城县流官，留土官知县掌县事，亦从廷瓒奏也。

十二年，韦祖鋐率兵五千助思恩岑濬攻田州，杀掠男女八百余人，驱之溺水死者无算。副总兵欧磐诣田州，兵乃解。[3]

嘉靖二十七年（1548），那地州土官罗廷凤听调有劳，命袭替，免赴京。

四十二年，录平猺功，授东兰州、那地州土官职。

嘉靖中，田州酋岑猛怙乱。其党刘召谋复思恩府土官。岑权参政。胡尧元进兵擒贼将李隆等，释其缚，结以恩信，使执召赎罪。自是，余贼多附。尧元乃深入东兰、那地、金城，经画综理，宣布朝廷威德还。

嘉靖中，沈希仪迁右江柳庆参将[4]，驻柳州。柳在万山中，官军素罢，贼耳目遍官府，闺阃动静无不知。希仪请于制府，调那地狼兵二千来戍，兵稍振。柳之有戍狼兵，自此始。

朱志荣，字仁叔，湖广夷陵州人。性鸷悍，遇人无礼。正德戊辰进士，拜监察御史，按广西。以刻削为事，入其网无或脱者。每扬言荐举，方面预索谢银，稍缓即阴中以祸。省城察院旁有方三儿，色甚妖丽。志荣觇之，夜属[5]门皂诱致卧内。自知秽闻于外，不能居，乃往巡右江。每谓兵备副史陈阳曰："公可作成我。"阳解其意，乃大索土官莫扬等金银。扬等具数请裁。上下诸司闻风皆具谢礼银，编号送之，如潘则曰"米字号"，林则曰"木字号"。都指挥彭铎为之会计，公言以为当得。于是淫刑日逞。全州判官庄昌期偶以事至，志荣嗛[6]其举止近傲，遂重挞之死。分守柳庆右参将张祐，盘出赃银万计。疏闻于上，逮赴诏狱。复命刑部郎中顾政、锦衣卫千户马璘按问其事。既复实，彭铎乃自缢死。于是，志荣发贵州充军，天下快之。

彭举孙铎，身长七尺，魁梧如神，始仕管编操舍人。适〔弘治十三年〕女苗以万余贼

---

❶密迩：贴近；靠近。

❷流官：明、清时朝廷派遣到川、滇、黔等少数民族地区的地方官。因其有一定任期，非世袭，非土著，有流动性，故称。

❸事载《明实录·孝宗实录》弘治十二年四月。

❹右江柳庆参将：过庭训《分省人物志》仅云右江参将。

❺属：通"嘱"。

❻嗛（xián）：怀恨。

攻城，初至锐甚，阖城皆惧。铎请出破阵，知府姜绾不可，铎因请舍人愿从者三十人，遂开门出，绕贼后还击之，连射毙数人，贼众披靡。铎突入阵中，出而复入者数四。城中人见之，勇气百倍，遂出击贼。贼大败，斩首千余级。姜绾自以为功。后征思恩岑濬归，同行者二十人，经贼巢。贼聚千人追之，隐石间射中铎兜鍪。[1]铎下马自蔽。伺贼首出射铎，铎亦射之，应弦而毙，群贼乃退去。由是威名振夷落，迁都指挥，掌都司印。同时柳州金镗为副总兵，忌其威名轧己，思所以陷之。会巡按御史朱志荣将出巡，欲金镗与俱，俾索贿于两江土官。镗私于志荣曰："故事无总兵陪行者，且彭铎素与土官交，与之偕行，必得所欲。"志荣以告铎，铎辞不能。志荣怒视之曰："君果不欲行乎？"铎惧，听命，然心知为镗所卖，无由以免，遂行。至宾州，右江参将有怨于志荣，发其事，赃贿如数籍入，铎无分毫私焉，然亦由是并劾铎。铎归语人曰："吾得罪，金镗实为之，要当与之同下水，不轻置也。"镗闻之惧，以百金赂铎所'亲致仕'指挥覃南毒杀之。铎，武人，不能固节，为人所使，不能无罪。然原其心实有不得已者。今《广西通志》著铎为贪吏，又谓其惧罪自尽。盖但据其迹，莫悉其中细微曲折事，且为志荣地，嫁恶于铎也。(《月山丛谈》)

两广地势接连，忧戚相关。故景泰元年广东黄萧养之变，广西会剿调官军万余策应。及景泰三年，广西有韦万秀之变，总兵武毅节奏协济，而广东副总兵董兴不调兵应援。彼此猜忌，事事牵制，及寇贼扰攘而镇将官互相观望，不即剿捕。朝廷更置其将，简[2]王翺总两广军务，自总兵以下，悉听节制，凡事得便宜而行。于是事权归一，而提督之任遂为东南总镇矣。(《典汇》)

乡先辈清俭之德，诚后学所当敬仰师法者也。如吾郡之邢公正，梧之吴东湖，平南之张泾川，全州之蒋敬所[3]，世虽有所评，然各有不可及者。邢公初出守廉州，兼理珠池，〔及〕代去，不带一珠以归。官至方伯[4]，未尝治第。死之日，分诸子惟衣衾束带，无他长物。子孙多有不能自存者。东湖自先世戎籍，受屯田四十亩，及历仕数十年，不增尺寸。尝于祖墓前辟地作书屋，其间制十景以咏其事。黄大泉曰："向见东湖十咏，谓当如洛阳名园之盛，及过其处，广不盈亩，可笑也！"其子无宅以居。闻巡按陈少岳宗夔欲为营之，未知果否。张泾川位至留都司马，亦未尝治第。庳屋敝椽，齐民不若也。蒋敬所位至宰

---

❶兜鍪（móu）：一种古时战士戴的头盔，形如鍪。

❷简：选择，简任。

❸蒋敬所：即蒋冕（1463—1532），字敬所，一字敬之，号湘皋。桂林府全州县（今广西全州镇北门一带）人。成化十三年（1477）十五岁时举乡试第一，二十三年登进士，选庶吉士。历官吏部左侍郎、礼部尚书、户部尚书，加太子太傅、武英殿大学士，谨身殿大学士。嘉靖三年（1524）官至内阁首辅，后因反对世宗为生父立庙被夺职削官，嘉靖十一年（1532）卒于家。著作《湘皋集》《琼台诗话》等。《明史》列传第七十八有传。

❹方伯：此处指布政使。殷周时称一方诸侯之长为方伯，后泛称地方长官。如汉以来之刺史，唐之采访使、观察使，明清之布政使。

相，其宅亦仅可为太祝[1]厅事而已，视他宰相之居，什百倍蓰矣。世有聚贿百余〔万〕，治第破千家者，可谓震耀一时，曾不得终身享之，视此孰得孰失？（《月山丛谈》）

广西庆远府忻城县，故宋邑也。元以土官莫保为八仙屯千户掌之。洪武初，设流官知县，罢掌兵官。莫氏徙居忻城界。宣德以后，猺獞不靖，知县苏宽不事事，而獞老韦公泰等举莫保之元孙敬诚为土官。诏授敬诚世袭知县。时一邑二令，权不相统。继宽为令者益不振事，柄尽入土官掌握，流官徒抱印居府城。弘治中，督臣邓廷瓒奏裁流官，而土目韦涓等方为镇守内臣私人，遂独用土官，以至于今。夫一邑本无二令之理，无论宜流宜土必独为，乃得之。（同上）

隆庆六年（1572），巡抚郭应聘、总督殷正茂请讨府江北三、北五及东欧西里三都、五都、划马贼。诏总兵官李锡督军进剿，并调东兰、龙英、泗城、南丹、归顺诸土兵，而以土吏韦文明等统之。攻古西、岩口、笋山、古造及两峰黄洞等寨，斩获贼渠，余党窜入仙回、古带诸山，搜捕殆尽。

万历间，宜阳天河县为土司蚕食边界，按察司副使黄流芳下檄责其罪状。土酋惶恐，不敢扰。柳庆多剧盗，率诸将削平之。

王瑞，黄岩人，由南丹卫千户以功迁永宁参将。时河池咘咳诸峒恣行剽掠，与柳州北三贼相表里。巡抚吴文华檄瑞经略，乃与兵备副使吴善决策，率劲兵讨之。既平咘咳，佯若班师者。北三侦知，弛不为备，猝薄之，夺其险，歼之。〔瑞〕寻卒。（《粤西文载》）

本朝康熙年间，庆属沿途塘堡，上至南丹，下至柳城，俱用土人防守，谓之“坐堡”。往来客商、过者索保路钱，不与，即前途劫之。雍正初，易以营兵，此风遂息。

宜山三岔村逼近龙江，上下皆滩，客船往往被劫。后设外委驻防，患始息。

乾隆四年，白土村蓝明反、蓝奉鳌等掳掠邓天相家中牛只。府檄龙门司巡检杨师游往谕。贼摩师游顶曰：“尔为官食肉当肥，何瘦也？”师游怒，欲绳以官法。贼持枪逐师游，欲杀之。后平南巢获明反。时师游为宜山令治狱，谓明反曰：“尔昔欲以斧劈我，今请劈。”明反竟嚼舌死。

## 琐言

理不遗于日用，言宁忽乎细微。盖亦既有之，莫或举之。吾恐博采者失所援证也。况说不厌详，所以昭备[2]，则小物微词，安可视为繁琐而不备哉！志琐言。

古者井田之法，受之于公，毋得粥〔鬻〕卖。故王制曰：“里田不粥〔鬻〕。”[3]今庆远

[1]太祝：职官名。为祝官之长，掌管祭祀祈祷的事情。

[2]昭备（zhāobèi）：显著而完备。

[3]里田不粥（yù）：西周土地实行井田制，土地不能随意转让，叫“里田不鬻”。粥，通鬻。

各属，田亩从无过割[1]之例。间有交易，但云某得业某之田，充作山丁输赋。其行粮名字一仍古老原受户数。至河池、思、荔等处，猺、苗并无文约书契。惟刻木为齿，分作二券，各执其一为凭，谓之“打木格”。犹是结绳质剂[2]遗风。

《丹铅〔续〕录》云：“《易·大传》制器尚象，取诸《离》、取诸《益》、取诸《噬嗑》、取诸《乾》《坤》、取诸《涣》、取诸《随》、取诸《豫》、取诸《小过》、取诸《睽》、取诸《大壮》、取诸《大过》、取诸《夬》。凡十三卦，惟乾、坤合为一而不分。《汉上》朱震[3]云：‘上古衣裳相连，以象乾坤相依，盖君臣一体也。至秦始取衣裳离之，而尊君卑臣，上下判隔。’”今庆郡苗、猺蛮众，多衣统裙，上下相连，犹是古法，岂亦昔人所谓礼失而求诸野之遗意乎？至字书作“帨裙”，解云：“是南蛮关头衣。” 观猺妇所著长裙，即所谓“帨裙”也。至荔波一带妇人，不独衣裳不相连，而前胸后背、左右两袖，俱各异体。着时方以钮子联之，真异服也。

《桂海虞衡志》云：“丹砂，《本草》以辰砂为上，宜砂次之。”今宜山人云：“出砂处与湖北犬牙山北为辰砂，南为宜砂。地脉不殊，无甚分别。宜砂，老者白色，有墙壁如镜，生白石床上，可入炼，势敌辰砂。”《本草图经》乃云：“宜砂出土石间，非白石床所生。”即是未识宜砂也。别有一种色红质嫩者，名土坑砂，乃是出土石间者，不甚耐火。邕州亦有砂，大者数十百两，作块，黑暗少墙壁，嚼之紫黛，不堪入药，彼人惟以烧取水银。《图经》又云：“融州亦有砂。”今融州元无砂，邕、融声相近，盖误云。

思恩、荔波二县西北界上与贵州烂土、黎平诸彝相接，不通王化。有美杉生山下，山颓覆压，不知几千百年矣。彝云：“是诸葛丞相伐而埋之。”虽未尽然，要亦先秦两汉时物也。彝人每候其地有紫气上腾，群聚穿土辄得之。紫色，坚类牛角，投水即沉。解为棺，出市之。恨短而且薄，然亦最不易得。

《广州记》曰：“狸獠铸铜为鼓，鼓以高大为贵，面阔丈余。初成，悬于庭。刻晨，置酒招致同类，来者盈门。豪富子女以金银为大钗，执以敲之，敲竟，尽遗主人。”《后汉书》“马援于交阯得铜鼓”[4]，即是物也。又《峤南琐记》：“伏波将军所铸铜鼓，深三尺许，面径可三尺五寸，旁围渐缩如腰形，复微展稍弇其口，似今之竹焙篝。体绝薄，纯绿色，文甚精古。面环绕作蛙黾[5]十数，昂首如欲跳状。中受击处亦平，但略厚如镜耳。”大抵夷人重约誓、信鬼神，故作此以镇服之耳。又《隋书·地理志》：“诸蛮铸大铜鼓，因俗

[1]过割：旧时田宅买卖、典当或赠予所办的过户或转移产权手续。

[2]质剂：即买卖的契据。古代贸易券契质和剂的并称。长券叫质，用以购买马牛之属；短券叫剂，用以购买兵器珍异之物。

[3]《汉上》朱震：即《汉上易传》，又名《汉上易集传》，〔南宋〕朱震撰，宋代集象数易学之大成的解经之作。又，此4字《丹铅续录》原文作“朱汉上震”云。

[4]后汉书原文为：“援好骑，善别名马，于交址得骆越铜鼓。”

[5]蛙黾（miǎn）：蛙类动物。

好杀，多构仇怨，欲相攻则鸣此鼓，到者如云。有鼓者号为‘都老’。”按：今荔波多有之，而河池亦间有。其制，高不二尺，平面无底，其声亦不甚大，名曰“诸葛鼓”。猺人谓是孔明所造。乃观东汉时已有，岂得云诸葛乎？想诸葛行军，鼓自有别制，而此或妄附耳。但其在面花纹缕细，自非近时可能。价值自数十至一二百金不等。至云击之可除灾疠，似未必然。

《虞衡志》：“马援于交阯得骆越铜鼓，铸为马式。”按蛮俗最尚铜鼓，相传即伏波所遗。时有掘得者，其制如坐墩，空中，极薄而坚，花纹细绉，甚精古，四围有小蟾蜍昂首环向，受击处，平如镜面。稍后叩之冬冬如，不作铜声。盖南方易雨，而铜鼓经霖潦湿露，其响尤清越云。诸蛮战阵、祭享、合乐皆用之。

猺獞俱尚铜鼓，而所用之时不同。有用之于吉礼，有用之于凶礼。南丹惟丧事用之，犹须卜日，可击则击，不可击则止。

猺人乐有锐鼓，状如腰鼓，腔长倍之，上锐下侈，亦以皮鞔[1]，植于地，坐而拊焉。又有猺笙，截竹为之，其声清越。

《番禺杂编》云：“岭外二三月为青草瘴，四五月为黄梅瘴，六七月为新禾瘴，八九月为黄茅瘴。俗传瘴者，气也。或云其属黄，或云其气作香，皆是妄说。按《广韵》云：‘瘴，热病也。’此理极真。盖以山峻水恶，人所饮者多系溪流。每经雨后，万壑争赴，其中毒虫、蛇蝮无所不有。若执夏日饮水之说，贪凉而吸，辄必头痛发热，恐难免于三日不汗之害矣。”

《桂海虞衡志》：“瘴者，山岚水毒与草莽沴气郁勃蒸薰之所为也。中人如疟状，治法常以附子为急，须金不换、正气散为通用。”

四瘴之外，又有曰桂花、菊花者，四时不绝，而春冬尤甚。唐人谚云：“青草黄梅瘴，不死成和尚。”滇闽皆有瘴，然春尽乃发，秋高而止，未闻贯四时也。（《百粤风土记》）

草子，即寒热时疫。南中吏卒小民，不问病源，但头痛、体不佳，便谓之“草子”。使人以小锥刺唇及舌尖出血，谓之“挑草子”，实无加损于病，必服药乃愈。（《虞衡志》）

粤人淫祀而尚鬼，病不服药，日事祈祷。视贫富为丰杀，延巫、鸣钟铙，跳跃歌舞，结幡焚楮，酾酒椎牛，日夕不休。事毕，插柳枝户外以禁往来。其中寒热瘟疫者，谓之“中草子”。多以不药，死者相枕，可哀也。（《百粤风土记》）

《岭表》[2]：“或见异物自空而下，始如弹丸，渐如车轮，遂四散。人中之即病，谓之‘瘴母’。”（陆游《避暑漫抄》）

瘴母，至大如车轮，四下掷人，中之者为痞闷，为疯哑，为汗死。人若伏地，纵其自掷，则无恙。四瘴，皆乘草木蓊勃、日气熇焮所成，而青草黄茅最为毒烈。春夏之交，草

[1] 鞔（mán）：把皮革蒙在鼓框上，钉成鼓面。

[2]《岭表》：即刘恂《岭表录异》，为唐代地理著作，共三卷。

长而青；秋冬之交，草蓑而黄。二时气候不常，蕴隆重衿，腊月挥扇，咄嗟呼吸，冬夏便分。且桑中卫女，上宫陈娥[1]，偷香窃笑，其不死者幸而免。（《赤雅》）

《炎方土脉疏》："地气外泄，人为常燠[2]所熯[3]，肤理不密，两疏相感，草木之气通焉。上脘郁闷虚烦，下体凝冷，吐之不可，下之不可，用药最难。但宜温中固下，升降阴阳，及灸中脘、气海、三里，或灸大指及第五指，皆能止热，余试立验。如用大柴胡汤及麻黄、金沸草散、青龙汤，是胶柱鼓瑟也，鲜不败矣。"（同上）

按方书[4]曰："南人凡病，皆谓之瘴，率不服药，惟事祭鬼。设犯伤寒，阴阳二症，岂有坐视而不药耶。且南方之人，往往多汗，上盈下虚，用药者妄发汗吐下，其祸可立而待也。瘴疠之作，率因饮食过度，气痞痰结。槟榔能下气，消食化痰，故岭海之人多食之。此可类北人之食酥酪，北方地寒，食酥酪，故肤理紧密。一旦病疫，当汗则闭塞，而汗不得出，所以病多难治。岭南地热，食槟榔，故藏气疏泄。然一旦病瘴，当下则虚羸，而本不能堪。所以土人多体瘠面黄，盖槟榔为患，习而不觉耳。"（黄瑜《双槐岁抄》）

岭南不惟烟雾蒸郁，亦多毒蛇猛兽，故编《类集》及《岭外代答》《本草》诸书，备言蛇虺、蜈蚣诸毒。最当谨者，夜起不可仓卒，亦不可无灯，又不可不穿鞋袜。尝闻有人中夜下榻，而蜈蚣偶栖草鞋上，伤其足，得香白芷并雄黄末服之，蓝淀汁傅之，乃愈。又一村妇仓卒吹火，不知火筒中偶有蜈蚣，惊窜入喉，致下胸膈，悲声求救。旁一人云："以小猪断喉取血，又鸡血尤妙。"令此妇顿吃，须臾又灌生油一口，遂恶心，蜈蚣滚在血中吐下，续饮雄黄水，渐安。又有人被蝮蛇咬，遍身肿裂，口吐黄水，良久闷绝。有一道人以新汲水调香白芷末二钱，灌之，立苏，再服即愈。道人云："此合用麦门冬汤，今仓卒以水代之，亦效。"又有被蛇伤而乘〔垂〕困者，一僧以五灵脂一两、雄黄半两为末，酒下一钱，即愈。又方如前治蜈蚣药，或得白矾火上炙洋〔汁〕，滴在伤处亦可。又虎伤，亦以白矾末渗疮封裹之。蜈蚣伤，又用鸡冠血及鸡屎涂亦可。又方，取大蜘蛛一枚，纵其啮所伤处，令吮其毒，候蜘蛛困闷自落，却滴冷水数点以活之。如觉未愈，更取一枚啮之，使毒尽自愈。治蛇入口并七孔中者，割猪母尾沥血口中，并孔中即出。卒为蛇绕不解，用热汤淋之，或以人屎治之。蛇蛛飞丝入口，用紫苏叶嚼之即愈。（《岭南卫生方》[5]）

---

[1] "桑中卫女，上宫陈娥"：出自南朝江淹《别赋》。桑中：卫国地名。上宫：陈国地名。卫女、陈娥：均指恋爱中的少女。《诗经·鄘风·桑中》："云谁之思？美孟姜矣。期我乎桑中，要我乎上宫。"

[2] 燠（yù）：热。

[3] 熯（hàn）：干燥，烘烤。

[4] 方书：医书。此条内容最早见于〔明〕徐春甫《古今医统大全·卷七十六·瘴气门》及〔明〕张介宾《景岳全书·卷之十四·性集·杂证谟·瘴气》。

[5]《岭南卫生方》：元僧人继洪辑医方，共三卷。或有题为"〔宋〕李璆、张致远原辑"者，系托名。是书主要辑录宋、元时期医学著作中有关岭南地区（今广东等地）多发病瘴疟等证治的资料。

宋王棐《瘴疟说》曰:“南方天气温暑,地气郁蒸,阴多固闭,阳多发泄,草木水泉皆禀恶气。人生其间,元气不固,感而为病,是谓之瘴。轻者寒热往来,正类痎疟,谓之‘冷瘴’;重者温热沉沉,昼夜如卧炭火中,谓之‘热瘴’。甚者一病失音,莫知其所以然,谓之‘哑瘴’。冷瘴不死,热瘴久而死,哑瘴无不死。”此方书之说也。愚谓哑瘴者,非伤寒失音之症乎?非中风不语之症乎?治得其道,间亦可生,安得谓之无不死耶?若热瘴乃是盛夏初秋,茅生夹道,人行其间,热气蒸郁,无林木以蔽日,无水泉以解渴,伏暑至重,因而感疾。或饮食不节,偶成此症。热昼夜不止,迟治一二日则血凝,竟不起矣。南方谓之“中箭”,又谓之“中草子”。然挑草子法,以针刺头额及上下唇,仍以楮叶擦舌,皆令出血。徐以药解其内热,应手而愈,安得谓之久而死耶?至于冷瘴,或寒多而热少,或寒少而热多,亦有叠日、间日之异。及愈也,疮发于唇,验其症,即是疟。本非重病,每因误治而致祸,亦不可以不死而忽之。但胗脉息极微,见其元气果虚,与附子、川乌等药而愈。或误投以寒药,所谓承气入胃,阴盛乃亡。若胗其脉息洪盛,审其症候实热,且服和解等药而徐治之。或误投热药,所谓桂枝下咽,阳盛则毙。但胗脉而用药,万不失一。然观其形气之怯壮,察其脉息之虚实,参以病之盛衰,分其症之阴阳,极工巧以审之,其庶乎!顷自入广以来,但用修养之法,晨兴盥漱后,先服平胃散,间或投以不换金正气散;洗面后,啖少粥;巳时早食,申时晚食,夜则服消食等药。聚食宜节,饮不宜大醉及频数耳。但一日之间,寒暖数变,须脱著以时;少食生冷,则脾胃自壮;少食油腻,则胸膈自快;无大忿怒,以伤天和;重节色欲,以固真气。如此调摄,决可以无恙也。(《岭南卫生方》)

蛊者,毒也。《隋书·志》云:“江南之地多蛊。以五月五日聚百种虫,大者至蛇,小者至虱,合置器中,令自相啖食。因令入人腹内,食其五脏,死则其产移蛊主之家。若盈月不杀人,则畜者自踵其害,累世相传不绝。自侯景之乱诛杀殆尽,蛊家多绝。既无主人,则飞游道路,人中之则陨焉。”故《粤徼良方》云:“清油面馓,花椒点汤泡馓服之,能下蛊毒。昔人夜行,见山头如星飞电流,识者指云:此蛊神夜游也。每遇节令,出会同类,如星非星,如电非电,皆此类也。最畏清油气。边人每除夕用清油炸馓,气味香烈,所以逐蛊神也。”又云:“凡入蛮家,见屋梁绝无尘者,此家必畜蛊。盖蛊能飞扬扑灭椽尘也。”又云:“凡在人家饮食,举箸必先问云:‘汝家有蛊否?’仍取盘尖一脔置几上,已而怀归,投于厕中,则不能伤。”又云:“凡入蛮家,至门曰姑门,屋曰姑屋,言言不离姑字,即食蛊亦不害。”庆郡往时实有,自遭孙、李之乱,杀戮殆尽,拟与侯景相仿。至云举箸必问与每言姑字,迄今仍传如此。以意考之,土说谓我为姑,犹云我门我屋,以蛊或不行也。再访之土老云:“制蛊之法,将大小毒蛊合置器中,令其相食殆尽,末后大虫亦死,化为清水,浸以草鞋,既透,取暴日中,如此七次,然后将此草鞋埋向北阴处,生出五色菌。候干,碾成细粉,将少许暗和饮食中,令人服之,以受害云。”

飞蛊其来也，有声不见形，如鸟兽啾啾唧唧然，中人即为痢便血，医药多不差，旬日间必不救。

凡中蛊者，颜色反美于常。（妖）〔天〕姬望之而笑，必须叩头乞药。出一丸啖之，立吐奇怪，或人头蛇身，或八足六翼，如蝌蚪子，斩之不断，焚之不然，用白矾浇之立死。否则，对时复还其家。余久客其中，习知其方，用三七末、荸荠为丸，又用白矾及细茶分为末，每服五钱，泉水调下，得吐则止。按古方，取白蘘荷，服其汁，并卧其根，呼蛊者姓名，则其功缓也。（《赤雅》）

蛊药种类不一，用法亦严。或以土木易人五脏；或置鸡鸭食中，入腹复生，长翅足；或摄人（鬼）〔魂〕，至家终夜力作，力竭乃死；或潜移家货物入已。汉人有捕得造蛊者，则群执生瘞之，或投烈火中。（《百粤风土记》）

挑生者，妖术也。以鱼肉请人，遂作术于中。人食之，则此物遂活于胸腹，害人至死而后已。尝见范石湖《桂海虞衡志》载，当时李寿翁为雷州推官，得一方甚妙，云："食在胸膈，则服升麻吐之，在腹则服郁金下之。"仕宦长病此，故为揭出。（郎瑛《七修类稿》）

蛊毒，民间无有，惟獞妇蓄之。相传以五月五日往山涧中，用新布衣及首饰、银簪等物铺地上，盛盆水于其傍，妇女裸体歌舞以降药王，俟虺蜴、毒虫来浴盆内，遂倾水于阴湿地，生菌蕈，取研为末，纳鹅毛管中，插贯发内温养，生细虫纤纤如蚕初出，则蛊成矣。常置厨灶湿暖处藏之。蛊初成者，尚未有毒，缘因幼妇有所私，与夫不睦，乃从蓄蛊妇教之，置饮食中，饵其夫与所私，日后自然和合，谓之"和合药"，亦名"粘食药"。日久此药渐毒，遇药发时，遍身搔痒，必欲毒人而后已。或无外至者，即夫与子亦必施焉，但另与解药宣泄之，不至为害。且混传蓄蛊者，身后即得为药王，毒死之魂即为从役，故愚獞多蓄此物。土人入村占其屋下无灰煤，及妇人面色黄、眼弦赤烂者，即知为有蛊之家。今人下乡用铜箸，遇食而敲其碗，蛊即避之，不能为害；或用铜箸插入饮食中而辄黑者，勿食。

五月五日，聚诸虫豸之毒者，并置器内自相吞食，最后独存者曰"蛊"。有蛇蛊、蜥蜴蛊、蜣螂蛊，视食者久暂，卜死者迟速。蛊成，先置食中，味增百倍，归或数日，或经年，心腹绞痛而死。家中之物皆潜移去，魂至其家为之力役，犹虎之役伥也。其后夜出，有光熠如曳彗，是名"飞蛊"。光积生影，状如生人，是名"挑生"。影积生形，能与人交，是名"金蚕"。于是任意所之，流毒乡邑。杀人多者，蛊益灵，家益富。鲍明远诗："吹蛊痛〔病〕行晖"，盖飞蛊也。

岭表占卜甚多，有鼠米卜、箸卜、牛卜、骨卜、田螺卜、鸡卵卜、篾竹卜，俗尚鬼，故也。

《赤雅》云："獞人善鸡卜，其法不一。以雄鸡雏，执其两足，鸡匠焚香祷祈毕，杀之。拔两股骨，净洗，用线束之，以竹筵插束处，使两骨相背，端执称祝。左骨为侬，侬者我也；右骨为人，人者事也。视两骨侧所有细窍，以小竹筵长寸许遍插之。斜直偏正，任其自然，以定吉凶。其法有十八变。直而正近骨吉，曲而斜远骨凶。汉元封二年平越，得越巫。适有祠祷之事，令祠上帝、祭百鬼用鸡卜。斯时方士如云，儒臣如雨，天子有事不昆命于元龟，降用夷礼，廷臣莫敢致诤，其术岂有可观欤?”

水苗善鸡卵卜，取鸡卵墨画，祝而煮之，剖为二片，以验其黄，然后决嫌疑，定祸福，言如响答，据此乃古法也。《神仙传》曰：“人有病，就茅君请福，煮鸡子十枚，以内帐中。须臾茅君掷出，中无黄者病多愈；有黄者不愈，常以此为候。愚又见卜者流杂书，传虎卜、紫姑卜、牛蹄卜、灼骨卜、鸟卜，虽不法于蓍龟，亦有可称者。”

卵卜者，握卵祝之，书墨于壳，记其四维。煮，截视当墨处，辨壳中厚薄定吉凶。獞人卜葬，请鸡匠祝神，以卵投地不破者，如获滕公之碑。又有争战事，以卵一枚，置臼中。祝毕舂之，不破者吉，破者凶。（《北户录》）

南方逐除夜及将发船，皆杀鸡择骨为卜，传古法也。卜占即以肉祀船神，呼为孟公、孟姥，其来尚矣。按梁简文《船神记》云：“船神，名冯耳。”《五行书》云：“下船三拜，三呼其名，除百忌。又呼为孟公、孟姥。”刘思真云：“元冥为水官，死为水神。冥、孟，声相似。”又云：“孟公，父名帻，母名衣；孟姥，父名板，母名履。”或云：“冥父、冥姥，因元冥也。”（同上）

猺獞男妇率皆蓬首，男虽剃发，止于四旁。妇人则以高髻置于顶前，上覆大笠。即《史记》所谓尉佗魋结者也。

张师正《倦游杂录》云：“蛮妇生子，辄取其胞衣净濯，细切五味，煎调之。召至亲者合宴置酒而啖，若不预者，必至忿争。”

《溪蛮丛笑》云：“獠妇生子经三日，便澡身于河，返具糜以饷婿，婿拥衾抱雏坐于寝榻，谓之‘产翁’，其妇亦无所苦，炊爨[1]樵苏自若。”

每见猺獞交易，及两造息词[2]，内云：“如有翻悔，罚与龙角一对。”或云明珠、凤毛等物。尝以为妄而笑之。及读《汉书・板循〔楯〕蛮传》：秦昭襄王时，有白虎为患。王乃重募国中有能杀虎者，邑万家，金百镒。巴郡阆中蛮善作白竹之弩，乃登楼射杀白虎。王嘉之。而以其蛮人，不欲加封。为刻石盟要，復〔楯〕蛮人顷田不租，十妻不算[3]，伤人者论，杀人得以赕[4]钱赎死。盟曰：“秦犯蛮，输黄龙一双；蛮犯秦，输清酒一钟。”此盖有所本也。

荔波六苗犷戾。康熙二年，县令胡启睿赴任，离县治仅一十五里，苗民不容歇宿，鸣

---

❶爨（cuàn）：烧火做饭。

❷息词：申请撤销诉讼的状词。

❸顷田不租，十妻不算：一户免其一顷田之租税，虽有十妻，不输口算钱。口算钱，即当时的人头税。

❹赕（dǎn）：中国古代南方某些少数民族以财物赎罪称“赕”。

鼓集众，并仆隶尽屠之。后官多不往赴。八年，有典史余子位赴任至彼，诸蛮互相诧异，皆云："蒙夜结勒刀？蒙刀过客麻？利料利料。"译其意，盖言"你从何处来？你来作何事？好笑好笑"云。

猺人不食盐，淋灰水浸牛、羊、鸡、豕及各野兽肉为食。又以牛羊肠脏略摆涤，作羹以飨客。客食之既，则大喜，号"不乃羹"。"不乃"者，反切"摆"也。

猺俗，除淋灰汁、扫咸土而外，又将牛羊犬豕诸骨，用水渍之，俟其酸臭，食之以当咸味。《丹铅录》所载"贵州之□（读如□，上声）思"，即是物也。

州邑百姓大半猺、獠，韦、莫二姓居多。其在宜山、永顺所属南巢地方，更有土猺一种，皆姓蓝氏。按《竹书记年》：仲丁即位，征于蓝彝，岂其苗裔乎？至蛮又有覃氏，考汉肃宗时，溇中蛮有覃儿（建）〔健〕。溇，即今楚之慈利县❶是也。庆郡北境，可通绥宁❷，是其苗裔无疑。

猺人素不著履，其足皮皱厚，行于棱石丛棘中一无所损，其习想自开辟已然。《东观记》云："元和中，荆州刺史上言：'臣行部入长沙界，观者皆徒跣。'问御佐曰：'人无履亦苦之否？'御佐对曰：'十二月盛寒时，并多剖裂出血，然火燎之，春温或脓溃。'"云云。按今匪独猺人也，百姓大半如此。不宁惟是，即青青子衿而率多不履，无所谓"火然脓溃"也，异矣。

竹筒分泉最是佳事，粤西土人往往能之，而南丹锡厂诸处更多善用。此法以大竹筒空其中，缠接延曼，蓦溪越涧而过，虽远或三四十里，皆可引流。

岭南蛮习，在昔婚姻不正，桀而黠者窃人妻女以逃，转移他所，安居自若，谓之"卷伴"，言卷以为伴侣也。已而复为后人卷去，至有历数卷未已者。其舅姑若前夫访知所在，诣官自陈，官为追究。往往所谓前夫，亦是卷伴得之，复为后人所卷。唯其亲父母兄弟及初娶者所诉，即归如初被卷之家。见范成大《桂海虞衡志》，今则此俗尽变矣。

蛮弩，诸蛮峒恃为长技。以梗木为弓，桩甚短，取蛇并毒草合药濡箭锋，中者立死。战则一枪一弩，相将而前。执枪者前，却不常以卫弩。执弩者口衔刀，而手射人，发矢极速。或冒矢逼之，释弩取口中刀奋击，谓之蛮战。

《峤南琐记》云："粤蛮交易，初无文券，多用木刻，长短大小不等，穴而藏之。其文各以事异，汉人莫识也。"又，其有仇〔杀〕欲复，或行劫掠，约日集事，先期插木于山最高处，谓之"插牌"。侦知者亦得预为之备。胎发不薙，长大无梳篦，不裹巾，蓬垢鬇鬡，自古已然，曰"椎结"。

猺獠寝不置床，冬不覆被，以三叉木支荆棘而泥之，然❸火炙背，土焦则易，亦有以

❶慈利县：今属湖南省张家界市。
❷绥宁：今属湖南省邵阳市，位于邵阳市境西部边陲。
❸然：通燃。

板者。展转数易，谓之“骨浪”。公姑、儿媳共在一处，故猺獠多野合，而肤多黎黑。

山猺穴居野处，编茅以庇风雨，转徙无定，去则火之。炙地使饶，叠石为记。一二年后复来，谓之“打寮”。甲与乙有隙，两相对敌，背牌护身，远以镖枪。枪尽挺刀而前，谓之“对刀”。

猺蛮作皮甲，用生水牯牛老者，剥取其皮，制为甲叶，渍以油漆，系以花绒。轻而且坚，刀剑不能伤，头盔亦然。

獞人好杀，一语不相投，辄挺刀而斗，斗或伤其一，由此世世为仇。然伤男子，仇只二姓；若伤其妇，则妇之父母伯叔兄弟皆怨家矣。借人助杀，谓之“洗面”。人与其妇通，以牛酒谢罢，谓之“洗妆”。

獞人失牛，蹑牛迹所至，遇村落，即责村之甲老曰：“牛至尔村，请为代缉。”甲老更蹑牛迹又至一村，责亦如之。迭更数村，而牛迹漫灭不可寻，则曰：“匿是村矣。”返报失牛家，纠众往大噪，必令最后村赔偿乃已。失禾亦然。此习至今未变。

《青箱杂记》云：“獞俗相呼，每以各人所生男女小名呼其父母。”今庆属各处皆然。獞呼父曰“博”，其子名某，则曰“博某”。呼母曰“乜”，其子名某，则曰“乜某”。[1]恬然不以为怪。

解牛多俚妇，亦曰“屠婆”。缚牛于木，数之曰：“某时牵汝耕田不得，某时乘汝渡水不行，今何以免？”乃杀之。

庆远境内俗占：或有赤蚁长半寸许，生翅，群飞，触人面，扑灯火，主大水；春间，田螺盛产，亦主水。初昏或半夜将旦，时有星大如桐子，色赤吐芒，自半空曳尾坠地，必有回禄灾[2]，俗谓之火殃。盖荧惑之变也。初昏时，西南有星色白吐芒，谓之贼星，俗曰“偷牛星”。凡所见之岁，峒蛮必叛，盖欃枪[3]蚩尤之变也。境内或阴暝弥月，小雨霏微，日月无光，气象愁惨，皆兵象也。不逾时，即有峒蛮之乱。春夏间，或大雾暝迷，咫尺莫辨人物，须臾为风掀而日色晴明，则主旱。或野草遍为虫蚀，状如火燎，及丝瓜藤逐节结核，状如木瘿，皆旱之兆。

獞人有病，多问神，神巫曰“法童”，又曰“马奴”。病者以禾一束并鸡酒香楮至其家，神巫祷祝罢，即身发寒噤，伏地以口食禾，复坐于神座前，言病状及某鬼为祟。归祭，亦有愈者，故獞人多信之。

阳山人四季皆祀鬼，所最敬者惟“龙老爷”，即其昔时所纵为乱者，亦能降神，然只阳山人信之。

庆郡土属有谓之“出圣”者，其人未死，或素为乡里所敬惮，遇其生魂辄病，问神识

[1]此俗至今犹然。

[2]回禄灾：即火灾。回禄，传说中的火神。

[3]欃枪：彗星。

之，祭之即愈，死反寂然。

獞女作土锦，以绵为经，以五色绒为纬，纵横绣错，华美而坚。惟忻城、永定花样更美，制更工巧。

东兰獞女能作花巾，或花草，或人物，或禽兽，或字，以白布一幅，用墨笔画样，巧者拆而数之，配以机轴，织成宛然。

猺俗，葬亲不择兆。亲死，猺巫祝之，舁而往，巫先行抛鸡卵，遇鸡卵不破即瘗。不坟，子孙不复过其地。永顺、建峒诸猺多类此。

南丹、东兰猺獞，亲死俱火化，择头额骨、手指骨、脚膝骨以小罐贮而瘗之，余俱不收。俟十余日后，就焚化处掘土乱埋，不祭扫。忻城亦如此，而骨则全收。

南丹有一种猺人，亲死不瘗，置棺岩穴间。其家再有人死，则另覆其骨于别棺，取原棺回殓，复置岩间。覆骨，遇翁与媳，隔之以布；棺满，又置一棺，相沿成俗。家各一棺，村各一岩，不相混杂。

猺人耕种所获禾穋豆芋，即就其地堆积，以茅覆之。食时始往检取，无敢有盗之者。南丹猺人则多作窖，并什物藏之。家止碗锅数器。

广西风俗自唐宋时颇多不美。如民之贫者，归罪坟墓不吉，掘〔棺〕栖寄他处，名曰“出祖”；生子不举[1]，溺之于水，名曰“淹儿”；临丧，破家供佛，盛馔待客，名曰“斋筵”；病不延医，杀牛赛鬼，名曰“毛药”；民多出外，他人略卖其妻，名曰“卷伴”。(见《岭表异录》及张南轩《静江论俗》文）病及痘疹，以纸凿钱文或用红纸标竿插门前禁人入宅，名曰“插标”。

德兴士人李扶，字助国，以恩科得官，调宜州司理参军。庆元初，秩满还乡，云：“宜州溪洞近岁产一怪物，状如人，长一丈许，遍体生鳞甲，但以布帛缠绞，独据野庙寝处，莫测所由来。初惟搏食兽畜，浸淫及人，皆从头至足坐啖之。洞丁不胜困苦，屡聚党数百往攻斗，怪望人至，辄遁升山巅，运巨石而下击，众走避不暇。虽操强弩药箭四面乱射之，莫能入。始闻其所居，且设阱于往来之处，而为恶益甚。”洞丁出入须什伍，持矛鸣锣以自防卫。不与相值则已，倘人徒稍弱，必遭追逐。步既阔而行又捷，或迟钝在后，立为所获。壮有胆者，敌必利刃，如刺坚，殊不能伤。在田畴耕获，少失瞻顾，定有性命之虞。阖洞千口，罹戕贼者殆半，不聊厥生，悉徙避城郭，丐发兵围捕之。闻其不畏锋镝，更无策可治。狱有重囚曰“马昭巡检”者，武鸷悍勇，坐杀人，久系狱，自献其技曰：“愿取此怪以赎罪。但得一大铁椎重三十斤，当独往。”官守欲听之，或疑其设诡计求脱，乃质其妻子，旋（煆）〔锻〕铜铁大椎遣之，别选五十兵助诣洞。迨至，杳无形影，信步到一寺，见微径彷佛似有大足迹，知必在彼。将入门，厉声叱呼示威，且警使出。复寂然。直进次方丈，睨旁室，野兽毛骨纵横塞路，无床榻几席，惟编蓬上堆叠败絮碎帛，

[1]不举：不抚养。

全如犬窠，盖其宿卧处也。马潜伏室内以候，料晚归必由三门。于是侧身出，掩诸扇，独留一扇，施拐撑拄之。倾耳审听，俄闻山下砉然❶有声，乃此物负双鹿穿林而来。马亟起发扇，陷其一足，痛棰以椎。仆于地，举头见人，摇牙愤愤，欲作敌而为鹿所压，不能兴，犹翻手搦马生脚，撮其股肉一大片。马连运椎桩其脑，遂死之。挥剑断颈，流血数斗，即呼随行者舁尸献于郡。洞蛮踊跃欢谢，各返故栖。郡以事上诸朝，诏贷马罪，还原官。李椽及见怪尸，言之尚怖栗。马昭之勇而有智，盖暗合唐韦自东杀二野(又)〔人〕之法也。(《夷坚志》)

成化十九年(1483)三月三十夜，宜山县学生员韦翩与数友宿于斋中，夜半忽失此数人，而门窗关键如故。次日遍求无所得。越三日，始于都指挥彭英茔寝得之，病不能言，(除)〔徐〕以安神定魄剂服之，数日始语云："是夜有二鬼入斋，拽之从窗棂出，后从雉堞垛眼内出城，入彭将军祠内，置我坐于案卓，鬼遂不知所之，今得再生，幸也。"乃复以药调之，半月而愈。

河池公华村民莫律，与同村人将伞作虎尾，咆哮而去。日间或仍变人而回。至变虎时，能食人畜。后不知其所之。

思恩县近村山林中，树杪❷有二人，约长一尺五寸，武人装束，度枝过树如履平地。村民观者相去仅丈许，容色甚和。若有意捕之，则在树杪不下。急之，即行如飞。去而复来者数月。又赵村忽有二人牵二蛇系树下，入人家索食，主人见其服饰异常，食之。食毕，解蛇叱而鞭之，化为龙，各乘其一腾空去。

成化年间，有庠生韦应锡醉酣于野，虎犯之。有叟曰："绵竹县令也，勿惊。"韦才最下，以廪贡为学博士，果升任绵竹。

曾峦，宜山人，形甚修长，事母不孝，每遇母食必克减。岁时祭享，肉虽多亦不与食。夫妻日詈骂❸，甚至扑之。母溺爱，不鸣官也。忽一日，烈风骤雨，雷火焚其居，左右邻俱无恙。母髻挂一壁笆，笆尽灰而髻独存。将峦夫妇悬之半空，头发直上。所居地裂成缝，其雷物似猪形，钻入裂缝中不计其数。须臾雨停，峦夫妇陨坠，昏倒未死。本府申解军门，监禁而死❹。时嘉靖年间事。

河池州近山地，牧童十余人聚而戏，或歌、或舞、或吹笛，情方洽，忽见半山一人，约长三丈，面阔三尺余，余长倍之，披发，背有二翼，俯观群童为乐，嬉然而笑。少间垂舌长过腹，群童大惊，皆反走。其人能蛮语，连呼曰："合合合，勿惊勿去，仍歌舞吹笛以为乐。"令群童复聚吹笛歌舞焉。其人喜，抚手大笑，声震林谷。已而复垂舌如故，久

❶砉(xū)然：皮骨相离声。

❷树杪(miǎo)：树的末梢。

❸詈(lì)骂：责骂。

❹曾峦：《粤西丛载》卷十四《雷诛不孝》记是事，但人名作曾蛮，尾注云引自《庆远府志》。

之，乃去，遂不见。

宜邕以西，南丹诸蛮，皆居穷崖绝谷间。有兽名“野婆”，黄发、椎髻、跣足、裸形，俨然一媪也。上下山谷如飞猱，自腰已❶下有皮累垂盖膝若犊鼻，力敌数壮夫。喜盗人子女，然性疑畏骂，已盗必复至失子家窥伺之。其家知为所窃，则集邻里大骂不绝口，往往不胜骂者之众，则挟以还之。其群皆雌，无匹偶，每遇男子必负去求合。尝为健夫设计挤之大壑中，展转哮吼，胫绝不可起，猺人集众刺杀之。至死以手护腰间不置，剖之，得印方寸，莹若苍玉，字类符篆，不可识，非镌非镂，盖自然之文，然亦竟莫知其所宝为何用也。周子功景定间使大理，取道于此，亲见其所谓印者。此事前所未闻，是知穷荒绝徼，天奇地怪，亦何所不有，未可以见闻所未及，遂以为诞也。后汉《郡国志》引《博物记》曰：“日南出野女，群行不见夫。其状皛且白，袒裸无衣襦。”得非此乎？《博物记》当是秦汉间古书，张茂先盖取其名而为志也。（周密《齐东野（记）〔语〕》）

嘉靖二年（1523）七月望后，府署守宿者见一长人步入，惊怖群呼。移时而去，尾之，入右江道署内古榕树下，遂不见。知府王显高次日入道署，见其树大逾十围，荫广数亩，询知其为怪已百余年。谛视树根有窍，出烟如缕，昼夜不绝。乃遣人伐树，其中得蛇数十，皆杀而弃之。怪自此息。

郡城隍最灵。明初有新守赴任，途遇一官，仪仗正同。询其故，曰：“公主明，某主幽，两贤不相妨也。”及抵郡，诣庙斋宿，会神举动如两贤宾相礼。众讶之，别无所见。后晤❷目檐端悬一妇，笞责甚楚。问其故，曰：“此某氏不孝妇也。”守恳之神，宽其罪，叹曰：“幽明之不可通也如是。”遂辞不复出。顷只见一蟋蟀悬于檐。访氏罪、病状，果然。旧有记异碑，今毁。守名失考。

按：明正德时，华容严永濬守西安，事亦类此。见《华容县志》。但彼云庙祝患发背，永濬入谒神，见此人钉柱上，叩其故，乃因溺庙门亵神所致也。恳释之出，泄其事，遂不复相见。后升浙江参政，竭诚力叩，始复一见，戒令不必赴任，果卒于途。

万历初年，宜民有张德威者，恶著于乡，官莫能制。威偶变，举动如驴状，引刀自剜其股，曰：“上帝惩威恶，以戒世人也。”遂为驴鸣以毙。

万历十九年（1591），天河县城隍庙侧有榕树二株，岁久成精，变白衣人。每风清月朗，或二三更，常出坐树杪。人初见，甚矮小，一闻叫唤，即高丈余。幸不迷人，人亦少所惊恐。

万历年间，郡人张烜至钟鼓楼，见一足悬塞城门。烜以扇击曰：“文王十尺，汤九尺，那见此人脚甚长!”遂隐。又烜偶醉，夜卧旷野，有鬼抬至水井塘洗垢，舁至门呼曰：“送相公来矣!”家人开门，烜外一无所见。

❶已：通“以”。

❷晤（wù）：遇，见面。

崇正初年，宜庠生秦玺有异才，名于时。见嘉惠侯庙小鬼促曰："尔何久不复报事?"拽其衣，绽胁下缝。玺曰："容再嬉游一年。"归以衣示其妻，语以故，如期而殁。

万历年间，指挥使戚亨家有一猿，时往来，能作人语。后忽曰："而家有机械将谋我，请从此别。"指江北牛眠地以相报。

崇正十五年（1642），宜贡生谢姓者，卧中堂，白日鬼抬至檐下，谢曰："鬼果灵，复抬上。"如言。又令抬往各处，亦如之。

崇正十七年，河池所城董秀家白日有鬼投石，内外人皆共见。其石投下如雨，任呼取某物，虽极重大者，应声即至。如是两阅月方止。

崇正末年，庆远盗乱，思恩乡绅吴继宪为獞贼张安所害。途遇宪喝曰："张安何往?"急归。安倚岩居，举家数十口皆闭门自焚死。

康熙二十一年（1682）正月朔旦，河池村民卢联吉出门烧香，闻声响亮，抬头忽见天开，内有楼台云物象，指与行人同看。

德胜所城旧有城隍庙，久废，遗一石磉约重百余斤。雍正六年，建同知署，司事者取作大堂柱础，令二人舁之，勿动。渐增至十六人，才上肩，八杠俱折，众惊勿敢取。后同知沈志荣、屠用中相继建城隍庙，仍用为大殿柱础，舁之又极轻。

宜山指臂峒，距天河县界之长沙塘相去十余里，隔山数十重。乾隆十三年，峒内獞女锄畲于山，被大风吹去，落于长沙村前，晕迷不知人事，手上执锄不释。村民用姜汤灌醒，询知其故，各惊讶，相率送归。

乾隆十七年（1752），宜山民陈运文锄园获一像，初见其顶，以为金也。渐次锄下，始知为铜文昌像，急取出净洗，周身衣褶花文甚精古，惟神坐缺前一角。都人士咸往聚观罗拜。运文今犹供奉于家。

宜山厢民谢老喜开熟食铺于十字街，夜患手痛不得眠，时将初更，忽锁门向北行，邻有老水者尾之去，出城至龙江边，将赴水，老水上前扭之回。过相识家，水入取火吸烟，出又失喜所在，欲出城寻之，则门已闭矣。后见喜晕卧于县学署前，唤其家舁归，至鸡鸣后始醒。次日问之，则曰："有二鬼抬往江边，复抬往学署塘，遇一白须老者以杖击鬼去，即见往来卖熟食者，欲买食之，老者拒不许，不知为此状也。"时夜雨，街巷尽湿，视其鞋仍干。次夜，欲以刀自刎，其家守之严，得不死，后竟无恙。

宜州唱歌之俗，在者为然。相传唐时有刘三妹者，系下涧村獞女，性爱唱歌，其兄恶之。与登近河悬崖砍柴，三妹身在崖外，手攀一藤，其兄将藤砍断，三妹落水。流至梧州，州民捞起，立庙祀之，号为龙母，甚灵验。今其落水崖高数百尺，上有木扁担斜插崖外，木匣悬于崖旁，人不能到，亦数百年不朽。

# 参考文献


1. 程俊英，蒋见元．诗经注析[M].北京：中华书局，1991.
2. [唐]段公路．北户录(景印文渊阁四库全书本第589册)[M]. 台北：台湾“商务印书馆”，1986.
3. [宋]范成大．桂海虞衡志(景印文渊阁四库全书本第589册)[M]. 台北：台湾“商务印书馆”，1986.
4. [清]葛士濬．皇朝经世文续编·近代中国史料丛刊第75辑[M].台北：文海出版社，1980.
5. 龚延明．中国历代职官别名大辞典[M]. 上海：上海辞书出版社，2006.
6. 《古代汉语词典》编写组编．古代汉语词典(第二版)[M].北京：商务印书馆，2014.
7. 故宫博物院．[康熙]左州志、[干隆]庆远县志[M].海口：海南出版社，2005.
8. 广西民族研究所[M].《明实录》广西史料摘录[M].南宁：广西人民出版社，1990.
9. [明]过庭训．本朝分省人物考(影印《续修四库全书》第534册)[M].上海：上海古籍出版社，2002.
10. 汉语大字典编辑委员会．汉语大字典(第二版)[M]. 成都：四川辞书出版社，2013.
11. [汉]何休 注，[唐]徐彦 疏．春秋公羊传注疏[M]. 刁小龙整理．上海：上海古籍出版社，2014.
12. [清]何良栋．皇朝经世文四编·近代中国史料丛刊第77辑[M]. 台北：文海出版社，1980.
13. 何九盈，王宁，董琨．辞源(第三版)[M].北京：商务印书馆，2015.
14. 河池市地方志办公室点校．庆远府志(点校本，道光八年辑)[M].南宁：广西人民出版社，2009.
15. [宋]黄庭坚．黄庭坚全集[M].刘琳，李勇先，王蓉贵点校．成都：四川大学出版社，2001.
16. [晋]嵇含．南方草木状(景印文渊阁四库全书本第589册)[M]. 台北：台湾“商务印书馆”，1986.
17. [明]焦竑．国朝献征录：第六册·明代传记丛刊第114册[M].台北：明文书局，1991.
18. [清]金鉷．广西通志：卷五十九(景印文渊阁四库全书第466册)[M].台北：台湾“商务印书馆”，1986.
19. [汉]孔安国 传，[唐]孔颖达 正义．尚书正义[M].黄怀信整理．上海：上海古籍出版社，2008.
20. [明]邝露．赤雅(景印文渊阁四库全书本)[M].台北：台湾“商务印书馆”，1986.
21. [宋]乐史．太平寰宇记[M].王文楚，等点校．北京：中华书局，2007.
22. [明]李贤，彭时．大明一统志(景印文渊阁四库全书本第472-473册)[M]. 台北：台湾“商务印书馆”，1986.
23. [唐]李吉甫．元和郡县图志[Z].清光绪金陵书局刊，早稻田大学图书馆藏本．
24. 李昭祥．龙江船厂志 [M]. 王亮功校点．南京：江苏古籍出版社，1999.
25. 林富，黄佐．[嘉靖]广西通志 (北京图书馆古籍珍藏本丛刊第41册)[M].北京：书目文献出版社，2000.
26. [唐]刘恂．岭表录异(景印文渊阁四库全书本第589册)[M]. 台北：台湾“商务印书馆”，1986.
27. 吕宗力．中国历代官制大辞典(修订版)[M].北京：商务印书馆，2015.
28. [汉]毛亨 传，[汉]郑玄 笺，[唐]孔颖达疏．诗注疏 [唐]陆德明 音释[M].上海：上海古籍出版社，2013.
29. 明实录·宪宗纯皇帝实录：卷二百七十五[Z]. 江苏国学图书馆传抄本．

30. [唐]莫休符. 桂林风土记（景印文渊阁四库全书本第589册）[M]. 台北：台湾“商务印书馆”，1986.
31. [清]穆彰阿，潘锡恩. 钦定大清一统志（景印文渊阁四库全书本第474–483册）[M]. 台北：台湾“商务印书馆”，1986.
32. [宋]契嵩. 镡津集（景印文渊阁四库全书本）[M]. 台北：台湾“商务印书馆”，1986.
33. 钱玄，等. 礼记[M]. 长沙：岳麓书社，2001.
34. [明]宋濂. 元史. [M]. 中华书局编辑部点校. 北京：中华书局，2000.
35. 苏浚[1]. [万历]广西通志（明代方志选）[M]. 台北：台湾学生书局，1986.
36. [元]脱脱. 宋史（点校本）[M]. 中华书局编辑部点校. 北京：中华书局，2000.
37. [清]汪森. 粤西三载（景印文渊阁四库全书第404–406册）[M]. 台北：台湾“商务印书馆”，1986.
38. [清]汪森. 粤西文载校点[M]. 黄盛大，石恒昌，李瓒绪，等校点. 南宁：广西民族出版社，1990.
39. [清]汪森. 粤西丛载校注[M]. 黄振中，吴中任，梁超然校注. 南宁：广西民族出版社，2007.
40. [清]汪森. 粤西诗载校注[M]. 桂苑丛书编辑部整理. 南宁：广西民族出版社，1988.
41. 王力. 王力古汉语字典[M]. 北京：中华书局，2000.
42. 王云五. 北户录、异物志（丛书集成初编）[M]. 上海：商务印书馆，1936.
43. [明]魏濬. 西事珥 [Z]. 国家图书馆藏.
44. [清]吴绮. 岭南风物记（景印文渊阁四库全书本）[M]. 台北：台湾“商务印书馆”，1986.
45. 夏征农，陈至立. 辞海（第六版）[M]. 上海：上海辞书出版社，2009.
46. [清]谢旻. 江西通志（景印文渊阁四库全书第515册）[M]. 台北：台湾“商务印书馆”，1986.
47. [清]谢启昆. 广西通志（第五册）[M]. 广西师范大学历史系、中国历史文献研究室，点校. 南宁：广西人民出版社，1988.
48. 谢启昆. [嘉庆]广西通志（续修四库全书第677–680册）[M]. 上海：上海古籍出版社，2013.
49. 杨伯峻，杨逢彬. 孟子[M]. 长沙：岳麓书社，2000.
50. 杨伯峻，杨逢彬. 论语注译[M]. 长沙：岳麓书社，2000.
51. [清]英秀，唐仁. [道光]庆远府志·艺文志[Z]. 国家图书馆藏本.
52. [明]张廷玉. 明史 [M]. 中华书局编辑部编. 北京：中华书局，2000.
53. [宋]张栻. 张南轩集（正谊堂全书第38册）[M]. 扬州：广陵书社，2016.
54. 赵尔巽，等. 清史稿. [M]. 中华书局编辑部点校. 北京：中华书局，2000.
55. [南宋]周去非. 岭外代答（“知不足斋丛书”第17集）[M]. 清道光长塘鲍氏知不足斋刻，天津师范大学图书馆藏本.
56. [南宋]周去非. 岭外代答（景印文渊阁四库全书本第589册）[M]. 台北：台湾“商务印书馆”，1986.
57. 周绪全，王澄愚. 古汉语常用词源流词典[M]. 重庆：重庆出版社，1991.
58. [宋]朱辅. 溪蛮丛笑（景印文渊阁四库全书本）[M]. 台北：台湾“商务印书馆”，1986.

[1] 此影印本版权页载“撰者：[明]彭泽修等”，或误。据原刻“后叙”及学者考证，撰者当为苏浚。

# 后　记

乾隆《庆远府志》是现存最早的河池市级地方志，该志是目前研究河池地区明清时期社会结构和生产方式最重要的史料，其中关于地理、经济、政治、军事、文化、社会、风土人情、人物风貌等的记载系统、周详。但该志目前仅故宫博物院珍藏有一套，因当时印刷条件简陋等原因，存在大面积渍漫、残缺，识读极为不易。对其加以整理、补正和校勘，不仅有利于各界人士阅读、利用这一重要地方历史文献，也是抢救、保护和传承地方文化遗产的一项重要工作。

2017年，河池市地方志办公室黄必林同志对乾隆《庆远府志》模糊文本进行了初步辨识，2019年，广西现代职业技术学院科研处何启贤教授得知这一志书尚未系统整理的消息后，向河池市地方志办提出合作整理该志的意向，并达成了共识。广西现代职业技术学院高度重视此项工作，立即抽调人员，组建了“乾隆《庆远府志》补正及点校研究”课题组。2019年9月，黄绍光、陈麒伊、何启贤正式牵头开展整理工作，工作内容主要有三个方面：一是以海南出版社2001年影印出版的《庆远府志》为底本，逐一对照前期辨识文本，进行初步标点和校订，并将标点校正的文本录入电脑。二是残文的识别和补正。残文补正的主要工作依赖相关古文献进行，如根据上下文信息，从相关古文献检索出相同、相似的史实记载，对比残文进行补正；其次是根据“四书”“五经”、典故、固定的表达方式、行文习惯等校补。三是校勘和注释。由于原志成书仓促，其中书错、刻错情况并不少见，误载误录的条目亦有之。整理者对志文中明显的错书错刻作了校正，对与其余史料相左的内容，也进行了校勘，并以尾注载明。对志文中的生僻词汇、典故，也作了简单注释。

点校相关的整理工作由广西现代职业技术学院院长黄绍光主持，黄必林、陈麒伊、陆祖吉、尹建强对原文进行文字辨识、标点和部分注释，曾严、匡华参与了文稿校对，黄绍光、何启贤、陆祖吉对残缺文本进行补正和校勘，李捷、李淑香、韦翠清、李国兰承担了文本电脑录入工作。

2020年春，项目组按计划将书稿交广西壮族自治区地方志编纂委员会办公室古籍整理部部长、副编审施均显审核。8月21日，广西壮族自治区地方志编纂委员会办公室将“乾隆《庆远府志》补正及点校研究”列为“2020—2021年度广西地方志人才梯队建设第一层次项目”，为本书的出版提供了经费资助，并加强指导。

知识产权出版社专门请了国内知名专家对文本进行全面审核、把关，广西易为文化产业投资有限公司总经理周敏先生为本书的出版提供了大量的帮助，在此一并致谢。

原全国人大民族委员会副主任、原广西壮族自治区人民政府副主席韦继松系广西河池宜山(现宜州市)人，曾在河池地区工作多年，先后担任环江县委书记、河池地区行署专员、河池地委书记等职，对河池有着深厚的感情。在他得知广西现代职业技术学院组织人员对《庆远府志》进行点校，韦老大加赞赏，认为这是“功在当代、利在千秋的大事、要事和好事”，并欣然为本书作序。在此深表感谢。

“乾隆《庆远府志》补正及点校研究”项目组

2020年9月9日